일제강점기 해외독립운동과 광주학생운동

일제강점기 해외독립운동과 광주학생운동

윤선자

경인문화사

머리말

한국독립운동사는 1890년대부터 1945년 광복을 이룰 때까지 한국인들이 국내·국외에서 전개한 국권·주권 회복운동의 역사를 보여주고, 앞으로 가야 할 방향을 제시한다. 지난날을 말하는 것은 지난날을 어떻게 볼 것인가 그리고 오늘의 역사가 뜻하는 무엇인가를 결정한다. 과거를 기억하고 기념하는 것은 진실을 존중한다는 것이다. 독립운동가들의 열정과 희생을 밑거름으로 엮어진 한국독립운동사는 국내적으로도 세계적으로도 의미있고 가치로운 역사이다.

이 책은 기왕에 발표한 10편의 논문을 실었다. 멀리는 몇 년 전에, 가까이는 작년에 발표한 것이다. 발표한 논문들을 한 권의 책으로 묶으면서 각주와 본문을 포함해 형식을 통일하였고, 문맥과 단어를 조금 다듬고 수정하였다.

이 책은 모두 세 개의 장으로 구성되어 있다. 제1장은 국치 이후 한국인들이 해외에서 펼친 독립운동을 연구한 논문들이다. 김공집을 통하여 중국과 러시아 지역에서 전개한 독립운동, 황기환을 통하여 프랑스·영국 등 유럽에서 펼친 독립운동, 김경천을 통하여 만주와 러시아 연해주에서의 독립운동, 권기옥을 통하여 국내와 중국에서의 독립운동을 구체적으로 파악하였다. 이들이 펼친 독립운동은 기존의 연구에서 주목하지 않았다. 독립운동가들의 행적을 찾는 것은 한국독립운동사를 풍요롭고 의미있게 한다.

제2장은 3·1운동 이후 한민족 최대의 독립운동이었던 광주학생운동을 여러 측면에서 새롭게 파악하였다. 즉 광주고등보통학교 중심으로 이루어진 그동안의 광주학생운동 연구를 광주여자고등보통학교 중심으로 파악하

고, 중국·일본·러시아·미주 등 한 지역만을 대상으로 광주학생운동의 해외 확산을 추적한 그동안의 연구를 이들 해외 지역 모두를 대상으로 연구를 확장하였다. 또한 광주학생운동 이후 학생운동의 변화 양상, 미군정기 광주학생운동에 대한 기억과 기념을 연구하였다. 이들 연구는 광주학생운동에 대한 연구 대상과 범위를 확산하고, 한국독립운동사의 영역을 확대시켰다.

제3장은 광복 후 전개된 안중근 기념 사업과, 애국선열 선양정책을 추적하여 대한민국의 독립유공자 인식과 선양을 파악하였다. 그리고 독립운동가 기념사업과 선양 활동이 나아갈 방향을 점검하고 기획하는 토대를 마련하고자 하였다.

이상은 이 책에 실은 논문에 대한 간단한 소개이다. 기존 연구에서 주목하지 않은 주제, 언급하지 않은 내용이 대부분이다. 이 책이 한국독립운동사를 이해하고 연구하는데 도움이 될 수 있기를 바란다.

역사학은 사료를 근거로 변화를 밝혀가는 학문이다. 한국독립운동사도 마찬가지이다. 한국독립운동사 연구의 토대가 되는 각종 사료들은 국가기록원, 국가보훈부, 국사편찬위원회, 독립기념관 등에 소장되어 있는데, 연구자는 물론 일반에게도 공개되어가는 중이다. 국사편찬위원회가 제공하는 '한국역사정보통합시스템', 국가기록원에서 제공하는 '독립운동 판결문'은 역사자료의 전자정보화를 잘 보여준다. 독립운동사 자료의 전자정보화는 가치있고 의미있는 한국독립운동사를 연구하고 서술하는데 상당히 유용하다. 사료가 갖는 행간의 의미를 놓치지 않고, 사료의 전체적인 맥락을 파악하는데도 관심두어야 한다는 것은 더 말할 필요도 없다.

오랜 연구 생활을 하는 동안 부모님 두 분 모두 세상을 떠나셨고, 지도교수이셨던 조동걸 교수님도 이승을 하직하였다. 부모님과 교수님의 평온한 쉼을 소망한다.

필자가 오랜 동안 한국독립운동사 연구에 매진할 수 있었던 데에는 선생님들의 가르침과 함께 이 길을 걷는 同學들이 있었기에 가능하였다. 김용달, 김희곤, 최기영, 한시준, 홍영기, 한규무 선생님께 감사드린다.

　이 책의 출판을 기꺼이 맡아준 경인문화사의 한정희 사장님과 편집부에게도 감사드린다.

2025년 1월 필자

차 례

| 머리말 |

제1장 해외독립운동

Ⅰ. 1910~1920년대 김공집의 독립운동과 비행학교 ·················· 3
1. 머리말 ·· 3
2. 출생과 교육운동 ·· 5
3. 무장운동 준비와 독립자금 모금활동 ································ 9
4. 광동무관학교 입학과 수학 중단 ····································· 12
5. 중국무관학교들과 모스크바비행학교 유학 ····················· 20
6. 맺음말 ·· 25

Ⅱ. 1919~1922년 황기환의 유럽에서의 한국독립운동 ············· 27
1. 머리말 ·· 27
2. 파리강화회의 한국대표부 참여 ······································· 30
3. 구미위원부 파리·런던 사무소 관할 ································ 38
4. 대(對)유럽 한국홍보활동과 한인 후원 ···························· 45
5. 맺음말 ·· 51

Ⅲ. 1920년대 김경천의 항일무장투쟁 ······································· 53
1. 머리말 ·· 53
2. 일본 유학 ··· 55
3. 만주 망명과 서간도에서의 활동 ····································· 63
4. 연해주에서의 마적 토벌 ·· 68
5. 통합부대 '수청의병대' 지휘 ·· 72
6. 맺음말 ·· 82

Ⅳ. 1920~1940년대 한국독립운동과 권기옥의 비상(飛翔) ······· 85
　　1. 머리말 ·· 85
　　2. 3·1운동 참여와 독립운동자금 모집 ··· 87
　　3. 조국의 독립을 위한 비상(飛行) 준비 ·· 93
　　4. 중국 항공대에서의 비행 ·· 100
　　5. 부인회 재건과 비행대 편성 구상 ·· 109
　　6. 맺음말 ·· 112

제2장 광주학생운동

Ⅰ. 광주여자고등보통학교 학생들의 광주학생독립운동 참여 ··· 117
　　1. 머리말 ·· 117
　　2. 광주여자고등보통학교 독서회 '소녀회' 결성 ·· 119
　　3. 1929년 11월 광주여고보생들의 교내 시위 ··· 128
　　4. 1930년 1월 광주여고보생들의 백지동맹 ·· 141
　　5. 맺음말 ·· 151

Ⅱ. 광주학생운동의 해외 확산과 반향(反響) ······································· 154
　　1. 머리말 ·· 154
　　2. 중국의 한인·중국인의 인식과 호응 ··· 156
　　3. 일본지역 한인·일본인의 인식과 반향 ·· 172
　　4. 러시아지역의 한인·러시아인의 인식과 지지 ·· 179
　　5. 미주지역 한인·미주인의 인식과 후원 ··· 182
　　6. 맺음말 ·· 189

Ⅲ. 광주학생운동 이후 학생운동의 변화 ··· 191
　　1. 머리말 ·· 191
　　2. 학생운동의 조직 ·· 193
　　3. 학생운동의 형태 ·· 211
　　4. 맺음말 ·· 227

Ⅳ. 미군정기 신문들에 투영된 광주학생운동 ·································· 230
　1. 머리말 ·· 230
　2. 광주학생운동 기억 ·· 233
　3. 광주학생운동 기념 ·· 241
　4. 맺음말 ·· 250

제3장 독립유공자 선양

Ⅰ. 광복 후 안중근 기념사업의 역사적 의의 ································· 255
　1. 머리말 ·· 255
　2. 기념사업회 결성과 동상 건립 ·· 256
　3. 기념관 건립과 기념사업 기반 마련 ·· 263
　4. 기념사업 확대와 활성화 ·· 272
　5. 맺음말 ·· 285

Ⅱ. 광복 후 애국선열 선양정책 재조명 ··· 288
　1. 머리말 ·· 288
　2. 독립유공자 포상 ·· 290
　3. 국가기념일과 현양 시설 ·· 299
　4. 학술연구와 홍보·교육 ·· 308
　5. 맺음말 ·· 317

　▶ 참고문헌 ·· 320
　▶ 게재지 ·· 334
　▶ 찾아보기 ·· 336

• 표 차례

제2장 Ⅰ

〈표 1〉 1927~1931년 광주여자고등보통학교의 학생 현황　148
〈표 2〉 1929년 공립여자고등보통학교의 학생 현황　149
〈표 3〉 1927~1931년 광주고등여학교의 학생 현황　150
〈표 4〉 공립여고보와 고등여학교의 학생 현황　150

제2장 Ⅲ

〈표 1〉 1930년대 전반기 학생비밀결사　195
〈표 2〉 1930년대 전반기 학생비밀결사 연합조직　201
〈표 3〉 1930년대 전반기 학생반제동맹　202
〈표 4〉 1930년대 후반기 학생비밀결사　204
〈표 5〉 1940년대 전반기 학생비밀결사　207
〈표 6〉 1930년대 전반기 동맹휴학의 원인　212
〈표 7〉 1930년대 전반기의 동맹휴학　214
〈표 8〉 동아일보사 브·나로드운동의 성과(1931~1934)　220
〈표 9〉 조선일보사 문자보급운동의 성과　222
〈표 10〉 1930년대 후반기 동맹휴학　224

제2장 Ⅳ

〈표 1〉 미군정기 광주학생운동 기사를 수록한 신문들　232
〈표 2〉 제1회 학생의 날 기념 강연회　242

제3장 Ⅱ

〈표 1〉 1949~2009년 독립유공자 포상 현황　294
〈표 2〉 연도별 서훈자 중 발굴/신청 포상 현황(1992~2007)　296
〈표 3〉 독립유공자 묘소의 국립묘지 이장/국외봉환 현황(1993~2006)　304
〈표 4〉 국가보훈처의 독립운동 관련 학술회의 개최 및 지원 현황(단위 : 천원)　310

제1장

해외독립운동

Ⅰ. 1910~1920년대 김공집의 독립운동과 비행학교

1. 머리말

인류 최초의 동력 비행은 미국의 라이트(Wright) 형제가 미국 노스캐롤라이나의 키티 호크(Kitty Hawk)에서 플라이어(Flyer) 1호로 성공한 1903년 12월 17일이었다.[1] 일본에서의 첫 비행은 1910년으로 12월 14일에 히노 쿠마조[日野熊藏], 그로부터 5일 후에 도쿠가와 요시토시[德川好敏]에 의해 이루어졌다.[2] 한국에서는 1913년 일본 해군의 중기사(中技士) 나라하라 산지[奈良原三次]가 용산의 조선군 연병장에서 한 공개 비행이 처음이었다. 이어 1914년 8월 18일 일본 민간인 다카소[高左右隆之]가 용산 연병장에서 공개 비행을 하였고,[3] 1917년 9월 15일에는 미국인 스미스(Smith)가 여의도 비행장에서 곡예비행을 하였다.[4]

한국인으로는 미 육군 항공대에 들어가 1918년에 비행사가 된 이응호(미국명 George Lee),[5] 1920년 7월 미국 윌로우스에서 한인비행기학교를 졸업한 오임하(吳臨夏 또는 吳臨河)·우병옥(禹炳玉)·이용선(李用善)·이초(李超),[6] 일본 오쿠라[小栗]비행학교에서 공부하고 1920년 11월에 비행사

---

1) 사사편찬위원회, 『대한항공 10년사』, 주식회사 대한항공, 1979, 605쪽 ; 송성수, 「인류 최초의 동력비행에 성공한 라이트 형제」, 『기계저널』 44(1), 2004, 36쪽.
2) 竹內正虎, 『日本航空發達史』, 相模書房, 1940.
3) 사사편찬위원회, 『대한항공 10년사』, 605~606쪽.
4) 『뮈텔주교일기』 1917년 9월 15일 ; 『매일신보』 1917년 9월 16일, 「鳥人 須美須씨의 비행, 접신한 공중묘기」.
5) 한우성·장태환 지음 『1920, 대한민국 하늘을 열다』, 21세기북스, 2013, 39쪽.

가 된 안창남(安昌男),[7] 1922년 겨울 중국 난위안[南苑]항공학교를 졸업하고[8] 중국군에서 활동한 서왈보(徐日甫)[9] 등 많은 청년들이 미국·일본·중국에서 공부하고 비행사가 되었다. 그리고 그들 중 많은 이들이 독립운동을 위해 헌신하였다.

한국인 최초로 모스크바비행학교에 박태하(朴泰河)와 함께 유학하여 졸업한 김공집(金公緝)[10]도 비행사가 되어 독립운동을 전개하고자 하였다. 김공집에 대해서는 그의 후손이 가장 먼저 생애를 정리하였다.[11] 이어 박환이 김공집의 사망을 알린『동아일보』1927년 11월 4일 기사, 박태하가 김공집의 외아들 김정옥(金正玉)에게 보낸 1928년 1월 23일 편지, 주요한 편『안도산전서』(신정판)에 수록된 '안창호일기'를 토대로, 그리고 1991년 12월 18~27일 김공집의 묘소를 탐방한 후「최초의 러시아 비행학교 유학생 김공집」이라는 제목으로 김공집의 생애를 정리하였다. 이어 홍윤정과 최봉춘이 일제강점기에 활동한 한인 비행사들을 연구한 논문들에서 김공집을 언급하였다.[12] 그러나 김공집이 직접 작성한「이력서」,[13] 일제가 작

---

6) 국회도서관,『한국민족운동사료』(중국편), 국회도서관, 1976, 206~207쪽.
7) 『동아일보』1921년 7월 11일,「新비행가 안창남」.
8) 『개벽』33, 1923년 3월 1일,「북경에도 비행가」. 그런데 일제첩보문서에는 1923년 3월경 난위엔비행학교를 졸업하였다고 되어 있다.(일본외무성외교사료관 소장,『不逞團關係雜件:朝鮮人ノ部-在支那各地(제3권)』,「鮮人タル支那飛行學校教官ノ參戰ニ關スル件」, 1924년 12월 : 최봉춘,「중국 대륙 한인 비행사들의 항일항공 독립운동」, 발표집『초기 항공 선각자들의 항공사상과 한인 비행사들의 항일항공독립활동 고찰』, 대한민국 공군·공군역사재단, 백범김구기념관, 2015년 11월 19일.
9) 『동아일보』1924년 11월 7일,「江浙전선에서 활동하던 항공장교 서왈보씨」;『동아일보』1925년 1월 1일,「조선비행가 서왈보 교수 경력과 포부」.
10) 金公緝은 金公楫, 金公揖, 金公輯이라고도 자료들에 기록되어 있다.(최봉춘,「중국대륙 한인비행사들의 항일항공 독립운동」, 2015년 11월 19일)
11) 김종혁,『아세아의 큰별』, 새한기획출판부, 1993. 김공집에 대해 이 책에 수록된 내용은 많지 않다. 박태하가 보낸 편지, 사망 소식을 알린『동아일보』기사 정도이다.
12) 홍윤정,「독립운동과 비행사 양성」,『국사관논총』107, 국사편찬위원회, 2005 ; 崔鳳春,「民國時期 中國空軍航校 韓籍飛行員 考述」,『朝鮮·韓國歷史研究』14, 中國朝鮮史研究會, 2013 ; 최봉춘,「중국대륙 한인비행사들의 항일항공 독립운

성한 김공집 관련 문서들, 그리고 흥사단 자료들을 살펴보면, 김공집의 생애는 다시 정리되어야 한다. 이에 필자는 선행연구를 참조하면서, 새로운 자료들을 적극 활용하여 독립운동가 김공집의 생애를 정리하고자 한다.

2. 출생과 교육운동

김공집은 1896년 10월 25일 평안북도(平安北道) 정주군(定州郡) 아이보면(阿耳甫面) 대산리(大山里)에서 김낙행(金洛行, 1863년생)과 김씨(金氏, 1859년생)의 5남 1녀 중 네 번째 자식으로 태어났다. 3명의 형, 1명의 누나, 그리고 1명의 남동생이 있었다.[14] 공집은 이름이고 자(字)는 세쟁(世錚),[15] 본관은 경주이다.[16]

1900년부터 1907년까지 사숙(私塾)하였고, 1907년부터 1908년까지 대

동」, 2015년 11월 19일.
13) 「제107단우 金公緝 團友 이력서」(9-AH1209-000, 독립운동가 자료 안창호 이력서, 독립기념관 한국독립운동사정보시스템) 이 자필 이력서에는 김공집의 출생부터 흥사단 입단일인 1920년 5월 27일까지의 학력, 거주지, 직업, 가족 관계 등이 기록되어 있다.
14) 「제107단우 金公緝 團友 이력서」. 박환은 김공집의 호적등본을 근거로 1895년 10월 25일 평북 정주군 德彦面 대산리 511번지에서 태어났다고 하였다. 그런데 김공집이 태어난 당시 덕언면은 없었다.(越智唯七, 『新舊對照 朝鮮全道府郡面里洞名稱一覽』, 中央市場, 1917, 836쪽) 덕언면은 1931년 덕달면, 이언면, 아이포면이 합해져 만들어졌다. 국가보훈처 홈페이지에 수록된 독립유공자(공훈록)에도 1895년 10월 25일 출생으로 되어 있는데 김공집의 자필 이력서가 가장 정확한 자료라고 생각된다. 한편 일제의 첩보자료에는 정주군 아이포면 大山洞 411로 되어 있다.(일본외무성외교사료관 소장, 『불령단관계잡건 조선인의 부』 재외요주의조선인연명부, 대정 10년 2월 : 최봉춘, 「중국대륙 한인비행사들의 항일항공 독립운동」, 2015년 11월 19일.
15) 박환, 「최초의 러시아 비행학교 유학생 김공집」, 『러시아한인민족운동사』, 탐구당, 1995, 29쪽.
16) 디지털용인문화대전(http://yongin.grandculture.net)- '김공집'(2016년 5월 23일 검색)

산리 소학교(小學校)17)에서 공부하였다. 이어 1908년부터 오산(五山)학교에서 공부하여 1912년 오산학교 중학부를 졸업하였다.18) 오산학교는 1904년 12월 24일 이승훈(李昇薰)이 평안도 관찰사 박승봉(朴勝鳳)의 도움을 받아 정주군에 설립하였다.19) 1910년 12월 그리스도교를 학교의 종지로 하면서 고등보통과(중학부), 보통과(소학부)로 편성되었고, 교과목으로 수신·역사·지리·영어·산술·대수(代數)·헌법대의(憲法大意)·물리·천문학·생물·광물·창가·체조·훈련에 성경이 더해졌다.20) 1911년 선교사 로버트(Robert, Slacy L., 한국명 羅富悅)가 교장으로 초빙되면서 교직원과 학생 모두가 그리스도교신자가 되었다.21) 김공집이 재학 중 여준(呂準 : 1907~1911년)22)·이광수(李光洙 : 1910~1914년)23)·유흥모(柳永模, 1910년 봄~1914년)24)·윤기섭(尹琦燮)·조만식(曺晩植, 헌법대의와 지리 담당)·바우병(朴宇秉, 체조와 교련 담당) 등이 교사로 있었다. 신채호(申采浩)도 몇 달 동안 이 학교에서 학생들을 가르쳤다는데25) 김공집이 만났는지는 알 수 없다.

---

17) 이 소학교의 정확한 이름은 알 수 없다.
18) 『오산 70년사』에 의하면, 1907년 이승훈(李昇薰)이 설립한 오산학교의 제1회 졸업은 1910년, 제2회 졸업생은 1911년이었고, 김공집은 1912년에 15명의 동료들과 함께 3회 졸업생이라 한다.(오산70년사편찬위원회, 『오산 70사』, 오산70년사편찬위원회, 1977, 139~140쪽) 제1회 졸업생 김도태(金道泰)는 제1회 졸업식이 1910년 7월 1일에 있었다고 하였다.(김도태, 『남강 이승훈 傳』, 문교사, 1950, 231쪽) 그런데 자필 이력서에는 1913년까지 오산학교에 있었다고 되어 있다.(제107단우 金公緝 團友 이력서」
19) 김도일, 「남강 이승훈의 삶과 교육활동에 대한 기독교교육적 고찰」, 『기독교교육논총』 38, 2014, 62쪽.
20) 『오산 70년사』, 100쪽.
21) 『오산 70년사』, 94쪽.
22) 『오산 70년사』, 73~75쪽.
23) 『오산 70년사』, 82~83쪽.
24) 『오산 70년사』, 98쪽.
25) 『오산 70년사』, 100~101쪽.

오산학교에 입학하던 즈음 김공집은 아버지가 장로이고 어머니가 권사인 정주군의 그리스도교 집안의 14세 김씨와 결혼하였다.26) 이력서에 의하면, 김공집의 종교는 '예수교 장로파'로 되어 있는데 그리스도교 신자인 여성과의 결혼, 그리스도교 신자들이 경영하고 교육에 적극 참가한 오산학교에서 교육받은 영향이 클 것이다.

오산학교를 졸업한 김공집은 고향 정주군을 떠나 경기도 죽산군(竹山郡)으로 이주하여 1913년부터 1914년까지 삼악학교(三岳學校) 교원으로 활동하였다.27) 삼악학교는 여준이 오태선(吳台善)·오용근(吳龍根) 등과 협의하여 1908년 죽산군 원삼면(遠三面) 죽능리(竹陵里)에 설립하였다.28) 그가 삼악학교의 교원이 된 것은 오산학교의 스승 여준의 초빙에 의해서였을 것이다.

1914년 김공집은 남만주(南滿州) 봉천성(奉天省) 통화현(通化縣)에 위치한 신흥중학교(新興中學校)의 교원이 되어 1915년까지 활동하였다.29) 신흥중학교는 1911년 6월 22일 서간도 유하현(柳河縣) 삼원보(三源浦) 추가가(鄒家街)에 설립된 신흥강습소가30) 1913년 통화현 제6구 합니하(哈泥河)로 이전하고 명칭을 변경한 것이었다.31) 김공집이 삼악학교에서 신흥중학교로 옮겨간 것은 여준의 초빙 때문이었다고 생각된다.32) 여준은 오

---

26) 김종혁, 『아세아의 큰별』, 86쪽.
27) 「제107단우 金公緝 團友 이력서」
28) 『대한매일신보』 1908년 9월 19일, 「잡보」.
29) 「제107단우 金公緝 團友 이력서」. 그런데 박환이 정리한 신흥중학교의 교사들 이름에서 김공집은 찾을 수 없다.(박환, 「만주지역의 신흥무관학교」, 『사학연구』 40, 한국사학회, 1989, 371쪽) 자료를 찾을 수 없었기 때문이거나, 정식 교사가 아니었기 때문이라 생각된다.
30) 안동독립운동기념관 편, 『국역 백하일기』, 경인문화사, 2011, 85~86쪽.
31) 박환, 「만주지역의 신흥무관학교」, 370쪽 ; 서중석, 『신흥무관학교와 망명자들』, 역사비평사, 2001, 110쪽.
32) 김도태는 1911년 부임하여 일본 유학 떠나기 전인 1917년까지 삼악학교에 근무하였다고 했으니(『왜정시대인물사료』 6권 : 국사편찬위원회 한국근현대인물자료)

산학교 교원을 사직하고 1912년 서간도에 도착하였고,33) 1913년 신흥중학교 교장에 취임하였다.34) 자필이력서의 '학예'(學藝)에 '지지'(地誌), '최장기능'(最長技能)에 '지지'(地誌)라고 되어 있기 때문에 김공집이 이 학교에서 맡은 교과목은 지리였다고 생각된다. 그리고 지리 과목을 담당했다면 사용한 교과서는 『대한신지지』(大韓新地誌 : 1907년, 張志淵 저)였을 것이다.35) 그런데 김공집이 도착하였을 때 신흥중학교는 거듭되는 천재(天災)로 인하여 재정적으로 어려움을 겪고 있었다.36) 그 때문이었는지 1915년 김공집은 고향 정주로 돌아와 영창학교(永昌學校)37) 교원으로 1916년까지 근무하였다.38) 이 시기에 아들 정옥(正玉)이 태어났는데, 아들이 태어났을 때 김공집은 한국에 있지 않았다. 아내가 임신한 지 4개월만에 고향을 떠났기 때문이다.39)

1916년 김공집은 일본으로 향하였다.40) 그리고 1917년까지 도쿄[東京] 세이소쿠[正則]영어학교41)에서 영어를 공부하고, 이어 1918년까지 도쿄

삼악학교는 최소한 1917년까지는 존속하였다.
33) 이은숙, 『민족운동가 아내의 수기 : 西間島始終記』, 정음사, 1975, 24~25쪽.
34) 서중석, 「신흥무관학교와 망명자들」, 119쪽.
35) 박환, 「만주지역의 신흥무관학교」, 379~380쪽.
36) 박환, 「만주지역의 신흥무관학교」, 372쪽.
37) 1908년 정주군의 예수교 신자들이 정주군 관주면(觀舟面) 관삽동(觀挿洞)에 설립한 학교이다.(「사립영창학교 근황」, 『동아일보』 1921년 5월 15일)
38) 「제107단우 金公緝 團友 이력서」(9-AH1209-000, 독립운동가 자료 안창호 이력서, 독립기념관 한국독립운동사정보시스템)
39) 김종혁, 『아세아의 큰별』, 39쪽.
40) 김공집과 고향이 같고 오산학교 동창이며 삼악학교 교원이었던 김도태는 1916년 봄 도쿄로 가서(『오산70년사』, 140), 그해 12월 도쿄 세이소쿠[正則]영어학교에 입학하였다.(『왜정시대인물사료』 6권 : 국사편찬위원회 한국근현대인물자료) 김공집의 일본행과 상당한 관계가 있으리라 짐작되는데 자료는 찾을 수 없다.
41) 한국 학생들이 가장 많이 공부하던 학교. 1913년 통계이지만, 재일 한국 유학생 감독 아라키[荒木捨作]가 보고한 바에 의하면, 547명의 한국 학생이 57개의 관·공·사립학교에 다니고 있는데 가장 많이 입학한 학교가 세이소쿠영어학교, 그 다음이 메이지[明治]대학이었다.(「현재 內地 조선 유학생」, 『매일신보』 1913년 2월

게이오의숙[慶應義塾]에서 이재과(理財科)를 공부하였다.42) 3년여 동안 세 학교에서 교육을 하였지만, 국권 상실 이후였고 일제의 무단통치가 강압되고 있었기에 식민의 현실을 무시할 수 없었기 때문일 것이다. 그래서 한국을 식민 통치하고 있던 일본으로 건너가 공부하였고, 1918년 일본에서 귀국하여서는 상하이[上海]로 건너갔고, 이듬해인 1919년 상반기에는 만주 안동현(安東縣)43)에 머물렀다.44)

3. 무장운동 준비와 독립자금 모금활동

1919년 9월 15일 오후 6시 15분경 만주 펑톈성[奉天城] 내 샤오난먼[小南門] 뒤 톈청[天成]여관 제2호실에서 폭탄 제조 중 실수로 전성인(田誠忍)이 사망하였는데45) 55명의 이름과 주소가 기재되어 있는 전성인의 수첩에 김공집의 이름이 53번째로 기록되어 있었다.46) 주소는 기록에 없었는데 자필이력서(「제107단우 김공집 단우(金公緝 團友) 이력서」)에 의하면 이때 김공집은 경성(京城 : 이하 서울로 표기)에 있었다. 그런데 이 사건 발생과 동시에 서로군정서(西路軍政署) 의용대장(義勇隊長) 이석(李錫, 본명 濬鏞)이 상하이로 피신하여 김공집·이영운(27결사대원)·이한산(李韓山) 등과 같이 폭탄 제조를 계속하였다고 한다.47) 김공집의 이력서에 의하

28일)
42) 「제107단우 金公緝 團友 이력서」
43) 오늘날의 단동(丹東). 평안도 용암포와 압록강을 경계로 한 지역인데 김공집의 고향인 평북 정주에서 가장 가까운 중국 땅이었다.
44) 「제107단우 金公緝 團友 이력서」
45) 慶北警察部, 『高等警察要史』, 252~253쪽 ; 『국역고등경찰요사』(안동독립기념관 자료총서 3), 선인, 2010, 438~439쪽.
46) 金正明, 『明治百年史叢書 朝鮮獨立運動 II-民族主義運動 篇』, 東京 : 原書房, 1967, 859~860쪽.
47) 『동아일보』 1920년 7월 6일, 「독립운동의 급진파 모험단 수령 체포」 ; 독립운동

면 1919년 하반기에는 서울에 있으면서 13도총간부(道總幹部)[48]의 교통부 부장으로 활동하였다.[49] 즉 1919년 하반기에 김공집은 상하이와 서울을 오가면서 독립운동을 전개하였다.

13도총간부는 1919년 음력 8월경[50] 서울 가회동(嘉會洞)의 취운정(翠雲亭)에서 강택진(姜宅鎭)[51]·박상목(朴尙穆)·박시묵(朴時默)·송병조(宋炳朝)·윤태선(尹台善) 등이 군자금 모집을 목적으로 조직한 비밀결사였다. 강택진은 1919년 2월경 중국 지린[吉林]으로 갔다가 독립운동자금 모금을 위하여 5월경[52] 현정근(玄貞根)으로부터 박시묵에 대한 소개장을 가지고 서울로 돌아왔다. 박시묵을 만난 후 상하이로 밀항하여 대한민국임시정부(이하 '임정'으로 약칭)의 사정을 알아보고 음력 7월경 다시 서울로 돌아와 독립운동자금 모집을 위해 13도총간부를 조직하였다. 그리고 총무·노동·재무·경무·편집·교통·교섭의 7개 부서를 설치하고 전국 각지의 부호들에게 애국금 출연 권유 유고문[53]을 발송하여 독립운동자금을 모금하였다.[54] 선행 연구들은 김공집이 한성정부의 13도 간부로 활동하였다고 기

사편찬위원회, 『독립운동사』 7(의열투쟁사), 고려서림, 1983, 271~272쪽.
48) 김공집은 이력서에 '13 道總幹部'라 기록하였는데, 『매일신보』는 '조선 13도 總監部'라 칭하였다.(『매일신보』 1920년 11월 25일, 「가정부 자금 모집 기관의 조선 13도 總監部를 설치, 총감부장으로는 모귀족을 추대하기로 정하고서」)
49) 「제107단우 金公緝 團友 이력서」
50) 음력 8월 1일은 양력 9월 24일, 8월 30일은 10월 23일.
51) 독립유공자정보에 의하면, 연통제 기관으로 '13도 총간부'를 조직하고 교섭부장을 맡았다고 한다. 그런데, 연통제는 1919년 7월 10일 출발하였고, 전국의 각 도·군·면에 각각 감독부(監督府)·총감부(總監府)·사감부(司監府)를 두었다. 그리고 도·군·면의 각 직제는 감독부는 감독부감독-서기-재무원, 총감부는 총감(總監)-부감(副監)-서기-재무원(財務員), 사감부는 사감-서기-재무원이었다.(박민영, 「대한민국임시정부의 연통제 시행과 운영」, 『대한민국임시정부수립 80주년 기념 논문집』(상), 국가보훈처, 1999, 341~344쪽)
52) 음력 5월 1일은 양력 5월 19일, 5월 30일은 6월 27일. 1919년 상반기에 남만주 봉천성에 있었다는 김공집의 이력서를 보건데 이즈음 만났을 가능성이 있다.
53) 국사편찬위원회, 『한국독립운동사자료』 3(임정편 III), 1973.
54) 「강택진·곽병도 판결문(대정 9년 형공 제1581호)」, 『독립운동사자료집』 10(독립

술하였는데55) 오해이다. 국내에서 조직된 임시정부는 조선민족임시정부(4월 9일 : 서울), 신한민국(新韓民國)정부(4월 17일 : 평북 철산·선천·의주), 세칭 한성(漢城)정부(4월 23일 : 서울)인데 이들 정부의 직제에 교통부는 신한민국정부와 세칭 한성정부에 있었고, 신한민국정부는 교통부장(문창범文昌範), 세칭 한성정부는 교통부총장(문창범)이었다.56) 13도총간부는 상하이 임정과 관련되어 군자금 모집을 목표로 결성된 단체이며 한성정부와는 무관하다. 1919년 11월 '대한임시정부 13도총간부' 명의의 부훈(部訓) 제1호는 13도총간부가 임정 산하 조직임을 분명히 하였는데,57) 곧 일제에 탐지되어 13도총간부 관련자들에 대한 체포령이 내렸다. 그래서 1920년 2월 안창호가 서울로 갈 것을 제안하였을 때 일제의 체포령 때문에 갈 수 없다고 상하이에 있던 김공집은 거절하였다.58) 국내에서는 1920년 2월 13도총간부 참모(參謀) 윤태선(尹台善)이 함북(咸北)경찰서의 조회를 받은 경기도경찰에게 체포되어 함북으로 압송되었다.59) 그리고 1920년 11월 3일에는 관련자 수십 명이 체포되었고,60) 1921년 5월 25일 공판에서 강택진·곽병도(郭炳燾)가 제령 위반으로 각각 징역 2년, 징역 1년 6월을 언도받았다.61)

    군전투사자료집), 독립운동사편찬위원회, 1984, 848~849쪽 ; 「강택진·곽병도 판결문(경성지방법원, 1921년 6월 3일)」
55) 국가보훈처,『독립유공자공훈록』10, 국가보훈처, 1993, 45~46쪽 및 박환,「최초의 러시아 비행학교 유학생 김공집」, 129쪽.
56) 고정휴,「세칭 한성정부의 조직주체와 선포경위에 대한 검토」,『한국사연구』97, 1997, 172쪽.
57) 「임시정부령 제1호(3)」(3-003860-254, 임시정부 규정·규약집, 독립기념관 한국독립운동사정보스시템)
58) 『안창호일기』1920년 7월 21일.
59) 『독립신문』1920년 2월 3일,「總幹部 참모 被捕」.
60) 『매일신보』1920년 11월 25일,「가정부자금모집기관의 조선 13도 總監部를 설치, 총감부장으로는 모 귀족을 추대하기로 정하고서」;『매일신보』1921년 3월 19일,「憂國金을 모집코져, 취운정 산 속에 몰래 모여 가지고 징수할 기관을 조직해」.
61) 『동아일보』1921년 5월 25일,「정치범 2인의 공판도 오늘」;『동아일보』1921년

한편 텐청여관에서의 폭탄 사고 이후 상하이로 온 이석이 이칠결사대(二七決死隊)의 사령관 격이었기에 김공집도 27결사대에 참여한 것으로 이해된다. 27결사대는 1919년 2월 이석의 형 이탁(李鐸)이 이완용(李完用) 등 매국노를 총살하기 위해 조직하였다. 그러나 결사대원 27명의 이름 중에서 김공집은 찾을 수 없다.62) 개연성은 있지만 김공집이 27결사대원이었다는 자료는 없다.

4. 광둥무관학교 입학과 수학 중단

1920년 2월 18일 김공집은 이석과 함께 임정 노동국총판(勞動局總辦)63) 안창호(安昌浩)를 방문하여 항해학(航海學) 공부를 하고 싶다며 힘써 줄 것을 부탁하였다.64) 이틀 전인 2월 16일에는 이석을 통하여 안창호에게 항해술을 배우고 싶다는 의사를 표명하였다.65) 그런데 이보다 약 한 달 전인 1월 29일 이석은 안창호를 방문하여 비행기·항해술·공학을 배우기 위해 미국에 유학하고 싶어 하는 사람이 있다며 도미(渡美) 등의 일을

6월 4.일,「김찬호 등 판결」.
62) 독립운동사편찬위원회,『독립운동사』7(의열투쟁사), 고려서림, 1983, 268~272쪽.
63) 통합 임정의 성립으로 1919년 9월 11일 내무총장에서 노동국총판으로 전임되었다.(『대한민국임시정부공보』호외, 1919년 9월 11일 : 국사편찬위원회,『대한민국임시정부자료집』1(헌법·공보), 국사편찬위원회, 2005, 47쪽) 1920년 1월 13일 현재 임정에는 대통령 이승만 외에 국무총리(李東輝), 내무총장(李東寧), 외무총장(朴容萬), 군무총장(盧伯麟), 법무총장(申奎植), 학무총장(金奎植), 재무총장(李始榮), 교통총장대리(金澈) 등이 있었는데 노동국총판이었던 안창호를 찾아간 것은 안창호의 비행기에 대한 큰 관심 때문이었을 것이다.
64)『안창호일기』1920년 2월 18일. 이글에서는 도산안창호선생전집편찬위원회,『도산안창호전집』제4권(일기), 도산안창호선생기념사업회, 2000에 수록된 일기를 활용하였다.
65)『안창호일기』1920년 2월 16일.

부탁하였다.66) 당시 이석이 안창호에게 부탁한 사람이 김공집이었던 것 같다.『안창호일기』에 의하면, 1920년 1월 29일 이후 2월 16일에 김공집 의 이름을 언급하기 전까지 이석이 안창호를 방문한 것은 2월 8·10·12·15 일인데 항해술이나 도미 등에 대한 내용은 없기 때문이다.

김공집이 이석을 통하여 안창호에게 항해술을 배우고 싶다고, 그래서 미국에 가고 싶다고 한 것은 비행기에 대한 임정과 안창호의 각별한 관심 때문이었을 것이다. 임정은 1919년 11월 5일 법률 제2호로「대한민국임시 관제」는 군무부가 육군 비행대와 해군 비행대에 관한 사항을 장리(掌理)한 다고 규정하였다.67) 1920년 1월 13일 발표한 '국무원 포고 제1호'에서 비 행대 편성 문제를 중심한 비행사 양성소 설치를 표명하였고,68) 1920년 3 월 발포한「대한민국임시정부 시정방침」에 비행기대 편성을 규정하였다. 비행기를 구입하여 선전용으로 활용하겠다는 계획이었다.69) 이는 대부분 안창호의 생각이었는데, 안창호는 독립운동 수행에 비행기가 중요한 역할 을 하리라 예상하였다.70)

임정에서 비행기에 관심을 기울인 것은 안창호와 군무총장 노백린(盧伯 麟)이었는데, 당시 노백린은 미국에 있었다.71) 안창호는 1920년 1월 3일 상하이 거주 교포들의 신년 축하회 연설에서 독립전쟁을 위해 대포·소총· 비행기 등 여러 가지 준비할 것이 많다고 하였다.72)『안창호일기』를 보면,

---

66)『안창호일기』1920년 1월 29일.
67) 국사편찬위원회,『대한민국임시정부자료집』1(헌법·공보), 54쪽.
68)『독립신문』1920년 2월 5일,「국무원 포고」; 독립운동사편찬위원회,『독립운동사』 4(임시정부사), 고려서림, 1973, 397~398쪽 ; 독립운동사편찬위원회,『독립운동사 자료집』7(임시정부사 자료집), 독립유공자사업기금운용위원회, 1973, 1209쪽.
69) 국회도서관,『한국민족운동사료』(중국편), 108·110쪽.
70) 홍선표,「대한민국임시정부의 공군 건설 계획과 추진」,『군사』97, 국방부 군사연 구소, 2015, 183쪽.
71) 홍윤정,「노백린의 미국에서의 독립운동(1916~1921) : 하와이의 국민군단, 윌로우 스의 호국독립군단·비행기학교를 중심으로」,『백산학보』70, 백산학회, 2004 참조.
72)『독립신문』1920년 1월 8일,「우리 국민이 斷定코 실행할 六大事」.

안창호가 비행기 구입을 위해 그리고 비행사를 구하기 위해 많은 노력을 기울였다는 것을 알 수 있다.73)

비행사가 되고 싶어한 김공집의 계획은 광둥[廣東]행으로 결정되었다. 1920년 2월 29일 김공집은 박현환(朴賢煥)과 함께 안창호를 방문하여 광둥 유학 속행이 어떤가 물었고, 안창호는 결심하였으니 속행할 수 있다고 대답하였다.74) 박현환은 김공집과 마찬가지로 오산학교 3회 졸업생이고,75) 1913년부터 1917년 8월까지 세이소쿠[正則]영어학교에 다녔다.76) 독립신문사에서 일하던77) 박현환은 1920년 2월 18일에 안창호를 방문하여 손영필의 주선으로 광둥에 비행기 공부를 위해 가는 것이 어떤가 물었고, 안창호는 허실(虛實)을 자세히 알아보겠노라 답하였다. 다음날인 2월 19일 안창호는 김홍서(金弘敍)78)로 하여금 광둥정부 법무총장 쉬첸[徐謙]을 통하여 광둥의 비행 항해 및 육해군 학교에 한국 학생이 유학할 수 있는지를 문의하였고,79) 2월 24일 중국인과 같은 조건으로 한국인도 무관학교에 입학할 수 있다는 광둥정부의 답전(答電)을 받았다.80)

임정은 한인 비행대 편성에 많은 노력을 기울였으나 독자적으로 공군력을 양성할 수 없었으므로 중국의 항공학교에 한인 청년들을 위탁하여 비행술을 배우게 하였다.81) 1920년을 전후하여 북양군벌시기(1912~1926

---

73) 『안창호일기』 1920년 1월 15·16·18·19·20·22·24·25·31일, 2월 2·7·17·18일 참조.
74) 『안창호일기』 1920년 2월 29일.
75) 『오산 70년사』, 140쪽.
76) 「제105 단우 朴賢煥 이력서」(9-AH1207-000, 독립운동가자료 안창호 이력서, 독립기념관 한국독립운동사정보시스템)
77) 1919년부터 1920년 5월 6일 현재『獨立新聞』및『新韓青年』기자.(「제105 단우 朴賢煥 이력서」;『안창호일기』 1920년 2월 16일.
78) 1920년 2월 9일까지 임정 국무원 參事.(『대한민국임시정부공보』 12, 1920년 2월 12일 :『대한민국임시정부자료집』 1, 76~77쪽)
79) 『안창호일기』 1920년 2월 19일.
80) 『안창호일기』 1920년 2월 24일.
81) 정제우, 「대한민국임시정부의 비행사 양성과 공군 창설 계획」,『대한민국임시정

년) 중국 각 지방의 군벌들은 대부분 비행대(항공대)·비행학교(항공학교)·비행훈련소를 가지고 있었다. 베이징[北京]·동북 만주(滿洲)·광둥[廣東]·광시[廣西]·허난[河南]·허베이[河北]·산둥[山東]·산시[山西]·후난[湖南]·후베이[湖北]·장쑤[江蘇]·저장[浙江]·푸젠[福建]·쓰촨[四川]·윈난[雲南]·구이저우[貴州]·신장[新疆]에 항공학교 및 여러 항공기관들이 있었다.[82]

김공집이 가고 싶어 한 곳은 비행학교였고, 박현환도 비행학교를 희망했는데 두 사람이 입학을 허락받은 학교는 광둥의 무관학교였다. 당시 광둥에는 1920년 11월 쑨원[孫文]이 광저우[廣州]에 호법군(護法軍) 정부를 수립하고 광저우 다샤터우[大沙頭]에 설치한 항공국 산하에 2개의 비행대가 있었다.[83] 광둥행에 손영필의 주선을 물었음에도 안창호가 김홍서에게 광둥의 상황을 알아보라고 한 이유는, 무관학교 유학 주선을 둘러싸고 김희선(金羲善)과 손영필이 충돌한 때문일 것이다.[84] 당시 김홍서는 임정 국무원 참사를 사임한 상태였는데,[85] 안창호는 「흥사단약법」(興士團約法)의 인쇄 교정을 맡길 만큼[86] 김홍서를 가깝게 생각하였다.[87]

그런데 광둥 행은 박현환의 의견이었던 것 같다. 박현환과 함께 안창호를 방문한 이틀 후인 1920년 3월 2일 김공집은 혼자서 안창호를 방문하였다.[88] 이때 무슨 대화를 하였는지는 알 수 없다. 3월 8일 김공집은 다시

부 수립 80주년 기념 논문집』, 국가보훈처, 1999, 47쪽.
82) 최봉춘, 「중국대륙 한인비행사들의 항일항공 독립운동」, 2015년 11월 19일.
83) 위와 같음.
84) 『안창호일기』 1920년 2월 17일에 "金羲善 君이 來訪함에 孫永弼 君이 무관학교에 유학 주선하는 事에 대하여 서로 충돌되는 것보다 善히 타협하여 연락을 取함이 유익하겠고"라고 기록되어 있다.
85) 「대한민국임시정부공보」12호, 1920년 2월 12일, 『대한민국임시정부자료집』1(헌법·공보), 76쪽.
86) 『안창호일기』 1920년 1월 22일.
87) 흥사단 단우 서약은 1920년 9월 9일에 하였다.(흥사단100년사위원회, 『흥사단100년사』, 사단법인 흥사단, 2013, 1136쪽)
88) 『안창호일기』 1920년 3월 2일.

안창호를 방문하여 미국 유학에 뜻이 있다고 말하였다.[89] 『신한민보』와 『독립신문』의 기사[90]를 통하여 미주에서 진행되던 한인 청년들의 비행학교 소식을 알 수 있었기 때문이다. 그러나 안창호는 긍정적인 답을 하지 않았던 것 같다. 그랬기에 광동행에 관련되었던 손영직(孫永稷)을 믿기 어렵다고 3월 12일 안창호를 방문하여 말하였다. 안창호는 자신도 알지는 못하지만, 이미 시작하였으니 광동에 가보라고 하였다. 그날 안창호는 손영직의 방문을 받았고, 그로부터 광동에 한인 학생 20명을 보낼 수 있는데 14명이 파견된 상태라는 말을 들었다. 또한 광동에 가면 먼저 한어(漢語)와 권술(拳術)을 공부하고, 이어 항해술과 육군학을 공부한다는 말도 들었다.[91] 당시 손영직은 임시의정원 의원이었다.[92] 며칠 후 김공집은 박현환과 함께 다시 안창호를 방문하여 손영직을 믿기 어려우므로, 광동으로 갈 수 없다고 하였는데, 안창호는 이미 약속한 것이고, 적어도 여행이라는 이익은 있을 것이라며 광동에 가라고 하였다.[93]

1920년 4월 29일 김공집은 박현환과 함께 광동에서 상하이로 돌아와 안창호를 방문하였다.[94] 3월 16일 안창호를 방문하였으니 그 직후 광동으로 떠났다면 한 달여 만에 상하이로 돌아온 것이다. 4월 30일 김공집은 박현환 그리고 김형균(金亨均)과 함께 안창호를 방문하여 광동에서의 일들을 보고하였다.[95] 국무원서기(國務院 書記)였던[96] 김형균은 1920년 2월 12

---

89) 『안창호일기』 1920년 3월 8일.
90) 『신한청년』 1919년 8월 26일, 「두 청년의 비행학교 입학」; 1919년 9월 2일, 「오림하씨의 비행학교 입학, 한인비행학생이 지금 3인」; 1919년 9월 4일, 「노정민씨의 비행학교 입학, 다수 동지의 입학을 지원」; 1919년 10월 14일, 「노정민씨의 비행학교 필업」; 『독립신문』 1920년 2월 17일, 「비행가 3명」.
91) 『안창호일기』 1920년 3월 12일.
92) 『독립신문』 1920년 2월 26일, 「법정의원수 부족 문제」; 국사편찬위원회, 『대한민국임시정부자료집』 2(임시의정원 I), 국사편찬위원회, 2005, 57쪽.
93) 『안창호일기』 1920년 3월 16일.
94) 『안창호일기』 1920년 4월 29일.
95) 『안창호일기』 1920년 4월 30일.

일 안창호를 방문하여 광둥무관학교에 유학하려는데 여비가 부족하다며 도움을 청하였다.[97] 그리고 며칠 후 안창호에게서 광둥행 여비로 26원을 받았고,[98] 속히 출발하겠노라 하였다.[99] 즉 김공집·김형균·박현환은 광둥무관학교로 갔다가 한 달여만에 상하이로 돌아왔다. 김공집은, 자신이 한국학생대표로 웅월(熊鉞)에게 갔으나 말을 못하고 왔노라 안창호에게 보고하였다.[100] 이에 대해 박환은 김공집을 포함하여 광둥무관학교에 있던 한국 학생들이 상하이로 돌아온 이유가, 중국인 웅월이 한국 학생들을 비도(匪徒)라고 신문에 게재한 때문이라 하였다.[101]

김공집 등이 도착하였을 때 광둥무관학교에는 14명의 한인 학생이 있었고, 김공집 등 3명이 추가되었으니 1920년 4월 말에 상하이로 돌아온 한인 학생은 17명이었을 것이다. 안창호는 손영필(孫永弼)에게 광둥에서 온 학생들이 살아갈 방도를 세우라고 하였으며,[102] 광둥에서 온 학생 모두를 방문하고 위로하였다.[103] 손영필에게 이 일을 맡긴 것은 그가 박현환 등 한인 학생들의 광둥무관학교 유학을 주선하였기 때문이다.[104]

광둥에서 돌아온 김공집은 1920년 5월 27일 흥사단 단우로 서약하였다.[105] 미주 흥사단의 지부 조직, 즉 중국에서의 흥사단인 '흥사단 원동임시위원부'(興士團遠東臨時委員部 : 이하 원동흥사단으로 약칭)가 결성된

---

96) 1919년 11월 29일부터 1920년 8월 17일까지 국무원 서기.(국사편찬위원회, 『대한민국임시정부자료집』 1(헌법·공보), 2005, 64쪽 ; 『대한민국임시정부자료집』 8(정부수반), 2006, 132쪽)
97) 『안창호일기』 1920년 2월 12일.
98) 『안창호일기』 1920년 2월 16일.
99) 『안창호일기』 1920년 2월 17일.
100) 『안창호일기』 1920년 5월 7일.
101) 박환, 「최초의 러시아 비행학교 유학생 김공집」, 『러시아한인민족운동사』, 탐구당, 1995, 130쪽.
102) 『안창호일기』 1920년 5월 1일.
103) 『안창호일기』 1920년 5월 6일.
104) 『안창호일기』 1920년 2월 17·18일.
105) 『안창호일기』 1920년 5월 27일.

것은 1920년 9월 20일이었다.106) 그런데 원동흥사단 조직은 1920년 1월부터 시작되었고107) 김공집은 정식 결성 이전에 단우로 서약하였다.108) 김공집이 흥사단에 대하여 들은 것은 1920년 2월 18일 이석과 함께 안창호를 방문했을 때였다. 원동흥사단 조직을 시작한 초기였던 당시 안창호는 두 사람에게 흥사단에 대하여 설명하였다.109)

1920년 6월 중순 김공집은 민병위(閔丙偉)110)과 함께 김창숙(金昌淑)을 따라 광저우로 갔다가111) 7월 13일경 돌아왔다.112) 그런데 김공집이 상하이를 출발한 후 소식이 없다며 안창호는 6월 하순 광둥무관학교에 대해 알아보던 김홍서(金弘敍)를 보내기로 결정하였다.113) 이탁(李鐸)·신두식(申斗湜)114)도 김공집의 소식을 물었다.115) 안창호는 김홍서로 하여금 광둥

---

106) 흥사단100년사위원회,『흥사단 100년사』, 171쪽.
107) 흥사단100년사위원회,『흥사단 100년사』, 170쪽.
108) 상하이에서 가장 먼저 서약한 것은 1920년 4월 29일 이광수(李光洙)이고, 이어 5월 6일에 주요한과 박현환, 5월 27일에 김공집과 김여제(金輿濟)가 서약하여 9월 20일 이전까지 12명이 서약하였다.(흥사단100년사위원회,『흥사단 100년사』, 1135~1136쪽)
109)『안창호일기』1920년 2월 18일.
110) 김창숙은 김공집과 민병위를 학생이라 하였다. 민병위는 1921년 12월 4일 현재 省立 농업학교 학생이었다.(『독립신문』1921년 12월 26일,「我學生界의 상황」)
111)「雜記」,『心山遺稿』(한국사료총서 제18권) 권5, 국사편찬위원회, 1985. 김창숙은 1919년 8월부터 1920년 4월까지 광둥에서 항일독립외교운동을 전개하여 20만원을 모금하였는데 돈을 관리하던 중국인 이문치(李文治)가 돈을 가지고 달아나 상하이로 돌아왔다. 두 달 후인 6월에 쑨원이 광주로 되돌아가자 이 돈을 찾을 수 있을까 하여 갔었다.(염인호,「심산(心山) 김창숙(金昌淑 : 1879~1962)의 재중국 독립운동에 관한 일고찰」,『대동문화연구』43, 성균관대학교 대동문화연구원, 2003 참조)
112)『안창호일기』1920년 7월 13일.
113)『안창호일기』1920년 6월 29일.
114) 1920년 3월 4일부터 5월 20일까지 임정 내무부 비서국장.(『대한민국임시정부자료집』1(헌법·공보), 96쪽 ;『대한민국임시정부자료집』27(내무부·교통부·재무부·문화부), 2008, 54쪽)
115)『안창호일기』1920년 6월 30일

에 전보를 보내게 하는 한편, 주요한(朱耀翰)에게는 김공집의 오산학교 동창이고 3월에 함께 광둥에 갔었던 박현환을 방문하여 김공집의 소식을 알아보도록 하였다. 그런데 김공집은 박현환에게 편지와 흥사단원 통상 보고를 했었다.116) 광저우에서 돌아온 지 약 일주일 후인 1920년 7월 21일 김공집은 안창호로부터 미(美) 의원단에게 보낼 진정서를 가지고 서울에 갈 것을 문의받았다. 그러나 13도총간부 임원으로 일제의 체포령이 내려졌으므로 입국할 수 없다고 거절하였다.117)

이후 김공집은 한동안 흥사단원으로 상하이에서 활동하였다. 1920년 11월 29일 상하이의 단소(團所)에서 열린 흥사단 제7회 원동 대회의 운동회에서 유연체조(柔軟體操 : 필자 주 - 맨손체조)로 3등을 하였고,118) 제8회 원동 대회의 준비위원 중 한 사람으로 지정받았다.119) 한편 1920년 3월부터 1921년 2월까지의 단보대(團報代) 1.20원을 1920년 11월 25일에, 1921년 3월부터 12월까지의 단보대 1원을 1922년 12월 31일에 납부하였다.120) 또한 예년금(例年金)을 위반하여 징계금을 받기도 하였지만,121) 제14반원으로 1921년 1계분(季分) 예연금 1엔(円)을 1920년 12월 30일 납부하였고,122) 1921년 4월 1일에도 예연금 1원을 납부하였다. 그리고 1922년 1월

---

116) 『안창호일기』 1920년 7월 2·3·12일.
117) 『안창호일기』 1920년 7월 21일.
118) 「제7회 遠東大會 경과」(1920년 12월 29~30일)(1-H00637-000, 독립운동가자료 안창호 회의록, 독립기념관 한국독립운동사정보시스템)
119) 준비위원장은 손정도(孫貞道), 준비위원은 이사부(理事部)에서 지정한 주요한(朱耀翰)·이규서(李奎瑞)·김홍서(金弘敍)·김공집(金公緝 : 궐석)·김복형(金復烱), 위원회에서 지정한 차리석(車利錫)·김정묵(金鼎穆)·유상규(劉相奎)였다. (「본단의 장래[제7회 원동대회 ; 안창호] (1920년 12월 30일)」(1-H00686-000, 독립운동가자료 안창호 연설문, 독립기념관 한국독립운동사정보시스템)
120) 「團報代」(1-H01854-000, 미주흥사단 흥사단 목록, 독립기념관 한국독립운동사정보시스템)
121) 「흥사단 징계금 목록」(1-H01856-000, 미주흥사단 흥사단 목록, 독립기념관 한국독립운동사정보스시템)
122) 「흥사단 이사부(事部長) 재정수납 보고철」(1-H00667-000, 미주흥사단 흥사단

9일 쓰촨성 루저우강무당[瀘州講武堂][123]으로 떠나기 전까지 제18반장으로 활동하였다.[124]

1921년 2월 16일 김공집은 상하이에서 노동이라도 하는 것이 어떻겠냐고 안창호에게 물었다. 합당한 곳이 있으면 그렇게 할 수도 있다는 것이 안창호의 대답하였다.[125] 이석을 통하여 안창호에게 항해술을 배우고 싶다는 의견을 표명하고, 이후 광동무관학교에 갔다가 한 달여만에 돌아오고, 다시 김창숙과 함께 광동에 갔다가 약 한 달만에 돌아온 지 반년이라는 시간이 지난 때였다. 비행학교는커녕 무관학교에서 공부할 수 있는 길도 보이지 않았던 당시 그의 주소는 상하이 법계(法界) 개자이노(愷自邇路) 장안리(長安里) 263호였다.[126]

5. 중국무관학교들과 모스크바비행학교 유학

1922년 1월 7일 김공집은 '레닌의 사적(事蹟)'이라는 연제로 상하이의 흥사단 단소에서 25명의 청중을 대상으로 강연하였다.[127] 그리고 이틀 후 흥사단 단우(團友) 이영운(李英雲), 비(非)단우 김득하(金得河)·이춘성(李春成)과 함께 쓰촨성[四川省] 루저우강무학교에 입학하기 위해 상하이를 출발하였다.[128] 상하이에서 노동이라도 하겠다고 안창호에게 말한 지 11

보고서, 독립기념관 한국독립운동사정보시스템)
123) 강무당, 강무학교, 강무사관학교 등 여러 명칭이 사용되었다.
124) 「손정도가 송종익(宋鍾翊)에게 보낸 청원서」(1-H00616-000, 독립운동가자료 안창호 서신류, 독립기념관 한국독립운동사정보스시텝)
125) 『안창호일기』 1921년 2월 16일.
126) 日本外務省外交史料館所藏, 「不逞團關係雜件:朝鮮人ノ部--在外要注意朝鮮人連名簿」, 大正 10年2月 : 최봉춘, 「중국대륙 한인비행사들의 항일항공 독립운동」, 2015년 11월 19일.
127) 「1922년 1월 중 강연회 경과보고」(1-H00625-000, 미주흥사단 흥사단 보고서, 독립기념관 한국독립운동사정보시스템)

개월만이었다. 그런데 쓰촨성으로 출발하기 전 김공집은 상하이에 머무르며 항저우[杭州] 청년회학교에 다니고 있었으며, 김세쟁(金世錚)이라는 이름으로 중국에 귀화하였다.129) 루저우강무당에 입학하였으나 쓰촨성 군벌들간에 전투가 전개되자130) 김공집은 상하이로 돌아왔고, 흥사단 단소에서 '사천 경력담'(四川 經歷談)이라는 연제로 강연하였다.131)

1922년 10월 김공집은 허난성[河南省]에 있는 한단[邯鄲]군사강습소에 입학하기 위해 상하이를 출발하였다.132) 일제의 첩보 자료에도 1922년을 전후하여 한단무관학교에 평안도인 김세쟁이 있었고 후에 상하이로 갔다고 기록되어 있다.133) 1923년 흥사단 원동단우(遠東團友) 반 조직표에도 15반에 속하는 김공집이 허난[河南]에 있다고 기록되어 있다.134) 그리고 1923년 7월부터135) 1924년 2월 말까지 흥사단원으로서 오랜 동안 보고하지 않았는데136) 1925년 1월 말 김공집의 주소는 광시[廣西] 우저우[梧州]

---

128) 「1922년 1월 중 중요 경과사항 보고」(1-H00624-000, 독립기념관 한국독립운동사정보스시템)
129) 「상해 在留鮮人 支那에의 귀화에 관한 건」(公信 제141호, 不逞團關係雜件-鮮人의 部-在上海地方(4), 발신 船津辰一郎(上海 총영사), 수신 內田康哉(외무대신), 발신 1922년 3월 11일)
130) 박환, 「최초의 러시아 비행학교 유학생 김공집」, 130쪽. 연구자들은 이러한 내용의 근거가 金承學, 『韓國獨立史』, 독립문화사, 1965, 407쪽에 있다는데 필자가 찾아본 바로는 없다.
131) 「諸狀況報告」(1-H00633-000, 미주흥사단 흥사단 보고서, 독립기념관 한국독립운동사정보스시템)
132) 위와 같음.
133) 「北京 天津 부근 在住 조선인의 상황 보고서 進達의 건」(조선인에 대한 施政 관계 雜件 일반의 部 3, 機密 제123호, 발신-芳澤謙吉(支那특명전권공사), 수신-幣原喜重郎(外務大臣), 발신 1925년 3월 20일).
134) 「1923년도 遠東團友班 조직표」(1-H00634-000, 독립운동가자료 안창호 조직표, 독립기념관 한국독립운동사정보스시템)
135) 「1923년도 단우 복무 성적」(1-H00544-000, 미주흥사단 흥사단 성적표, 독립기념관 한국독립운동사정보시시스템)
136) 「검사부(檢事部) 공포」(1-H00613-000, 미주흥사단 흥사단 포고문, 독립기념관

였다.137) 우저우는 광둥성과 경계에 있는 지역으로 1923년 쑨원[孫文]의 광둥군이 점령하였다.138) 김공집은 광동무관학교를 졸업하고 쑨원의 광둥군에 들어가 실전에도 참가하였다고 한다.139) 즉 허난성의 한단군사강습소를 졸업한140) 김공집은 이후 광동무관학교를 졸업하였고 쑨원의 광둥군에도 참여한 것이다. 그래서 모스크바비행학교로의 유학도 가능하였다.

1925년 가을 김공집은 내외 몽고를 거쳐 러시아의 수도 모스크바에서 서남으로 천여리 되는 조그마한 성시(成市)에 도착하였다.141) 그리고 1년 여의 시간이 지난 후『동광』(東光)에 '김세쟁'(金世錚)이라는 이름으로 소식을 전하였다. 만 1년 동안 공부하였고, 앞으로 1년을 더 공부해야 한다는 내용이었다.『동광』제1호(1926년 5월 1일)부터 제4호(1926년 8월 1일)까지를 보내달라고 한 것으로 보아142) 1926년 7월 이전에 그의 소재지가『동광』의 편집발행인인 주요한에게 파악되었던 것 같다.

김공집의 모스크바항공학교 유학은 1923년 이후 쑨원이 연소용공정책(聯蘇容共政策)을 추진하였기에143) 가능하였다.144) 1923년 1월 26일 중·소협상 공동대표가 발표되었고, 그해 6월에는 장제스[蔣介石]가 군사 조직

한국독립운동사정보시스템)
137)「遠東에서 모집된 단우 일람표(1925년 1월말 현재)」(1-H00537-000, 독립운동가자료 안창호 일람표, 독립기념관 한국독립운동사정보시스템)
138) 광동성과의 경계에 있으며, 1923년 쑨원의 군대가 점령.(『동아일보』1923년 7월 22일,「손군 오주 점령」)
139)『동아일보』1927년 11월 4일,「金公輯 飛行士 慘禍」.
140) 한단군사강습소를 입학 1기생으로 졸업하였다는데(박환,「최초의 러시아 비행학교 유학생 김공집」, 130쪽) 언제인지는 알 수 없다.
141) 박태하가 1928년 1월 23일 김공집의 아들 김정옥에게 보낸 편지에도 "너의 아버지 세쟁 군은 북쪽으로 해서 소련에 들어왔고"라고 되어 있다.(김종혁,『아세아의 큰별』, 66쪽)
142)『동광』8, 1926년 12월 1일,「독자와 기자 : 再讀三讀」.
143) 홍윤정,「독립운동과 비행사 양성」, 38쪽.
144) 한상도,『한국독립운동과 중국군관학교』, 문학과 지성사, 1994, 182쪽의 각주 252.

연구를 위해 모스크바에 갔다.145) 그리고 1924년 여름에는 소련에서 파견한 항공 고문과 교관들이 10여 대 비행기와 기자재를 가지고 광저우에 도착, 군사비기학교(軍事飛機學校)를 창설하고 그해 9월 제1기 연습생 11명으로 개학하였다. 약 1년 후인 1925년 제1기 연습생들이 초급 비행 연습을 마쳤으나 전투기가 없었기에 광둥국민정부는 소련에서 고급 비행 훈련을 받도록 결정하였고, 9월 상순 6명이 광저우를 떠나 상하이를 거쳐 소련으로 갔다.146) 김공집의 모스크바비행학교147) 입학도 이러한 분위기 아래서 가능하였음을 알 수 있다.

김공집이 모스크바비행학교에 입학하던 해에 박태하(朴泰河)148)도 입학하였다. 김공집은 북쪽으로 해서, 박태하는 광동주를 거쳐서 소련으로 들어갔다.149) 박태하는 1921년 가을부터 광둥정부의 비행학교에 입학하여 비행술을 연습하였고,150) 광둥의 대사두 비행장에 근무하였으며,151) 1925년 7월에 졸업, 광둥 국민정부에서 약 3년간 모스크바비행학교에 유학하도록 명령을 받아 그해 9월 모스크바로 출발하였다.152) 김공집과 박태하는 모스크바비행학교에서 서로 격려하며 함께 공부하였다. 모스크바비행

---

145) 박계황, 「중국의 Soviet화 과정과 소련의 영향에 관한 연구(2)」, 『극동논총』 4, 전북대학교 법정대학 극동문제연구소, 1976, 83~85·89쪽.
146) 최봉춘, 「중국대륙 한인비행사들의 항일항공 독립운동」, 2015년 11월 19일.
147) 1993년 7월 10일부터 24일까지 모스크바를 방문한 김공집의 손자 金鐘根은 이 학교를 '소련 제18 모스크바 군사항공학교'라 칭하였다.(김종혁, 『아세아의 큰별』, 13쪽)
148) 본명이 朴斗鉉이며 사료에 朴太廈, 朴泰廈, 朴泰和라고도 기록되어 있다.(최봉춘, 「중국대륙 한인비행사들의 항일항공 독립운동」, 2015년 11월 19일)
149) 김종혁, 『아세아의 큰별』, 66쪽.
150) 『독립신문』 1922년 11월 18일, 「我兩飛行生 歸滬」.
151) 「광동비행학교 재학 조선인에 관한 건」,(『不逞團關係雜件-朝鮮人의 部-在支那各地』 3, 機密公 제91호, 발신 天羽英二(廣東 총영사), 수신 幣原喜重郎(외무대신), 발신 1924년 7월 14일)
152) 조선총독부경무국, 「國外ニ於ケル容疑朝鮮人名簿」, 소화 9년 6월, 265쪽 : 최봉춘, 「중국대륙 한인비행사들의 항일항공 독립운동」, 2015년 11월 19일.

학교에서 공부를 시작한 이듬해인 1926년 일제는 박태하가 모스크바항공학교에 유학 중임을 파악하였다.153) 그러나 김공집이 같은 학교에 있다는 사실은 알지 못했는지, 박태하 1명만이 유학 중이라 하였다.

2년여를 공부한 후인 1927년 7월 김공집은 모스크바비행학교를 졸업하였고, 상급 학교로 진급 진학하게 되어 모스크바에서 1백리 가량인 세르프호프(Serpukhov)에 가서 비행 훈련을 하였다. 그러나 졸업 한 달여만인 1927년 8월 31일 비행 도중 기계 고장으로 추락하여 사망하였다.154) 김공집의 장례를 주도하였던 박태하는 장례식 후 국내에 있는 김공집의 아들 정옥을 수소문하여 한 통의 편지(1928년 1월 23일, '김정옥 군 앞으로')와 4장의 사진을 보냈다.155) 김공집의 유해는 1994년 7월 4일 러시아에서 봉환되어 서울 국립묘지에 안장되었다.156)

김공집과 박태하 이후 모스크바비행학교에 입학한 한인은 유철선(劉鐵仙)·장성철(張聖哲)·차정신(車廷信 또는 車志一 또는 金志一)이 확인된다.157) 이들은 1925년 12월부터 1926년 12월까지 광동 항공국(航空局) 군사비행학교 제2기생으로 공부하고158) 이듬해인 1927년 1월 제2기생으로 졸업식을 한 후159) 고등 항공술을 배우기 위해 모스크바로의 출발을 준비

---

153) 「광동에서의 조선군인회의 조직에 관한 건」(『不逞團關係雜件-조선인의 部-在支那各地』 4, 機密公 제221호, 발신자 森田寬藏(廣東 총영사), 수신자 幣原喜重郞(외무대신), 발신 1926년 5월 29일)
154) 김종혁, 『아세아의 큰별』, 66~67쪽 ; 한상도, 『한국독립운동과 중국군관학교』, 182쪽의 각주 252.
155) 편지와 사진들은 국가보훈처에 보관 중이다. 2016년 5월 필자는 이 편지를 보았는데 상당히 바래서 내용 전체를 파악할 수 없었다.
156) 『한겨레』 1994년 7월 5일, 「고국 돌아온 김공집 선생 유해」.
157) 한상도, 『한국독립운동과 중국군관학교』, 182쪽.
158) 「광동지방 不逞鮮人의 동정에 관한 보고의 건」(『不逞團關係雜件-조선인의 部-在支那各地』 4, 機密公 제36호, 발신 淸水亨(廣東 총영사대리), 수신 幣原喜重郞(외무대신), 발신 1926년 1월 25일)
159) 최봉춘, 「중국대륙 한인비행사들의 항일항공 독립운동」, 2015년 11월 19일.

하였다.160) 소련 고문 보로딘(Borodin, Michael)의 의견에 따라 제2기 졸업생들을 포함하여 21명의 소련 파견을 국민정부가 결정한 때문이었다. 이들은 그해 3월 광저우를 떠나 4월 20일 모스크바에 도착하였다.161)

6. 맺음말

국망(國亡) 이후 수많은 한국인들이 나라를 되찾기 위해 기꺼이 그들의 목숨을 바쳤다. 그들 자신의 삶은 물론 그들 가족들의 삶도 독립운동을 위해 희생하였다. 그러한 열정과 희생으로 대한민국은 일제로부터 독립하였다. 김공집은 국내외의 3개 학교에서 3년여 동안 교사로 활동하였는데 당시는 일제에게 나라를 빼앗긴 직후인 1910년대였다. 세 개 학교에서 교사로 학생들을 가르치면서 망국인으로서의 현실을 절감하였고 민족의식이 투철한 동료 교사들을 통하여 민족의식을 키워나갔다.

도쿄에서 영어와 경제학을 공부한 후 상하이와 만주에서 독립운동의 방법을 모색하여 폭탄을 제조하고, 임정에 군자금을 제공하기 위해 13도총간부를 조직하고 간부로 활동하였다. 이어 비행사가 되어 독립운동에 참여하고자 미국이나 중국의 비행학교 입학을 희망하였다. 그러나 비행학교 입학 대신 광둥무관학교 입학이 결정되었는데, 학업을 계속하지 못한 채 상하이에서 상당 기간을 보내야 했다. 그 후 루저우강무당과 한단군사강습소를 거쳐 모스크바비행학교에 유학하여 2년여의 학업을 마치고 졸업하였다. 비행사가 되어 독립운동에 헌신하겠다던 7~8년에 걸친 그의 계획은 이제 막 결실을 낼 수 있는 단계에 들어섰다. 그러나 그 결실은 기계 고장으로 비행기가 추락, 사망하면서 공중에 산화하였다.

---

160) 『조선일보』 1927년 2월 25일, 「만발한 자형화(紫莉花)는 족하(足下)에, 남중국 장공(長空) 정복」.
161) 최봉춘, 「중국 대륙 한인 비행사들의 항일항공 독립운동」, 2015년 11월 19일.

가족을 뒤로 한 채 고향을 떠나 기꺼이 조국의 독립을 위해 그의 모든 것을 바쳤던 김공집의 생애는 그래서 더욱 안타깝다. 길지 않았던 그의 생애는 독립운동을 위해 줄기차게 쉼 없이 이어졌다. 비행사로서 독립운동을 전개하고자 비행사가 되었고, 항공에서 일제를 격퇴하고자 비행 연습을 하였다. 그런데 기계 고장으로 사망하여 웅지(雄志)를 펴지 못하였다. 그러나 그의 생애는 오롯이 독립운동가로서의 삶이었다.

Ⅱ. 1919~1922년 황기환의 유럽에서의 한국독립운동

1. 머리말

유럽에서 한국독립운동은 제1차 세계대전이 끝나고 개최된 파리강화회의를 위해 조직된 파리위원부를 중심으로 전개되었다. 신한청년단(新韓靑年黨)에서 파견한 김규식(金奎植 : 1881~1950)은 1919년 2월 1일 중국 상하이[上海]를 떠나 3월 13일 프랑스 파리에 도착하였다. 한인(韓人)이 한 명도 없던 파리에서 김규식은 3월 17일 헐버트(Hulbert, Homer B.)를 만나 위로받았고,162) 4월 11일 임시의정원에 의해 대한민국임시정부(이하 임정으로 약칭) 외무총장과163) 파리강화회의 대한민국위원 겸 대한민국 파리주재 한국대표부(Mission Coréenne : 이하 한국대표부로 약칭) 대표위원으로 임명되었다. 이후 한국대표부에 김규흥(金奎興 : 1872~1936)164)이 가장 먼저 합류하였고,165) 1919년 5월 18일 스위스 취리히대학에서 졸

---

162) 『구주의 우리 사업』 : 국사편찬위원회, 『대한민국임시정부자료집』 23(대유럽외교 I), 2008, 82쪽. 이하 『대한민국임시정부자료집』은 『임정자료집』으로 약칭.
163) 「의정원기사록」제1회, 1919년 4월 : 『임정자료집』 2(임시의정원 I), 2005, 17쪽.
164) 1872~1936. 이명은 金復(朝鮮總督府 警務局, 『國外容疑朝鮮人名簿』, 63쪽), 金湯.(공훈전자사료관[http://e-gonghun.mpva.go.kr] 포상자공적조서 '김규흥')
165) 1919년 4월 26일에 발행한 1면짜리 프랑스어 소식지(후에 「통신전」)의 마지막에 '한국통신국(BUREAU D'INFORMATION CORÉEN) 김탕(Kim T'ang)'이라 되어 있고 이름은 自筆이다.(『임정자료집』 24(대유럽외교 II), 2010, 3쪽.『임정자료집』에는 원문과 번역·정리문이 수록되어 있는데 이 글에서 표기한 쪽수는 번역·정리문의 쪽수를 말한다) 따라서 김규흥은 김규식과 같이 상하이를 출

업시험 준비 중이던 이관용(李灌鎔)이 참여하였으며, 그해 6월 3일 독일에서 황기환(黃玘煥)이 파리의 한국대표관166)에 도착하였다.167) 이들은 파리강화회의 의장을 비롯하여 각국 대표들에게 한국의 상황을 알리고 한국독립을 호소하였는데, 파리강화회의는 1919년 6월 28일 폐회될 때까지 한국 문제에 관심을 두지 않았다. 파리강화회의 폐회 후 한국대표부는 파리위원부로 설립되어 외교 업무를 추진하였다.168)

그동안 유럽에서 전개된 한국독립운동은 파리위원부를 중심으로 연구가 진행되었는데 이정식의 저술을 시작으로 많은 연구논문들과 저서가 축적되었다.169) 파리위원부에서 활동하였던 김규식과 이관용, 그리고 유럽에서 한국독립운동을 도운 인물들을 연구한 논문들,170) 영국에서 전개된

발했거나 늦어도 1919년 4월 26일 이전에는 프랑스 파리에 도착하여 김규식과 함께 활동하였다.
166) 38, 샤토덩가, 파리(9구) : 『구주의 우리 사업』:『임정자료집』 23, 78쪽.
167) 『구주의 우리 사업』:『임정자료집』 23, 83쪽.
168) 『구주의 우리 사업』:『임정자료집』 23, 78쪽.
169) Chong sik Lee, The Politics of Korean Nationalism, Berkeley and Los Angeles : University of Califonia Press, 1963 ; 신재홍, 「대한민국임시정부와 구미와의 관계」, 『한국사론』 10, 국사편찬위원회, 1981 ; 홍순호, 「독립운동과 한불관계:1906년에서 1945년까지」, 『한국정치외교사논총』 2, 한국정치외교사학회, 1985 ; 이현희, 「대한민국임시정부의 외교정책과 그 실제」, 『동국사학』 19, 1986 ; 이우진, 「임정의 파리강화회의 외교」, 『한불외교사』, 평민사, 1987 ; 이옥, 「프랑스와 한국독립운동」, 『한민족독립운동사』 6, 국사편찬위원회, 1989 ; 한홍수, 「임시정부빠리위원부통신국이 발행한 월간지 La Coree Libre(1920~21)에 대하여」, 『한불연구』 8, 연세대학교 한불연구소, 1990 ; 정용대, 「駐파리위원부의 유럽외교활동에 관한 연구」, 『서암조항래교수화갑기념 한국사학논총』, 서암조항래교수화갑기념논총간행위원회, 아세아문화사, 1992 ; 유병용, 「대한민국임시정부의 외교와 열강의 반응」, 『한국정치외교사논총』 14, 1996 ; 홍선표, 「1920년대 유럽에서의 한국독립운동」, 『한국독립운동사연구』 27, 독립기념관 한국독립운동사연구소, 2006 ; 고정휴, 『1920년대 이후 미주·유럽지역의 독립운동』, 독립기념관 한국독립운동사연구소, 2009.
170) 윤선자, 「이관용의 생애와 민족운동」, 『한국근현대사연구』 30, 한국근현대사학회, 2004 ; 윤경로, 「김규식의 신앙과 학문, 그리고 항일민족운동」, 『한국기독교

한국독립운동을 추적한 논문들도 발표되었다.171) 대부분 1920년 대한민국 주파리위원부통신국에서 편찬한 『구주의 우리 사업』을 논문 작성의 근거로 하였다. 그런데 파리위원부 위원장 김규식은 1919년 8월 8일 김규홍·여운홍(呂運弘)172)과 미국을 향하여 파리를 출발한 이후 파리로 돌아오지 않았고, 김규식이 떠난 이후 파리위원부 위원장대리가 되었던 파리위원부 부위원장 이관용은173) 1919년 10월 10일 부위원장을 사임하고 파리위원부를 떠났다.174) 김규식이 한국대표부·파리위원부에서 활동한 기간은 1919년 3월~8월 7일의 약 5개월이었고, 이관용이 활동한 기간은 1919년 5월 18일~10월 10일의 약 5개월이었다.175) 따라서 파리위원부는 1919년 8월 이후 황기환을 중심으로 업무들이 추진되었는데 그동안의 연구들은 김규식을 중심으로 파리위원부의 활동을 기술하였기에 파리위원부를 비롯하여 1920년대 초 유럽에서 전개된 한국독립운동은 재고가 요구된다. 이에 필자는 1919년 8월 이후 파리위원부를 파리 현지에서 이끌었던 황기환이 유럽에서 전개한 한국독립운동을 규명하고자 한다. 그리하여 그동안 역사 서술에서 밀려나 있던 독립운동가의 독립 행적을 정립함으로써 한국독립운동사의 빈 칸을 채우는데 작은 도움이 되기를 바란다.

　　와 역사』 34, 한국기독교역사연구소, 2011 ; 김도형, 「한국독립운동을 도운 유럽인 연구」, 『한국학논총』 37, 국민대학교 한국학연구소, 2012.
171) 구대열, 「영국과 한국독립운동」, 『한민족독립운동사』 6, 국사편찬위원회, 1989.
172) 1919년 7월 초 상하이에서 파리에 도착하였다.(『구주의 우리 사업』 : 『임정자료집』 23, 83쪽)
173) 『구주의 우리 사업』 : 『임정자료집』 23, 84쪽.
174) 『구주의 우리 사업』 : 『임정자료집』 23, 87쪽.
175) 스위스 루체른에서 개최된 만국사회당대회에 조소앙과 함께 한국사회당대표로 참석하기 위해 1919년 8월 4일 파리를 출발하였다가(「파리평화회의대표부 공문 제2호 : 경과보고」, 1919년 11월 26일 : 『임정자료집』 16(외무부), 2007, 104~105쪽) 약 두 달 후 파리로 돌아왔다.

2. 파리강화회의 한국대표부 참여

황기환(黃玘煥)[176]의 가계와 학업, 어린 시절에 대해서는 알려진 내용이 거의 없다. 그는 1886·1887년경 평남(平南) 순천(順天)에서 태어났다.[177] 17·8세였던 1904년 미국으로 건너갔고,[178] 1906년 6월까지 공립협회(共立協會) 레드랜드 지회의 부회장으로 활동하였는데,[179] 공립협회는 1905년 4월 5일 샌프란시스코에서 창립되었고,[180] 레드랜드 지회는 1905년 12월 26일에 설립되었다.[181] 학교에 입학하여 공부한 것은 아니지만 그는 조국을 위하는 사람이 되고자 12년 동안 미국에서 온갖 어려움을 겪으며 오직 한국의 과거·현재·미래를 세계에 알리는 데 주력하였다. 1917년 미국이 제1차 세계대전에 참전할 때 황기환은 지원병으로 유럽 전선(戰線)에 나갔는데 기독교청년회 사업으로 중상자 구호를 담당하였다. 그는 언제나 정의와 사랑을 자신의 신조로 생각하고 행동하였다.[182] 왜 황

---

176) 자료들에 黃杞煥, 黃紀煥으로도 표기되어 있다.
177) 공훈전자사료관(e-gonghun.mpva.go.kr) '포상자 공적조서'(황기환). 그런데 『드망즈주교일기』에 의하면, 1888년 서울에서 태어났다.(『드망즈주교일기』 1920년 3월 12일) 황선익은 미국 국가기록원 소장 '승선자명부'와 '병적명부' 등을 종합하여 1886년생임을 밝혀냈다. (황선익, 「황기환의 한국대표부 활동과 한국 친우회 - 영국을 중심으로 - 」, 『한국독립운동사연구』 84, 2023, 15쪽)
178) 『동아일보』 1923년 5월 22일, 「우리 事情宣傳에 그의 일심 정력을 다 하였다 波瀾重疊한 黃기煥氏의 일생(肯)」. 『드망즈주교일기』에 의하면 1908년 한국을 떠나 미국으로 갔다는데, 1906년 공립협회 레드랜드지회의 부회장을 역임하였으므로 드망즈 주교의 착각이거나 잘못된 정보일 가능성이 크다.
179) 『공립신보』 1906년 6월 30일, 「任員改遞」.
180) 「안창호 예심 신문기」, 81쪽 : 김도훈, 「공립협회(1905~1909)의 민족운동 연구」, 『한국민족운동사연구』, 한국민족운동사학회, 1989, 12쪽.
181) 노재연, 『재미한인사략』 상권, Los Angeles, 1963 : 독립운동사편찬위원회, 『독립운동사자료집』 8(임시정부사자료집), 독립유공자사업기금운용위원회, 1974, 475쪽.
182) 『동아일보』 1923년 5월 22일, 「우리 事情宣傳에 그의 일심 정력을 다 하였다 波瀾重疊한 黃기煥氏의 일생(肯)」.

기환이 미군에 지원하였는지 확언할 수는 없지만, 제1차 세계대전에의 참전을 선언하였을 때 군인수가 부족했던 미군(美軍)의 상황 때문이었던 것 같다. 미국은 부족한 병력을 보충하기 위해 1917년 5월 18일 제정한 「의무병역법」에 따라 2,390만명의 징집대상자 중 280만명을 징병하고,[183] 그 외에도 자원자를 모집하여 200만명이 군대의 각종 기구에 자발적으로 참여하였다. 황기환도 당시 미국의 그러한 분위기 속에서 미군에 지원한 것이라 여겨진다. 그가 유럽 전선에 있었던 1918년 5월 9일 "누구든지 전쟁 때 군 복무를 하면 미국 시민이 될 수 있다"는 개정 징집법이 공포되었다. 「통신전」(Circulaire)에 'Earl K. Whang'이라 하였고,[184] 일제도 '재영선인대표자(在英鮮人代表者) E. K. Whang'이라 하였으며,[185] 그 자신 'Earl Whang'이라 쓴 명함을 사용하였지만[186] 황기환이 개정 징집법의 혜택을 받았는지는 알 수 없다.

황기환이 유럽으로 간 것은 1917년 9월 이후였다. 미군 선발대가 유럽에 도착한 것이 윌슨(Wilson, W. T.) 대통령의 참전 선언 5개월 후인 1917년 9월이었기[187] 때문이다. 1918년 11월 11일 제1차 세계대전이 종전되었지만 유럽에 남아 있던 황기환은, 김규식의 제안을 받고 미군 지휘관에게 부탁하여 파리로 이동하였다.[188] 1919년 6월 3일 파리에 도착한 황기환은 김규식에 의해 한국대표부 서기장으로 임명되었다.[189] 황기환의 미

---

183) 폴 존슨, 명병훈 옮김, 『미국인의 역사 II』, 살림, 2016, 228쪽.
184) 「통신전」 제18호, 1919년 8월 27일 : 『임정자료집』 24, 41쪽.
185) 內田康哉(외무대신)→林權助(영국특명전권대사), 在英鮮人代表者 이케이황(E. K. Whang)에 관한 건, 1921년 8월 18일, 不逞團關係雜件-朝鮮人의 部-在歐米 5(국사편찬위원회 한국사데이터베이스[http://db.history.go.kr]).
186) 『동아일보』 1960년 8월 18일, 「見聞記 世界一周旅行에서(35) 와싱톤」.
187) 윌리엄 카 저, 이민호·강철구 역, 『독일근대사』(개정증보판), 탐구당, 1993, 32쪽 ; 최병현, 『강변에 앉아 울었노라 : 뉴욕한인교회 70년사』, 뉴욕한인교회역사편찬위원회, 1980, 33쪽.
188) Chong sik Lee, The Politics of Korean Nationalism, p.146.
189) 『구주의 우리사업』 : 『임정자료집』 23, 83쪽.

군 복무와 파리의 한국대표부 합류 사실은 중국신문 『민국일보』(民國日報)190)에도 보도되었다.191) 1919년 8월 8일 김규식이 미국을 향해 출발하기 전까지 한국대표부는 김규식을 중심으로 파리강화회의 및 대(對)유럽 홍보활동을 전개하였다. 김규식은 떠나면서 부위원장 이관용에게 위원장 대리 직을 맡겼다. 그러나 이관용은 김규식이 떠나기 4일 전 만국사회당대회에 참여하느라 스위스 제네바로 출발하였다. 따라서 김규식의 미국행 이후 한국대표부는 사실상 황기환을 중심으로 활동이 펼쳐졌다.

황기환은 한국대표부의 위원장도 위원장대리도 아니었지만 한국대표부의 유일한 파리 주재자(駐在者)로서 1919년 8월 23일, 3·1운동 이후 일본이 발표한 한국통치방침에 대하여 프랑스신문 『라 프티 르프브리크』(La Petit Republique)와 인터뷰하였다. 한국인들이 요구하는 것은 일본이 주장하는 자치나 개혁이 아니라 "한국에서 일본 행정의 철수, 일본이 강탈한 권한을 대한민국임시정부에 이양하는 것"이라고 그는 강조하였다.192) 그날의 인터뷰가 프랑스어 『통신전』(18호, 1919년 8월 27일)과 미주에서 간행된 한글신문 『신한민보』(1919년 9월 23일)에 소개되었다. 즉 한국인들이 피를 흘리는 것은 한국인에 의한 한국인을 위한 절대적인 독립을 얻기 위해서이고, 한국인들은 일본 정부가 한국에 도입하려는 개혁은 무엇이든 수용하지 않을 것이고, 독립운동을 포기하지 않을 것이며, 한국과 일본이 화해하는 단 하나의 방법은 한국이 독립하고 양국 사이에 좋은 이웃 관계가 수립되는 것이라는 내용이었다.193) 그의 인터뷰는 3·1운동 이후 일제

---

190) 1916년 1월 22일 쑨원[孫文]이 이끄는 중화혁명당(中華革命黨) 사람 천잉스[陳英士]가 자금을 모으고, 예추창[華楚傖] 등이 위안스카이[袁世凱] 타도를 위해 상하이에서 창간한 신문.(임경석 편저, 『동아시아 언론매체사전 1815~1945』, 논형, 2010, 546쪽).
191) 『民國日報』 1919년 8월 14일 : 『임정자료집』 39(중국보도기사 I), 2010, 71쪽.
192) 황기환(한국대표단 파리. 38 샤토덩가, 9구)→김규식(대한민국 미주본부, 908 콘티넨탈 트러스트 빌딩, 워싱톤 DC. 미국), 1919년 8월 23일 : 『임정자료집』 43 (서한집 II), 2011, 81~82쪽.

가 1919년 8월 조선총독의 무관(武官) 임용 자격 제한 철폐·헌병경찰제도의 폐지·지방제도 개편 등을 내세우며 한국의 처참한 식민 실상을 오도(誤導)하고 기만한 내용을 정확하게 알리기 위해서였다.

김규식은 자신의 미국행 이유를, 파리에서 그동안 추진한 일들을 집정관총재 이승만(李承晚)과 워싱톤의 한국인들에게 보고하고 이후 어떻게 할 것인가를 알아보기 위해서라고 하였다.[194] 김규식이 출발하던 날 발행된 「통신전」제17호도 김규식이 1919년 9월 말이나 10월 초에는 파리로 돌아올 예정이라고 하였다.[195] 그런데 황기환은 김규식에게 보낸 편지에 9월 초에는 돌아와야 한다고 하였지만,[196] 서재필(徐載弼)에게 보낸 편지를 보면 김규식이 돌아오지 않을 수도 있다고 생각하였다.[197] 그 이유는 파리강화회의가 끝나기 한 달여 전, 미국으로 건너가 이승만과 함께 활동하고 싶다고 김규식이 이승만에게 보낸 편지에서[198] 확인된다. 1919년 8월 25일 워싱톤에 김규식이 도착한[199] 그 날짜에 '구미위원부'[200]가 설립

---

193) 「통신전」제18호, 1919년 8월 27일 : 『임정자료집』 24, 30~31쪽 ;『신한민보』 1919년 9월 23일, 「파리 우리 대사관에서 반포한 선언」.
194) 「파리평화회의대표부공문」제2호 : 경과보고, 1919년 11월 26일 :『임정자료집』 16, 104~105쪽.
195) 「통신전」제17호, 1919년 8월 8일 :『임정자료집』 24, 29~30쪽.
196) 황기환(파리)→김규식(워싱톤 DC), 1919년 8월 18일 :『임정자료집』 43, 76~77쪽.
197) "만약 그(필자 주 : 김규식)가 되돌아 올 수 없게 된다면, 그 경우에는 유럽의 그 과업을 맡을 수 있는 유능한 사람을 가능한 빨리 파견해야만 합니다."(황기환[파리]→서재필[필라델피아], 1919년 8월 15일 :『임정자료집』 43, 78쪽)
198) 국제연맹의 첫 위원회가 1919년 9월에 워싱톤에서 개최된다는 소문이 있기 때문이라고 하였다.(김규식[파리]→이승만[워싱톤], 1919년 5월 25일 :『임정자료집』 43, 33쪽)
199) 「파리평화회의대표부공문」제2호 : 경과보고, 1919년 11월 26일 :『임정자료집』 16, 105쪽.
200) 1919년 4월 25일 이승만이 워싱톤에 설치한 정부대표사무소가 '대한공화국 임시사무소, '한국공화정부 공관' 등으로 불리다 1919년 8월 25일 구미위원부로 개편되었는데 미주한인사회의 재정관할권 장악을 위해서였다.(정병준,『우남 이승만 연구』, 역사비평사, 2005, 199~200쪽)

되었고, 김규식이 위원장으로 임명되었다. 동시에 파리위원부 임시 서기장 황기환은 정식 서기장으로 임명되었는데 위원장 유고 때 위원장 직무를 대리할 수 있다는 내용이 부가(附加)되었다.201)

황기환은 부위원장 이관용의 파리 도착을 기다렸는데, 이관용은 8월 20일경 도착하겠다, 8월 27일 이후 도착하겠다는 편지를 보낼 뿐이었다. 이관용은 영어는 물론 프랑스어·독일어·일본어도 할 수 있었는데,202) 황기환은 프랑스어를 할 수 없었기 때문에 그리고 서기장이라는 지위 때문에 이관용의 편지들을 받고 곤혹스러웠다.203) 9월이 되어도 이관용은 파리로 돌아오지 않았고, 황기환은 이관용으로부터 아무런 소식도 받지 못했을 뿐 아니라 어디에 있는지도 알지 못했다.204) 지불해야 할 고지서들이 쌓여갔지만, 이관용이 위원장대리였기에 황기환은 어떤 문제도 결정할 수 없었다.205) 9월 7일 이후 이관용이 파리로 돌아왔다. 10월 1일 파리강화회의 의장에게 보낸 편지에 '한국대표부 위원장대리'(La Delégation Coréens, faisant fonction de Chef de la Délégation)라는 직함과 이관용의 사인이 있기206) 때문이다. 그러나 이관용은 학업을 계속하기 위해서라며 10월 10일 파리위원부의 부위원장을 사임하였다.207)

김규식이 떠난 이후 파리위원부에서는 이관용의 발언이 문제되었다. 만

---

201) 『구주의 우리 사업』:『임정자료집』 23, 87쪽.
202) 『동아일보』 1922년 10월 4일,「사회의 병적 현상(一)」.
203) 황기환(파리)→김규식(워싱톤 DC):『임정자료집』 43, 76~77쪽 ; 황기환(파리)→김규식(워싱톤 DC), 1919년 8월 20일 :『임정자료집』 43, 79~80쪽.
204) 황기환(파리)→김규식, 1919년 8월 31일 :『임정자료집』 43, 88~90쪽.
205) 황기환(파리)→김규식(워싱톤 DC), 1919년 9월 2일 :『임정자료집』 43, 92~93쪽 ; 황기환(파리)→김규식(워싱톤 DC), 1919년 9월 6일 :『임정자료집』 43, 101~103쪽.
206) 『임정자료집』 23, 60쪽.
207) 『구주의 우리 사업』:『임정자료집』 23, 87쪽. 이관용은 1921년「의식의 기본사실인 의지」로 철학박사학위를 취득하고, 1923년 초 미국을 거쳐 귀국하였다.(윤선자,「이관용의 생애와 민족운동」,『한국근현대사연구』 30, 2004, 8쪽)

국사회당대회에 이관용과 함께 참석한 조소앙(趙素昻 : 1887~1958)은[208] 약 보름 후인 8월 16일 파리로 돌아와 이관용이 동(同) 대회에서 한 발언을 비난하였다. 이관용의 발언은 루체른의 『라 파이예』(La Feuille)에 게재되었는데, "동아시아에서는 사회적 문제를 자유롭게 해결할 수 있는 한 일본·중국 혹은 다른 어떤 나라의 지배 아래 있더라도 개의치 않는다"는 내용이었다. 황기환도 이관용의 발언이 잘못이라 생각하였으며 신문 기사가 오보(誤報)이기를 바란다고 하였다.[209] 이관용·조소앙·황기환 사이에 의견 차이가 있었던 것이다.[210] 김규식도 이관용의 발언이 '절대 국수적 독립 정신'에 위배된다고 생각하였다.[211]

이관용이 부위원장을 사임한 이후 파리위원부를 책임지고 이끌어갈 사람은 황기환뿐이었다. 그런데 황기환은 파리강화회의 한국대표부의 실질적인 사무총장이기에 다른 사람을 임명할 필요 없이 황기환에게 파리위원부의 일을 맡기겠다는, 파리위원부의 상급 기관인 구미위원부의 위원장 김규식의 편지를 받았다.[212] 김규식이 워싱톤으로 떠나기 전 파리위원부는 위원장 김규식, 부위원장 이관용, 서기장 황기환으로 구성되었다. 몇몇 사람들이 파리로 왔고 함께 할 의사를 표명하였다. 김규식이 워싱톤으로 떠나고, 이관용은 만국사회당대회 이후 돌아오지 않은 상황에서, 혼자 파리위원부를 이끌고 있던 황기환에게 조소앙은 1920년 2월까지 프랑스에 머물고 싶다며 파리위원부에서 자신의 위치를 언급하였다.[213] 그러나 황기

---

208) 1919년 6월 말 상하이에서 영국을 경유하여 파리에 도착하였다.(『구주의 우리 사업』:『임정자료집』 23, 83쪽 ; 김기승, 조소앙, 『한국사시민강좌』 47, 일조각, 2010, 170쪽)
209) 황기환(파리)→김규식(워싱톤 DC), 1919년 8월 18일 편지에 첨부된 「첨부」:『임정자료집』 43, 76~77쪽.
210) 황기환→김규식(1919.8.25.) :『임정자료집』 43, 84~85쪽.
211) 「파리평화회의대표부공문」 제2호 : 경과보고, 1919년 11월 26일 :『임정자료집』 16, 105쪽.
212) 김규식→한국대표단, 1919년 11월 26일 :『임정자료집』 43, 103~107쪽.
213) 황기환(파리)→김규식(워싱톤 DC), 1919년 8월 20일 :『임정자료집』 43, 79~80쪽.

환이 이러한 소식을 전하자, 김규식은 재정적인 어려움을 이유로 내세우며 조소앙의 파리위원부 참여를 반대하였다.214)

　대한국민의회(大韓國民議會) 대표 자격으로 1919년 9월 26일 파리에 도착한 고창일(高昌一 : 1892～?)·윤해(尹海 : 1888～?)215)에 대해서도 구미위원장 김규식은 파리강화회의가 끝났으므로 그들을 한국대표부에 임명할 필요가 없고 재원(財源)이 없다며 파리위원부 참여를 반대하였다. 공식대표로 임명되지 않을지라도 각자의 능력에 따라 홍보나 선전 업무에 일조(一助)할 수 있다는 주장이었다.216) 당시 파리를 중심으로 전개되고 있던 유럽 홍보에 영국 런던이 제안되었고 고창일이 그 담당자로 추천되었는데도 인력과 자금이 없다며 부정적인 반응을 보였다. 뿐만 아니라 고창일이 언어로는 윤해보다 낫지만 영국적 사고방식으로 일할 수 있을지 의문이라며 고창일의 파리위원부 참여에 부정적인 태도를 보였다.217) 파리위원부의 공식대표는 될 수 없었지만 고창일·윤해는 1920년 1월 4일 국제평화촉진회가 주최한 재불(在佛) 중국각사회단체연합대회에 참석하여 '1910년 한일합병(韓日合倂)조약 취소'와 한국 독립 회복 결의안을 통과시켰다.218) 그러나 고창일은 1월 20일 상하이를 향해 파리위원부를 떠났다.219)

　이처럼 누구도 함께 하지 못하고 오직 혼자 고군분투하던 황기환은 1920년 1월 8일 인권옹호회와 오랜 동안 의논 중이던 한국 문제 대연설회를 중국 문제와 함께 파리지리연구회에서 개최하였다. 500여 명이 참석한 가운데 연설회는 프랑스 하의원(下議院) 특파로 한국과 중국을 시찰하고

---

214) 김규식→한국대표단, 1919년 11월 26일 : 『임정자료집』 43, 105～106쪽 ; 「파리평화회의대표부공문」제2호, 1919년 11월 26일 : 『임정자료집』 16, 105쪽.
215) 『구주의 우리 사업』 : 『임정자료집』 23, 85쪽.
216) 김규식→한국대표단, 1919년 11월 26일 : 『임정자료집』 43, 105쪽.
217) 김규식→한국대표단, 1919년 11월 26일 : 『임정자료집』 43, 107쪽.
218) 『구주의 우리 사업』 : 『임정자료집』 23, 87쪽.
219) 프랑스 외무부(파리)→駐상해 프랑스총영사, 1920년 1월 20일 : 『임정자료집』 23, 115～116쪽 ; 『구주의 우리 사업』 : 『임정자료집』 23, 87쪽.

돌아온 파리대학교수 샬레(Challaye, Félicien Robert : 沙萊助)의 한국독립운동 목격담과 독립운동 중 일본군에게 난도참사(亂刀斬死)당한 참상을 수록한 환등(幻燈) 상영, 사동발(謝東發, Scie Ton Fa) 박사의 한국근세사(韓國近世史) 보고로 이어졌다.220)

2월 11일 황기환은 『뉴욕 헤럴드』(New York Herold) 파리판(版)과 담화하였는데, 한국 독립군이 볼셰비키의 원조로 일본군을 격퇴하였다는 워싱톤 발(發) 전문(電文) 수록이 잘못임을 주장하기 위해서였다. 그는 한국문제는 한국인들만의 문제가 아니라 세계의 문제이고, 한국인은 자유와 자결을 위해 제국주의와 싸우는 중이며 이천만 한국인의 요구는 절대 독립으로 어떠한 강력(强力)도 한국인의 기백을 꺾을 수 없다고 강조하였다.221)

3월 12일에는 한국의 천주교선교사 드망즈(Demange, Florian, 한국명 安世華) 주교를222) 파리외방전교회 파리 본부(Rue du Bac, Paris, France)로 방문하였다. 3월 10일 두 번이나 방문하였지만 만나지 못하였던 황기환은 3월 12일의 만남에서 한국어로 드망즈 주교와 대화하였는데 프랑스어를 하지 못하기 때문이었다. 드망즈 주교는 황기환이 당시 32세이고 서울에서 천주교신자의 아들로 태어나 어릴 때 세례를 받았고, 12년 전에 한국을 떠나 미국으로 갔으며, 미군에 자원입대하여 2년간 프랑스에서 전쟁을 하였으며, 동원이 해제된 후에도 계속 남아 있다고 기록하였다.223) 그러나 황기환이 드망즈 주교를 방문한 이유가 이러한 이야기만을 하기 위해서는 아니었을 것이다. 자료로 확인할 수는 없지만, 한국에서 파리에 온 드망즈

---

220) 『독립신문』 1920년 3월 16일, 「임시의정원 기사」 ; 『구주의 우리 사업』 : 『임정자료집』 23, 87~88쪽.
221) 『신한민보』 1920년 4월 20일, 「한국독립과 러시아 과격파」 ; 『독립신문』 1920년 4월 29일, 「국제적 정의, 독립군破日軍', 파리언론계와 한국 문제」.
222) 파리외방전교회 대의원회의 및 아드리미나(Ad Limina) 참석 차 로마를 방문하였다가 1920년 2월 26일부터 파리에 머무르고 있었다.(『드망즈주교일기』 1919년 11월 24일, 1920년 1월 26일, 1920년 2월 26일)
223) 『드망즈주교일기』 1920년 3월 10·12일.

주교로부터 한국 상황을 정확하게 알고 싶었을 것이고, 파리에 본부를 둔 선교회의 프랑스인으로부터 도움을 받고자 방문했으리라 짐작된다.

3. 구미위원부 파리·런던 사무소 관할

1920년 5월 10일 유럽 홍보활동의 중심지인 파리사무소의 영국 런던 이치(移置)가 구미위원부에 의해 가결되었다. 구미위원장 김규식은 이 결정이 황기환과 편지로 상의하고, 맥켄지(McKenzie, Frederick A. : 1869~1931)와 이승만 대통령이 상의한 결과라며 가결된 날부터 두 달 이내에 런던으로 옮기라고 하였다.224) 런던에서의 홍보활동은 맥켄지와 윌리암스(Williams, W. L.)에 의해 시작되었는데, 구미위원부는 월봉(月俸)을 포함하여 250파운드를 맥켄지에게 보내 맥켄지가 윌리암스에게 지불하도록 하였다.225) 그러나 한 달여 후인 6월 22일 파리사무소의 런던 이치로 인한 파리사무소 폐지 문제는 다시 상의하고, 위원장이 결정하는 것으로 변경되었다. 황기환이 파리사무소 폐지 불가 이유와 폐지 대신 4개의 제안을 한 때문이었다.226)

그러나 황기환은 김규식으로부터 부정적인 내용의 편지를 받았다.227) 파리사무소를 통해 프랑스 및 유럽에서 이룩한 업적을 사람들이 알지 못할 뿐 아니라 사실대로 평가하지 않고 있다는 것이었다. 그리고 런던과 함

---

224) 특파주차구미위원부 제21회 회의 의결사항 보고, 1920년 5월 10일 : 『임정자료집』 17(구미위원부 I), 2007, 15쪽.
225) 특파주차구미위원부 제22회 회의 의결사항 보고, 1920년 5월 19일 : 『임정자료집』 17, 17쪽.
226) 특파주차구미위원부 제23회 회의 의결사항 보고, 1920년 6월 22일 : 『임정자료집』 17, 18쪽.
227) 김규식→황기환(한국대표단, 14비엔느가, 8구, 파리), 1920년 6월 25일 : 『임정자료집』 43, 115~117쪽.

께 파리사무소도 유지되기를 바라지만 유지비가 없고, 유지비가 있다고 할지라도 한국인만이 한국 문제를 실제로 다룰 수 있는데 관리자가 없다는 내용이었다. 뿐만 아니라 유럽 예산을 500달러로 축소한다는 통고였고, 파리사무소가 효율적이려면 잡지 『자유 한국』(La Corée Libre)을 계속 간행해야[228] 하는데, 사동발에게 출판 업무를 맡긴다면 필요한 정보와 데이터를 제공할 누군가가 그곳에 있어야 한다는 것이었다. 황기환은 파리 업무를 담당할 한국인을 찾을 수 있을 것이라고 주장하였다. 그러나 사무소와 잡지가 있을지라도 대표가 없게 된다고 김규식은 부정적인 태도를 보였다. 그리고 파리사무소를 유지하려면 런던으로부터 감독을 받아야 하고, 비용이 많이 들지 않아야 하고, 종종 파리를 방문하여 자료와 세부 사항을 제공해야 한다고 주장하였다. 황기환은 런던과 파리의 사무소를 모두 운영하고자 하였는데, 그의 상급 기관 구미위원장 김규식은 황기환과 의견이 달랐다.

　황기환은 자신이 런던에서 어떤 직위로 무슨 일을 해야 하는가 물었고, 런던과 파리에 본부를 둔 '유럽주재 한국사절단의 사무총장 겸 대리공사'(Korean Mission to Europe, General Secratary and Charge de Affaires)가 될 것이라는 김규식의 답변을 받았다. 그리고 당시의 신임장, 즉 파리사무소의 서기장이라는 신임장이 이 임무를 수행하는데 적절하고, 당시의 상황이 황기환을 영국과 프랑스 또는 유럽 대표로 임명할 수 있는 것이 아니라는 설명도 들었다. 황기환이 파리사무소의 서기장일 때와 런던으로 사무소를 옮겨 일하는 것이 같지 않음에도, 김규식은 이렇게 주장하였다. 황기환은 자신의 위치와 해야 할 일들을 명확하게 할 필요가 있었고 그렇게 하는 것이 일을 추진하는 데 도움이 된다고 생각하였는데, 김규식은 위와 같은 이유를 거론할 뿐이었다. 게다가 파리사무소의 런던 이치(移置)를 말하면서도 황기환이 런던에서 한국인을 어떻게 찾아야 할지, 런던사무소를 마

---

228) 1920년 5월에 제1호가 간행되었다.

련한 후 어떻게 홍보 활동을 해야 할지 자신은 알 수 없다고 하였다. 그리고 유럽사업예산 500달러 중 300달러를 런던에서 사용한다면 그것은 양동이에 물 한 방울을 넣는 것과 같으니 아무 것도 하지 않은 것과 같다고 비관적으로 설명하였다. 런던에 혼자 있게 되겠지만 맥켄지가 많은 도움을 줄 것이고, 오체린229)에게 도움을 요청할 수도 있다고 말할 따름이었다. 그 자신 파리위원부의 첫 번째 책임자였고, 이후 구미위원장으로 파리사무소 관할 책임이 있었음에도 김규식은 파리는 물론 런던 사무소 즉 유럽에서의 한국독립을 위한 홍보 활동에 소극적이고 비관적이었다. 그러면서도 1920년 7월 1일 윌리암스를 통하여 런던 업무를 시작하였고,230) 임정 외무총장대리 차장 정인과(鄭仁果)에게 보낸 구미위원부 업무 및 현황 보고(1920년 7월 2일)에 "재파리총서기 황기환이 런던으로 옮겨 런던·파리 일을 관할할 것"이라고 하였다.231)

파리에서 런던까지 업무 확장, 구미위원부 김규식 위원장과의 이견(異見), 경비 축소 등 여러 문제들로 고민하던 황기환은 미국여행을 희망하였다. 그러나 김규식은 재정 문제, 황기환 부재 중 대신 일할 사람 문제, 그리고 황기환의 미국여행을 미주 및 하와이의 한인들이 부정적으로 비판할 것이라며 황기환의 미국여행에 부정적인 태도를 취하였다. 그리고 프랑스의 어느 지역에서 2주 동안 휴식할 것을 제안하였다.232) 황기환의 미국여행 요구에 대한 분명한 거절이었다. 황기환은 자신이 미국에 갈 경우 사무

---

229) 일제의 첩보자료에 의하면 '프린스 오체린'(Prince Ocherrin)이라는 한국귀족이라는데 누군지 알 수 없다.([朝鮮貴族의 面談要請에 관한 건] 제50호 2204(暗), 1920년 2월 11일 ; [在英大使 電報에 대한 回答], 電送 제1277호(暗), 1920년 2월 19일 ; [在英 朝鮮貴族에 관한 건], 제90호 3893(暗), 1920년 2월 24일 ; [在英 朝鮮貴族에 관한 건], 2992(暗), 1920년 3월 4일. 이상 『不逞團關係雜件-朝鮮人의 部-在歐米 4』(국사편찬위원회 한국사데이터베이스)
230) 김규식→황기환. 1920년 7월 9일 : 『임정자료집』 43, 119~121쪽.
231) 김규식→정인과, 1920년 7월 2일, 구미위원부 업무 및 현황 보고 : 『임정자료집』 17, 142쪽.
232) 김규식→황기환, 1920년 7월 9일 : 『임정자료집』 43, 119~121쪽.

소를 관리할 수 있는 유일한 인물이 윤해인데 그가 파리사무소 등을 잘 관리하리라는 확신이 없다고 하였다.233) 자신의 부재 중 업무를 대신할 사람을 찾지 못한 황기환은 미국여행을 포기하고 3~4주의 런던 행을 결심하였다.234)

1920년 9월 2일 황기환은 임정의 「임시주외외교위원부 규정」(臨時駐外外交委員部 規定, 교령 제10호)에 의해 런던위원부 위원으로 임명되었다.235) 김규식은 믿을 만한 사람이 없으니 런던에서 새로운 업무는 황기환이 시작해야 한다며 런던으로 갈 것을 강조하였다.236) 그런데 대통령 이승만은 런던사무소 개설을 위해 파리사무소를 폐지하는 것에 반대하였다. 또한 황기환으로 하여금 런던과 파리를 오가는 것이 현실적이지 않다고 주장하였다.237) 10월 3일 주파리위원장대리 서기장 황기환은 구미위원부의 명령에 따라 런던으로 가서 윌리엄스로부터 런던 업무를 인수하였다.238) 그리고 10월 26일 '대영제국 한국친우회'(The League of Friends of the Korea in Great Britain) 창립대회에 참석하여239) 연설하였다. 종교의 자유도 양심의 자유도 어떠한 자유도 없는 한국인 황기환이 런던에 온 이유는 영국이 민주주의의 원천이며 세계의 고통받는 민족들의 등대이기에, 그리고 1883년 한영조약 체결 이후 좋은 친구였으니 도움을 요청하기 위해서

---

233) 황기환(파리, 13 비엔느가)→김규식(워싱톤 DC), 1920년 8월 10일 : 『임정자료집』 43, 135쪽.
234) 황기환(파리)→김규식(워싱톤 DC), 1920년 9월 3일 : 『임정자료집』 43, 149쪽.
235) 『조선민족운동연감』 1920년 9월 2일 : 『임정자료집』별책 2(조선민족운동연감), 2009, 77쪽 ; 국사편찬위원회, 『한국독립운동사』 3, 탐구당, 1967, 53쪽.
236) 김규식→황기환(파리), 1920년 9월 11일 : 『임정자료집』 43, 158~159쪽.
237) 이승만(3220 와이알레 로, 호놀룰루, 하와이)→김규식(워싱톤 DC), 1920년 9월 14일 : 『임정자료집』 43, 160쪽.
238) 김규식→이승만(우체국 사서함 669, 호놀룰루, 하와이), 1920년 9월 16일 : 『임정자료집』 43, 164쪽.
239) 조소앙과 오철은도 황기환과 함께 참석하였다.(『신한민보』 1920년 11월 11일, 「런던에 한국친구회 설립」)

라고 하였다.240) 황기환은 런던의 자유교회·세례교회·예수교연합회에서도 한국 참상을 보고하였다.241)

한 달 동안의 런던 방문에서 파리로 돌아온 황기환은 1920년 11월 15일 스위스 제네바에서 개최되는 국제연맹 개회식에 공식대표로는 아닐지라도 개인적으로라도 참석하기를 희망하였다. 국제연맹의 운영에 관해 배울 수 있을 것이고, 한국독립을 위한 홍보 활동에 활용할 수 있을 것이라 생각한 때문이었다.242) 그러나 김규식의 부재 중 구미위원부 위원장대리 직을 수행하고 있던 현순(玄楯)으로부터 국제연맹 회의 참석 불허(不許)가 통보되었다.243) 회의에 참석하지 못했지만 황기환은 신문을 통하여 회의 소식을 들었다. 그리고 "일본은 영토에 대한 어떤 야욕도, 타 국가들에 대한 공격적인 정책도 갖고 있지 않다"고 말한 일본인에게 그 말의 진정성을 증명하리고 『뉴욕 헤럴드』에 편지를 보냈다. 일본은 한국을 무력으로 점령하여 탄압하고 있으며, 한국은 한국을 위한 한국 정부를 요구한다는 것을 분명히 하기 위해서였다.244)

인적·물적으로 파리와 런던 두 곳을 담당하기 어려웠던 황기환은 한 곳에 업무를 집중하겠다고 하였다. 그러자 구미위원장대리 현순은 런던으로 집중하도록 하였는데, 그 이유는 '대영제국 한국친우회' 조직을 미국 국무원에서 찬성하고, 영국에서의 홍보 활동이 미국에 반향(反響)을 준다고 생각한 때문이었다.245) 그런데 얼마 지나지 않아 현순은 런던과 필라델피아

---

240) 『구주의 우리 사업』 : 『임정자료집』 23, 94~95쪽 ; 『신한민보』 1920년 11월 11일, 「런던에 한국친구회 설립」 ; 『신한민보』 1920년 12월 23일, 「주차구미위원부공보」 ; 『독립신문』 1921년 2월 5일, 「영국하원의 援韓會」.
241) 『구주의 우리 사업』 : 『임정자료집』 23, 88쪽.
242) 황기환(파리)→김규식(워싱톤 DC), 1920년 9월 3일 : 『임정자료집』 43, 149~150쪽.
243) 화성돈주찰구미위원부 위원장대리→신익희(외무총장대리 차장), 구미위원부 情形 보고, 1920년 12월 14일 : 『임정자료집』 17, 153쪽.
244) 『뉴욕헤럴드』(파리판), 1920년 12월 5일 : 『자유한국』 제9호, 1921년 1월 : 『임정자료집』 21(파리위원부), 2007, 318쪽.

통신부 폐쇄와 워싱톤 공사관 설립 안을 제출하였다. 그러나 이승만은 현순에게 런던사무소를 폐쇄하지 말도록 명령하였고, 황기환에게는 런던에서의 임무를 유지하기 위해 자신이 할 수 있는 모든 노력을 하겠노라고 하였다.246)

열악한 상황에서도 황기환은 런던과 파리를 오가며 대(對)유럽 홍보 활동을 계속하였다. 그러던 중 1921년 4월 황기환은 런던경찰국에 소환당하였다. 일본왕자 히로히토[裕仁]가 영국을 방문하는 동안 암살하려 한다는 혐의였다. 황기환은 일본대사 하야시 곤스케[林權助]에게 "한국인들은 암살자가 아니다"라는 항의서한을 보냈고, 언론사들에도 한국인들은 일본왕자 암살을 생각하지 않았는데 일본 당국자들이 그러한 소문을 퍼뜨렸음이 분명하다는 항의서를 보냈다.247) 1921년 6월 23일에는 프랑스의 '한국 친우회'(Les Ami De la Corée) 결성식에서248) 매우 서툴지만 프랑스어로 "독립이 아니면 죽음을"이라는 짤막한 연설을 하였다.249)

그러던 어느 날 황기환은 미국으로 오라는 이승만의 요구를 받았다. 워싱톤회의를 준비하기 위해서였는데, 맥켄지는 워싱톤회의 개최 전에 이승만에게 "워싱톤회의는 한국이 영구히 일본의 일부분이라는 것을 결정하는 것"이라는 내용의 편지를 보냈다.250) 파리강화회의와 마찬가지로 워싱톤

---

245) 현순→이승만, 업무 보고, 1921년 1월 13일 : 『임정자료집』 17, 29쪽.
246) 이승만(상하이)→황기환(맥켄지 경유. 토링턴 플레이스 11a, 런던, 영국), 1921년 4월 15일 : 『임정자료집』 43, 185~186쪽.
247) 『더 스타(The Star)』, 런던, 1921년 5월 9일 ; 『데일리 익스프레스(Daily Express)』, 런던, 1921년 5월 9일 ; 『자유한국』제11·12·13호, 1921년 5월 : 『임정자료집』 21(파리위원부), 398쪽 ; 『독립신문』 1921년 8월 15일, 「敵皇子의 遊歐와 적의 虛言捏造」.
248) 프랑스 내무부장관→프랑스 외무부장관, 한국친우회 창립모임에 관한 보고, 1921년 7월 7일 : 『임정자료집』 23, 67~68쪽.
249) 이옥, 「프랑스와한국독립운동」, 『한민족독립운동사』 6, 국사편찬위원회, 1989, 409~412쪽.
250) 김도형, 「한국독립운동을 도운 유럽인 연구」, 『한국학논총』 37, 국민대학교 한

회의도 한국 문제를 고려하지 않을 것이라는 의견이었다. 황기환이 워싱톤으로 가게 되었지만 그를 대신하여 파리와 런던을 오가며 유럽을 향한 홍보 활동을 전개할 사람은 정해지지 않았다. 그것은 유럽홍보활동을 중단 내지 포기한다는 의미였다. 그랬기에 런던에서의 한국 문제 홍보 활동에 적극 참여하였던 맥켄지는 실망하였고 황기환을 미국으로 부르는 것이 현명하지 않다고 생각하였을 것이다.

황기환의 도미(渡美)에 대해 1921년 8월 12일『조일신문』(도쿄판)(朝日新聞 東京版)은 황기환이 샌프란시스코로 건너가 이승만·현순 등과 워싱톤회의에 제출할 독립선언서를 준비 중이라고 하였다.251) 당시 호놀룰루에서 열린 만국신문기자대회에 참석하고 이어 워싱톤으로 이동한 동아일보기자 김동성는 1921년 11월 21일의 워싱톤회의 제2차 총회부터 참관하고 1921년 12월 21일 한국을 향해 샌프라시스코를 출발하였다.252) 그는 그때 워싱톤의 한 호텔에서 황기환과 같이 머물렀다고 한다.253) 워싱톤회의 때도 많은 일본인들이 워싱톤으로 몰려들어 홍보 활동에 열을 올렸는데, 어느 날 워싱톤 미국자유회에서 한 일본의원이, 일본 신문과 지식계급에서는 한국독립을 허가할 뜻이 있다는 내용의 연설을 하였다. 그 모임에 참석했던 황기환은, 그렇다면 그대가 일본의회에 한국독립안을 제출하겠는가 물었고, 그 일본의원은 자리를 피했다.254) 워싱톤회의 기간 황기환은

국학연구소, 2012, 549쪽.
251) 『朝日新聞』(東京版), 1921년 8월 12일 : 『임정자료집』 41(일본·미국 보도기사), 2011, 61쪽. 그런데『구미위원부 통신』은 이보다 세 달이나 후인 11월 4일자 제37호에서 황기환의 워싱톤 도착을 언급하였다.(『신한민보』1921년 11월 17일, 「구미위원부 통신 제37호」: 『임정자료집』 17, 239~242쪽.
252) 「送김동성군 赴 만국기자대회」 1921년 9월 27일. ; 「高麗丸에서 太平洋上의 我 社特派員」 1921년 10월 4일. ; 「화성돈회의 화보 본사 김특파원 發, 제2차 총회 광경」 1921년 12월 4일. ; 「김동성씨 횡빈 着」 1922년 1월 10일. ; 「김동성씨 今夜入京」 1922년 1월 13일. 모두『동아일보』의 기사.
253) 『동아일보』 1960년 8월 18일, 「見聞記 世界一周旅行에서(35) 와싱톤」.
254) 『신한민보』 1921년 12월 15일, 「구미위원부통신 제41호」: 『임정자료집』 17,

민찬호(CH.Minn) 목사의 독립운동자금 모금에 협조하는255) 등 구미위원부의 구성원으로 적극 활동하였다. 그러나 1921년 11월 12일부터 1922년 2월 6일까지 개최된 워싱톤회의는 파리강화회의 때와 마찬가지로 한국문제를 외면하였다.256) 워싱톤회의 이후 뉴욕과 런던을 오가며 외교 선전 활동을 계속하던 황기환은 1923년 4월 18일 뉴욕에서 심장병으로 사망하였다.257)

4. 대(對)유럽 한국홍보활동과 한인 후원

황기환은 1919년 6월부터 파리위원부의 서기장으로, 1920년 9월부터는 파리와 런던 사무소의 책임자로 한국독립을 위해 홍보 활동에 주력하였다. 자료로 확인할 수 있는, 그가 전개한 홍보 활동은 다음과 같다. 1920년 4월 23일에는 이탈리아 상레모(Sanremo)에서 열린 평화회의 최고 회의에 이미 제출한 「한국독립안」 토론 요구를 갱신하는 취지의 전보를 보냈다.258) 5월에는 잡지 『자유 한국』(La Corée Libre) 제1호를 프랑스어와 영어로 1,000부 발행하였다. 서문에 "우리의 목적은 우리 조국의 독립을 회복하기 위한 투쟁"이라고 발간 목적을 밝힌 『자유 한국』은 1921년 5월까지 발행되었는데259) 유럽의 각국 언론기관과 정부 및 저명인사들에게 보

257~258쪽 ; 『동아일보』 1960년 8월 18일, 「見聞記 世界一周旅行에서(35) 와싱톤」.
255) 『임정자료집』 43, 195쪽.
256) 고정휴, 「워싱톤회의(1921~1922)와 한국민족운동」, 『한국민족운동사연구』 35, 2003, 155쪽.
257) 『신한민보』 1923년 5월 17일, 「황기환씨의 불행 장서」.『동아일보』(1923년 5월 22일, 「우리사정 선전에」)와 『개벽』(37호, 1923년 7월 1일다, 「내외중요일지」)에 4월 17일 사망하였다고 했는데 오류.
258) 「구주의 우리 사업」 : 『임정자료집』 23, 88쪽.
259) 1921년 2월 제10호까지 매월 발행되다가(제4호와 제5호는 1920년 8·9월 함께

내졌고, 신문에 전재(轉載)된 경우도 많았다.260)

1920년 12월에는 『구주의 우리 사업』을 간행하여 설립 이후부터 추진한 파리위원부의 유럽 외교활동을 정리하였다. '대한민국주파리위원부통신국 편찬'이지만 당시 파리위원부의 실질적인 책임자가 황기환이었으므로 이 책자의 편찬은 그가 중심이었을 것이다. 이 책자의 언어는 국한문 혼용이었는데 그것은 이 책자가 미주를 비롯하여 독립운동에 관심을 둔 한국인들을 열람 대상으로 하였다는 의미이다. 유럽은 미국에 비해 모든 면에서 사정이 쉽지 않지만 과거는 물론 현재, 미래에도 세계정치의 중심이기에 세계 공론(公論)을 환기하려면 유럽을 중심으로 해야 한다고 '서언'(叙言)에서 강조하였다. 그리고 영국은 지리와 언어 등에서 유럽 대륙과 특수한 관계에 있으므로 유럽 홍보 활동 중심기관을 영국에 둘 수 없다고 하였다. 즉 영국은 유럽 대륙과 지리적으로 떨어져 있고 영어를 사용하므로, 라틴어를 중심으로 하는 유럽 대륙에서는 프랑스어로 홍보 활동이 가능하기에, 어떤 난관이 있을지라도 파리사무소를 유지해야 한다고 주장하였다. 그리고 미주, 영국, 프랑스 등 세 곳에 기관을 정립(鼎立)하고 독일에도 기관 설치가 필요하다고 제안하였다.261) 홍보 활동이 중요한 이유는 현대정치가 여론 위에서 진행되기 때문인데, 일본은 돈으로 신문·정객을 매수하고 한국 문제를 허위선전하는 출판물을 유럽 사회에 대규모로 살포하는데, 파리위원부는 인원·재정·재료 공급 등 모든 것이 부족하고, 그마저도 한인 동포들에게서 이해받지 못한다고 한탄하였다.262)

파리위원부가 겪고 있던 어려움은 통계자료에서도 확인된다. 1919년 12월~1920년 12월의 구미위원부 수입은 70,190달러, 지출은 65,230달러였

발행) 1921년 5월 제11·12·13호 합호로 발행되었다.(『임정자료집』 21(파리위원부), 쪽)
260) 『구주의 우리 사업』: 『임정자료집』 23, 89쪽.
261) 『구주의 우리 사업』: 『임정자료집』 23, 78~79쪽.
262) 『구주의 우리 사업』: 『임정자료집』 23, 80쪽.

다. 지출액의 38.64%인 25,205달러가 선전사업비였는데, 선전사업비 중 51.45%인 12,969달러가 필라델피아 사업비였고, 파리 사업비는 21.75%인 5,482달러, 런던 사업비는 4.4%인 1,109달러였다.263) 미국에 집중되었다는 것을 알 수 있다. 런던 사업비가 파리 사업비의 약 1/5인 것은 런던에서는 1920년 7월부터 업무를 시작하였고, 황기환이 주로 머무르며 잡지를 간행하는 등 홍보 활동을 전개한 곳이 파리였기 때문이다.

황기환은 국내 인물들과도 연락을 시도하였다. 1921년 황기환은 그해 2월에 귀국한 서울 삼각정(三角町) 111번지의 '길'이라는 청년으로 하여금 서울 장사동(長沙洞) 66 '김 베시'를 방문하도록 하였는데, 소식이 없다며 그 청년을 방문하라고 '김 베시'에게 영문 편지를 보냈다. 일제가 가로챈 그 편지에 의하면 당시 그는 영일동맹 갱신을 막고자264) 노력 중이었고,265) 영(英)제국대회의에 홍보하기 위해 소책자『영일동맹과 한국』을 준비하고 있었다.266)

1921년 6월 12일 황기환은 영국에서 개최된 대영제국 식민지 수상회의에 참석한 이들에게「일본의 통치를 벗어나고자 하는 조선사람의 청원」(The Appeal of the Korean People for Liberation from Japan)이라 제(題)한 인쇄물을 배부하는 동시에 일본대사 하야시 곤스케에게도 보냈다. 그 인쇄물은 현순이 미국 국무성에 제출한 청원서267)와 내용이 비슷했다.

---

263)『노재연 전서』, 101쪽 : 독립운동사편찬위원회,『독립운동사』3(삼일운동사 하), 독립유공자사업기금운용위원회, 1972, 826~827쪽.
264) 1902년 맺어진 영일동맹은 1905년 개정되었고, 워싱톤회의에서 조인된 영국·일본·미국·프랑스의 4국 조약에 의해 폐기가 결정되었다.
265) 赤池濃(조선총독부 경무국장)→埴原正直(외무차관)·京畿道知事·上海派遣員, 不穩通信에 관한 건, 1921년 8월 12일, 不逞團關係雜件-朝鮮人의 部-在歐米 5 (국사편찬위원회 한국사데이터베이스).
266) 독립운동사편찬위원회,『독립운동사자료집』7(임시정부사자료집), 1973, 1290쪽 ;「대한민국임시정부공보」제24호, 1921년 6월 22일 :『임정자료집』1(헌법·공보), 국사편찬위원회, 2005, 115쪽.
267) 현순,「대한민국독립승인요청안」, 1921년 5월 12일 :『임정자료집』18(구미위

4,200년의 한국 역사, 한영(韓英)조약, 포악한 힘에 의해 맺어진 '(을사)보호조약'과 일한 병합, 일제의 압제, 만주와 한국에서 상업권을 농락하고 한국인들에게 과중한 세금을 부과한 것 등이 언급되었다.[268] 상대국이 위험에 처하면 돕는다고 했던 한영조약, 일제의 한국 침략과 수탈 실상을 강조한 것이었다. 그러나 그가 기대한 효과는 거둘 수 없었다.[269]

홍보 활동과 더불어 황기환은 유학생을 비롯하여 파리에 온 한국인들을 돕는데도 관심을 기울였다. 북러시아에 출병하였던 연합군이 철병하자 파리위원부는 러시아 무르만스크(Mourmansk)에 있던 한국인 노동자 500여 명을 프랑스로 데려오기 위해 1919년 10월 4일 프랑스 노동부와 교섭을 시작하고 이 사실을 무르만스크에 통지하였다. 무르만스크에서 철수하던 영국군대의 보호로 500여 명 중 200명이 영국 에든버러(Edinburgh)에 도착 예정이라는 통지를 받은 황기환은 10월 15일 에든버러로 가서 한국인 노동자 200명을 방문하였다. 그리고 그들을 프랑스로 데려가기 위해 영국 외부(外部)를 방문하여 교섭하였다. 그런데 주영(駐英)일본대사관에서 한국인들을 중국 칭다오[靑島]로 데려가기로 약속하여 불가능하다는 말을 들었다. 게다가 500명 노동자를 고용하겠다고 구두 승낙한 프랑스 노동부도 프랑스인들이 동양인 노동자를 배척하기에 한국인 노동자를 고용할 수 없다고 통지하였다. 한편 무르만스크에 남아 있던 한국인 노동자 300여 명으로부터 도와달라는 급전(急電)을 받은 파리위원부는 영국의 외부·군부(軍部)에 도와달라는 전보를 보냈다. 그러나 신중히 고려 중이라는 영국 외부의 11월 6일자 회답을 받았을 뿐이었다. 200명 중 대부분은 동양으로

원부 II), 2007, 38~41쪽.
268) 『동아일보』 1921년 7월 10일, 「영미에 독립청원, 玄楯이는 미국 국무경에게, 黃玘煥은 영국수상회의에」 ; 『독립신문』 1921년 10월 28일, 「외교상황보고」 ; 「대한민국임시정부공보」 제34호 : 『독립운동사자료집』 9(임시정부사자료집), 1975, 492쪽.
269) 『독립신문』 1921년 10월 28일, 「외교상황보고」.

보내지고 35명이 프랑스 하블(Hable) 항(港)을 경유하여 11월 11일 파리에 도착하였다. 그리고 프랑스 노동부의 지정으로 11월 19일부터 파리 동북 쉬이프(Suippes)에서 35명이 단체로 전지(戰地) 수선공사에 투입되었다.270) 영국 외부, 프랑스 노동부와 교섭한 지 한 달여만이었다. 한국인 노동자 500여 명 중 7%, 영국으로 온 한국인 노동자의 17.5%라도 프랑스에 가서 노동할 수 있었던 것은 황기환의 적극적인 노력의 결과였다고 해야 할 것이다.

쉬이프의 35명 한국인 노동자들은 노동을 시작한 11월 19일 '재법한국민회'(在法韓國民會)를 조직하였다. 이 회는 유럽 최초의 한인(韓人) 단체로 적십자회를 위하여 850프랑을 본부에 보내도록 황기환에게 위탁하였고,271) 독립운동을 돕기 위해 6개월 동안 모은 60프랑을 파리위원부에 기부하였다.272) 파리에 도착한 한국인들을 위해 황기환은 일거리를 찾아보았는데 쉽지 않았다. 프랑스에서는 동양인 노동자를 원하지 않았기 때문이다.273)

황기환은 유럽에 온 한국인 유학생들도 돕고자 하였다. 1919년 11월 26일부터 1920년 12월 14일까지 1년여 동안 8회에 걸쳐 65명의 한국인 유학생들이 파리에 도착하였다. 그들은 미국·독일·스위스·영국으로 가거나 프랑스에 남았는데, 프랑스에 남은 학생들은 '근공검학'(勤工儉學)을 목적으로 일하였다. 그런데 당시에는 많은 한국인 학생들이 미주(美洲)로 향하였고 유럽에 온 학생들도 미주로 가고자 하였다.274) 그러므로 저렴한 학비

---

270) 『구주의 우리 사업』: 『임정자료집』 23, 86쪽 ; 『신한민보』 1920년 4월 9일, 「프랑스에 있는 형제들의 독립 경축」.
271) 『신한민보』 1920년 5월 28일, 「프랑스에 있는 형제들의 성의」.
272) 『구주의 우리 사업』: 『임정자료집』 23, 94쪽.
273) 황기환(파리)→김규식(워싱톤 DC), 1920년 8월 10일 : 『임정자료집』 43, 135쪽.
274) 1920년 말 유럽의 한인은 유학생을 포함하여 약 100명이었는데 미국에는 1919년 한인 유학생만 하더라도 70여 명이었다.(장규식, 「일제하 미국 유학생의 서구근대체험과 미국 문명」, 『한국사연구』 133, 한국사연구회, 2006, 143쪽)

등 미주보다 유럽이 공부하기에 좋은 점이 많다는 것을 강조하면서도, 노동하며 공부하기란 어려우니 자비 유학생들이 많이 오기를 바란다고 하였다.[275] 이러한 유학생 중 한 사람인 정석해(鄭錫海)는 3·1운동으로 연희전문학교 3학년을 퇴학당한 후 상하이에서 파리로 갔고, 1921년 파리위원부 소개로 파리 북방 보레고등학교에 입학하여 1년간 어학을 공부한 후 1923년 독일 뷔르츠부르그대학 정치경제과에 입학하였다.[276]

그런데 유학생 문제에 파리의 황기환, 상하이의 임정, 그리고 워싱톤의 김규식은 의견이 같지 않았다. 학생들을 대규모로 미국에 보내기를 원하지만 서서히 진행해야 한다고 김규식은 황기환에게 강조하였다. 그리고 황기환이 상하이로 전보를 보내 준비가 안된 학생들은 프랑스로 보내지 않도록 하라고 조언하였다.[277] 그것은 황기환이 홍보 활동뿐 아니라 파리에 온 한국인 학생들을 돕는 문제로도 어려움을 겪고 있었기 때문일 것이다. 황기환은 어려운 상황에 처한 한국인 유학생을 위해 신한민보사에 편지를 보내기도 하였다. 상하이에서 파리에 온 학생 임장춘이 여비 부족으로 미주에 가지 못하고 한 달 동안 노동을 하다가 병을 얻어 8~9개월 동안 입원하였는데 고향으로 돌아갈 여비도 없으니 여비 300달러를 마련할 수 있도록 도와달라는 내용이었다.[278] 1920년 말 현재 프랑스·영국·독일·이탈리아 등에 유학생을 포함하여 약 100명의 한국인들이 머무르고 있었는데 대부분 3·1운동 이후 유럽에 왔고 빠듯한 생활을 하고 있었다.[279] 그러므로 파리를 비롯하여 유럽에서는 경제적인 도움을 요청하기 어려워, 미주 한인을 비롯하여 『신한민보』 구독자들에게 도움을 요청하였다.

---

275) 『구주의 우리 사업』: 『임정자료집』 23, 93쪽.
276) 『동아일보』 1961년 10월 26일, 「불의에 항거한 鄭錫海 교수」.
277) 김규식→황기환(파리), 1920년 8월 9일 : 『임정자료집』 43, 132쪽.
278) 『신한민보』 1920년 12월 16일, 「파리통신부 간청」.
279) 고정휴, 『1920년대 이후 미주·유럽지역의 독립운동』, 11~12쪽.

5. 맺음말

십대 후반에 조국을 떠나 미국으로 건너간 황기환은 제1차 세계대전에 미군 지원병으로 참전하였다. 전쟁이 끝난 후 김규식의 요청으로 파리강화회의 한국대표부에 참여한 그는 서기장의 직책으로 한국독립을 위한 홍보활동을 시작하였다. 그러나 그가 참여한지 두 달여만에 한국대표부의 위원장은 미국으로, 부위원장은 사임함으로써 한국대표부의 실질적인 책임자가 되었다. 파리강화회의가 끝난 후 한국대표부는 파리위원부로 개편 설립되었고, 구미위원부가 설립되자 그 산하 기관이 되었으므로 황기환의 직책도 파리위원부 서기장, 구미위원부 서기장으로 변경되었다. 파리위원부에서 함께 일할 사람들을 제안하였지만 재정 곤란, 부적합 인물이라는 이유 등으로 모두 거절당하였다. 도움 줄 만한 사람도 찾을 수 없었다. 파리와 더불어 영국에서도 홍보 활동을 전개하고자 하였지만 재정이 축소되었고 인원도 보충되지 않았다. 오롯이 그에게 파리와 런던 사무소의 관리, 홍보 활동의 임무가 부여되었다.

재정적으로 언어적으로 그리고 함께 할 수 있는 사람이 없는 어려운 상황이었지만 황기환은 한국독립을 위한 홍보 활동에 최선을 다하였다. 프랑스어를 못하였지만, 몇몇 유럽인들의 도움을 받아가며 유럽인들을 대상으로 홍보물을 발행하고, 풍부한 재정과 인력으로 일본이 유럽의 신문들에 수록한 한국 관련 오보(誤報)들에 항의하고, 한국의 참상과 한국독립운동에 관한 인터뷰를 하였다. 유럽 각국의 수뇌들에게 한국독립을 호소하는 편지를 보냈고, 유럽에서의 홍보 활동을 이해하지 못하는 한국인들을 위해 『구주의 우리 사업』을 간행하였다. 뿐만 아니라 유럽에 온 한국인 노동자들과 유학생을 돕기 위해 프랑스·영국 정부와 교섭하였고, 한국 학생들의 구미행과 유럽에서의 수학을 도왔다.

2년여 동안 파리위원부와 런던사무소의 실질적인 책임자였던 황기환은 워싱톤회의를 준비하던 이승만의 부름을 받고 미국으로 건너갔다. 그의 미국행은 구미위원부에서 유럽 홍보 활동을 중요하게 생각하지 않았다는 의미이다. 구미위원부는 대통령 이승만의 결정을 받아들였고, 유럽 홍보 활동은 미국에서의 선전 활동을 위해 희생되었다. 워싱톤회의 후 황기환은 약 1년 동안 미국과 영국을 오가며 외교 홍보 활동을 계속하다 사망하였다. 그리고 그를 중심으로 추진되었던 유럽 홍보 활동도 막을 내렸다. 짧지만 유럽에서 전개되었던 파리위원부의 홍보 활동은 황기환의 열렬한 한국독립운동이었다.

III. 1920년대 김경천의 항일무장투쟁

1. 머리말

 1910년 경술국치 이후 많은 한국인들이 국권 회복을 위한 독립운동을 펼치기 위해 중국의 만주 지역과 러시아 지역으로 망명하였다. 그러한 발길은 일제의 식민 통치가 강제되는 동안 계속되었다. 만주와 러시아의 연해주에는 한인촌들이 형성되어 있었으므로 독립운동에 필요한 인적·물적 자원을 확보할 수 있었기 때문이다. 독립운동가들의 이주로 1920년대 초 만주와 연해주 지역에서 한국인들의 독립운동은 활발하게 전개되었다.

 따라서 많은 연구자들이 만주와 연해주 지역에서 펼쳐진 독립운동을 조사·연구하였다. 그런데 중국 지역과 비교할 때 러시아 지역에서 전개된 독립운동 연구는 상대적으로 소략하다. 그것은 러시아 지역에서 전개된 독립운동 관련 자료들을 1991년 소련이 붕괴되기 전까지는 수집하기 어려웠기 때문이다.

 김경천(金擎天)은 1920년대 전반기 연해주 지역에서 독립운동을 전개한 독립운동가이다. 이영명이 김경천에 대해 가장 먼저 언급하였는데, 김경천 관련 인물들의 증언을 수집하고 신문자료들을 조사하여 김경천이 흰 말을 타고 만주, 시베리아를 누빈 항일영웅 김일성(金日成)이라고 하였다.[280] 이어 일본육사 출신들을 정리한 이기동의 책에 김경천이 언급되었고,[281] 『북조선왕조성립비사 : 김일성전』에도 김경천의 말년이 일부 소개되었

---

280) 이영명, 『김일성 열전』, 신문화사, 1974, 55~56쪽.
281) 이기동, 『비극의 군인들 : 일본육사 출신의 역사』, 일조각, 1982.

다.282) 1918~1922년 연해주에서 활동한 한국인들을 정리한 마뜨베이 김의 글에도 김경천이 포함되었으며,283) 『한국민족문화대백과사전』에는 '金光瑞'라는 이름으로 김경천의 이력이 수록되었다.284)

김경천에 대한 본격적인 연구는 박환이 추진하였다. 박환은 김경천의 장녀 김지리(金智理)의 장남 김이브게니가 작성한 「김경천에 대한 회고」(1995년)를 활용하여 김경천의 집안, 일본 유학, 만주 망명, 러시아 연해주에서의 항일운동, 러시아 내전 이후의 행로 등 김경천의 생애를 전체적으로 정리하였다.285) 그리고 『경천아일록』(擎天兒日錄) 공간 이후 새로운 내용이라며 신흥무관학교(新興武官學校)와 김경천의 관계를 언급하였다.286) 반병률은 1920년대 전반 만주와 러시아 지역의 항일무장투쟁을 정리하면서 김경천을 거론하였다.287) 윤상원은 러시아 지역에서 전개된 무장독립운동을 분석하면서 김경천을 언급하였다.288) 그리고 『경천아일록』이라는 김경천의 일기가 김병학에 의해 정리, 간행되었다.289) 김병학은 이 일기를 토대로 김경천의 생애와 독립운동을 정리하였다.290)

---

282) 박환, 『대륙으로 간 혁명가들』, 국학자료원, 2003, 341쪽.
283) 마뜨베이 김, 『극동의 소비에트권력을 위한 투쟁에서 한인국제주의자들(1918~1922)』, 1979 : 『일제하 극동시베리아의 한인 사회주의자들』, 이준형 옮김, 역사비평사, 1990.
284) 한국정신문화연구원편찬부, 『한국민족문화대백과사전』, 1994.
285) 박환, 「재러한인 민족운동가 김경천 연구」, 『한국독립운동사연구』 12, 한국독립운동사연구소, 1998. 이 논문은 「시베리아의 항일운동가 김경천」이라는 제목으로 같은 저자의 『대륙으로 간 혁명가들』에 수록되었다.
286) 박환, 『만주지역 한인민족운동의 재발견』, 국학자료원, 2014, 149~150쪽.
287) 반병률, 『1920년대 전반 만주·러시아지역 항일무장투쟁』, 한국독립운동사편찬위원회·독립기념관 한국독립운동사연구소, 2009.
288) 윤상원, 「러시아지역 한인의 항일무장투쟁 연구 : 1918~1922」, 고려대학교 박사학위논문, 2010.
289) 김경천 지음, 김병학 정리 및 현대어역, 『경천아일록』, 학고방, 2012.
290) 김병학, 「擎天兒日錄과 연해주 항일독립운동가 김경천의 생애」, 『인문사회과학연구』 14, 부경대학교 인문사회과학연구소, 2013.

이처럼 김경천은 만주와 연해주 지역에서 전개된 독립운동을 추적한 글들에서 거론되었다. 그런데 김경천의 생애와 독립운동을 전체적으로 추적·정리한 박환의 논문은 김경천의 손자가 작성한 회고 원고를 토대로 하여 아쉬움이 있고, 김병학의 글은 『경천아일록』에 전적으로 의존하여 한계가 있다. 손자라고는 하지만 제3자의 회고 글, 일기라고는 하지만 그날그날 기록하지 않은 일기 기록의 한계가 크기 때문이다.

이에 필자는 일제의 첩보 자료와 당시의 신문 기사들을 적극 활용하여 『경천아일록』의 내용들을 점검하면서 김경천이 전개한 독립운동을 정리해 보고자 한다. 며칠씩 모아서 기록하기도 하고, 가끔은 그날그날 작성하여 한계가 있기는 하지만 직접 자신의 삶을 기록한, 그리고 직접 자신의 집안을 회고하여 정리한 『경천아일록』과 「오가세기 김해김씨」는 김경천의 독립운동, 1920년대 러시아지역에서 전개된 한국독립운동사를 알려주는 중요한 자료로 가치가 크기 때문이다.

2. 일본 유학

김경천은 1888년 6월 5일 함경도 북청군(北靑郡) 서문외(西門外)에서 김정우(金鼎禹)와 파평윤씨 옥연(玉聯)[291]의 아들로 태어났다. 1895년 경기도 광주군(廣州郡) 초월면(草月面) 학현리(鶴峴里)로 이사하였는데[292] 그해 아버지 김정우와 형 성은(成殷)이 일본 유학을 떠났다. 김정우와 김성은의 일본 유학은 김정우의 유배와 어느 정도 관계가 있는 것 같다. 김정우는 1886년 윤웅렬(尹雄烈)과 함께 전라도 능주(綾州)에 유배되었다가 1894년 6월 풀려났다.[293] 당시 윤웅렬은 남병사(南兵使) 직에 있었는데

---

291) 『경천아일록』, '2. 출생지' ; 김경천 記述, 「吾家世紀 金海金氏」. 「吾家世紀 金海金氏」이 자료는 김병학이 정리 간행한 『경천아일록』에 함께 수록되어 있다.
292) 『경천아일록』, '3. 광주 이거'.

군사 부문에 잘못이 크다는 1884년 함경감사 임한수(林翰洙)의 장계(狀啓)를 시작으로 공론이 일어 유배가 결정되었다.294) 『경천아일록』에 의하면, 김정우는 윤웅렬과 함께 서울에 들어왔다가 국사범과 사통하였다는 죄목으로 윤웅렬과 같이 능주로 귀양을 갔다. 즉 김정우는 윤웅렬과 상당히 깊은 친분 관계가 있었다는 것인데, 윤웅렬은 1880년 김홍집(金弘集)의 수행원으로 일본에 갔었고 일본의 여러 인사들과 교유하였다. 김정우는 윤웅렬을 통하여 일본에 대한 여러 정보를 입수할 수 있었을 것이고, 일본 세력이 확장되어가던 현실에서 일본 유학을 결정한 것이라 생각된다.

8년의 유배에서 풀려난 김정우는 1894년 11월 경무청(警務廳) 총순서(總巡敍) 판임관(判任官) 6등에 임명되었다.295) 이듬해인 1895년 5월 일본에 유학하여 게이오의숙[慶應義塾]296)에서 수학하고297) 도쿄[東京] 칸다구[神田區] 순천구합사(順天九合社) 공업 예비과를 거쳐 도쿄공업고등학교 기계과를 1899년에 졸업하였다. 그리고 도쿄 포병공창 총탄 제조소에서 총탄 제조법을 공부한 후 1900년 10월 귀국하여 군부(軍部)의 기사(技師), 군기창(軍器廠) 기사,298) 군기창장(軍器廠長)299) 등으로 일하였다.300) 김

---

293) 『고종실록』 고종 31년 6월 22일. 『경천아일록』에는 김정우가 나이 20살(즉 1877년)에 北青南兵使 윤웅렬과 같이 능주로 귀양가 10년간 유배를 살았다(즉 1887년)고 하였는데 관찬 사료와 비교하면 김경천의 정리에 연대 착오가 있다.
294) 『고종실록』 고종 21년 5월 14일, 고종 23년 4월 21일.
295) 박환, 「시베리아의 항일운동가 김경천」, 344쪽.
296) 1881년 윤치호·유길준 등이 조사시찰단과 함께 일본으로 건너간 후 처음으로 입학하였다.(한시준, 「한말 일본유학생에 관한 일고찰」, 『천관우선생환력기념 한국사학논총』, 정음문화사, 1985)
297) 국사편찬위원회, 「김정우」, 『대한제국관원 이력서』, 1972, 504쪽.
298) 군기창 기사는 1904년 7월 6일 공포된 칙령 제18호 〈軍器廠官制〉에서 발견된다. "군기창은 提理 1인, 副官 1인, 主計 1인, 主事 2인, 技師 5인, 技手 7인이다".(『고종실록』 고종 41년 7월 6일)
299) 군기창장은 1905년 3월 1일 공포된 칙령 제26호 〈軍器倉官制〉에서 찾을 수 있다. "군기창 직원은 廠長이 1인인데 砲兵副領이나 參領이고, 副官이 1인인데 砲兵正尉나 副尉이며"(『고종실록』 고종 42년 3월 1일)

성은은 도쿄 세이조[成城]학교와 육군사관학교 공병과를 졸업하고 돌아와 무관학교 교관(육군공병참위)으로 근무하였고,301) 공로상을 받기도 하였다.302)

아버지와 형이 일본 유학 중이던 기간에 김경천은 어머니를 잃었다.303) 한동안은 아버지가, 곧이어 아버지와 어머니가 모두 부재(不在)한 상황에서 생활하였던 김경천의 삶은 아버지와 형이 일본 유학에서 5년만에 돌아오자 변화하였다. 1900년 10월 아버지가 귀국하였고304) 경기도 광주에서 서울로 이사하였다. 김경천은 경성학당(京城學堂)에 입학하여 신학문을 배웠다. 그가 일본 민간단체 설립의 경성학당에 입학한 것은 일본에 유학한 아버지와 형의 긍정적인 일본 인식 때문이었을 것이다. 1896년 개교한 경성학당은 수업료가 없었고 지묵(紙墨) 등의 비용도 학당에서 제공하였는데305) 김경천의 집은 넉넉한 편이었다.306)

1903년 3월 경성학당을 졸업한 김경천은 1904년 16세의 나이로 일본 유학길에 올랐다. 갑오개혁 정부가 붕괴되고 친러정권이 수립되면서, 중단되었던 일본 유학생 파견이 1904년 주일전권공사로 일본에 다녀온 이지용(李址鎔)의 건의로 재개되었다.307) 러일전쟁으로 일본의 영향력이 커지자 대한제국 정부는 부국강병을 위한 인재 양성을 필요로 하였다.308) 김경천

---

300) 국사편찬위원회, 「김정우」, 『대한제국관원 이력서』, 504~505쪽 : 박환, 「재러 한인 민족운동가 김경천 연구」, 231~232쪽.
301) 『고종실록』 고종 39년 1월 10일.
302) 『고종실록』 고종 42년 7월 13일.
303) 『경천아일록』('3. 광주 이거')에는 1897년, 「오가세기」('김해김씨')에는 1899년 사망이라 기록되어 있다.
304) 『경천아일록』, '4. 경성 주거'.
305) 한용진, 「개화기 일본 민간단체 설립 학교 고찰 - 경성학당을 중심으로 -」, 『동양학』 38, 단국대학교 동양학연구소, 2005, 201~203쪽.
306) 박환, 「시베리아의 항일운동가 김경천」, 343쪽. 혈성단원이었던 박청림은 서울에서 태어났고 빈천하게 된 양반가문 출신이라고 하였는데(박청림, 「혈성단부대의 전투행로」 : 박환, 「시베리아의 항일운동가 김경천」, 362쪽) 오인이다.
307) 박찬승, 「104년 황실 파견 도일유학생 연구」, 『한국근현대사연구』 51, 2009.

은 자신이 일본 유학생으로 선발된 것은 아버지와 형이 관직에 있기 때문이라고 생각하였는데309) 당시 유학 시험이 '유학필이충효지본'(留學必以忠孝之本)이란 논제로 실시된 때문이었다.310) 즉 김경천의 일본 유학은 대한제국 정부의 인재 양성 필요, 일본에 유학한 아버지와 형의 경험 및 관인(官人)이라는 현실적인 이유가 상호작용하여 이루어졌다.

1904년 10월 9일311) 김경천은 49명의 유학생들과 함께 인천항을 출발하였다. 일본말을 할 줄 알았기에 유학생들의 대표가 되었다는데312) 유학생 대부분이 기초적인 일본어는 할 수 있었을 것이지만, 경성학당을 졸업한 김경천의 일본어 실력이 월등하였을 것이다. 군산·목포·부산 항을 거쳐 12일에 일본 시모노세키[馬關=下關]에 도착하였고, 15일 도쿄로 가서 동명관(東明館)에 머물렀다.313) 49명의 유학생 중 44명은 도쿄부립 제일중학교에 입학하였다.314)

아버지와 형은 공업을 배우라 했지만, 김경천은 무엇을 공부해야 할지 결정하지 못하였다. 그러던 중 1905년 봄 도쿄 간다[神田] 거리의 한 작은 서점에서 한 권의 책과 마주하였다. 동서고금의 제일가는 영웅의 전기를 찾는 그에게 서점주인은 한 권의 헌책을 주었다.『ボナパト ナポレオン』

---

308) 박단비,「대한제국 시기 한인의 일본육사 입교와 졸업 후 동향」,『사학지』50, 단국사학회, 2015, 91쪽.
309) 당시 김경천의 아버지는 군기창장(軍器廠長), 육군포병부령이요, 형은 공병대장, 육군공병부령으로 재임하고 있었다고 한다.(『경천아일록』, '4. 경성 주거')
310) "생도 50명을 일본에 유학보내다."(『고종실록』고종 41년 10월 6일)
311)『동아일보』1922년 1월 23일, 公民,「노령견문기(5). 8. 경천 김장군」에는 1904년 8월이라 하였는데『고종실록』에 의하면 1904년 10월.(『고종실록』고종 41년 10월 8일) 공민은 나경석(羅景錫).
312)『경천아일록』, '5. 일본 유학'.
313)『경천아일록』('5. 일본 유학')에는 "히비야[日比谷] 공원 서편 동경여관에 들었다"고 기록되어 있다.
314) 한철호,「대한제국기 주일 한국공사의 임면 배경과 경위(1900~1905)」,『한국근현대사연구』44, 2008, 103쪽.

이었다. 연일 그 책을 읽고 또 읽은 김경천은 군인이 되겠다고 결심하였다. 나폴레옹에 매료된 그는 나폴레옹과 같이 유년학교(幼年學校)에 입학하기로 결심하고315) 주일한국공사를 찾아가 육군유년학교 입학을 청하였다. 김경천의 결정에 아버지와 형은 찬성하지 않은 것 같다. 그해 여름 대한제국의 육군 부령(副領)으로서 도쿄를 방문한 김성은은316) 동생 김경천의 육군유년학교 입학을 반대하였다.317) 일본육군사관학교 공병과를 졸업하고 대한제국의 교관으로 근무하였지만, 김성은은 동생의 육군유년학교 입학을 반대하였다. 대한제국의 당시 정세를 보건데 군인은 그다지 희망적인 직업으로 생각되지 않았기 때문일 것이다.

그러나 김경천은 1905년 9월 1일 도쿄의 육군유년학교 예과 제2학년에 입학하였다. 650명의 입학생 중 유일한 한국인이었고, 졸업할 때까지 아베[阿部] 외에는 친구가 없었다.318) 육군유년학교는 예과와 본과로 나뉘어져 있었는데 예과의 교육 기간은 3년이었다. 매일 한 시간의 술과(術科)에서 교련·체조·유도·검술 등을 배웠고, 토요일 오후에는 야외 행군 연습을 했다.319) 1907년 9월 1일 김경천은 육군유년학교 본과에 입학하였다.320) 본과는 교육 기간 2년으로 당시 일본 학제의 중학교 4~5학년 수준이었다. 러시아어·독일어·불어·중국어 등 외국어 교육이 실시되었고, 술과에서는 마술(馬術)이 더해졌으며, 매주 오후 야외 연습을 했다.321) 1908년 7월 육

---

315) 김경천은 이미 육군유년학교에 대해 알고 있었을 것이다. 일본 유학을 준비 중이던 1904년 육군유년학교관제가 공포되었기 때문이다.(『고종실록』 고종 41년 9월 24일)
316) 『고종실록』 고종 42년(1905) 7월 14일.
317) 『경천아일록』, '5. 일본 유학'.
318) 『경천아일록』, '5. 일본 유학'.
319) 이응준, 『회고 90년 : 1890~1981』, 산운기념사업회, 1982, 71쪽 : 박단비, 「대한제국 시기 한인의 일본육사 입교와 졸업 후 동향」, 100쪽.
320) 『경천아일록』, '5. 일본 유학'.
321) 이응준, 『회고 90년 : 1890~1981』, 71쪽 : 박단비, 「대한제국 시기 한인의 일본육사 입교와 졸업 후 동향」, 100쪽.

군유년학교 본과를 졸업한 김경천은 도쿄 기병 제1연대 제1중대에 입대하였다. 육군유년학교 졸업생들은 사관후보생이란 이름으로 일본군 각 연대에 배속되어 견습 기간을 거쳐야 했기 때문이다.322)

1908년 12월 1일 김경천은 일본육군사관학교(이하 '일본육사'로 약칭)에 제23기생으로 입학하였다.323) 그는 일본육사를 장교가 될 마지막 학교라 하였고,324) 나폴레옹처럼 장교가 되고자 하였다. 한인 청년들의 일본육사 입학은 1896년(졸업 1897년) 제8기생(8명)부터였다. 이어 1898년(졸업 1899) 11기생 21명, 1902년 15기생 8명, 1908년 23기 1명(총 754명), 1912년(졸업 1914) 12월 26기 14명(총 766명) 등 4기에 걸쳐 총 52명이 일본육사에 입학하였다.325)

일본육사는 예과와 본과로 나뉘어 있었는데 육군유년학교를 졸업한 한인 청년들은 本科로 들어갔다. 본과에서는 군사학을 비롯하여 영어·불어·독일어·러시아어·중국어 등 외국어를 배워야 했다. 군사학은 전술학·전사·군제학·병기학·사격학·항공학·축성학(築城學)·교통학·측도학(測圖學)·마학·위생학 등, 술과는 교련·진중(陣中) 근무·검술·사격·체조·마술을 가르쳤다. 그리고 각 병과의 조전(操典), 교범(教範), 야외요무령(野外要務令), 내무, 체식에 필요한 내무서(內務書), 육군 체식 등도 교육하였다. 아울러 천황에 대한 충성심, 공격 정신, 책임 관념, 무사도 정신 등도 집중적으로 가르쳤다.326) 즉 일본육사의 교육 이념과 목표는 일본제국의 육군 장교 양성이었다.327)

---

322) 박단비, 「대한제국 시기 한인의 일본육사 입교와 졸업 후 동향」, 102쪽.
323) 일본육사 11기생으로 구한국정부의 참령이었던 김성은이 김경천의 아저씨로 김경천의 일본육사 입학을 주선하였다는 이영명의 추정(이영명, 『김일성 열전』, 59쪽)은 오류. 김성은은 김경천의 형. 그리고 그는 동생의 일본육사 진학을 반대.
324) 『경천아일록』, '5. 일본 유학'.
325) 박단비, 「대한제국 시기 한인의 일본육사 입교와 졸업 후 동향」, 95~98쪽.
326) 이영명, 『김일성열전』, 75~77쪽.
327) 박단비, 「대한제국 시기 한인의 일본육사 입교와 졸업 후 동향」, 103쪽.

일본육사 입교 후 김경천은 이름을 바꾸었다. 일본육사 3년 후배 이응준(李應俊)에 의하면, 김경천의 처음 이름은 김현충(金顯忠)이었는데 일본육사 재학 중 광서(光瑞)로 개명했다고 한다.328) 1908년 8월 6일자『황성신문』의 '관비유학생 명단'에서 "육군중앙유년학교에 김현충(金顯忠)"이라는 이름을 찾을 수 있다.329) 그가 왜 이름을 바꾸었는가는 알 수 없으나 1908년 2월 6일에 그의 아버지가 사망하였으므로330) 개명에 대한 자식으로서의 부담은 없었을 것이다.

입학한지 1년 반만인 1910년 6월 일본육사를 졸업한 김경천은 일본육군의 기병에 입대한지 2년 반만인 1911년 2월 말 기병 소위로 임관하였다.331) 조국이 망하였으니 장래를 위해서는 실제 연구가 필요하다고 생각한 때문에 일본육군의 기병 소위로 임관하였다고 김경천은『경천아일록』에 기록하였다.332) 한인 청년들은 일본육사를 졸업하면 대개는 귀국하여 무관학교 교관으로 임용되었는데 1907년 군대해산 이후에는 일본군으로 근무하거나, 독립운동의 길로 나아갔다.333) 1911년 8월 서울 사직동 166번지의 집으로 돌아왔다가 조부 김규준(金奎濬), 아내 윤정화(尹貞和),334) 여동생 옥진(玉振)335)을 남겨두고 도쿄로 돌아간 김경천은 기병연대에 재직하였다. 그리고 1913년 1월 가족을 도쿄로 이주시켰다.336)

---

328) 이영명,『김일성열전』, 59쪽.
329)『황성신문』1908년 8월 6일「관비유학생」.
330)「오가세기 김해김씨」.
331) 일본육사 졸업 후 6개월간 연대근무를 해야 했다.(박단비,「대한제국 시기 한인의 일본육사 입교와 졸업 후 동향」, 102쪽)
332)『경천아일록』, '5. 일본 유학'.
333) 박단비,「대한제국 시기 한인의 일본육사 입교와 졸업 후 동향」, 112쪽.
334) 박환은 김경천의 아내 이름이 유정화라고 하였는데,(박환,「재러한인 민족운동가 김경천 연구」, 232쪽)『경천아일록』에 의하면 윤정화.(『경천아일록』, '5. 일본 유학')
335) 김정우의 아내이자 김경천의 어머니인 윤옥련은 1899년 가을에 사망.(「오가세기 김해김씨」) 그러므로 1908년생인 김옥진의 어머니는 김경천의 어머니와 다르다.

1914년 봄 김경천은 육군 도야마[戶山]학교337)에 입학하여 검술·체조를 6개월간 수료하였다.338) 1915년 9월 일본육군 기병 소위에서 기병 중위로 승진하였고, 그해에 육군호산학교를 졸업하였다.339) 1916년에는 기병학교에 입학하여 마술과(馬術科)를 수료하고 1917년에 졸업하였다.340)

한편 1916년 12월 일본육사 제26기와 제27기생 중 윤상필(尹相弼)·이응준·홍사익(洪思翊) 등 도쿄 제1사단에 근무하던 한국인 장교들이 발기인이 되어 조직한 전의회(全誼會)341)의 회장이 되었다. 일본육사 제23기의 유일한 한국인 선배였기 때문일 것이다. 친목 단체를 표방하였지만 이 단체는 일본육사 출신의 한국인 청년들에게 그들 자신과 그들 조국의 현실 그리고 미래를 고민하게 했을 것이다. 그들은 모두 퇴학하고 돌아가자고 하였고, 이중교(二重橋) 앞에 가서 모두 자결하여 억울한 마음을 풀자고도 하였다.342) 육군유년학교 입학 후 일본인들 사이에서 거의 언제나 혼자 지냈던 김경천은 한국어를 거의 잊어버렸다.343) 자신의 모국어를 잊어버린다는 것은 정체성을 잃는 것과 다름없는데 이러한 상황은 다른 한국인 청년들도 마찬가지였을 것이다. 따라서 이 모임은 한국어를 잊지 않게 하였을 것이고, 그들의 정체성, 그들의 망국된 조국도 인식하게 하였을 것이다. 그리고 그들의 미래를 고민하게 했을 것이다.

---

336) 『경천아일록』, '5. 일본 유학'; 「오가세기 김해김씨」.
337) 서양식 사관교육을 실시하던 곳으로 하사관 양성기관으로 1883년 서재필 등 14명이 호산학교에 들어가 7개월 혹은 1년 동안 군사교육을 받았다.(박단비, 「대한제국 시기 한인의 일본육사 입교와 졸업 후 동향」, 3쪽)
338) 『경천아일록』, '5. 일본 유학'.
339) 『경천아일록』, '5. 일본 유학'; 「오가세기 김해김씨」.
340) 『경천아일록』, '5. 일본 유학'; 「오가세기 김해김씨」.
341) 회지의 일부를 홍사익(洪思翊)의 아들(일본육사 45기)이 소장하고 있다는데(이기동, 『비극의 군인들 : 일본육사 출신의 역사』, 32쪽) 회지를 검토하면 전의회의 목적과 활동 내용을 알 수 있을 것이다. 자료를 입수하지 못한 아쉬움이 있다.
342) 이형석, 「지청천」, 『한국근대인물백인선』, 신동아, 1970년 1월호 부록, 243쪽.
343) 『경천아일록』, '5. 일본 유학'.

3. 만주 망명과 서간도에서의 활동

　가족들도 모두 일본으로 이사한지 5년 반인 1918년 6월 9일,[344] 김경천은 "상당한 결심으로 가족, 가구까지 일일이 휴대하여 도일 15년, 임관 9년만에 사직동 본가로 왔다." 당시 그의 가족은 아내 윤정화, 여동생 옥진, 장녀 지리(智理), 차녀 지혜(智慧)였다.[345] 1918년 12월 일본육군에 복귀하였던 그는 다시 휴가를 얻어 1919년 2월 20일 서울에 도착하였다.[346] 몸이 약해져 휴가를 얻었다지만, 반년 전에 그의 가족들을 서울로 옮긴 이유가 '상당한 결심'이었던 것과 연관이 있다고 생각된다. 더이상 일본에서 일본 군인으로 생활하지 않겠다는 것이 가족들을 서울로 옮기고 반년 후 자신도 건강을 이유로 휴가를 얻어 서울에 온 것이라 판단된다. 즉 일본 군인으로서가 아니라 망국된 조국의 주권을 되찾기 위한 독립운동에 투신하기로 결정한 행보였던 것이다. 독립운동에 투신하기로 그가 진로를 결심한 것은 1916년 12월 후배들이 조직한 전의회에 참여하면서부터였을 것이다. 그는 오랜 시간에 걸쳐 일본육군의 기병사관이 되었기에 기뻤지만, 그런 중에도 마음에 이는 불길을 참을 수 없었다.[347] 그때 일본육사 후배인 이응준(李應俊)과 지대형(池大亨 = 지청천)도 귀국하였다.[348]

　김경천이 서울에 도착한지 얼마되지 않아 3·1운동이 일어났다. 1919년 3월 1일 오전 10시경 그는 집을 나와 종로의 YMCA[349]로 가서 총무 윤치

---

344) 『경천아일록』, '5. 일본 유학' ; 「오가세기 김해김씨」.
345) 『경천아일록』, '5. 일본 유학'.
346) 『동아일보』 1923년 7월 29일, 아령조선군인 김경천, 「氷雪 쌓인 西伯利亞에서 紅白戰爭한 實地경험담」. 그런데 『경천아일록』('6. 경성 본저(本邸) 및 독립운동')과 「오가세기 김해김씨」에는 1919년 1월에 서울로 돌아왔다고 한다.
347) 『동아일보』 1923년 7월 29일, 김경천, 「米雪 쌓인 西伯利亞에서 紅白戰爭한 實地경험담」.
348) 이기동, 『비극의 군인들 : 일본육사 출신의 역사』, 31쪽.
349) 1908년 준공된 종로의 '황성기독교청년회관'이다.(『황성신문』 1908년 9월 16일, 「청년회관 준공기」)

호(尹致昊)와 대화를 나누었다. 오후 2시경 YMCA를 포위한 일본순사들에게 몸수색을 당하고 풀려난 후 서울 시내를 돌아다니며 만세 현장을 지켜보았다.

김경천은 친구들로부터 이제는 칼을 빼라는 권유를 받았다. 그는 자신이 칼을 빼려면 국외로 망명해야 한다고 생각하였다. 매일 그의 집 정원에서 회의가 열렸다.350) 김경천은, 나라 팔아먹은 원수를 보고도 가만히 앉아 있는 사람은 제2의 매국자라 하였다. 누구보다도 국가를 위한 공부를 많이 하였고 민족 관념도 강한 자신이 목숨과 몸을 아낀다면 자신보다 못한 사람은 더하리라 하였다. 군사 부분을 제외하면 일본은 빈 껍질이라고 하였다. 그리고 직접 독립은 제2차 세계대전이 일어나야 가능하기에 자신의 망명은 조금 이르지만 젊고 기개와 용기가 있으니 국외에서 여러 해 표류하며 공을 쌓을 필요가 있다고 자신의 생각을 정리하였다. 그와 일본육사 후배 이응준과 지대형은 기차로 신의주를 거쳐 서간도(西間道)로 가자고 하였다. 이응준은 일이 있다 하여 평양으로 갔고, 그와 지대형은 날마다 비밀회의를 하였는데 경무총감부(警務總監部) 경시(警視)가 격일로 찾아왔다.351) 일제는 김경천과 지대형뿐 아니라 그들의 아내들도 감시하였다.352)

셋째 딸 지란(智蘭)이 태어난지353) 두 달도 되지 않은 1919년 6월 6일, 김경천은 지대형과 함께 야주현(夜珠峴)354) 병문(兵門) 너머 쪽에서 자동차를 탔다. 수원에 도착하여 서로 모르는 체하고 기차역으로 가서 일등칸에 올랐다.355) 이튿날인 6월 7일 신의주 역에 내렸고, 안동현(安東縣)에서 보낸 여행권으로 다시 기차를 타고 안동현 상(上) 역에 내렸다. 그리고 몇

---

350) 『경천아일록』, '6. 경성 本邸 및 독립운동' ; 이응준, 『회고 90년 : 1890~1981』, 115쪽.
351) 『경천아일록』, '6. 경성 本邸 및 독립운동'.
352) 지복영, 『역사의 수레를 끌고 밀며』, 문학과 지성사, 1995, 37쪽.
353) 1919년 4월 17일에 태어났다.(「오가세기 김해김씨」)
354) 서울 종로구 당주동과 신문로 1가에 걸쳐 있던 낮은 고개.
355) 『경천아일록』, '7. 남만주에 出奔 : 4252년[1919년] 6월 6일'.

명의 청년들과 함께 매일 5~60리씩 걸어 약 보름만에 펑톈성[奉天省] 유하현 고산자 대두자(柳河縣 孤山子 大肚子)에 있는 서간도 무관학교, 즉 신흥무관학교356)에 도착하였다. 김경천과 지대형이 망명하자 일본군은 현상금 5만엔을 내걸었다고 한다.357)

신흥무관학교는 1911년 봄 펑톈성 유하현 삼원보 추가가(三源堡 鄒家街)에 설립되었다. 1912년 7월 통화현 합이하(通化縣 哈泥河)에 교사를 신축하였는데, 3·1운동을 계기로 독립운동에 뜻을 두고 찾아오는 학생들이 많아지자 유하현 고산자 대두자로 학교를 옮겨 넓은 병영사와 수만 평의 연병장을 부설하였다.358) 김경천이 도착하였을 때 신흥무관학교에는 한반도와 서간도 각지에서 온 약 200명의 학생이 있었다. 김경천과 지대형 그리고 그들보다 며칠 먼저 도착한 경성무관학교[대한제국 군관학교] 출신 신영균(申英均)이 학교 교육에 참여하였다. 그런데 기존에 교육을 맡고 있던 이들과 세 사람 사이에 의견 다툼이 있었던 것 같다.359) 경성무관학교와 일본 육사를 졸업한 세 사람의 눈에 신흥무관학교의 교육 방법이나 내용은 상당히 미흡하고 아쉬운 점이 많았을 것이기 때문이다. 김경천은 서울 집에 있던 많은 군사책을 가져와 신흥무관학교 교육에 활용하고자 한 여인을 파견하였는데, 그 여인은 김경천의 집을 감시하던 일경에 체포되어 고문 끝에 죽음을 당하였다고 한다.360) 학교는 일제의 박해와 중국 지방 당국의 압력으로 1919년 11월 폐교하였다.361) 그러므로 김경천이 신흥무

---

356) 현 주소는 길림성 유하현 전승향 대두자 전승향 승리촌(吉林省 柳河縣 孤山子鎭 大杜子 全勝鄉 勝熙村).(독립기념관→국외독립운동사적지 참조)
357) 김병학 정리, 『경천아일록』, 70쪽의 각주 7.
358) 원병상, 「신흥무관학교」, 『독립운동사자료집』 10, 독립운동사편찬위원회, 1976, 27쪽.
359) 『경천아일록』, '7. 남만주에 出奔 : 4252년[1919년] 6월 9일 이래'.
360) 박환, 「시베리아의 항일운동가 김경천」, 『대륙으로 간 혁명가들』, 국학자료원, 2003, 353~354쪽.
361) 원병사, 「신흥무관학교」, 32쪽.

관학교의 교육을 담당할 수 있었던 시간은 길어도 4개월여에 지나지 않았다.

김경천은 안동현(安東縣)에서 독립운동을 전개하던 대한독립청년단(大韓獨立靑年團)362)에 참여하였다. 1919년 8월 대한독립청년단은 안병찬(安秉瓚) 외 28명의 연서로 「중화민국 관상보 학계 제군(官商報 學界 諸君)에게 고함」이란 제목의 성명을 발표하였는데, 명단에서 김경천의 이름을 확인할 수 있다.363) 성명은, 한국과 마찬가지로 중국도 일본이 침략할 것임을 강조하고 만일 국제연맹에서 한국 문제에 만족할만한 해결을 얻지 못하면 독립전쟁을 선포하여 최후의 1인까지 혈전을 전개하겠다는 내용이었다. 그러나 대한독립청년단은 일제 경찰에 조직과 활동 상황이 탐지되어 그해 8월 30일 안병찬·조재건(趙在健) 등이 체포되고364) 크게 위축되었다.365) 김경천의 대한독립청년단 참여 활동도 더이상 보이지 않는다.

한편 김경천은 만주 망명 이후 호(號)였던 경천아(擎天兒)에서 '경천'을 취하여 이름으로 사용하였다.366) 1920년 1월 14일 블라디보스토크 총영사(菊池義郎)가 외무대신(內田康哉)에게 보낸 「鮮人의 행동에 관한 건」(기밀 제4호, 不逞團關係雜件-朝鮮人의 部-在西比利亞 9)에 '김경천'이라 언급되었고, 한자에 오기(誤記)가 있기는 하지만『독립신문』1922년 7월 1일자에도 '金敬天'이 언급되었는데367) 같은 인물일 것이다.

김응천(金應天)이라는 이름도 사용되었다. 일제첩보문서에 1921년 7월

---

362) 1919년 4월 안동현 구시가 豊順錢에서 趙在健, 咸錫殷 등이 조직한 항일무장단체.(박환,「만주지역 대한청년독립단연합회의 성립과 활동」,『하석 김창수교수 화갑기념사학논총』, 1992, 358~363쪽). 현 주소는 遼宁省 丹東市 元宝山 底이다.(독립기념관 → 국외독립운동사적지 참조).
363) 국회도서관,『한국민족운동사료(3·1운동편 2)』, 1978, 308~309쪽.
364)『독립신문』1919년 9월 4일「安秉瓚 趙在健 兩氏 被逮」.
365) 국회도서관,『한국민족운동사료(3·1운동편 2)』, 306쪽.
366)「오가세기 김해김씨」;『동아일보』1922년 1월 23일, 공민,「노령견문기(5). 8. 경천 김장군」.
367)『독립신문』1922년 7월 1일,「金敬天氏의 소식」.

28일 블라디보스토크총영사 대리영사(渡邊里惠)가 외무대신(內田康)에게 보낸「선인의 행동에 관한 건」이라는 문서(기밀제50호, 不逞團關係雜件-朝鮮人의 部-在西比利亞 12)에 김응천이 언급되었는데 '선인사회당(鮮人社會黨) 군대 사령관'으로 되어 있다. 언론에는 김경천이라는 이름보다 먼저 언급되었는데『동아일보』1921년 8월 18일자에 처음 등장한다.368)

만주 망명 후에는 김경천, 김응천과 함께 김광서(金光瑞)라는 이름도 사용되었다. 1920년 3월 29일 국자가(局子街) 분관 주임 외무서기(川南省一)가 외무대신(內田康哉), 조선총독 등에게 보낸「間島 不逞鮮人 단체와 그 동정에 관한 調査書의 건」(기밀 제14호, 不逞團關係雜件-조선인의 部-在滿洲의 部 16)에 김광서로 언급되었다. 언론에는 1921년 11월 27일『매일신보』와『동아일보』에 거론되었다.369) 즉 만주 망명 이후 그는 김광서, 김경천 그리고 김응천이라는 세 이름으로 일제의 첩보 자료와 신문들에 언급될 정도로 활발한 활동을 펼쳤다.

1919년 9월 중순 김경천은 신영균과 같이 무기구입위원으로 선정되어 니꼴스크[蘇王營, Nikolsk]를 향해 서간도를 출발하였다. 장길상(張吉相)이 배천택(裵天擇) 편에 군자금으로 5만원을 보냈기 때문이다.370) 김경천·지대형·신영균 등은 1920년 3월 1일 국경지대 중 한 곳을 점령하여 국내에 3·1운동을 다시 일으킬 수 있는 정신적 자극을 주고자 계획하였다. 그리하여 지대형은 상하이 임정과의 연락, 신영균은 남만주 한인사회의 지원, 김경천은 노령으로 무기 구입 루트 개척을 책임 맡아 각각 이동하였다.371)

---

368) 『동아일보』1921년 8월 18일,「기세가 熾盛한 마적, 간도부근 지방이 가장 위험, 金應天이 이끄는 독립을 목적으로 하는 馬賊團」.
369) 『매일신보』1921년 11월 27일,「칠십 명과 공히 전사, 過派軍을 원조하던 金光瑞, 기병 중위로 음모 조선인과 결합하여 무력침입을 계획」;『동아일보』1921년 11월 27일,「독립운동자 金光瑞 戰死說, 과격파군대에 참가하야 전쟁중 부하 73명과 가치」.
370) 『경천아일록』, '7. 남만주에 출분(出奔) : 4252년[1919년] 6월 9일 이래' ; 이영명,『김일성열전』, 60~61쪽 : 박환,「시베리아의 항일운동가 김경천」, 354쪽.

김경천은 노령으로 가는 도중 동지들을 규합하기 위해 중간 기착지로 북간도를 선택하였다. 10여 일만에 지린[吉林]에 도착하여 여러 날 머무르며 미국에서 온 박용만(朴容萬) 등을 만난 김경천은 그곳 지방 파벌간의 갈등으로 인해 정착하지 못하였다.372) 9월 말 지린을 출발하여 창춘[長春], 하얼빈을 거쳐 니꼴스크에 도착하여 수십일 동안 머무르며 각 방면의 사람들을 만났는데 그곳에도 지방색이 있다고 안타까워하며 자신은 중립이라고 하였다. 그리고 "군인은 군사행동의 실전지로 비바람을 무릅쓰고 가고 삶과 죽음의 굴을 넘나들어도 좋으리라"373) 자신을 정리하였다.

4. 연해주에서의 마적 토벌

1920년 3월 12일 쏘비에트 적군(혁명부대)과 한인 빨치산374)부대가 아무르강 하구 북쪽에 위치한 니꼴라예프스크[尼港, Nikolayevsk]의 일본군과 민간인을 전멸시킨 사태[니항사건]가 발생하였다. 일본군은 이를 명분으로 1920년 4월 4일 연해주 전역에서 소비에트 적군과 한인들의 중심지 신한촌을 공격하였다. 이튿날 새벽까지 일본군은 블라디보스토크, 니꼴라예프스크-우수리스크, 스빠스크, 하바로프스크, 쉬꼬또보, 뽀세트 등을 총공격하였다.375) 김경천은 일본군의 시베리아 출병 이유는 쏘비에트 공산당을 쫓는 것보다 대한의 독립운동 방해에 더 큰 목적이 있다고 하였다.376)

---

371) 이영명, 『김일성 열전』, 60~61쪽.
372) 『동아일보』 1922년 1월 23일, 「노령견문기(5) : 경천 김장군」.
373) 『경천아일록』, '8. 시베리아. a.4252년[1919년]' ; 『동아일보』 1922년 1월 23일, 공민, 「노령견문기(5). 8. 경천 김장군」.
374) 러시아지역 한인들은 한인 무장부대들을 주로 '의병' 또는 빨치산이라 불렀다.
 (윤상원, 「러시아지역 한인의 항일무장투쟁 연구 : 1918~1922」, 14쪽)
375) 윤상원, 「러시아지역 한인의 항일무장투쟁 연구 : 1918~1922」, 90쪽.
376) 『경천아일록』, '8. 시베리아. b.4253년[1920년] 3월 21일'.

김경천은 4월 4일 밤 자고 있던 집에 쏟아지는 총탄을 피해 장기영(張基永)·정재관(鄭在寬)377)·박군화(朴君化) 등과 함께 산으로 피신하였다가 내수청(內水淸)378) 다우지미[大宇地味] 포수동(抱水洞)으로 이동하였다.379) 수청 지역이 산악지대로 유격전을 하기 좋고, 연해주에서는 한인 빨치산의 가장 중요한 활동 근거지였으며,380) 과거 의병과 대한인국민회 시베리아 지방총회, 철혈단(鐵血團), 그리고 러시아혁명 이후에는 한창걸(韓昌傑) 등을 중심으로 한 빨치산의 근거지로 항일의식이 강한 곳이었기 때문이다.381)

4월 6일 수청 지역도 일본군과 백군의 지배하에 들어갔는데382) 일제의 조종을 받는 중국계 마적(馬賊)들도 수시로 출몰하여 한국인들을 괴롭혔다.383) 일제는 마적을 이용하여 한국인들을 괴롭힘으로써 한국인들이 한국 독립군과 쏘비에트 적군에게 불만을 갖도록 유도하였다.384) 일제는 내수청에서 철수하고 외수청에만 주둔하고 있었는데 홍후즈[紅鬍賊 또는 紅依賊]를 선동하여 무기를 공급하고 한인촌을 습격하도록 하였다. 이에 김경천은 마을의 유력자들과 협의하여 격문을 보내 의용군을 모집하고 무기

---

377) 미국에서 활동하다 러시아로 이동하여 대동공보사, 권업회, 대한인국민회 시베리아지방총회 등에서 활동.(박환,「시베리아 항일운동사 김경천」, 360쪽)
378) 수청은 연해주의 동북 해안 일대를 지칭한다. 제정러시아 시기에 한인들은 수청 지역을 외수청, 내수청, 소자하(蘇子河, 또는 水州河, Sudzukhe), 도비허(都飛河, 都兵河, Anuchino)의 4구역으로 나누었다.(반병률,『1920년대 전반 만주·러시아지역 항일무장투쟁』, 28쪽의 각주 27)
379)『경천아일록』, '8. 시베리아. b.4253년[1920년] 4월 4일의 다한(多恨)'.
380) 하라 데루유키,「러시아 연해주에서의 항일운동(1905~1922)」,『소비에트 한인백년사』, 서대숙 엮음, 이서구 옮김, 태암, 1989, 27쪽.
381) 박환,「재러한인 민족운동가 김경천 연구」, 239쪽.
382) 강호여,「수청의병대의 연혁」,『한국독립운동사자료집-홍범도편-』, 정신문화연구원, 1995, 386쪽.
383)『동아일보』1922년 1월 23일, 공민,「노령견문기(5). 8. 경천 김장군」.
384) 김승화 저, 정태수 역,『소련한족사』, 대한교과서주식회사, 204쪽 : 박환,「재러한인 민족운동가 김경천 연구」, 240쪽.

를 구입하였다.385) 그리고 주야로 연습한 후 마적 토벌을 시작하였다.386)

5월 25일 충록산파(忠祿山派 = 告山派) 홍후즈 380여 명이 다우지미 마을로 침입해 들어오자 김경천 휘하의 내수청 지역의 45명, 도비허[都兵河]로부터 온 100여 명, 니꼴라예프까[Nikolaevka, 新營洞]에서 한창걸이 이끌고 온 40명 등으로 구성된 한인 빨치산 부대가 쏘비에트 적군 600명과 연합하여 마적 360여 명을 몰살시켰다.387) 그리고 이후의 마적 침입에 대비하여 상비조직으로 창해소년단(滄海少年團 또는 창해청년단)을 조직하였다. 김경천이 총지휘관, 정재관이 참모장을 맡은 창해소년단은 다우지미에 본부를 두고, 수청을 다우지미·칫쿤[赤楊村]·니꼴라예프까의 3개 구로 나누고, 구마다 상비경비대와 예비대를 두었다. 총지휘관 김경천은 다우지미 지역의 지휘관을 겸하였는데 상비경비대 30명, 예비대 278명이었다. 칫쿤 지역은 지휘관 정순철(鄭舜哲), 참모 김규면(金圭冕), 상비경비대 22명, 예비대 191명이었고, 니꼴라예프까 지역은 지휘관 한창걸, 참모 선우정(鮮于政), 상비대 50명, 예비대 476명이었다. 그러므로 창해소년단은 상비대 102명, 예비대 945명 규모였다.388)

김경천은 창해소년단의 총지휘관으로 1920년 5월 쏘비에트 적군과 연합하여 홍후즈들과 전투를 시작하였다. 다우지미 전투에서 300여 명의 마적 중 약 60명만이 목숨을 건졌다.389) 1920년 6월 초에는 외수청 따인채골 주민의 재산을 강탈한 마적 5~60명을 패퇴시켰다. 약 4개월 동안 김경천은 마적 토벌에 전념하였고 그 결과 1920년 가을에는 마적이라는 단어도 사라졌다.390) 창해소년단의 명예단장 김규면도 수청 지역에 출몰하던

---

385) 반병률,『1920년대 전반 만주·러시아지역 항일무장투쟁』, 60쪽.
386)『동아일보』1922년 1월 23일, 공민,「노령견문기(5). 8.경천 김장군」.
387)『독립신문』1923년 1월 17일,「수청홍의적난실기(1)」.
388)「蘇城方面不逞鮮人의 행동에 관한 건」, 1920년 10월 14일,『不逞團體關係雜件 朝鮮人의 部 在西比利亞』10 : 반병률,『만주·러시아지역 항일무장투쟁』, 61쪽.
389)『동아일보』1923년 7월 29일, 김경천,「米雪 쌓인 西伯利亞에서 紅白戰爭한 實地 경험담」.

마적들은 모두 청산되었다고 하였다.391)

　마적을 소탕하는 김경천에게 마적을 잡으러 고국을 떠나 러시아 땅에 왔느냐고 책망하는 이들도 있었다. 그러나 김경천은 큰 일을 못하면 작은 일도 못한다고 주장하였다.392) 마적은 일본군의 지원을 받아 한인촌을 습격함으로써 한국 독립군이 인적·물적으로 도움을 받아야 할 토대를 분쇄하여 한국독립운동에 큰 피해를 주었다. 따라서 마적 토벌은 한인촌의 삶을 안정적으로 유지시키고, 그를 토대로 독립운동의 인적·물적 자원을 확보하는 것이므로 중요한 일이었고 독립운동이었다.

　김경천은 수청 지역에서의 마적 토벌로 명성을 얻었고, 마적 토벌에 성공한 후 수청 지역을 중심으로 군정(軍政)을 단행하였다. 그는 수청 지역의 한국인뿐 아니라 중국인·러시아인도 통치하였다. 또한 한국인들의 안정된 삶의 기반을 마련하기 위해 민정(民政)도 단행하였는데 민정 책임자 정재관은 김경천을 도와 매년 매호 10원씩 걷어 군자금으로 활용하였다.393)

　마적 토벌 후 김경천은 무관학교의 교육, 독립운동가 및 독립운동단체 방문, 그리고 군사 서적 열람에 관심을 쏟았다. 1920년 9월에는 북간도 무관학교의 요청으로 북간도에 갔다가 한 달만에 수청으로 돌아왔다. 이어 그해 10월 25일에는 추풍(秋豊, 수이푼) 솔밭관[松田關] 사회혁명군(솔밭관 고려혁명군) 본부에서 머물다가 혈성단(血誠團)에 가서 김청람(金淸嵐)과 채영(蔡英)394)을 만났으며, 김규면과 그 단대(團隊)도 만났다. 11월 15

---

390) 『경천아일록』, '8. 시베리아. b.4253년[1920년] 6월 5일'.
391) 「老兵 김규면 備忘錄」, 『성재 이동휘 전서』하권, 윤병석 편, 독립기념관 한국독립운동사연구소, 1998 : 박환, 「재러한인 민족운동가 김경천 연구」, 148쪽.
392) 『경천아일록』, '8. 시베리아. b.4253년[1920년] 6월 5일'.
393) 『동아일보』 1922년 1월 24일, 공민, 「노령견문기(6). 8. 경천 김장군(속)」.
394) 중국 浙江省 杭州군관학교 출신. 1920년 여름 임정에서 북로사령관으로 임명된 바 있는 채영 일행 15명이 추풍 자피거우에서 강국모와 만나 혈성단에 가담.(「鮮人武裝團體와 馬賊의 衝突에 關한 報告書 送付件」, 1921년 3월 15일, 『不逞鮮人關係雜件 朝鮮人의 部 在西比利亞』 11 : 반병률, 『1920년대 전반 만주·러시아지역 항일무장투쟁』, 53쪽)

일에는 블라디보스토크에 거주하는 숙모를 서울 사직동 집으로 보내 군사 서적을 가져오게도 하였다.395)

　1921년 1월 25일 김경천은 대한국민의회396)에 참석하라는 공문을 받았다. 그러나 그는 그다지 관심을 보이지 않았다. 대한국민의회뿐 아니라 임정에도 그는 긍정적이지 않았다. 김경천은 상하이 임정에 참여하는 것을 "벼슬을 구하러 간다"고 하였으며, 허명(虛名)에 취한 이들이 많다고 하였다. 정치에만 관심 두는 자칭 영웅이 많고 당파도 많다고 하였다. 임정의 군사가 매우 적다고도 비판하였다.397) 무장투쟁의 방법으로 독립을 쟁취하고자 했던 김경천에게 임정의 외교 활동 노선은 이해하기 어려웠을 것이고, 임정에 참여하는 사람들의 태도도 받아들이기 힘들었을 것이다. 육군유년학교와 일본육사를 졸업하고 군인으로 근무하였던 그에게 대한제국 멸망의 원인은 약한 국력 때문이었고, 군사력은 국력의 시작이었기 때문이다.

5. 통합부대 '수청의병대' 지휘

　노령의 대한국민의회에도 상하이 임정에도 참여하지 않은 김경천은 연해주 한인 빨치산 부대들의 통합부대를 책임맡았다. 1921년 4월 19일 트레치푸진(Trechifuzin)에서 혈성단의 강국모(姜國模)와 한일제(韓一濟, 함흥 출신의 사회운동가)398)가 김경천을 찾아왔다.399) 혈성단과 고려노농군회를 통합한 통합부대를 맡아달라는 것이었다.

---

395)『경천아일록』, '8. 시베리아. b.4253년[1920년] 11월 15일'.
396) 상하이 임정과 통합이 완전히 이루어지지 않은 대한국민의회는 1920년 2월 15일 정식으로 복설(復設)을 선언.
397)『경천아일록』, '8. 시베리아. c.4254년[1921년] 1월 25일'.
398) 반병률,『1920년대 전반 만주·러시아지역 항일무장투쟁』, 56쪽.
399)『경천아일록』'8. 시베리아. c.4254년[1921년] 4월 20일'.

혈성단은 1920년 1월(음) 오오츠크로부터 동행한 강국모와 14명, 남만주 서간도로부터 그로데고보에 와 있던 독립단원 80명을 기본으로 추풍 지역 한인촌 재피거우[梓皮溝]에서 조직되었다. 단장은 강국모, 단원은 약 100명이었다.400) 강국모는 대한제국 장교 출신으로 경술국치 이후 러시아로 망명하여 오오츠크 연안 금광에서 일하였는데 많은 사금으로 무기를 매입하여 혈성단에 기부함으로써 단장이 되었다.401) 그해 가을 일본군의 공격이 예상되자 수청 지역으로 이동하였다.402) 한편 고려노농군회는 1920년 10월 간도참변을 피해온 박경철(朴景喆)·이승조 등 신민단 군인 5명, 도비허에서 온 한창걸·이병수 등 8명, 수청 지방대 위원 강백우 등이 수주허[蘇子河] 흔두거우[興頭洞]에서 한인의 자치 및 군사단체로 조직하였다.403)

혈성단은 중심 인물인 채영이 조맹선(趙孟善)부대와 함께 이르크츠크로 이동하자 군대를 지도할 총지도자가 필요하게 되었고,404) 고려노농군회와 연합을 시도하였다. 1921년 4월경 수주허 흔든거우에 본부를 두었던 고려노농군회 대표들과 추구예바 구역의 트레이푸진에 주둔하던 혈성단 대표 강국모 등이 두 단체의 통합과 사관 양성 문제를 협의하였다. 이들은 연해주 지역의 '고려인을 통어하는 혁명단체를 조직하려는' 목적에서 군대 대표와 지방 대표들에 의한 단체 창설을 목표로 하였다.405) 통합된 민간자치단체는 '한인사회당 연해주총회'(연해주한인총회)라 명명하였다.406) 1921

---

400) 박환, 361 ; 「백절불굴하던 전우 리홍파에 회상기」, 『이인섭 친필노트』 6권, 59~61쪽 : 윤상원, 「러시아지역 한인의 항일무장투쟁 연구 : 1918~1922」, 104쪽.
401) 윤상원, 「러시아지역 한인의 항일무장투쟁 연구 : 1918~1922」, 103~104쪽.
402) 박청림, 「혈성단에 대한 참고」, 383~384쪽 : 박환, 「시베리아 항일운동가 김경천」, 360~361쪽.
403) 반병률, 『1920년대 전반 만주·러시아지역 항일무장투쟁』, 63쪽.
404) 박청림, 「혈성단에 대한 참고」, 384 : 박환, 「시베리아 항일운동가 김경천」, 361쪽.
405) 최호림, 「원동변강고려인생활 역사초록」, 120~121쪽 : 반병률, 『1920년대 전반 만주·러시아지역 항일무장투쟁』, 64쪽.
406) 박환, 「재러한인 민족운동가 김경천 연구」, 243쪽.

년 4월 27일이었다. 창립 직후 연해주한인총회는 총회장 강국모, 부회장 김종화(金鍾和), 군무부장 겸 사령관 김경천, 고문 정재관, 재무부장 한일제, 민사부장 강석봉(姜石鳳 = 강백우), 외교부장 한창걸(韓昌傑), 교육부장 박경철 등으로 구성되었다. 군무부 안에는 군대를 편성하여 3개 중대(각 3개 소대)·기병소대·학도대·적십자대를 두었는데, 총사령관 김경천, 사령부관 김용준, 중대장 신용걸·이학운·허용하 등이 선임되었다.407)

한편 고려노농군회 군대와 혈성단을 통합하여 수청의병대를 조직하였는데 병력은 약 300명이었다.408) 수청 지역에서 창립된 한창걸 군대, 훈춘에서 이동한 신민단 군대, 추풍에서 옮겨온 혈성단 군대가 통합된 것이었다. 수청의병대의 책임자로 김경천이 초빙되었다. 그래서 김경천은 자신을 '수청 지역 한인 빨치산 총사령관'이라고 그의 일기에 썼다.409)

수청의병대는 보병과 기병의 두 대를 조직하여 보병대장 이학운(李學雲)은 1개 소대 135명씩 3개 소대, 기병대장 신태룡(申泰龍)은 80기를 지휘하였다. 모두가 소총을 가지고 탄환도 100발 이상 300발씩 준비하였으며 군마 80두, 기관총 4채, 육혈포도 가지고 있었다. 수청의병대는 항상 민가에 나누어 자며 일상에 체조·교련·보초·척후 등의 연습을 하고, 여가에는 도로 교량의 수부에 종사하고 부서를 정하여 병기와 전곡을 징발하러 나갔다. 당시 신문에서는 김경천이 부하들로부터 큰 존경을 받으며 재질이 영민하고 말을 잘 타는데 스스로 연해주 총사령관이라 한다고 하였다.410) 상황이 이렇게 전개되었기에 김경천과 강국모 사이에 갈등이 폭발하였다. 김경천은 강국모와 한창걸의 능력이 부족하다고 보았고, 강국모는 김경천

---

407) 최호림, 『원동변강고려인생활 역사초록』, 121쪽 : 반병률, 『1920년대 전반 만주·러시아지역 항일무장투쟁』, 64~65쪽.
408) 한창걸, 「한창걸 동지의 회상」 : 반병률, 『1920년대 전반 만주·러시아지역 항일무장투쟁』, 63~64쪽.
409) 『경천아일록』, '8. 시베리아. c.4254년[1921년] 4월 24일'
410) 『동아일보』 1921년 8월 18일, 「기세가 熾盛한 마적, 간도 부근 지방이 가장 위험, 金應天이 이끄는 독립을 목적으로 하는 馬賊團 등 그중에 단단한 단체가 많아」.

에게 군무부를 맡겼을 뿐 연해주한인총회의 총회장은 자신이라고 주장하였다.
  그런데 수청의병대에 군수품을 조달하는 문제로 개최된 '올긴군 한인노동자대회'에서 지도권 문제로 충돌이 일어났다. 즉 김경천은 대회에서 선출될 위원회의 위원장이 아닌, 그 자신이 부대는 물론 모든 주민에 대해서도 지도권을 갖고자 하였다. 김경천을 지지하는 병사들이 대회에 참석한 간부들을 무장 해제시키는데 동원되었다. 그런 중에 러시아 공산당 시베리아뷰로 한인부에서 파견된 손풍익이 강국모가 쥐고 있던 권총에 잘못 맞아 살해되었다. 이후 김경천은 모든 일이 자기의 잘못이라 자백했다고 한다.411)
  이 사건은 빨치산부대 지도부들 사이의 갈등이 폭발한 것이었다. 그런데 이를 단지 주도권 장악 때문이었다고 보는 해석은 재고가 요구된다. 각자의 출생과 성장 배경, 그리고 활동 경험 등이 그들의 독립운동 전개 방식에 큰 영향을 미쳤을 것이기 때문이다. 김경천은 일본인이 설립한 경성학당에서 수학하였고 일본 육군유년학교와 일본육사 그리고 일본군 장교로 근무하였기에 군무가 가장 중요했다. 김경천에게는 한인 빨치산 부대들이 통합한 통합부대에서 가장 중요한 것은 군무였고, 가장 중요한 인물은 군무를 책임맡고 있는 자신이었다.
  강호여의 회고에 의하면, 김경천이 부대 명칭을 임의로 '고려혁명군'이라 고치고 그에게 복종하지 않는 이전 혈성단 소대장 4명과 올긴부대 소대장 2명을 참모부의 승낙없이 해임시키고 자신의 부하들을 대신 임명하였다. 그리고 이런 상황에서 총회 개최를 위한 예비회의가 열렸는데 회의 의제는 단체 명칭과 간부 임원 후보 선정 두 가지였다. 김경천은 단체 명칭을 자신이 이미 선포한 고려혁명군으로 하자 주장했는데, 손풍익은 그것이 간부 임원들과 상의없이 이루어진 것이라 비판하면서 혁명사업에서 당의

---

411) 윤상원, 「러시아지역 한인의 항일무장투쟁 연구 : 1918~1922」, 289~290쪽.

중요성을 강조하면서 '한인사회당군대'라고 할 것을 제의했다. 한창걸을 비롯한 참가자들이 모두 손풍익의 제의에 찬성했으며, 강백우의 제의에 따라 한인총회의 명칭도 '연해주한인사회당총회'로 개칭이 결정되었다.412) 그런데 김경천의 일기에서는 '고려혁명군'이라는 단어를 찾을 수 없다.

분란이 있었지만 위원회는 조직되었고, 주민들의 최고기관으로 인정받았으며, 김경천은 위원회의 군사부장으로 선임되었다. 그러나 러시아혁명 사령부로부터 한인빨치산부대를 아누치노로 이동하라는 명령이 내려와 오래 존속하지 못하였다.413) 한편 김경천은 트레치푸진에 설립된414) 6개월 속성의 사관학교 교장도 맡아 사관 양성에도 힘을 쏟았다. 교관은 박경철, 강백우 등이었으며 학생은 42명이었다.415)

1921년 5월 김경천은 도비허의 러시아 적군 사령관과 협력관계를 만들어 러시아군의 군용품을 나누어 사용하게 되었다. 그는 추풍에서 일본군의 압박을 받고 1920년 가을 트레치푸진에 온 강국모 군대의 200명 군인이 40호에 불과한 한인으로부터 식품을 공급받은 것을 안타까워했다. 더불어 야꼬블레프까 지방에 마적[胡賊]이 많으므로 보병 한 소대를 수비대로 보내 한인들을 보호했다.416)

1921년 5월 일본의 지원으로 러시아 백군이 연해주에서 상당한 영향력을 갖게 되자417) 그해 8월 수청의병대는 연해주에 있는 적군과 무장 연합

---

412) 강호여, 「연긔우 의병대와 수청빨치산대에 참가한 강호여 동지 회상긔」, 『이인섭 친필노트』 10권, 47~48쪽 : 윤상원, 「러시아지역 한인의 항일무장투쟁 연구 : 1918~1922」, 289쪽.
413) 반병률, 『1920년대 전반 만주·러시아지역 항일무장투쟁』, 65쪽.
414) 샤브시나, 「조선인 국제주의자들의 영웅적 과업」, 『일제하 극동시베리아 한인사회주의자들』, 77~78쪽 : 박환, 「재러한인 민족운동가 김경천 연구」, 242쪽 ; 김병학 정리, 『경천아일록』, 117쪽의 각주 30.
415) 『경천아일록』, '8. 시베리아. c.4254년[1921년] 4월 24일' ; 반병률, 『1920년대 전반 만주·러시아지역 항일무장투쟁』, 65쪽.
416) 『경천아일록』, '8. 시베리아. c.4254년[1921년] 9월' ; 반병률, 『1920년대 전반 만주·러시아지역 항일무장투쟁』, 63~64쪽.

을 추진하였다.418) 김경천은 러시아 적군과 연합을 추진하는 이유가, 한국을 점령한 것처럼 러시아를 점령하기 위해 온 일본군을 격멸하고, 한국 독립을 달성하기 위해서라고 부하들에게 설명하였다.419)

1921년 8월 수청의병대는 러시아 참모부의 지령에 따라 모두 도비허로 이동하였다.420) 그런데 창설 이후 김경천과 갈등 관계에 있던 혈성단의 강국모가 통합 결정 사항에 불만을 품고 1921년 9월 추풍으로 이동하였다. 그리고 김경천은 러시아 유격대의 제안에 따라 수청의병대 일부를 올가항의 러시아 나자렌코 빨치산부대를 지원하기 위해 보내고, 나머지 대원들과 도비허 아누치노로 이동하였다.421) 그는 그렇게 하는 이유를, 수청의병대가 러시아 영토에 있으므로 러시아군의 도움이 필요하고, 따라서 러시아군의 지시에 응하여 행동한다고 하였다.422)

1921년 10월 김경천이 이끄는 수청의병대는 러시아 적군과 연합하여 수청 니꼴라예프까에 주둔한 백군을 공격하였는데 도리어 추격당하여 크게 패배하였다. 당시 5~600명에 달하던 빨치산 부대원들은 전사하고 흩어졌다. 김경천은 소수의 병력만을 이끌고 이만 지역으로 이동하였다.423) 그래서 신문에는 김경천의 사망설이 보도되기도 하였다.424)

---

417) 박환, 「재러한인 민족운동가 김경천 연구」, 244쪽.
418) 박청림, 「혈성단에 대한 참고」, 385쪽 ; 박환, 「재러한인 민족운동가 김경천 연구」, 244쪽.
419) 박청림, 「혈성단 부대의 전투행로」, 50쪽 ; 박환, 「재러한인 민족운동가 김경천 연구」, 244쪽.
420) 강호여, 「수청의병대 연혁」, 『한국독립운동사자료집 : 홍범도편』, 387쪽.
421) 십월혁명십주년원동개긔념준비위원회 편, 『십월혁명십주년과 쏘베트고려민족』, 블라디보스톡, 1927, 52쪽 ;「박청림이 이인섭에게 보낸 편지-혈성단의 연혁」1962년 3월 2일 ; 반병률, 『1920년대 전반 만주·러시아지역 항일무장투쟁』, 66쪽.
422) 『경천아일록』, '8. 시베리아. c.4254년[1921년] 9월'.
423) 『동아일보』1923년 7월 29일, 김경천, 「氷雪 쌓인 西伯利亞에서 紅白戰爭한 實地경험담」 ; 『십월혁명십주년과 쏘베트고려민족』, 53~54쪽 ; 윤상원, 「러시아지역 한인의 항일무장투쟁 연구 : 1918~1922」, 291쪽.
424) 『동아일보』1921년 11월 27일, 「독립운동자 김광서 전사설」 ; 『매일신보』1921

1921년 11월 퇴각당하던 김경천은 군대를 이끌고 연해주 빨치산 사령부가 있는 깔리닌 구역 까르똔 마을에 도착했다. 30명의 김경천부대는 곧 부근 엘레-쏘스노프까 마을로 이동하여 주둔하였다.425) 12월 15일 백군이 까르똔을 포위하였고, 적군 대대장은 백군에게 항복하였다.426) 4대의 기관총을 보유한 보병 60명과 기병 40명으로 이루어진 러시아 적군들이 김경천부대로 옮겨왔다. 김경천은 이들을 자신의 부대에 편입시켜 임시혼성부대를 편성하였다.427)

　1922년 1월 김경천이 이끄는 혼성빨치산부대(러시아 적군+한인독립군)는 이만을 향해 나아갔다. 김경천의 회고에 의하면, 당시 하바로프스크에서 러시아의 적군과 백군이 전쟁하는 틈을 타 이만에 있는 백군을 공격하여 이만과 하바로프스크에 있는 백군 간의 연락을 끊고자 하였다. 약 200명의 혼성빨치산부대는 700여 명의 백군과 약 6시간에 걸친 전투로 이만을 정복하였다. 일제의 정보문서는 일본군과 격돌한 김경천부대의 모습을 무력이 부흥한 것 같다고 평가하였다.428) 이 전투는 극동 내전 역사의 위대한 한 페이지를 구성한다고 극찬되었다.429) 그러나 김경천부대는 백군이 증원 공격하자 숫적 열세와 배후에 일본군대가 있었으므로 오래지 않아 이만에서 다시 퇴각하였다.430)

　　년 11월 27일, 「70명과 공히 戰死, 過派軍을 원조하던 金光瑞, 기병 중위로 음모 조선인과 결합하여 무력침입을 계획」.
425) 최호림, 「내전 시기 극동주에서 한인 빨치산 운동」; 윤상원, 「러시아지역 한인의 항일무장투쟁 연구 : 1918～1922」, 294쪽.
426) 『경천아일록』, '8. 시베리아. c.4254년[1921년] 11월 17일 이후 전쟁'; 『동아일보』 1923년 7월 29일.
427) 김경천, 「氷雪 쌓인 西伯利亞에서 紅白戰爭한 實地경험담」, 『동아일보』 1923년 7월 29일, 아령조선군인 김경천, 「氷雪 쌓인 西伯利亞에서 紅白戰爭한 實地경험담」.
428) 「조선군참모부 연해주방면 정세보고문서」(조특보 제17호), 1922년 5월 3일, 김정명, 『조선독립운동』V(공산주의운동 편), 東京:原書房, 1967, 226쪽.
429) 윤상원, 「러시아지역 한인의 항일무장투쟁 연구 : 1918～1922」, 295～296쪽.

이만 전투 후 김경천은 아누치노로 돌아갔다. 겨울 동안 각지를 옮겨다니며 전투를 하고 6~7개월만에 빨치산의 중심지로 돌아간 것이었다.[431] 이즈음 김경천이 한창걸과 함께 블라디보스토크에서 일본군 밀정이 되었던 자와 친일파들을 암살하고 광둥[廣東]으로 가서 그곳 독립군과 협력하여 한국으로 잠입할 것이라는 소문이 신문에 보도되었다.[432] 또한 일본 장교와 일본인을 암살하면 상금을 주겠다는 항일선전문을 배포하고 있다는 내용도 수록되었다.[433] 이만 전투에서 보여준 김경천부대의 강력한 지도력과 전투력이 이러한 내용의 기사를 싣게 한 원인이었을 것이다.

1922년 6월 5일 김경천은 연해주혁명군사회로부터 훈춘군사구역 고려인의병대 총사령관으로 임명되어[434] 이틀 후인 6월 7일 도비허를 떠나 추풍, 연추 지대로 군대를 인솔, 출발하였다. 그리고 차거우(車巨于) 서남철도를 횡단하여 일본군과 백군 사이를 단절시켰는데, 추풍에서 강국모의 군대와 공산군의 충돌이 일어나[435] 한 달만에 해직되어 수청 다우지미로 귀환하였다.[436]

1922년 여름 이후 일본군의 철병이 임박해지자 러시아 지역의 한인독립운동단체들은 향후 대책을 마련하고자 했다.[437] 김경천의 수청의병대도

---

430) 『동아일보』 1923년 7월 29일, 김경천, 「氷雪 쌓인 西伯利亞에서 紅白戰爭한 實地경험담」.
431) 『경천아일록』, '8. 시베리아. c.4254년[1921년] 11월 17일 이후 전쟁'.
432) 『동아일보』 1922년 4월 28일 「獨立團의 揚言, 간도를 침입한다고」.
433) 『동아일보』 1922년 6월 2일 「일본인 현상 암살, 독립군사령관 김응천의 선전」.
434) 최호림, 「원동변강고려인생활 역사초록」, 130~131쪽 : 반병률, 『1920년대 전반 만주·러시아지역 항일무장투쟁』, 66쪽.
435) 『경천아일록』, '8. 시베리아. d.4255년[1922년] 6월 7일'.
436) 최호림, 「원동변강고려인생활 역사초록」, 130~131쪽 : 반병률, 『1920년대 전반 만주·러시아지역 항일무장투쟁』, 66쪽. 마트베이 김의 자료를 토대로 한 박환과 윤상원은 김경천이 임명된 것이 7월이라 하였다.(마트베이 김 저, 이준형 옮김, 『일제하 극동시베리아의 한인사회주의자들』, 역사비평사, 1990, 160쪽 : 박환, 「재러한인 민족운동가 김경천 연구」, 247쪽 ; 윤상원, 「러시아지역 한인의 항일무장투쟁 연구 : 1918~1922」, 296쪽) 『경천아일록』에 의하면 6월이다.

1922년 8월 한족공산당과 합하여 대한혁명단이라 개칭하고 니꼴스크 서쪽 7리에 본부를 두었다. 단원은 약 500명이었는데 모두 무장하였고 마필은 80두, 김경천이 사령관이었다. 김경천은 아편 추출을 통하여 대한혁명단의 경비를 마련하였으며, 군인 교육을 위하여 각각 월 50원의 급여로 러시아 육군사관 5명을 고빙하였다. 또한 교육 연한 2년의 무관학교를 설립하여 300명 생도 수용 계획을 추진하였는데 14~18세의 청년으로 대한혁명단의 자제들로부터 선발하였다.438) 한편 그는 가난한 한인 동포들에게서의 군자금을 징수를 반대하였다. 러시아 국경에 비옥한 평야가 많으니 청년들을 모집하여 농업을 하면서 실력을 쌓고 시기를 기다리면 군자금 모집에 급급하지 않아도 된다고 주장하였다.439)

1922년 9월경 김경천은 러시아 적군들과 함께 니꼴스크-우수리스크에서 포시에트를 거쳐 두만강 하구에 이르는 전투 원정에 참가하였다.440) 승리는 하였는데 왼쪽 다리가 골절되는 부상을 입었다.441) 1922년 10월 일본군의 철퇴가 완료되기 직전 고려혁명군이 조직되었는데 추풍에 본부를 두었고 김규식이 총사령관이었다. 김경천은 동부사령관을 맡았는데 본부는 그의 근거지인 수청이었다. 그는 수청 토비호에 사관하사 양성소를 설치하여 20~33세의 청년들을 모집하여 6개월 동안 700명씩 양성할 계획도 수립하였다.442)

이처럼 러시아 적군과 힘을 합하여 러시아 백군과 일본군에 맞서 싸웠

---

437) 반병율, 『1920년대 전반 만주·러시아지역 항일무장투쟁』, 46쪽 : 박환, 「재러한인 민족운동가 김경천 연구」, 247쪽.
438) 박환, 「재러한인 민족운동가 김경천 연구」, 247쪽.
439) 『동아일보』1922년 9월 26일, 「綏化한 金應天」 ; 『신한민보』1922년 11월 2일, 「완화한 김응천」.
440) 샤브시나, 「조선인 국제주의자들의 영웅적 과업」, 『일제하 극동시베리아의 한인 사회주의자들』, 77쪽 : 박환, 「재러한인 민족운동가 김경천 연구」, 247쪽.
441) 박청림, 「혈성단부대의 전투행로」, 58~59쪽 : 박환, 「재러한인 민족운동가 김경천 연구」, 248쪽.
442) 독립운동사편찬위원회, 『독립운동사자료집』 9, 1984, 826~827쪽.

던 김경천의 목표는 한국 독립이었다. 러시아 땅에서 독립운동을 펼치므로 러시아인들과 협력하였고, 러시아 땅에서 백군이 패퇴하고 일본군이 물러가면 러시아 적군의 도움을 받아 일본군을 한반도에서 물러가게 하겠다는 것이었다. 그런데 일본군이 시베리아에서 철수하자 1922년 11월, 연해주 고려혁명군과 한인빨치산부대 군사혁명소비에트의 해산과 국민전쟁 참가자 귀가에 대한 인민혁명군 총사령관의 명령 799호가 내려졌다.443) 러시아 내전 이후 러시아 적군의 후원을 얻어 국내진공작전을 전개하려 했던 김경천에게는 절망적인 소식이었다. 연해주의 모든 한인 의병대들이 해산되었고, 수청의병대도 해산되었다.444)

이후에도 김경천의 독립운동은 계속 되었다. 김좌진의 대한독립단에 참여하여 활동 중,445) 독립단 단원을 모집하여 이만 지방으로 보내는 중,446) 국내의 관공서 폭파를 목적으로 국경 방면으로 향하는 중,447) 무관학교 설립 계획 중448) 이라는 신문 기사들이 그것을 증명한다. 일제 첩보 자료도 김경천이 이만 부근에 1,000여 명의 부대를 편성하여 둔전(屯田) 조직에 의한 군대 훈련을 하고 있는데 문창범이나 이동휘를 능가하는 세력을 갖추었다고 하였다.449)

수청의병대 해산 이후 김경천은 1923년 2월 11일 니시를 출발하여 2월 19일 상하이에 도착하였고 국민대표회의에 참가하였다. 그러나 그는 국민대표회의에 가는 목적이 단지 내외지의 활동가들을 만나보자 함에 있을

---

443) 윤상원, 「러시아지역 한인의 항일무장투쟁 연구 : 1918～1922」, 314쪽.
444) 반병률, 「노령노농군회」, 한국독립운동사연구소 편, 『한국독립운동사사전』 3(운동·단체편), 독립기념관, 1996, 241쪽.
445) 『동아일보』 1923년 3월 6일, 「獨立團大會說」.
446) 『동아일보』 1923년 1월 27일, 「이만에 병력 집중, 김광서, 문창범 등의 근일 활동」.
447) 『동아일보』 1923년 5월 10일, 「金應天 國境方面에 폭발탄과 권총을 가지고」.
448) 『동아일보』 1923년 4월 26일, 「海蔘威에 武官學校」.
449) 1923년 7월 5일 조선군참모부의 「조선내외 일반정황」(조특보 제34호), 金正明 編, 『朝鮮獨立運動』 5(共產主義運動 篇), 東京 : 原書房, 1967, 60쪽.

뿐, 어떠한 기대도 하지 않았다.450) 1924년 1월 1일 일기에 수록된 '불쌍한 독립군'이라는 제목의 시는 러시아에 의해 무장 해제 당한 후 절망한 그의 처지를 잘 보여준다. 1924년 3월 한족군인구락부를 조직하여 본부를 블라디보스토크에, 지부를 니콜스크에 두는 등 활동을 펼쳤으나451) 러시아의 대(對)한인 정책과 노령 출신 2세들과의 갈등으로 그의 활동은 점점 쇠퇴하였다.452) 1926년에는 블라디보스토크의 윤해(尹海)·김규식 등과 민족당주비회를 조직하였으나453) 성과를 거두지 못하고 그가 소망하였던 무장독립운동선상에서 멀어져갔다.

6. 맺음말

일본 육군유년학교와 일본육사를 졸업하고 일본군대에서 현역 장교로 상당 기간 복무하였던 김경천은 1916년 일본육사 후배들과 만든 친목 모임 전의회에서 그의 장래 그리고 주권상실된 조국의 현실과 미래를 고민하였다. 독립운동을 위한 그의 만주 망명 계획은 이때부터 시작되었다. 1918년 일본에 거주하던 가족들을 서울로 옮기고 1919년 초에는 칭병하고 휴가를 얻어 서울로 온 후 만주로 망명하였다. 그가 망명에 나선 날은 셋째 딸이 태어난 지 채 두 달도 안 된 때였다. 식민지로 전락한 조국의 현실을 외면할 수 없었던 그는 가장으로서의 의무와 위치를 외면하였다. 그리고 조국을 택하였다. 조국과 가족을 병행하여 위할 수 없다는 그의 기록은 안타까운 그의 마음이었다.

---

450) 『경천아일록』, '8. 시베리아. d.4255년[1923년] 1월'.
451) 『동아일보』 1925년 6월 21일, 「更始一新의 활동」.
452) 『매일신보』 1925년 4월 28일, 「조선 출신자 탈당 노골화한 高麗共産內訌」.
453) 姜德相 編, 『現代史資料』 29(朝鮮 5 : 共産主義運動), 東京 : みすず書房, 1972, 48쪽.

가족을 뒤로 하고, 식민 통치에 협력하면 일신의 안달이 가능하였던 현실을 거부하고, 가시밭길 독립운동의 길에 나선 그의 결심은 그래서 더욱 소중하다. 만주에서 신흥무관학교에 잠깐 참여하였던 그는 무기 구입 문제로 러시아로 이동하였다. 이후 러시아 적군에 의해 해산명령을 받을 때까지 4년여를 무장독립운동의 방법으로 일관하였다. 일본육사 출신이기에 그에게는 많은 지역과 많은 독립운동단체들에서 함께 하자는 제안이 있었다. 그는 그러한 제안들에 응하였는데, 군인이었던 그에게 한국의 국망은 무엇보다도 무력이 없어서, 국력이 약해서였다. 그래서 그는 무장독립운동에 큰 관심을 기울였고, 독립운동단체들이 협력해야 한다고 생각했다. 그러나 독립운동가들과 독립운동단체들은 그들의 출신과 교육, 그리고 지역을 근거로 독립운동을 시작하고 전개하였으므로 그러한 여건들을 무시할 수 없었다. 그런데 어릴 때 일본으로 유학하여 일본육사를 졸업하고 일본군에서 복무한 김경천에게는 학맥도, 연고 인맥도 없었으므로 독립운동가들과 독립운동단체들의 지역성, 학맥성, 종교성 등을 이해하기 어려웠다. 그럼에도 그는 굳건한 마음으로 독립운동단체의 군사 분야에 주력하여 독립운동가들을 훈련시키고, 사관학교를 설립하여 군인을 양성하고자 하였다. 그리하여 강한 독립운동단체를 만들고 그것을 토대로 한국의 독립을 이루어내고자 노력하였다.

독립운동을 펼쳤던 지역이 러시아 땅이었기에 러시아의 현실을 무시할 수 없었고, 그래서 그동안 함께 하였던 러시아 적군의 한국 독립군 해산명령은 그에게 절망이었다. 그것은 망국민으로서 너무나도 아픈 현실이었다. 그는 그렇지만 계속하여 독립운동의 길과 방법을 모색하였고 그러한 그의 행동은 소련당국에 간첩 혐의를 갖게 하여 결국은 수감되고 감옥 안에서 목숨을 잃었다. 그는 가족과 출세를 뒤로하고 조국 독립의 험난한 길을 선택하였다. 그리고 국가를 위해 무엇을 해야 하는가를 언제나 고민하였고, 조국의 독립을 위해 행동해야 한다고 생각했으며 무장투쟁의 방법으로 행동하였다. 그래서 독립운동을 위한 그의 선택과 발걸음은 가치있고 숭고하다.

IV. 1920~1940년대 한국독립운동과 권기옥의 비상(飛翔)

1. 머리말

  일제강점기 한국인들은 반제 독립운동을 펼쳐야 했고, 반봉건 근대화의 과제도 해결해야 했다. 여성들도 예외가 아니었다. 식민지 한국의 여성들은 식민 통치의 압제, 여성에 대한 차별 인식과 현실을 극복해야 했다. 전자를 극복하고자 노력한 이들을 여성독립운동가, 후자의 목표를 이루기 위해 노력한 여성들을 흔히 신여성이라고 한다. 19세기 말 20세기 전반기, 한국인들은 이 두 개의 과제에서 자유로울 수 없었다.
  1988년 4월 20일, 87세의 한 여성독립운동가가 숨을 거두었다.454) "최초의 여류비행사"라는 수식어가 따라다니는 권기옥 할머니였다. 비행기는 과학기술이 총집결된 근대의 산물이다. 그래서 비행기를 조종하려면 근대적인 사고와 태도, 그리고 기술이 필요하다. 그런데 "최초의 여류비행사"라는 호칭에 무게를 두어, 왜 그녀가 비행사가 되었는지, 비행사가 되기 위해 어떤 과정을 거쳤는지, 비행사가 된 후 무엇을 하였는지는 관심 밖으로 밀려나 있다. 최초의 여류비행사가 개인적인 차원에서라면, 한국사에서 자리매김하기 어렵고 역사적인 가치도 퇴색한다.
  필자는 그동안 "최초의 여류비행사"로만 조명되었던 권기옥의 삶을 광복 이전까지, 그 시기의 과제인 한국독립운동과 관련하여 추적, 분석하고

---

454)『동아일보』1988년 4월 20일,「독립유공자 권기옥 여사」.

자 한다. 최초의 여류비행사라는 수식어는 시대의 선구라는 측면에서 그녀를 자리매김하게 한다. 그러나 그녀가 비행사가 되려고 했던 시기, 비행사로 활동했던 시기가 일제강점기였기에 광복 이전 그녀의 삶은 독립운동과의 관계에서 규명이 필요하다.

권기옥은 1967년과 1978년에 그녀의 삶을 정리한 글을 발표하였다.[455] 이후 그녀의 삶은 3·1여성동지회에서 3·1운동 60주년을 기념하여 발간한 『한국여성독립운동사』에서 처음으로 기술되었다.[456] 최초의 여류비행사라는 점이 강조되었는데 이후에 간행된 책자들도 비슷한 내용으로 선구적인 여성들을 전체적으로 다루면서 언급하였다.[457] 김영주의 글이[458] 권기옥의 삶을 추적한 유일한 논문인데 그 내용과 기술 방법은 그녀를 선구적인 많은 여성들과 함께 언급한 책자들에서와 비슷하다. 독립운동가로서 그녀의 삶을 선언한 글도[459] 있지만 왜 독립운동가로 평가해야 하는지, 왜 그녀가 비행사가 되었는지, 어떤 과정을 거쳐 비행사가 되었는지, 비행사

---

455) 「나는 한국 최초의 女流飛行士」라는 제목으로『신동아』1967년 8월호에, 「나의 이력서」라는 제목으로『한국일보』1978년 1월 25일～2월 28일에 수록하였다. 권기옥의 회고 글에 의존한다는 한계가 있지만, 신문자료들을 통해 관련 사실에 대한 객관성을 담보하고자 한다.
456) 3·1여성동지회,『한국여성독립운동사 : 3·1 운동 60주년기념』, 1980.
457) 구석봉,『새벽이 된 세상』, 금문서관, 1995 ; 강영경 외,『한국 역사 속의 여성인물』, 여성개발원, 1998 ; 이배용 외,『우리나라 여성들을 어떻게 살았을까?』, 청년사, 1999 ; 최은희,『여성을 넘어 아낙의 너울을 벗고 -한국 최초의 여기자 추계 최은희의 개화여성열전-』, 문이재, 2003 ; 김신,『극한의 탐험가』, 지영사, 2005 ; 임복남,『(우리나라 최초 여성 파일럿) 권기옥』, 작은씨앗, 2007 ; 이윤옥,『서간도에 들꽃 피다-시로 읽는 여성독립운동가 20인-』, 얼레빗, 2011 ; 이무성,『나는 여성독립운동가다 - 항일여성독립운동가 30인의 시와 그림 -』, 얼레빗, 2013.
458) 金永柱, 「한국최초의 女流飛行士 權基玉」,『역사와 실학』32, 역사실학회, 2007.
459) 이윤식,『비행기로 민심을 격발하고 장래 국내의 대폭발을 일으키기 위함이라』, 민미디어, 2003 ; 이윤식,『신화의 시간 : 항공 독립운동과 대한민국 공군 창군사』, 비씨스쿨, 2012.

가 된 이후에는 어떠한 활동을 하였는지, 그리고 그 활동을 어떻게 평가해야 하는가에 대한 분석은 미흡하다.

그러므로 필자는 이러한 점들을 분석하여 한국 근대사에서, 그리고 한국독립운동사에서 그녀의 삶을 추적하고 평가해 보고자 한다. 그녀가 2회에 걸쳐 발표한 글들이 그녀의 삶을 추적하는 이 글의 기초 자료가 된다. 그런데 상당한 시간이 흐른 후에 회고한 때문인지 많은 내용이 생략되어 있고, 또한 10여 년의 시간 차이가 있는 두 글에도 약간의 이출입이 있다. 이러한 점들은 당시의 신문자료와 일제의 식민 통치 자료들을 통하여 수정, 보충하고자 한다. 이 글이 한국의 근대 여성, 여성독립운동가 자료를 발굴하고 그녀들의 활동을 정확하게 조사하여 그녀들이 한국 근대사에서 그리고 한국독립운동사에서 차지하는 위상을 정립하는데 밑거름이 되기를 바란다.

2. 3·1운동 참여와 독립운동자금 모집

권기옥은 1901년 1월 11일 평안남도(平安南道) 평양부(平壤府) 상수구리(上水口里) 152에서 태어났다.460) 아버지는 권돈각(權敦珏), 어머니는 장문명(張文明)이었다. 첫 번째로 딸, 두 번째로 아들, 세 번째로 딸[갈네], 네 번째로 그녀[갈네]가 태어났으며, 다섯 번째로 아들[基福], 여섯 번째로 딸[基和], 일곱 번째도 딸[基英]이 태어났다. 첫 번째와 두 번째는 태어나자마자 사망하였다. 그리하여 그녀는 1남 4녀 중 둘째가 되었다. 할아버지 때는 경제적으로 비교적 넉넉한 편이었는데 아버지의 방탕한 생활로 그녀가 4살 때는 남의 집 문간방 신세를 질 정도로 가난했다. 7세부터 9세까지 그녀는 장티푸스가 휩쓴 외가에서 잔심부름을 하며 지냈고, 집으로 돌아와

---

460) 權基玉, 「나의 이력서①」, 『한국일보』 1978년 1월 25일.

서는 가난한 집안 형편 때문에 아기 모자를 만들어 팔았으며, 1912년에는 은단 공장에서 은단 만드는 일을 하였다.461)

1913년 권기옥은 숭현(崇賢)소학교에 입학하여 1916년에 졸업하였다. 숭현소학교는 장대현교회(章臺峴敎會 : 1894년 설립)에서 설립 운영하였는데 학비[월사금]를 내지 않아도 된다는 말에 입학하였다. 권기옥의 가족들은 모두 장대현교회에 다녔는데 담임목사는 길선주(吉善宙)였다. 숭현소학교에 다니고 있던 1915년, 그녀보다 4살 위인 언니가 결혼하고 어머니는 병약하였기에, 그녀는 집안 살림을 맡아 하며 학교에 다녔다. 그럼에도 학교 성적은 1등이었는데 그녀는 특히 수학과 과학을 좋아하였다.462)

숭현소학교를 졸업함과 동시에 권기옥은 숭의(崇義)여학교463) 3학년에 편입하여 1919년에 졸업하였다. 숭현소학교와 숭의여학교는 장로교에서 설립하였는데 당시 소학교를 졸업하면 무시험으로 3학년에 편입할 수 있었다고 한다. 그즈음에는 아버지가 집안 살림에 관심을 기울여, 경제적인 상황이 조금씩 나아졌다.464)

숭의여학교 재학 중에 그녀는 교사들을 통하여 독립운동에 눈을 떴다. 김애희(金愛喜) 선생은 수업 시간에 은근히 독립사상을 고취시키고자 하였다.465) 수학 교사 박현숙(朴賢淑)은 숭의여학교에 결성된 비밀결사 송죽회(松竹會)에의 가입을 권하였다. 숭의여학교 졸업반 때인 1919년 3·1만세운동이 일어났다. 박현숙 선생과 정익성(鄭益成) 선생은 김명덕(金明德)·차진희(車鎭姬)·최순덕(崔順德)·한선부(韓善富) 등과 권기옥을 만세운동 준비를 위한 사람들로 비밀리에 선정하였다. 박현숙 선생은 독립을 위

---

461) 權基玉, 「나의 이력서①·②」, 『한국일보』 1978년 1월 25·26일.
462) 權基玉, 「나의 이력서③」, 『한국일보』 1978년 1월 27일.
463) 1903년 10월 31일 중등학교로 설립되었다.(김민희, 「일제강점기 숭의여학교의 근대교육과 항일운동에 관한 연구」, 서울시립대학교 교육대학원 석사학위논문, 2013, 6쪽)
464) 權基玉, 「나의 이력서③」, 『한국일보』 1978년 1월 27일.
465) 權基玉, 「나의 이력서③」, 『한국일보』 1978년 1월 27일.

해 일해야 한다고 강조하였고, 정익성 선생은 독립운동을 위해 태극기를 만들라고 하였다. 권기옥 등은 기숙사를 감시하는 일본인 여선생 호시코[星子]의 눈을 피해 기숙사 안에서 태극기를 만드는 한편 애국가 가사도 등사하였다. 3월 1일 숭덕(崇德)학교에 모인 사람들은 강규찬(姜奎燦) 목사의 개회 선언, 길선주 목사의 독립선언문 낭독, 곽건웅(郭權應) 목사의 '대한독립만세' 선창에 이어 학교를 뛰쳐나가 거리에서 만세운동을 펼쳤다.466) 3월 4일 박현숙 선생이 체포되고467) 학교 주변에 형사들이 포진한 가운데 권기옥은 한선부 등 20여 명과 함께 거리로 뛰쳐나가 만세를 불렀다. 며칠 후 그녀는 만세운동에 참가하였다는 이유로 길을 가던 중 일경에 체포되었고 평양경찰서에서 3주의 구류처분을 받고 유치장에 감금당하였다.468)

　유치장에서 풀려난 후 권기옥은 어떤 조직에도 가담하지 않기로 결심하였다. 조직체나 비밀결사를 통한 활동은 정보가 새어 나가기 쉽고, 따라서 모두가 잡히면 계획이 수포로 돌아간다고 생각한 때문이었다.469) 비밀결

---

466) 박찬일, 『심은대로』, 숭의여자중고등학교, 1968, 72쪽 : 김민희, 「일제강점기 숭의여학교의 근대교육과 항일운동에 관한 연구」, 23~24쪽.
467) 이날의 만세운동으로 평양경찰서에서 지방법원검사국으로 이송된 이들은 교사 박현숙 등 48명이었다.(『매일신보』 1919년 3월 12일, 「騷擾事件의 後報, 평안남도 平壤, 교회경계 해제」)
468) 權基玉, 「나의 이력서⑤」, 『한국일보』 1978년 2월 1일 ; 3·1여성동지회, 『한국여성독립운동사 : 3·1운동 60주년기념』, 202~203쪽 ; 숭의학원, 『숭의 100년사』, 숭의학원, 2003, 133~135쪽. 그런데 이날의 만세시위운동과 관련하여 「김찬흥(金燦興) 등 판결문」(1919년 9월 29일, 고등법원)(공훈전자사료관 http://e-gonghun.mpva.go.kr)이 있는데 권기옥의 이름은 보이지 않는다. 주동자로 파악되지 않았기 때문일 것이다.
469) 1919년 6월 평양을 중심으로 하는 예수교 장로파(韓永信, 金寶源, 金用福, 金信喜 등)와 감리파(朴昇一, 李誠實, 孫直實, 崔信德 등)가 대한민국임시정부의 독립운동을 원조할 목적으로 각각 애국부인회를 조직하였다. 그해 11월 임시정부원 김정목(金貞穆), 김순일(金淳一) 등의 권유로 양파가 통합하여 대한애국부인회(大韓愛國婦人會)를 결성, 각지에 지회를 두고 군자금을 모집하여 임정으로

사 송죽회를 통한 만세운동 준비와 참여가 한 명의 송죽회원이 체포되자 모두의 검거로 이어졌다고 그녀는 생각하였다.470) 그러나 독립운동에서 물러서지는 않았다.

3·1만세운동 이후 권기옥은 대한민국임시정부(이하 임정으로 약칭)의 독립운동자금 모금을 위해 일하였다. 임정에서 온 김순일(金淳一)·김재덕(金在德)·김정직(金鼎稷)·임득삼(林得三) 등과 함께 독립운동자금을 모금하고 임정의 공채를 판매하여 임정으로 송금하였다. 숭의여학교 학생들을 대상으로 독립운동자금을 모금하였는데 학생들은 자신들의 긴 머리카락을 잘라 판매한 돈을 가져오거나 어머니의 패물을 팔아 마련한 돈을 내놓았다. 공채는 임정 연락원으로부터 묶음을 받으면 어머니에게 맡겼고, 어머니는 공채 묶음을 숨겨두었다가 그녀가 말할 때마다 꺼내주었다.471)

한편 평양청년회472)를 조직하여 활동하고 있던 김재덕(金在德)으로부터 평양 근교 30리 밖 과수원에 있는 권총을 가져다 달라는 부탁을 받고 동생 기복(基福)과 어머니의 도움을 받아 권총을 가져다 주었다. 기복은

송금하던 중 금산(金山)지회장 송성겸(宋聖謙)이 체포됨으로써 이 사실이 드러나 106명이 검거되었다. "1920년 10월 15일 검사국에 송치된 평안남도 대한애국부인회 관련자 명단"에 권기옥의 이름은 없다.(『매일신보』 1920년 11월 7일, 「비밀결사 大韓愛國婦人會 검거 耶蘇敎」)

470) 權基玉, 「나는 한국 최초의 女流飛行士」, 『신동아』 1967년 8월, 289쪽.
471) 權基玉, 「나의 이력서⑥」, 『한국일보』 1978년 2월 2일.
472) "청년회. 本會는 평안북도 鐵山人 張在淳 平壤人 金在德 同 全鼎穆 平壤 崇實學校 교사 某와 기타 평양에 있어서의 청년 등이 중심이 되어 현재 全員 70명으로 本會員은 각지에 있어서의 同志의 운동을 開始할 時는 其 急先鋒이 되려고 하는 것 같다"(「독립운동에 관한 비밀결사에 대한 보고의 건」, 1919년 10월 6일, 高警 第二八四七〇號 地方民情彙報, 『한국독립운동사 자료』 3[임정편Ⅲ], 국사편찬위원회, 1973 ; "임시정부와 관계가 깊다는 敵警務局의 發表. 敵의 발표에 의하건대 평양서 군자금을 모집하던 李根培氏一派와 共成團員等이 다수 敵에게 被捕하다.…平南道參事安奭이 관계된 共成團은…靑年團員 金在德氏와 연락하야 독립신문 등을 배포하엿다 하며…"(『독립신문』 1920년 5월 29일, 「平壤兩團體團員被捕」)

권총을 발목에 노끈으로 묶고 그 위에 대님을 맨 다음 자전거를 타고 가져 왔고, 그 권총을 그녀의 어머니가 김재덕에게 전하였다. 그런데 김재덕은 권총을 시험하다 오발하여 총소리를 냈고 동생 집에 은신했다가 일경에 체포되었는데, 동생 부인의 도움으로 그가 묶인 줄을 칼로 끊고 중국으로 도망할 수 있었다.473)

이처럼 임정에 협력하여 독립운동을 전개하던 권기옥은 그녀를 미행하던 일경에 체포되었다. 혹독한 고문이 가해졌다. 유치장 천정에 거꾸로 매달아 물을 먹이기에, 그녀는 수십 번을 졸도하였다. 일본인 형사 다나카[田中]는 검찰에 송치되는 권기옥의 심문조서에 "이 여자는 지독해서 도무지 말을 않는다. 검찰에서 단단히 다루기 바란다"는 쪽지를 곁들여 보냈다. 검찰에서도 그녀의 혐의사실을 뒷받침할 만한 증거가 없어 집행유예 정도로 그칠 수 있었는데, 다나카의 쪽지 때문에 징역 6월형을 선고하였다. 그녀는 여자들만 수용한 '영문' 감옥소에서 6개월의 형기를 보냈다.474)

출옥 후 권기옥은 독립운동을 위해 여자 전도대를 조직하였다. 1920년 초 평양의 숭실(崇實)학교에는 브라스밴드 전도대가 있었는데,475) 그녀는 독립운동을 위해 동지들과의 연락을 위한 위장 수단으로 전도대에 참여하고자 하였다. 그러자 브라스밴드 전도대의 리더 차광석(車光錫)은 여자 전도대 결성을 권하였다. 그녀는 '평양청년회 여자 전도대'을 조직하여 먼저 평북지역을 순회하였다. 여자 전도대는 평북 지역에서 어떤 방해도 받지 않았다. 그러나 평남지역에서는 사정이 달랐다. 안주(安州)에서는 천여 명의 청중이 모였는데,476) 배척하는 곳도 있었고 경찰의 감시도 심하였다.

---

473) 權基玉, 「나의 이력서⑤」, 『한국일보』 1978년 2월 1일.
474) 權基玉, 「나의 이력서⑥」, 『한국일보』 1978년 2월 2일. 그런데 이에 대한 일제의 판결문을 찾을 수 없다. 따라서 수감되었으나 재판에 회부되지는 않았다는 것을 알 수 있다.
475) 차광석과 숭실전도대에 대하여는 『매일신보』에서 소식들을 찾을 수 있다.(1920년 6월 19일, 「地方通信版: 平壤傳道隊 출발」; 1920년 7월 26일, 「地方通信: 崇實傳道隊의 來利」)

여자 전도대장으로서 그녀는 몇 차례 경찰에 연행되어 시말서를 썼고, 결국에는 숭의여학교의 김미선 선생에게 여자 전도대장직을 넘기고 여자 전도대와 인연을 마무리하였다.477)

권기옥은 일제의 수탈통치기관 폭파에도 참여하였다. 1920년 8월, 일제의 통치기관 폭파에 협력해 달라는 임정의 요구를 그녀는 받아들였다. 일제의 탄압수탈기관에 폭탄을 던질 목적으로 국내에 잠입한 독립단원들을 거사 때까지 숨겨주라는 것이 임정의 요구였다. 1920년 9월에 미국 국회의원 동양시찰단이 한국을 방문하게 되었기에, 그 기회에 국내에서 대대적인 시위를 할 필요가 있다는 임정 노동국(勞動局) 총판(總辦) 안창호(安昌浩)에게서 연락을 받은 광복군사령부 참모장 이탁(李鐸)이 3대의 행동대를 편성하여 국내에 파견하였다. 그중 제2대는 대한청년독립단에서 합류한 문일민(文 民)을 포함하여 김예진(金禮鎭)·박태열(朴泰烈)·안경신(安敬信)·우덕선(禹德善)·장덕진(張德辰) 등으로 구성되었고 평양에 파견되었다. 권기옥은 이들을 숭현소학교 석탄 창고 속에 숨기기로 계획하였고, 숭현소학교 수위의 협조로 숭현소학교 석탄 창고에 이들을 숨게 하였다. 독립단원들은 그곳에서 폭탄을 제조하였다.478)

1920년 8월 3일 오후 9시 50분 평안남도 경찰부 청사에 폭탄이 투척되어 장벽 일부가 파괴되고 경찰관 두 명이 폭사했다. 안경신 외에는 모두가 상하이로 돌아갔는데, 안경신은 함남 이원(咸南 利原)에 피신하여 은신 중 일경에 체포되어 징역 10년을 언도받고 복역했다. 일제는 문일민·박태열·우덕선·장덕진 등을 소위 궐석(闕席) 판결로 각각 무기징역에 처했다.479)

---

476) "평양청년회는 女傳道隊를 安州에 파견하다. 隊長 權基玉의 지휘로 주악과 독창 양금을 연주하였으며 청중이 千여명에 달하다."(『동아일보』 1920년 5월 9일, 「平壤靑年會女傳道隊 安州 파견 강연 등 대활동」)
477) 權基玉, 「나의 履歷書⑦」, 『한국일보』 1978년 2월 3일.
478) 權基玉, 「나는 韓國 최초의 女流飛行士」, 290쪽.
479) 독립운동사편찬위원회, 『독립운동사』 7(의열투쟁사), 독립유공자사업기금운용위원회, 1976, 321~326쪽.

그러던 중 임정의 연락원 윤응념(尹應濂)이 일경에 발각되어480) 임정에 협력하고 있던 모든 이들에게 체포령이 떨어졌다. 독립운동자금 모금과 독립공채 판매, 여자 전도대를 결성하여 독립운동가들과의 연락 도모, 평양 경찰서 등 일제수탈기관에 폭탄 투척 관련 혐의 등으로 일제의 감시를 받고 있던 권기옥도 체포 대상이었다. 숭실학교 기숙사에 피신한 그녀 대신 그녀의 부모가 체포되었다가 석방되었다. 더이상 국내에서의 활동이 어려움을 절감한 그녀는 숭현소학교 동창 최순덕(崔順德)을 비롯한 6명과 함께 상하이 임정으로의 망명을 추진하였다.481) 즉 그녀는 3·1만세운동 이후 특정 단체에 가입하지는 않았지만 임정의 독립운동에 적극 협력하였고, 독립운동단체의 회원들과 긴밀한 관계를 유지하며 독립운동을 전개했다.

3. 조국의 독립을 위한 비상(飛行) 준비

권기옥과 일행은 시골 여자로 꾸며 배를 타고 진남포로 갔다. 이틀만에 진남포에 도착하여 유치원 보모로 있던 동창을 찾아가 하루를 지내고 황해도 송화까지 걸어갔다. 임정에서 온 연락원 윤응념(尹應濂)과 같이 조그만 목선(木船)을 타고 산둥[山東]으로 향하였는데 풍랑 때문에 20여 일이 걸렸다. 곧 상하이로 직행하여 임시의정원 의장 손정도(孫貞道)의 집에 머물렀다. 이후 숙소를 옮겨 노백린(盧伯麟), 이동휘(李東輝) 등과 함께 지내기도 했다.482)

---

480) 이때는 체포되지 않았는데, 임정 교통부참사로 활동하였던 윤응념은 1923년에 군자금 모금을 위해 입국하였다가 일경에 체포되었다.(『동아일보』 1923년 5월 20일, 「仁川을 중심으로 한 중대 사건의 眞相, 십구일 오전 발표」)
481) 權基玉, 「나의 이력서⑦」, 『한국일보』 1978년 2월 3일.
482) 權基玉, 「나는 한국 최초의 女流飛行士」, 290쪽 ; 권기옥, 「나의 이력서⑧」, 『한국일보』 1978년 2월 5일.

1921년 늦은 봄 권기옥은 김규식(金奎植)의 부인 김순애(金淳愛)의 소개로 서양인 선교사가 경영하는 항저우[杭州]의 홍도(弘道)여학교에483) 입학하여 2년 반만인 1923년 6월에 졸업하였다.484) 당시 상하이에 도착한 한국인들은 표준 중국어를 배우기 위해 대부분 난징[南京]으로 갔다. 권기옥도 난징 행을 권유받았는데 백여 명의 한국인이 거주하던 난징은 중국어를 배우기에 적절하지 않다고 그녀는 생각하고 거절하였다. 그때 김순애가 항저우에 기독교 측에서 설립한 좋은 학교가 있다며 추천하였고, 그녀는 항저우로 이동하였다.485) 항저우에 도착한 그녀는 서양인 여교장에게 한문 필담으로 입학하고 싶다는 의지를 표명하여 입학을 허락받았다. 그러나 중국어도 영어도 할 수 없었던 그녀는 평양에서 여학교를 4학년까지 다녔지만 중학교 1학년 과정부터 공부하였다. 여름방학이 시작되자 그녀는 교장을 찾아가 방학 동안 영어를 배울 수 있는 곳을 소개해 달라고 부탁하였다. 그리고 한 선교사의 집을 소개받아 그 집의 식사와 바느질을 맡고, 대신 선교사 부인으로부터 영어를 배우고 선교사의 아이들과도 자주 영어로 대화하였다. 3개월의 방학이 지났을 때 그녀의 영어 실력은 상당히 향상되어 있었다.486)

홍도여학교를 졸업하고 상하이로 돌아온 권기옥은 인성학교(仁成學校)의 교사로 활동하였다. 그녀는 1923년 6월 말부터 11월 말까지 인성학교의 교사였다는데,487) 임정의 기관지『독립신문』1923년 7월 21일자에는

---

483) 1922년 3월 23일자 일제의 첩보자료에 의하면 당시 홍도여학교에 2명의 한국인 학생이 있었다. 1명은 권기옥인데 다른 1명은 누구인지 알 수 없다.(「歸鄕 조선인의 증명서 發給方에 관한 건」, 機密 제10호, 淸野長太郞(杭州領事代理 副領事)이 內田康哉(外務大臣)에게 보낸 1922년 3월 23일 보고서,『不逞團關係雜件-朝鮮人의 部-在支那各地(2)』: 국사편찬위원회 한국사데이터베이스)
484) 權基玉,「나의 이력서⑩」,『한국일보』1978년 2월 8일.
485) 權基玉,「나는 한국 최초의 女流飛行士」, 290쪽 ; 權基玉,「나의 이력서⑨」,『한국일보』1978년 2월 7일.
486) 權基玉,「나는 한국 최초의 女流飛行士」, 290~291쪽 ; 權基玉,「나의 이력서⑩」,『한국일보』1978년 2월 8일.

그녀가 "항주 홍도여학교 중학과"에 재학 중이라 소개되어 있다.[488] 권기옥이 상하이로 돌아와 인성학교 교사로 활동한 상황을 『독립신문』 편집자가 늦게 파악한 때문에 그녀의 증언과 『독립신문』 기사에 편차가 있다고 생각된다. 1923년 8월부터 인성학교의 교장은 이유필(李裕弼), 학감은 윤기섭(尹琦燮)이었고, 김승학(金承學)·백기준(白基俊)·김종상(金鍾商)·김두봉(金枓奉) 등이 교사로 활동하였다.[489] 아마도 권기옥은 시간강사로 활동한 것 같다.

1923년 12월 초 권기옥은 운남 육군항공학교(雲南陸軍航空學敎)를 향하여 한국인 청년 3명과 함께 출발하였다. 비행(飛行)에 대한 그녀의 꿈은 1917년 미국인 스미스(Smith, A.)의 곡예비행[490]을 본 후 시작되었다고 한다. 스미스의 비행은 그녀뿐 아니라 많은 한국인에게 하늘에 대한 동경과 이상을 심어주었고, 근대과학에 눈을 뜨게 하였다. 그녀는 넋을 잃고 스미스가 비행하는 하늘을 쳐다보았고, 그날 밤 잠을 이루지 못하였다. 그리고 비행사가 되겠다고 결심하였다.[491] 홍도여학교를 졸업하고 상하이로 돌아와 인성학교에서 교사 생활을 하고 있었지만 그녀는 비행사가 되겠다는 그녀의 계획을 포기하지 않았다.

비행사가 되기 위해서는 중국어도 영어도 유창하게 할 수 있어야 했다. 그래서 그녀는 상하이에 머물면서 대한적십자회[492] 일을 하고 있던, 미국의학박사학위자 이희경(李喜儆)을 찾아가 약 두 달 동안 영어를 배웠

---

487) 權基玉, 「나의 이력서⑩」, 『한국일보』 1978년 2월 8일.
488) 『독립신문』 1923년 7월 21일, 「我留學生界 상황」.
489) 김광재, 「일제시기 상해 인성학교(仁成學校)의 설립과 운영」, 『동국사학』 50, 2011, 224쪽.
490) 용산비행장에서는 1917년 9월 15일에 있었다.(『뮈텔주교일기』 1917년 9월 15일 ; 『매일신보』 1917년 9월 16일, 「鳥人 須美須씨의 비행, 접신한 공중묘기」)
491) 權基玉, 「나의 履歷書③」, 『한국일보』 1978년 1월 27일.
492) 1919년 8월 이희경, 안창호(安昌浩) 등의 발기로 임정 내무부의 인가를 얻어 조직되었다.(『독립신문』 1920년 5월 1일, 「大韓赤十字會의 현상 및 그 장래 方策의 대략」)

다.493) 그러면서 독립운동을 위해서는 실력이 필요하고, 그녀가 할 수 있는 최선의 독립운동은 비행사가 되는 것이라는 확신을 굳혔다. 그 확신을 실현하기 위해 그녀는 만나는 사람마다에게 비행학교 입학을 부탁하였다.

당시 중국에는 4개의 항공학교가 있었다. 베이징[北京]의 난위안[南苑]항공학교와 바오딩[保定]항공학교, 광둥[廣東]항공학교, 윈난[雲南]항공학교였는데 난위안항공학교 외에는 군벌이 설립한 학교였다. 안정근(安定根)이 나서서 난위안항공학교와 바오딩항공학교에 권기옥의 입학을 교섭했으나 거절당하였다. 여자라는 것이 거절 이유였다. 광둥항공학교에서는 입학을 허가하였지만 그녀가 거절하였다. 비행기가 한 대도 없었으므로, 광둥항공학교에 진학할 경우 이론만 아는 비행사가 될 수도 있겠다고 생각한 때문이었다.494) 남은 것은 윈난항공학교뿐이었다.

친구의 도움으로 중국인 혁명가 방성도(方聲濤)가 운남성장에게 보내는 추천장을 써주었다. 임정에서는 이시영(李始榮)이 추천서를 써주었다.495) 홍도여학교 졸업 후 상하이 인성학교에서 근무하는 동안 그녀는 김규식, 이시영, 조소앙(趙素昻) 등 임정 요인들을 만날 기회가 자주 있었다.

임정은 1919년 11월 육군 항공대 창설을 구상하였다.496) 그리고 1920년 7월 5일 임정 군무총장이 된 노백린과 2월에 레드우드((Redwood) 비행학교를 졸업한497) 오림하(吳林河)·이용근(李用根)·이용선(李用善)·이초

---

493) 이희경은 미국 시카고대학에서 의학을 전공하고 의학박사 학위를 받은 후 하와이에서 병원을 개업하였다. 1917년 일시 귀국하였고,(『매일신보』 1917년 10월 2일, 「미국 유학생 귀국」) 중국 상하이로 망명, 1919년 상하이에 임정이 수립되자 이에 적극 참여하였다.
494) 權基玉, 「나의 履歷書⑪」, 『한국일보』 1978년 2월 9일.
495) 權基玉, 「나는 韓國 최초의 女流飛行士」, 291쪽 ; 權基玉, 「나의 履歷書⑪」, 『한국일보』 1978년 2월 9일.
496) 「군무부 : 육군비행대에 관한 사항」,(『대한민국임시정부공보』호외, 1919년 11월 5일, 「法律 제2호」, 『대한민국임시정부자료집』 1(헌법·공보), 국사편찬위원회, 2005, 54쪽)
497) 『독립신문』 1920년 4월 27일, 「大韓이 처음으로 가지는 飛行家 6人」.

(李超)·장병훈(張炳勳)·한장호(韓章鎬) 등 6명의 비행사들이 주축이 되어 '한인 비행가 양성소'를 시작하였다.498) 그러나 1920년 11월 초 추수기에 불어 닥친 대홍수로 미주 한인사회는 물론 윌로스 지역에서도 재정후원이 어려워지자 1921년 4월 중순경 한인 비행가 양성소는 문을 닫았다.499) 한편 안창호는 독립운동가들 사이의 연락, 한국인들에게 선전물을 살포하기 위해 비행기를 구입하려 하였는데500) 자금 사정으로 뜻을 이루지 못하였다. 이후 임정은 중국의 항공학교들에 한국 청년들을 추천하여 비행사를 양성하고자 하였고, 권기옥은 그러한 임정의 비행사 양성 방침에 따라 임정의 추천서를 받을 수 있었다.

권기옥은 윈난항공학교를 향하여 상하이를 출발하였다. 난위안항공학교와 바오딩항공학교에서 거절당한 그녀는 서신으로 교섭했다가는 윈난항공학교에서도 거절당할까 염려하여 직접 부딪치기로 결심하였다. 윈난항공학교에서도 입학을 거절당하면 그녀의 계획은 실현될 수 없기에 직접 찾아가 길을 열고자 한 것이었다. 그녀는 "일단 결심한 일은 하늘이 무너져도 하고야 마는 타고난 고집을 꺾을 사람은 아무도 없었다"501)고 당시를 회고하였다.

상하이를 출발한 권기옥과 일행은 하이난 섬[海南島], 월남의 하이퐁(Haiphong, 海防) 항을 거쳐 하노이(Hanoi, 河內)까지 갔다. 그리고 하노이

---

498) 『신한민보』 1920년 7월 15일, 「한인 비행학교의 개교식」.
499) 황민호·홍선표, 『3·1운동 직후 무장투쟁과 외교활동』, 독립기념관 한국독립운동사연구소, 2008, 290쪽.
500) "대륙보기자 美人 에벤쯔 씨를 그론쓰캐피에 초대하여…(중략)…내가 요구한 조건은…(중략)…5. 비행기 수입할 방법인 바, 씨의 談이…(중략)…비행기 수입은 俄國을 교섭하라고 답한다", "黃鎭南 군이 來訪日 탐문한 즉 마일라에는 장거리 비행기가 없다 하므로, 나는 그렇다면 오늘 저녁 비행가 에드멘을 방문하여 큰 비행기가 없다는 것을 말하고, 사회에 해고치 말고 後期를 기다리라 말하라 하다"(『안창호일기』 1920년 1월 4일, 2월 17일, 『島山安昌浩全集』 4(일기), 도산안창호선생전집편찬위원회, 2000, 833·861쪽).
501) 權基玉, 「나는 韓國 최초의 女流飛行士」, 291쪽.

에서 윈난성까지는 프랑스인들이 부설한 열차편을 이용하였다. 그리하여 상하이를 출발한 지 거의 한 달만에 윈난성에 도착,502) 항공학교에 다니는 한국인 학생들을 찾아갔다. 이튿날 그녀는 두 통의 추천장을 들고 독군(督軍)도 겸하고 있던 윈난성장을 만나기 위해 독군서(督軍署)를 찾아갔다. 다음날 독군서로 그녀를 오게 한 탕쟈오(唐繼堯)503)는 한국독립운동에 대하여 이것저것 물은 후 윈난항공학교장에게 보내는 친필 편지를 써주었다. 그녀는 탕쟈오 독군의 편지를 들고 항공학교로 갔는데 교장은 군대에 여자를 어떻게 받느냐며 불평하였다. 그때 "명령은 독군이 내리는 것이다. 당신은 복종만 하면 된다"며 윈난항공학교의 전임 교장이 권기옥의 입학을 적극 도왔다. 현 교장은 권기옥의 입학을 허락하였다.504)

1923년 말 권기옥은 윈난 육군항공학교 입학을 허락받았다. 그녀가 입학하였을 때 학교에는 3명의 한국인 학생이 있었다. 그녀를 포함하여 윈난항공학교 1기생은 38명이었는데, 그중 한국인은 이영무(李英茂)·이춘(李

---

502) 權基玉, 「나는 韓國 최초의 女流飛行士」, 291쪽. 그런데 『한국일보』에 연재한 글에는 3주가 걸렸다고 한다.(권기옥, 「나의 이력서⑪」, 『한국일보』 1978년 2월 9일) 1916년 운남 강무(講武)학교에 입학한 이범석 등도 상하이에서 배를 타고 광저우[廣州]와 홍콩을 경유, 베트남의 해풍항에 도착, 화교 신분으로 위장하여 기차를 타고 곤명 인근 라오카이(Laokay)에 도착, 곤명까지 2천여 리 길을 도보로 혹은 말을 타고 15~30일 걸려 도착하였다.(鐵驥李範奭記念事業會 編, 『鐵驥 李範奭 自傳』, 외길사, 1991, 87쪽 : 김민호, 「이범석의 생애와 독립운동」, 『한국독립운동사연구』 44, 2013, 252쪽에서 재인용)
503) 1883~1927. 운남성 출신. 1904년 일본 진무(振武)학교에 유학하였고, 1909년 일본 육사 포병과를 6기로 졸업. 신해혁명 후 운남군도독부 군정·참모부 차장을 거쳐 1912년 귀주 도독, 1913년에 운남 도독이 된 이래 광둥[廣東] 정부를 지지 '토원(討袁)운동'에 참여하였다. 1921년 부하 고품진(顧品珍)에게 축출되어 홍콩으로 피신하였다가 1922년 운남성장으로 복귀하였고, 1927년 곤명에서 사망하였다.(한상도, 『한국독립운동과 중국군관학교』, 문학과 지성사, 1994, 46쪽) 대한민국정부는 한국독립운동에 기여한 공로로 1993년 건국포장을 수여하였다.
504) 權基玉, 「나는 한국 최초의 女流飛行士」, 292쪽 ; 權基玉, 「나의 이력서⑫」, 『한국일보』 1978년 2월 10일.

春)·장지일(張志日), 그리고 그녀 등 4명이었다. 유일한 여학생이었던 그녀를 위해 학교에서는 숙소를 별도로 마련하였고 여자 보조원까지 배속하였다. 그녀가 입학한 약 두 달 후 중국인 여자 2명이 추가로 입학하였는데 그녀들은 비행기에 탑승도 못한 채 학교를 떠났다. 그녀가 입학하였을 때 다른 학생들은 이미 조종, 정비 등에 관한 이론을 거의 배운 후였기에 그녀는 우수한 학생들을 찾아가 개인교습을 받았다. 그녀는 실기 중에 정비가 가장 어렵다고 느꼈는데 자신이 타는 비행기는 자신이 정비해야 하는 것이 학교 규칙이었다.505)

윈난육군항공학교에는 프랑스에서 구입한 20대의 비행기에 2명의 프랑스인 교관이 초빙되어 학생들을 교육하였다. 권기옥은 기초이론과 지상 실습 교육을 끝낸 후 프랑스제 꼬드롱(Caudron) 쌍첩(雙葉) 훈련기에 탑승하였다. 38명의 학생 중 절반이 비행 탑승 적성검사에 불합격하였지만 그녀는 합격하였고, 대부분의 학생들이 20시간 하였던 훈련 비행을 그녀는 9시간 한 후 단독비행을 하였다. 5분이 채 안되는 단독비행이었지만 그녀의 감격은 매우 컸다.506)

항공학교에 한국인 여류 조종사, 그것도 독립운동을 하다가 망명한 한국 여성이 있다는 사실이 알려졌다. 일제는 민(閔) 모 등 4명의 한국인 청년들을 매수하여 그녀를 암살하도록 지시하였다. 군관학교에 입학하겠다며 찾아온 민 모 등을 수상하게 생각한 그녀와 동기 이영무·장지일은 민모 등이 일본영사관에 출입한다는 사실을 알아냈다. 그리하여 민 모를 항공학교 근처 공동묘지로 데려가, 권기옥을 사살하라는 일본영사관의 지령을 받았다는 실토를 받고 사살하였다.507) 일본영사관 측에서는 탕샤오 독군에게 그녀를 내놓으라 요구하였고, 학교에 한국인 여학생은 없다는 탕쟈

---

505) 權基玉, 「나의 이력서⑫」, 『한국일보』 1978년 2월 10일.
506) 權基玉, 「나는 한국 최초의 女流飛行士」, 293~294쪽.
507) 權基玉, 「나는 한국 최초의 女流飛行士」, 293~294쪽 ; 權基玉, 「나의 이력서⑬」, 『한국일보』 1978년 2월 11일.

오의 부인(否認)에 길에서 그녀를 만나면 사살하겠노라고 협박하였다. 그래서 탕쟈오 독군은 그녀에게 금족령을 내렸고, 그녀는 학교 안에서만 생활하였다.508)

입학한지 1년 2개월만인 1925년 2월 28일 권기옥은 윈난육군항공학교 1기생으로 졸업하였다.509) 그러나 몇 달 동안 학교에 더 머물며 견습 비행사로 훈련을 받고510) 1925년 5월 상하이로 돌아왔다.511) 그런데 당시 임정은 비행기 구입은 커녕 임정 청사도 유지하기 어려울 정도로 열악하였다. 비행기가 없는 상하이에서 그녀의 비행술을 무용지물이었다. 그러나 그녀의 비행술은 조국광복을 향해, 일제를 격살하기 위해 준비한 것이었기에 그녀는 멈출 수 없었다.

4. 중국 항공대에서의 비행

1925년 가을 그녀는 베이징에 있던 개혁 성향의 군벌 펑위샹[馮玉祥] 군의 항공대에 들어갔다. 중국도 일제의 침략을 받고 있었기에 펑위샹 군에서 비행사로서 일제를 대적한다는 것은 의미가 있었기 때문이다. 그녀는 임정의 소개장 하나를 들고 혼자서 상하이를 출발, 베이징의 난위안항공학교를 찾아갔다. 펑위샹 휘하의 난위안항공학교 교장 장즈쟝[張之江]은 그녀에게 항공처 부비항원(副飛航員, 부조종사)으로 임명한다는 임명장을 주었다. 그런데 펑위샹 군은 봉천군벌 장쭤린[張作霖]에게 밀려 장자커우[張家口]로 이동하였고, 그녀도 펑위샹 휘하의 장교였기에 한 번의 출격도 하

---

508) 權基玉,「나의 이력서⑬」,『한국일보』1978년 2월 11일.
509) 권기옥이 받은 것은 운남성장 당계요 명의의 <항공 제25호 졸업증서>였다.(崔鳳春,「民國時期 中國空軍航校韓籍飛行員考述」,『朝鮮·韓國歷史研究』14, 2013, 300쪽 ; 權基玉,「나의 이력서⑫」,『한국일보』1978년 2월 10일.
510) 權基玉,「나의 이력서⑬」,『한국일보』1978년 2월 11일.
511) 權基玉,「나의 이력서⑭」,『한국일보』1978년 2월 14일.

지 못한 채 쫓겨갔다.512)

　1925년 겨울 권기옥은 장자커우에 도착하였고, 한국인 비행사 교관 서왈보(徐曰甫 : 1887~1926)의 지도로 이탈리아제 비행기를 가지고 연습비행을 하였다.513) 그녀가 계속적인 비행 연습을 위해 중국 비행대에 들어갔다는 것은 일제의 첩보 자료에서도 확인된다.514) 그러던 중 이탈리아에 주문하여 도착한 비행기를 시험 비행 겸 시범 비행을 하던 서왈보가 1926년 5월 6일 비행 사고로 사망하였다.515)

　1926년 초 펑위샹 군은 장자커우에 온지 6개월만에 쑤이위안[綏遠]으로 밀려났다. 당시 권기옥은 장쭤린이 장자커우에 들어오면 위험하게 되리라 예상되기에 장즈장 장군에게 부탁하여 장자커우에서 자주 만났던 유동열(柳東說) 부부와 딸, 이상정(李相定), 신영삼(申榮三), 그리고 중국인 장자재(張子才)를 부대 이동 기차에 탑승시켰다.516) 그런데 이즈음『동아일보』,『매일신보』,『시대일보』등 국내 신문에 처음으로 권기옥의 이름이 거명되었다.

---

512) 權基玉,「나는 한국 최초의 女流飛行士」, 297~298쪽 ; 權基玉,「나의 이력서⑭」,『한국일보』1978년 2월 14일.
513) 權基玉,「나의 이력서⑭」,『한국일보』1978년 2월 14일. 일제 첩보자료「飛行學校 卒業 鮮人 來滬ノ件」에는 권기옥이 상해 프랑스조계 거주 한국인 의열단원 집에 머무르다 베이징[北京] 중국비행대에 들어가 비행술 연습을 계속할 목적으로 1926년 1월 11일 상하이에서 난징을 경유하여 베이징으로 가고자 출발하였다고 기록되어 있다.(「飛行學校 卒業 鮮人 來滬ノ件」, 機密 第33號, 1926년 1월 12일, 田島昶(上海總領事代理)이 幣原喜重郎(外務大臣)에게 보낸 1926년 1월 12일 문서,『不逞團關係雜件-朝鮮人의 部-在支那各地(4)』, 국사편찬위원회 한국사 데이터베이스 국내외 항일운동문서) 그러나 그녀의 증언에 의하면 이때 그녀는 이미 펑위샹 군의 항공처에 들어가 있었다.
514)「飛行學校 卒業 鮮人 來滬ノ件」, 機密 第33號, 1926년 1월 12일, 田島昶(上海總領事代理)이 幣原喜重郎(外務大臣)에게 보낸 1926년 1월 12일 문서,『不逞團關係雜件-朝鮮人의 部-在支那各地(4)』, 국사편찬위원회 한국사 데이터베이스 국내외 항일운동문서.
515)『동아일보』1926년 6월 3일,「徐曰甫氏 追悼 발기, 元山知友들이」.
516) 權基玉,「나의 이력서⑭」,『한국일보』1978년 2월 14일.

"오직 한 사람뿐이던 조선 여자 비행가로 한 번 진중에 나타날 때에는 군인의 정신을 빼리 만큼 미인의 용모를 가진 권기옥(權基玉) 양도 그의 연인 이영무(李英茂) 비행사와 함께 금년 이월에 상해로부터 광동을 거쳐 북경으로 들어가 국민군 제일 비행대에 나서서 남다른 천재를 발휘하여 많은 공로를 나타냈었는데 그들도 또한 요다음의 기회를 얻으려고 지난 사월 십오일에는 어디로인지 갔다 하며…(하략)"[517]

"청운에 뜻을 두고 지나동란에 참가하여 북경을 중심으로 활동하는 중에는 조선인 비행가로…(중략)…여러 사람이 혹은 고국으로 혹은 행방까지 불멸하게 되었는데…(중략)…오직 한 사람의 여류비행가이며 겸하여 미인으로 유명하여 지나 군인의 간담을 울렁이게 하던 전기 권기옥(權基玉) 양은 그의 애인으로 같은 비행가인 이영무(李英茂) 군과 같이 금년 이월에 상해로부터 광동(廣東)을 경유하여 북경에 들어와서 국민군 제일 비행대에 참가하였더니 사월 십오일부터 그의 부부의 형용은 북경에서 다시 볼 수 없이 되었으며…(하략)"[518]

"유명한 여류비행가 권기옥(權基玉)은 이영무(李英茂) 비행사와 함께 금년 이월에 상해로부터 광동을 경유하여 북경에 들어가 국민군 제일 비행대에 참가하였는데 이도 역시 사월 십오일에 그 자취를 감추었으며…(하략)"[519]

보도 내용은 비슷하다. 권기옥과 이영무가 1926년 2월에 상하이에서 광

---

[517] 『동아일보』 1926년 5월 21일, 「중국 창공에 조선의 鵬翼, 중국하늘을 정복하는 조선 용사 그중에서 꽃같은 여류용사도 있서 中에도 여류비행가, 安昌男 崔用德 여류비행가 權基玉 등 國民軍에서 활약」.
[518] 『매일신보』 1926년 5월 21일, 「支那動亂에 활약하는 조선인 비행가의 소식 동부인 비행을 하는 리영무군 안창남군은 아즉도 잘잇다고 垂涎의 的! 權基玉孃」.
[519] 『시대일보』 1926년 5월 21일, 「중국동란을 중심으로 출몰 自任의 조선 비행가, 대부분이 국민군에서 활약하다가 잠시 실세, 꽃같은 여류비행가도 전선에 참가하여 분투, 안창남 씨는 직예군에서 계속 활동」.

등을 경유하여 베이징으로 갔고 중국 국민비행대에 참가하였으며 4월 15일에 행방불명되었다는 것이다. 그러나 권기옥이 베이징에 도착한 것은 1925년 가을이었고, 1925년 겨울에는 베이징에서 장자커우로 이동하였으며, 1926년 초에는 다시 쑤이위안으로 이동하였기에 위의 신문 기사들은 사실과 다르다.

그런데 위의 신문 기사들은 "군인의 정신을 빼리 만큼 미인", "미인으로 유명하여 지나 군인의 간담을 울렁이게 하던"이라며 권기옥의 여성성을 부각하였고, 더불어 "연인" 혹은 "애인"과 함께 하는 여자임을 강조하였다. 즉 그녀에 대한 국내 신문들의 첫 보도는 비행사로서 그녀를 평가한 것이 아니라 여성이라는 측면에서 관심을 기울였다. 여성은 미인이 최고인 양, 그리고 애인(연인) 남성과 함께 행동하는 것인 양 굴곡진 시각을 보였다. 지극히 남성적인, 여성에 대한 차별적 시각의 표출이었다. 게다가 이영무는 애인, 연인이 아니라 윈난항공학교 동창생이다. 일제의 언론규제 때문이었겠지만 왜 그녀가 비행사가 되었는지, 중국 국민군 비행대에는 왜 들어갔는지, 그녀가 무엇을 하는지에 대해서는 전혀 언급하지 않았다.

쑤이위안으로 이동한 지 2개월 후 펑위샹 군은 해산되었다. 권기옥은 퇴직금으로 10여 원과 밀가루 1포대를 받았다. 그리하여 군의관으로 취직했던 신영삼의 퇴직금 10여 원과 합하여 유동열 부부 등 장자커우에서 쑤이위안으로 함께 이동한 7명이 세 달을 생활하였다.520)

1926년 10월 권기옥은 이상정(李相定 : 호 汕隱, 이명 然皓)과 내몽고 오지에서 결혼하였다. 유동열이 주례를 하였고 하객은 함께 살고 있던 식구들이 전부였다. 유동열은 붉은색 천(헝겊)에 결혼증서를 써주었다. 훗날 그녀는 그들의 결혼이 "남들이 생각하는 연애 감정 같은 것은 아니었고, 순수한 동지애였는지도 모른다"고 회상하였다.521)

---

520) 權基玉, 「나는 한국 최초의 女流飛行士」, 298쪽 ; 權基玉, 「나의 履歷書⑮」, 『한국일보』 1978년 2월 15일.
521) 權基玉, 「나의 이력서⑮」, 『한국일보』 1978년 2월 15일.

결혼 후 앞날이 막막하다고 생각한 권기옥은 이상정에게 베이징으로 갈 것을 제안하였고, 혼자라도 가겠다고 하여 함께 베이징으로 거처를 옮겼다. 그리고 각자 고향 집에 도움을 요청하여 금전적인 도움을 받았다. 그 무렵 북벌 중이던 장제스[蔣介石]가 공군을 창설했다는 소식이 들렸고 권기옥은 상하이에 있던 전 윈난항공학교 교장 류페이천[劉沛泉]에게 편지를 보냈다. 그리고 상하이로 오라는 류페이천의 전보를 받자 상하이로 달려갔다.522) 여비도 없는데 어떻게 가느냐며 독립운동을 하기 위해 만주로 가자는 이상정에게 권기옥은 상하이로 가겠다고 하였고, 결국에는 이상정과 함께 상하이로 향하였다.523) 윈난항공학교 입학에 도움 주었던 것을 기억하고 있던 류페이천은 그녀에게 김홍일(金弘壹)과 최용덕(崔用德)을 아느냐는 질문을 하였고 곧 이어 그 자리에서 동로군의 소령으로 임명하였나.524) 북벌군은 중군(장제스 담당), 서로군(河應欽 담당), 동로군(白崇禧 담당)으로 편성되었는데 1927년 3월 국민혁명군이 상하이에 진입한 후 장제스는 동로군을 확대하여 항공사령부를 발족시켰다.

1927년 난징을 접수한 장제스는 난징에 국민정부를 수립하였고,525) 동로군 항공사령부를 난징으로 이동시키고 새로 발족한 항공서에 흡수하였다. 그러므로 권기옥도 난징으로 이동하였다.526) 그녀의 직책은 항공서 1

---

522) 이상정, 「S형에게」, 『중국유기』, 28~29쪽 ; 권기옥, 「나는 韓國 최초의 女流飛行士」, 299쪽 ; 關中人, 「中國航校第一女飛畢生 權基玉」, 『航空史研究』 1995-3, 西安 : 西北工業大學, 1995, 2~3쪽 : 최기영, 「李相定(1897~1947)의 在中獨立運動」, 『역사학보』 200, 2008, 355쪽.
523) 權基玉, 「나의 이력서⑮」, 『한국일보』 1978년 2월 15일.
524) 權基玉, 「나의 이력서⑯」, 『한국일보』 1978년 2월 16일.
525) 난징국민정부가 공식 수립된 것은 1928년 10월.
526) 권기옥은 난징으로 이동해간 그해에 미국 비행사 린드버그(Lindbergh, Charles Augustus : 1903~1974)가 대서양 횡단 무착륙 비행에 성공하였다고 썼다.(權基玉, 「나는 韓國 최초의 女流飛行士」, 299쪽) 그런데 린드버그가 대서양 횡단을 무착륙 비행한 것은 1927년 5월 20일부터 21일이었다.(『동아일보』 1927년 6월 22일, 「사진 한 장에 천불」) 한편 1927년에는 1월 28일 박경원(朴敬元 :

대(隊) 소속 비항원(飛航員)이었고, 월급은 약 200원이었는데 당시 쌀 1말이 80전이었다. 동로군 항공사령부가 가장 먼저 한 일은 군벌들의 병기를 접수하는 것이었다. 그녀를 비롯한 공군 장교들은 저장[浙江]성 성장 손정방(孫停芳) 휘하의 비행기와 비행장을 저항 없이 서류로 접수하였다.527) 비행기가 증가하자 그녀는 새벽마다 곡예, 편대, 정찰, 공중전, 폭격 등 여러 가지로 비행 연습을 하였다. 그러나 비행 연습이 끝나면 할 일이 없었고, 조국을 향한 그녀의 비행은 멀게만 느껴졌다. 그즈음 국내 신문에는 "평양 출생의 첫 비행사로 1927년 1월부터 중국 무한(武漢)정부에 참여하여 장강(長江) 연안 공중에서 활약하던 김치간(金致玕)528)이 8월 28일 밤차로 평양에 도착하여 전한 바"라며 "남경 정부에 평양 출생의 여비행사 권기옥씨와 최용태(崔用泰)씨가 있다 하나 더 자세한 소식은 못들었"다며 그녀를 "중국혁명전선의 한국인 비행가"로 언급하였다.529)

1928년 4월 18일 권기옥은 집세 문제로 집주인(중국인)과 다투었는데 공산주의자라는 혐의를 받고 중국 관헌에게 체포되어 일본영사관으로 넘겨졌다.530) 40일 동안 취조를 받았고531) 유력한 중국인의 활동에 힘입어

1901~1933), 11월 이정희(李貞喜 : 1910~?)가 일본 비행학교에서 공부하고 3등 비행사가 되었다.
527) 權基玉, 「나의 이력서⑯」, 『한국일보』 1978년 2월 16일.
528) 일본 치바[千葉] 이토[伊藤] 비행연구소에서 비행술을 연구하다가 1924년 9월 도쿄항공국에서 3등 비행사 면허장을 받았다.(『동아일보』 1925년 1월 8일, 「남북 정기 항공계획」)
529) 『중외일보』 1927년 8월 28일, 「조선인 비행가 諸氏 중국혁명전선에서 활약」.
530) 『동아일보』 1928년 5월 25일, 「戰塵의 중국上空에 翔翔하든 조선女鳥人 호송」 ; 『매일신보』 1928년 5월 25일, 「중국의 動亂 속에서 활약튼 女鳥人 컴먼이스트로 被捉 그 외 네 명과 불일간 평양에」 ; 『중외일보』 1928년 5월 25일, 「풍군 진중에서 활동하던 여비행사 권기옥, 남경서 주의선전을 하다 잡혀서 원적지 평양으로 호송되어 오다, 평양 숭현여학교 출신」 ; 『동아일보』 1928년 6월 1일, 「女鳥人 權基玉孃과 義烈團員 호송, 중국남경에서 테포되어 不日間平壤到着」.
531) 『동아일보』 1928년 6월 28일, 「孫斗煥 權基玉 兩氏의 압송은 虛說, 上海 日領事館에서 취조 후 석방」.

증거 불충분으로 석방되었다.532) 그런데 이러한 사실들을 보도한 당시의 국내 신문들은 권기옥이 숭의여학교 졸업 후 3·1만세시위에 참가하여 징역 6월을 복역한 후 상하이로 건너가 홍도여학교를 졸업하고 원난항공학교에서 비행기 조종술을 배워 펑위샹 군 및 장제스 군에 가담하여 활동하였다고 하였다. 특히 권기옥이 손두환(孫斗煥) 외 임정 요인과 함께 있었다는 1928년 5월 25일 『동아일보』기사는 권기옥과 임정의 관계가 계속되고 있었다는 것을, 그녀의 독립운동이 3·1만세운동 이후 계속되었다는 것을 말해준다. 한편 이 사건은 이상정과 권기옥이 의열단과 관련되었으며 친공 인물들과도 교류하였다는 것을 의미한다.533) 1935년 9월 일제 첩보 자료도 권기옥이 "남경 국민정부 항공국 비행사이고, 의열단 여자부 연락원으로 활동 중"이라고 하였다.534) 즉 그녀와 의열단과의 관계가 1920년대 중빈부터 10여 년 동안 계속되고 있다는 것을 말해준다.

『동아일보』특파원으로 1928년 10월 26일부터 난징을 방문하였던 주요한(朱耀翰)은535) 장지강의 집을 방문하였다가 가정예배에 참석하러 온 권기옥과 이상정을 만났다. 그리고 그녀를 만난 소감을 다음과 같이 피력하였다. "예배에 만각(晚刻)하여 들어오는 사람이 있는 모양이므로 본즉 이어인 기우(奇遇)냐. 여류비행사로 이름있는 권기옥 여사의 부부다. 들으매 서북군을 따라서 활동하다가 현재는 남경 비기장에 몸을 붙이 있다는 바 중국을 다 털어놓고 보아도 유일한 여(女)비행사다. 단발, 중복(中服)의 여사는 이역 풍상(風霜)으로 인(因)함인지 전보다 훨씬 수척(瘦瘠)한 것이 눈에 띄었다."536) 이보다 훨씬 많은 내용의 대화를 하였겠지만 신문에는 외

---

532) 『중외일보』 1928년 7월 3일, 「권기옥양, 무사 백방, 중국인의 주선으로 권양이 전하는 소식」.
533) 최기영, 「李相定(1897~1947)의 在中獨立運動」, 356쪽.
534) 「義烈團經營の南京軍官學校の全貌」, 『思想彙報』 4, 朝鮮總都府 高等法院 檢事局 思想部, 1935년 9월 1일, 6쪽.
535) 윤선자, 「1920년대 한국인들의 중국 여행기 분석」, 『한중인문학연구』 41, 2013 참조.

국에서 고생하는 망국민 여류비행사로만 그녀가 표현되었다. 왜 그녀가 중국군에 들어갔는지, 왜 비행을 하는지는 언급되지 않았다.

　1932년 상하이전쟁이 일어났다. 권기옥이 속해 있던 비행대에는 주로 정찰 임무가 주어졌다. 간혹 80~120파운드의 폭탄 4개를 싣고 출격하여 폭격 임무를 수행하였는데 적기(敵機), 일본기(日本機)를 만나지는 못하였다.537) 그녀의 비행 목적이 독립운동이었기에 일제는 그녀에 대한 감시를 게을리하지 않았다. 그녀는 1934년 조선총독부 경무국이 만든 『國外ニ於ケル容疑朝鮮人名簿』에 이름이 수록되어 있다.538)

　1935년 항공서가 항공위원회로 확장되었고 장제스가 위원장으로 취임하였다. 항공위원회는 쑹메이링[宋美齡]이 비서였지만 실무는 진경운(陳慶雲) 장군이 담당하였고, 진경운의 계획으로 선전 비행을 장제스가 허락하였다. 선전 비행의 목적은 공군에 지원하지 않는 중국 청년들에게 비행의 안전성을 과시하기 위해서였다. 그랬기에 비행사는 선전 비행의 효과를 극대화하기 위해 여자 비행사로 결정되었고, 권기옥과 미국에서 비행교육을 받은 중국인 여비행사 이월영(李月英)으로 정해졌다. 비행기는 상하이시장 오철성(吳鐵城)이 모금한 3만 달러로 미국에 주문하여 석 달 후 도착하였는데 성능 시험 비행 중 부주의로 사고가 일어났고 시범 비행은 연기되었다. 프로펠러를 상하이에서 만들어 끼우는 동안 2주일의 시간이 흘렀고, 출발을 이틀 앞둔 날 일본군의 풍타이[豊臺] 점령 소식이 들려왔다.539) 선

---

536) 남경에서 주요한, 「신중국 방문기(七) : 요인 전부 離京, 상해 湯山에 일요 휴양」, 『동아일보』 1928년 11월 23일.
537) 權基玉, 「나는 韓國 최초의 女流飛行士」, 299~300쪽 ; 權基玉, 「나의 이력서 ⑰」, 『한국일보』 1978년 2월 17일.
538) 그 내용은 "1901년 1월 11일생으로 본적은 평안남도 평양부 상수구리(平壤府 上水口里), 현주소는 중국 항주, 학력은 1920년 상해에 밀항하여 운남비행학교를 졸업. 학교 졸업 후 국민정부비행사로서 남경에 거주, 1933년 7월 항주 항공국에 부임"이다.(朝鮮總督府 警務局, 『國外ニ於ケル容疑朝鮮人名簿』, 1934, 133쪽)
539) 일본군이 풍대를 점령한 것은 1935년 6월 28일.(『매일신보』 1935년 6월 29일,

전 비행은 베이징에서 하기로 계획되어 있었고, 펑다이는 베이징에 인접한 곳이기에 선전 비행의 효과가 없으리라 판단한 상부는 선전 비행 연기를 지시하였다. 이월영은 미국으로 가버렸다.540)

선전 비행이 무산되고 1936년 상반기, 권기옥은 항공위원회로 복귀하였는데 그동안 항공위원회는 난징에서 난창[南昌]으로 이동하였다. 그녀가 맡은 업무는 공공도서관이었는데 틈틈이 유지 비행(Keeping Flying)을 계속하여 윈난항공학교에서의 300시간을 합하여 비행시간 1,300시간을 기록하였다.541) 이처럼 조국의 독립을 위하여 비행하고자 노력을 계속하던 1936년 하반기 권기옥은 이상정과 함께 일본 밀정이라는 모함을 받아 체포되었다. 그녀가 국민정부군 공군의 정보를 수집하여 이상정에게 넘기면 이상정이 그 정보를 일본군에게 넘기는 부부 간첩이라는 것이었다. 누가 그들을 모함하였는지는 알 수 없었다.542) 이 사건 이후 권기옥과 비행의 인연은 끊어졌다.543) 17세부터 키워왔던 꿈, 그리고 독립운동을 위한 방법으로 승화된 그 꿈을 이루기 위해 쉬지 않고 노력하며 달려온 19년의 시간이 순식간에 날아가 버렸다.

「白李 兩軍 봉기 燕郊, 豊臺占領」;『동아일보』1935년 6월 29일,「萬福麟 白堅武 兩軍交戰 白軍豊臺를 遂占領 河北 독립의 策動?[北平]」)
540) 權基玉,「나는 한국 최초의 女流飛行士」, 299~300쪽 ; 權基玉,「나의 이력서 ⑰」,『한국일보』1978년 2월 17일.
541) 權基玉,「나의 이력서⑰」,『한국일보』1978년 2월 17일. 그런데『신동아』에는 남창에서의 비행이 800시간으로 운남에서의 300시간을 합하면 1,000시간 이상이라고 하였다.(權基玉,「나는 韓國 최초의 女流飛行士」, 300쪽)
542) 이상정은 권기옥의 윈난항공학교 동창생이 사건을 조작, 고발했다고 생각.(權基玉,「나의 이력서⑱」,『한국일보』1978년 2월 19일)
543) 權基玉,「나는 한국 최초의 女流飛行士」, 300쪽.

5. 부인회 재건과 비행대 편성 구상

중일전쟁이 발발하기 얼마 전 권기옥과 이상정은 일본 밀정 혐의로 수감된 지 8개월만에 출감하였다. 당시 그들의 집은 난징 동린촌(東隣村) 40호였는데 민족혁명당원 김홍일(金弘壹), 윤기섭(尹琦燮), 임득산(林得山) 등이 출입하고 있었다. 1937년 11월 난징 철수 때에도 권기옥과 이상정은 김원봉(金元鳳)과 함께 주장[九江]-이창[宜昌]-한커우[漢口] 등으로 이동하였다가 계속하여 김원봉과 같이 구이린[桂林] 방향으로 이동하지 않고 쿤밍[昆明]으로 향하였다.544)

1938년 3월 충칭에 도착한 권기옥은 그해 가을 장교가 아닌 민간인 신분으로 국민정부의 육군참모학교 교관이 되어 4~7기 학생들에게 영어, 일본어, 일본인 식별법, 일본인 성격 등을 교재도 만들어 가르쳤다. 또한 정보 수집 업무도 맡아 라디오 방송을 듣고 그 내용을 적어 군사 통계국에 서류로 제출하였다. 주로 일본어 방송을 이상정이 듣고 그 내용을 말하면 그녀가 받아 적었다.545) 이상정도 육군참모학교의 소장(少將) 교관으로 취임하였고, 아울러 화중(華中)군사령부의 참모도 겸하였다.546)

한편 임정이 충칭으로 이동해 오면서 독립운동세력이 집결하자 권기옥은 부인회에 관심을 기울였다. 민족혁명당 부인회 김순애(김규식 부인)와 독립당 부인회 방순희(方順熙) 등을 찾아가 "부인네들끼리 단체가 그렇게 많이 필요하냐"며 통합할 것을 설득하였다.547) 그리하여 1943년 5월 김순애(金淳愛)·방순희(方順熙)·최선화(崔善嬅)·최애림(崔愛林)·최형록(崔亨祿) 등과 함께 한국애국부인회 재건에 참여하였다. 재건 선언문은 "임정

---

544) 국사편찬위원회, 『韓民族獨立運動史 資料集』 46(중국지역독립운동 재판기록 IV), 2001, 141~145, 157쪽.
545) 권기옥, 「나의 이력서⑳」, 『한국일보』 1978년 2월 22일.
546) 徐良, 「李相定 將軍을 追慕함」, 『중국유기』, 157쪽 : 최기영, 「李相定(1897~1947)의 在中獨立運動」, 361쪽.
547) 權基玉, 「나의 이력서⑱」, 『한국일보』 1978년 2월 19일

소재지에 있는 혁명 여성들은 당파별이나 사상별을 묻지 않고 일치단결하여 애국부인회를 재건립함으로써 국내와 세계만방에 산재한 우리 1천 5백만 애국 여성의 총단결의 제일성"을 삼는다고 하였다.548) 재건 당시 권기옥은 사교부(社交部) 주임을 맡았고, 1944년 3월에 개최된 한국애국부인회 제1차 정기총회에서 선전 사교를 맡았는데 당시 부인회의 주요 업무는 아동 교육, 간물(刊物) 발행(婦女의 앞길), 전방 장교 위로 공작 등이었다.549)

부인회 재건 및 활동과 함께 권기옥이 심혈을 기울인 것은 비행대 편성 구상이었다. 1943년 여름, 그녀는 중국 공군에서 활동하던 손기종(孫基宗), 최용덕(崔用德)과 함께 한국 비행대 편성과 작전계획을 구상하였다. 이는 1945년 3월 군무부가 임시의정원에 제출한 〈한국광복군 건군 및 작전 계획〉 중 "한국광복군 비행대의 편성과 작전"으로 결실을 맺었다. 〈한국광복군 건군 및 작진 계획〉은 광복군 비행대의 편성과 운용방안도 제시하였다. 즉 비행기는 미 공군으로부터 빌리고, 비행사는 중국 공군에 복무 중인 한국인 장교550)를 광복군으로 전환시켜 비행대를 편성, 광복군 총사령부와 국내 지하군과의 연락 임무를 맡도록 한다는 것이었다. 또한 중국을 중심으로 하던 군사 계획을 확대하여 태평양지역에서 일본군을 격파하면서 북상하는 미군과의 연합에 비중을 둔다는 계획이었다.551) 즉 미국 중심, 미국 항공대를 기준으로 공군 건설이 방향을 잡은 것이었다고 해야 할 것이다.

---

548) 『신한민보』 1943년 6월 3일, 「重慶에 있는 韓國愛國婦人會의 재건」.
549) 『앞길』제33기, 1944년 6월 1일 : 국사편찬위원회, 『대한민국임시정부자료집』 37(조선민족혁명당 및 기타 정당), 2009, 476쪽.
550) 중국 공군에서 복무했거나 복무 중인 한국인은 비행사로 최용덕(崔用德)·이영무(李英武)·정재섭(鄭再燮)·최철성(崔鐵城)·권기옥(權基玉), 기계사로 김진일(金震一)·장성철(張聖哲)·손기종(孫基宗)·이사영(李士英)·염온동(廉溫東)·왕영재(王英在) 등 약 20명이 있었다. 이들의 항공 기술 실력은 중국 공군에서도 손꼽히는 높은 수준이었다.(독립유공자사업기금운용위원회, 『독립운동사』 6(독립군전투사 하), 1975, 349쪽)
551) 김광재, 『한국독립운동의 역사』 52(한국광복군), 독립기념관 한국독립운동사연구소, 2007, 185쪽.

한편 이상정도 임정에 참여하여 활동하였다. 1933년 임정은 항저우로 이동해 있었고 당시 이상정은 임시의정원 경상도의원으로 보선되었으나 회의에 참석하지 않았다. 그때 그의 이름은 '이연호'(李然浩)로 기록되었다.[552] 1934년에도 이상정은 의정원의원에 추천되었으나 철회되었는데[553] 전년도에 회의에 불참한 때문이었을 것이다. 그런데 1940년대에는 그의 태도가 바뀌었다. 1941년 육군참모학교에서 구이저우성 식봉현(息烽縣)에 위치한 유격대훈련학교의 소장(少將)교수로 전임되었는데도[554] 1942년 8월 임정 외무부 외교연구원으로 선임되었고,[555] 그해 10월 말 개최된 제34회 의정원회의에서는 제2과위원회 위원으로 선임되었다.[556] 그러나 1945년 2월에는 한국독립당 일당 위주의 임정 개조와 임정 내부의 대립·갈등을 비판하는 세력들이 주도한 신한민주당에 참여하였다.[557]

1945년 8월 15일 권기옥은 일왕의 항복 방송을 집에 있던 라디오에서 들었다.[558] 일본의 패망, 조국의 독립을 오랫 동안 온 마음을 다해 기다렸지만 그녀는 허탈감 같은 것을 느꼈다. 광복을 맞기 위한 준비가 없었기에 무엇을 어떻게 해야 할지 판단할 수 없었던 그녀는 이상정과 함께 임정 청사로 사용한 2층집을 자주 드나들었다. 그리고 내무부장 신익희(申翼熙)와 "우리의 이상적인 정치제도"가 무엇인가 등을 토론하였고, 미국과 영국 등의 정치·경제 서적을 열심히 구해서 읽었다. 며칠 후 도와달라는 한인들의 요청을 받은 이상정은 상하이로 출발하였고, 그녀는 이상정이 수집해놓은

---

552) 국사편찬위원회, 『대한민국임시정부자료집』 2(임시의정원 I), 2005, 281쪽.
553) 국사편찬위원회, 『대한민국임시정부자료집』 2(임시의정원 I), 287쪽.
554) 徐良, 「李相定 將軍을 追慕함」, 『중국유기』, 157 : 최기영, 「李相定(1897~1947)의 在中獨立運動」, 363쪽.
555) 「대한민국임시정부공보」1942년 8월 20일 : 국사편찬위원회, 『대한민국임시정부자료집』 1(헌법·공보), 2005, 261쪽.
556) 국사편찬위원회, 『대한민국임시정부자료집』 3(임시의정원 II), 2005, 32쪽.
557) 추헌수 편, 『자료 한국독립운동』 2, 연세대학교출판부, 1972, 189~191쪽.
558) 육군참모학교의 교관으로 정보 수집 업무도 수행하느라 집에 라디오가 있었다. (權基玉, 「나의 履歷書⑳」, 『한국일보』 1978년 2월 22일)

골동품·책 등을 정리한 후559) 충칭을 출발, 1946년 2월 상하이에 도착하였다.560) 그리고 "어머니 사망"이라는 전보를 받고 1947년 10월에 귀국한 이상정이 11월 27일 뇌일혈로 사망561)한 후 "본마누라 집에서 쓰러졌다"는 동생 기복(基福)의 편지를 받았다. 그때야 그녀는 이상정에게 아내와 자식들이 있다는 것을 알았다.562) 1948년 8월에 잠시 고국을 찾았던 권기옥은 상하이로 돌아갔다가 1949년에 완전 귀국하였다.563)

6. 맺음말

광복 이후 귀국한 권기옥은 제헌국회의 국방위원회 유일의 여성 전문위원으로 정계에 발을 내디뎠다. 그러나 1956년 5월 5일 신익희가 호남으로 향하는 유세 열차 안에서 사망하자 그의 무덤에 그녀의 정치적 꿈도 함께 묻었다고 한다.564) 이후 1957~1972년 『한국연감』(韓國年鑑) 발행인, 1966~1977년 한중문화협회 부회장을 역임하였고, 재향군인회 명예 회원·부인회 고문도 맡았다.565) 대한민국 정부는 그녀의 공훈을 기리기 위하여 1968년에 대통령 표창을 하였고, 1977년에 독립장을 수여하였다. 서울 장충동 2가 191의 4의 낡은 목조건물 2층 마루방에서 여생을 보낸 그녀는 1988년에 사망하여 국립묘지 애국지사묘역에 안장되었다. 2003년에는 국가보훈처에 의하여 '8월의 독립운동가'로 선정되었다.566)

---

559) 權基玉, 「나의 이력서⑳」, 『한국일보』 1978년 2월 22일.
560) 權基玉, 「나의 이력서㉑」, 『한국일보』 1978년 2월 23일.
561) 權基玉, 「나의 이력서㉒」, 『한국일보』 1978년 2월 24일. 1968년 건국훈장, 1977년 독립장 추서.
562) 權基玉, 「나의 이력서⑲」, 『한국일보』 1978년 2월 21일.
563) 權基玉, 「나의 이력서㉒」, 『한국일보』 1978년 2월 24일.
564) 權基玉, 「나의 이력서㉓」, 『한국일보』 1978년 2월 26일.
565) 權基玉, 「나의 이력서㉔」, 『한국일보』 1978년 2월 28일
566) 『세계일보』 2003년 8월 1일, 「여류비행사 권기옥 선생, 이달의 독립운동가 선정」.

한국 최초의 여류비행사라는 소리를 들을 때, 그녀는 불쾌감을 느낀다고 하였다. 그녀가 비행기를 탄 것은, 한국 최초의 여류비행사가 되기 위해서 아니라 조국 광복을 위해서였기 때문이다.567) 누가 한국 최초의 여류비행사인가에 대한 논쟁도 있었는데568) "최초의 한국 여류비행사"는 한국사에서 갖는 역사적인 의미가 있을 때 가치가 있다. 순종을 여성의 미덕으로, 양보와 희생을 여성의 아름다움으로 강요하던 전근대의 여성상을 그녀는 극복하였다. 큰 꿈을 가졌고, 그 꿈을 이루기 위해 주저 않고 과감한 결단의 행동을 취하였다. 가난한 환경에서도 실망하거나 포기하지 않고 공부를 시작하였으며, 중국으로 망명하여서도 열심히 공부하였으며 계속하였다. 그러한 그녀의 도전정신과 실천이 높이 평가되어야 한다. 꿈과 도전을 통하여 그녀는 비행사가 되었기 때문이다.

한편 권기옥은 20세기 전반기, 즉 일제의 식민 통치가 강요되고 있을 때 하늘을 날았다. 따라서 그 시대의 한민족에게 주어졌던 반봉건과 반제국주의를 목표로 하였을 때 "최초의 한국 여류비행사"는 의미를 갖는다. 권기옥은 여성에게 강요되던 질곡의 한계를 극복하는 반봉건은 물론 일제의 식민 통치를 분쇄하는 반제국주의를 실현하고자 비행하였다. 그래서 그녀는 한국 최초의 여류비행사이지만 최초의 여류비행사이기 때문에서만이 아니라, 여성들의 삶을 옥죄었던 편협한 인식을 극복하였기에, 그리고 조국의 독립을 위하여 비행하였기에 진정 의미 깊은 삶을 산 독립운동가이고 근대 한국인이라 자리매김된다.

---

567) 權基玉, 「나는 韓國 최초의 女流飛行士」, 300쪽.
568) 『오마이뉴스』 2004년 4월 1일, 「식민지 조선의 여자비행사로 산다는 것」; 『오마이뉴스』 2005년 12월 25일, 「우리나라 최초의 여자 비행사는 누구인가」.

제2장

광주학생운동

Ⅰ. 광주여자고등보통학교 학생들의 광주학생독립운동 참여

1. 머리말

1929년 11월에 시작하여 1930년 3월까지 전국에서 전개된 광주학생독립운동은 일제강점기 전민족적으로 전개된 3·1운동, 6·10만세운동과 함께 3대 독립운동으로 불린다. 당시 발간된 신문들에 거의 매일 관련 기사들이 수록되었고, 일제 측도 많은 기록을 하였다. 3대 독립운동이고 기록도 많기에 광주학생독립운동에 대한 연구도 상당히 축적되었다. 그런데 그동안 연구자들의 관심은 주로 광주고등보통학교(이하 광주고보로 약칭)를 중심으로 전개된 광주학생독립운동, 전국적인 확산 양상에 모아졌다. 광주고보와 함께 광주학생독립운동에 주도적인 역할을 하였던 광주농업학교, 광주사범학교, 그리고 광주여자고등보통학교(이하 광주여고보로 약칭)가 전개한 독립운동에 대해서는 연구논문이 많지 않다.

광주여고보가 전개한 광주학생독립운동은 대부분의 관련 논저에서 언급되었지만 매우 간략하다. 김영희의 논문을[1] 시작으로 민진영[2]과 한규무[3]의 논문이 '소녀회'를 중심으로 광주여고보생들의 광주학생독립운동을

---

1) 김영희, 「광주학생독립운동과 여성의 역할」, 전남대학교 교육대학원 석사학위논문, 1997.
2) 민진영, 「일제하 광주의 여학생 조직과 여성교육」, 『호남문화연구』 44, 전남대학교 호남학연구원, 2009.
3) 한규무, 「광주학생운동과 광주여자고등보통학교 독서회」, 『한국학논총』 57, 국민대학교 한국학연구소, 2022.

정리하였다. 김영희는 광주지역 남자중등학교 독서회와 긴밀한 관계를 유지했던 소녀회를 중심으로 광주여고보생 모두가 광주학생독립운동에 참여했고, 광주여고보생에게 광주학생독립운동은 여성해방운동, 계급투쟁을 통한 노동자해방운동, 일제에 대한 저항운동의 성격을 포괄적으로 담은 것이라 결론내렸다. 민진영은 신문 기사들을 중심으로 소녀회의 결성, 활동, 재판 등을 정리하였다.[4] 한규무는 김영희와 민진영의 논문에 보이는 오류들을 지적하고, 신문 기사들은 물론 「예심결정서」(1930.7.1.)[5]·「공소사실」(公訴事實 : 1930.9)[6]·「판결문」(1930.10.6.)[7] 등도 상호 비교하면서 소녀회와 소녀회사건을 촘촘히 정리하고 소녀회사건이 독서회사건·성진회사건 공판의 '전초전' 성격을 띠었다고 주장하였다.

이와 같이 광주학생독립운동 당시 광주여고보의 활동에 대한 선행 연구들은 소녀회에 관심이 집중되어 있고, 광주여고보생 모두가 광주학생독립운동에 참여했다고 선언적으로 서술하였을 뿐 구체적인 내용이나 증거, 이유는 설명하지 않았다. 이에 필자는 선행 연구 결과들을 충분히 활용하면서, 광주여고보(생들)가 전개한 광주학생독립운동을 조사, 정리하는데 연구의 목표를 두고자 한다. 그러기 위해 소녀회의 설립 이유와 과정, 소녀회원들을 포함하여 광주여고보생들이 펼친 광주학생독립운동 내용, 그리고 독립운동을 전개한 대가로 겪어야 했던 일제사법권력에 의한 형사 처벌과 광주여고보 당국의 근신·자퇴·퇴학에 대한 내용들을 추적, 서술하려 한다.

---

4) 다음의 논문들도 소녀회와 광주여자고등보통학교의 광주학생운동 참여를 언급하였다.(윤효정, 「여성주의 관점의 지역여성사 서술을 위한 제언-광주학생운동 전후 광주지역 여학생들의 활동을 중심으로」, 『남도문화연구』 20, 순천대학교 남도문화연구소, 2020 ; 김은정, 「광주학생운동 참여 여학생의 정치적 주체성과 젠더 규범」, 『청람사학』 33, 청람사학회, 2021.
5) 『중외일보』 1930년 7월 5일, 「광주소녀회사건 예심결정서 전문」.
6) 『동아일보』 1930년 9월 30일, 「공소사실」.
7) 「소화 5년 刑公合 제45호(장매성 등) 판결문」, 1930년 10월 6일, 광주지방법원. (국가기록원 → 독립운동 관련 판결문https://theme.archives.go.kr//next/indy/viewMain.do).

이를 위해 활용할 자료는 재판기록 등 일제가 작성한 문서들,『동아일보』·『매일신보』·『조선일보』·『중외일보』등 당시의 신문 기사들, 광주여고보의 후신인 전남여자고등학교가 제공한「1929~1930년 기강(起降) 학생 이동부(異動簿)」등이다.

2. 광주여자고등보통학교 독서회 '소녀회' 결성

1928년 11월 초순 일요일8) 고순례(高順禮), 김지순(金智順), 남협협(南俠俠), 박옥련(朴玉連), 암성금자(岩城錦子), 장경례(張慶禮), 장매성(張梅性) 등 광주여고보의 2학년생 7명이 광주사범학교 뒤편 언덕에서 모임을 결성하였다.9) 장매성이 "현대 조선의 사회조직에서 여성은 가정인(家庭人)으로서는 남성에게, 무산대중으로서는 자본가 계급에게, 조선 민족으로서는 일본 제국주의에게 3중의 압박을 받"으니 "현대 (조선의) 사회조직을 파괴하고 사유재산제도를 파괴하는 공산제의 신사회를 건설"하여 여성을 해방시키자고 제안하니, 6명이 모두 찬성하였다.10)

장매성이 모임 결성을 제안한 첫 번째 이유는 장재성(張載性)의 동생이라는 것에서 찾아진다. 일제는「판결문」(1930년 10월 6일)에서 장매성이 "공산주의자인 장재성의 친 누이로 그에게서 감화를 받아 예전부터 공산주의에 공명(共鳴)하여…(중략)…현 사회조직을 파괴하여 사유재산제도를

---

8) 「판결문」(1930년 10월 6일)에는 1928년 "11월 초순경"이라 되어 있는데, 신문들에는 "11월 초순 일요일"이라 되어 있다.(『조선일보』 1930년 9월 28일,「장매성 발의로 맑스과학을 연구」;『동아일보』 1930년 9월 29일,「광주소녀회 명일에 공판」;『중외일보』 1930년 9월 30일,「사회과학 연구를 목적한 소녀회」) 1929년 11월 초순의 일요일은, 3일과 10일이다.
9) '소녀회' 결성을 말한다.「예심결정서」(1930년 7월 1일)와「공소사실」(1930년 9월)에는 7명,「판결문」(1930년 10월 6일)에는 김지순이 빠지고 6명이라 하였다.
10) 『동아일보』 1930년 9월 30일,「공소 사실」.

부인하는 공산제도의 새로운 사회 창설"을 열망했다고 하였다. 장재성은 1927년 3월 광주고보를 졸업하고 일본 도쿄[東京] 주오[中央]대학으로 유학하였다가 학업을 중단하고 1929년 6월에 귀국하였다.11) 그러므로 장매성이 제안한 광주여고보의 모임이 결성된 1928년 11월에 장재성은 국내에 없었을 가능성이 크다. 그러나 장매성보다 3살 위인 장재성의 영향력은 상당했을 것이다. 일제 자료에 장재성은 "공산주의사상을 가정에 침투시키고자, 동생 장매성이 주의적 색채가 농후함을 기화로 사상지도방침을 주고, 1929년 7월12) 광주여고보생 13명을 자택으로 불러, 개개 운동은 성공할 수 없으니 견고한 단체를 조직하여 여성을 노예의 굴레에서 벗어나게 하고, 무산대중을 해방시키기 위해 장매성을 대표로 하는 세포를 조직하기로 하고 산회했다"13)고 한다.

장내싱이 모임 결성을 제안하고 6명의 광주여고보생이 찬성한 두 번째 원인은, 1920년대 후반 광주지역 한국인 중등학교생들의 움직임에서 찾아진다. 1927년 3월 성진회(醒進會)가 해산된 후, 각 학교별로 진행되던 사회과학 연구모임은 1928년 6월부터 추진된 광주고보와 농업학교의 동맹휴학(이하 맹휴로 약칭)을 계기로 좀 더 구체적인 조직체로 발전하였다.14) 광주고보생들은 1928년 10월 하순 "조선의 정치적 독립과 공산제도 실현의 목적으로 비밀리에 단결하고 매월 1~2회 회합하여 공산주의를 연구할 것을 합의"하였다.15) 따라서 1928년 11월 광주여고보에 모임이 결성된16)

---

11) 김성민, 『1929년 광주학생운동』, 역사공간, 2013, 167쪽.
12) 1928년 7월의 오기 혹은 착각이다.(한규무, 「광주학생운동과 광주여자고등보통학교 독서회」, 364쪽의 각주 42) 장재성은 1928년 7월 30일 남녀 유학생을 대표하여 광주교육보급회를 방문하였다.(『중외일보』, 1928년 8월 4일, 「하기아동학교, 재외학생회 주최」)
13) 강재언 편, 1979, 『조선총독부 경무국 극비문서, 광주항일학생사건자료』, 풍매사, 363쪽.
14) 김성민, 『1929년 광주학생운동』, 164쪽.
15) 광주지방법원(국가기록원 → 독립운동 관련 판결문), 1930년 7월 26일, 「장재성 등 38명 판결문」.

것은 이러한 광주지역 한국인 중등학교생들의 활발한 움직임에서 두 번째의 원인을 찾을 수 있다.

장매성이 모임 결성을 제안하고 6명의 광주여고보생들이 찬성한 세 번째이자 결정적이며 가장 중요한 이유는 일제의 부실한 교육내용·정책 때문이었다. 광주여고보는 전남인들의 열망으로 설립된 한국인 여자중등교육기관이었다.17) 1년여의 준비 기간을 걸쳐 1927년 4월 25일 설립 인가된 '광주여자고등보통학교'에는 그해 5월 16·17·18일의 입학시험을 통해 79명의 지원자 중 전남의 14개 군 출신의 여학생 56명이 합격하였다.18) 개교식 겸 입학식은 5월 25일 일본인 여자중등학교인 광주고등여학교 대강당에서 하였다.19) 1926년 6월 28일 '전라남도 여고보기성회'를 조직하고,20) 설립비를 모금하였지만 입학식 날까지도 교사(校舍)가 완공되지 못

---

16) 『동아일보』 1930년 10월 20일, 「조직은 5년 전, 매삭(每朔) 2회 회합, 여자고보에만 소녀회」.
17) 당시 광주에는 1923년 3월 31일 인가(『조선일보』 1923년 4월 8일, 「고녀교 인가 고시」 ; 『동아일보』 1923년 4월 8일, 「양 여고보 설립 인가」), 그해 4월 18일 입학식을 거행한(『동아일보』 1923년 4월 21일, 「고등여학교 입학식」) 광주고등여학교가 있었다. 그러나 1926년 218명 중 26명, 1927년 224명 중 22명이 한국인 여학생인 것에서(조선총독부, 『조선총독부통계연보』, 1926년, 693쪽 ; 1927년, 668쪽) 확인할 수 있듯이 주로 일본인 여학생을 대상으로 한 중등학교였다.
18) 『조선일보』는 56명의 지역별 합격자 수를 광주 27, 담양 6, 목포 5, 영광 3, 강진·나주·보성 각 2명, 고흥·구례·무안·장성·진도·함평·화순 각 1명이라 제시하였는데, 이를 합하면 54명이다.(『조선일보』 1927년 5월 23일, 「광주여고 입학시험」) 지역별 합격자 수 제시에 오류가 있다. 『조선총독부통계연보』는 1927년의 입학생을 60명이라 하였고(『조선총독부통계연보』, 1927, 670쪽), 광주여고보의 후신인 전남여자중고등학교에서 1957년에 발간한 『창립 30년사』는 『조선일보』와 마찬가지로 79명 지원, 56명 입학이라 하였다.(전남여자중고등학교 창립30년사 편찬위원회, 1957년 5월 25일, 『창립 30년사』, 한국인쇄공예사, 43쪽) 『조선총독부통계연보』에 기록된 60명의 입학생은 오류라 여겨진다. 광주고등여학교는 102명(한국인 7)이 지원하여 50명이 입학.(『조선총독부관보』 1928년 5월 30일, 「관공사립학교 학생생도 입학 상황표(1927년도)」)
19) 『동아일보』 1927년 5월 28일, 「오랫동안 끌어오던 광주여고보 개교」.

한 때문이었다. 제1회 입학생들은 광주고등여학교의 가장 열악한 교실에서 공부하였고, 운동장도 모퉁이에 그어진 선 안쪽만 사용할 수 있었다고 한다.21)

『조선총독부통계연보』에 의하면, 1927년 광주고등여학교는 4학급, 직원으로 일본인 9명(남 5, 여 4),22) 학생 수는 224명(한국인 22), 입학 68명(한국인 3), 졸업 48명(한국인 3), 퇴학 15명(한국인 1), 경비 21,913엔, 부지 3,042평, 건물 198평, 토지건물가격 61,536엔이었다. 그리고 광주여고보는 1학급, 직원 7명(일본인 4, 한국인 3), 학생 수 52명, 입학 60명, 퇴학 8명, 경비 13,714엔, 부지 4,900평, 건물 290평, 토지건물가격 72,306엔이었다.23) 광주여고보는 광주고등여학교와 비교할 때 학생 수는 26%, 토지건물가격은 117.5%였다.『조선총독부통계연보』가 연말을 기준으로 작성되므로, 위와 같은 제시는 광주여고보의 학교건물이 1927년 말에는 완공되어가고 있었음을 보여준다.

1928년 광주여고보는 신축 교사(校舍)24)로 이전하고 1928년 4월 25일

---

20) 『동아일보』 1926년 7월 2일, 「전라남도 여자계의 서광, 전남여고보 창립기성회」, 1926년 광주지역의 공립중등학교는 광주농업학교(1909년 설립), 광주고등보통학교(1920년), 전남사범학교(1923년), 광주중학교(1923년 : 일본인 남학교), 광주고등여학교(1923년 : 일본인 여학교) 등 5개.
21) 전남여자중고등학교 창립30년사 편찬위원회, 『창립 30년사』, 10·26쪽.
22) 그런데『조선총독부및소속관서직원록』에 의하면, 광주고등여학교의 교사는 1927년에 三好貫二(교장), 武田郡太郎, 佐藤鐵哉, 岩村武, 黑澤輝喜, 向井壯, 山本操, 岩崎卜ミ 등 8명. 그리고 1926년에는 三好貫二, 乃川民次郎, 武田郡太郎, 佐藤鐵哉, 岩村武, 向井壯, 山本操, 岩崎卜ミ, 岡豊子 등 9명.(국사편찬위원회 한국사데이터베이스)
23) 『조선총독부통계연보』, 1927, 668~670쪽.
24) 1927년 교지(校地)로 광주 궁정(弓町)에 4206.3평을 구득(購得), 1928년 본관 8실(교실 4실, 재봉실, 직원실, 특별실) 275.5평을 연와조로 신축하였다.(『부산일보』, 1927년 6월 2일, 「광주여자고등보통학교 신축으로 결정, 공비 3만원」 ; 『창립 30년사』, 49쪽) 공사비는 6만 5천원이었는데 3만원은 전남의 각 부군도에서 갹출하고, 3만 5천원은 광주군에서 모집하였다.(『조선일보』, 1926년 7월 31일, 「숀여고

낙성식을 거행하였다.25) 그리고 70명의 지원자 중 62명이 제2회 입학생으로 입학하였다.26) 1학년과 2학년 학생 100여 명이 공부하고 있던 1928년 7월 3일(화) 광주여고보 2학년생들이 교원 2명의 갱질을 요구하는27) 「진정서」를 학교 당국에 제출하였다. 그리고 학교 측에서 받아들이지 않는다면 맹휴할 태도를 강력하게 보였다. 당시 광주고보와 농업학교가 맹휴 중이었으므로 광주여고보 교장 오우지 이노스케[大內猪之介]28)는 크게 놀라 여고보생들을 '위무'(慰撫)하고 「진정서」를 취하시키려 하였다. 광주고보생들은 1928년 6월 8일 광주고보 5학년생 이경채(李京彩)가 격문사건으로 체포되고,29) 6월 19일 학교 측이 이경채를 권고 퇴학시키자 6월 26일 맹휴를 시작하였다.30) 그런데 이 맹휴의 실질적인 원인은 "한국인 본위의

기성위원회 : 갹금 적립을 결의」 ;『매일신보』, 1926년 12월 17일, 「광주여고 기부금 都取, 來 2월까지」 ;『동아일보』, 1926년 12월 22일, 「女高期成 성적 頗良好」) 광주는 6개 지역으로 나누어 모집담당위원을 두었는데 화목정, 부동정, 구(舊)성내를 대상으로 하는 제6구를 제외하고는 일본인이 1명씩 포함되어 있었다. (『매일신보』 1926년 12월 17일, 「광주여고 기부금 都取, 來 2월까지」 ;『동아일보』, 1926년 12월 22일, 「여고 期成 성적 頗 양호」) 1999년 4월 30일 광주광역시 기념물 제26호로 지정되었고, 2011년 5월 25일 '학생독립운동 여학도기념역사관'으로 개관되었다.
25) 『동아일보』 1928년 4월 28일, 「광주여고 낙성식」.
26) 전남여자중고등학교 창립30년사 편찬위원회, 『창립 30년사』, 43쪽.
27) 걸핏하면 '어리석은' '조선인 주제에'라며 모욕을 주었기 때문이라 한다.(『동아일보』 1960년 11월 3일, 최은희, 「여학도 투쟁기(상)」) 이는 일제강점기 내내 계속되었는데, 1년여 후에 일어난 광주학생독립운동의 원인도 일본인 교사들이 부당한 민족적 우월감을 고조한 때문이라 당시 신문은 지적하였다.(『동아일보』, 1929년 11월 6일, 「광주의 학생충돌사건」)
28) 2018년 4월 18일자로 조선공립여자고등보통학교장 겸 조선공립여자고등보통학교 교유(敎諭)로 임명되었다.(『조선총독부관보』 1928년 4월 25일, 「서임 및 사령」.) 이후 1938년 9월 23일자로 사임하였다.(『조선총독부관보』 1938년 9월 23일, 「사령」)
29) 광주지방법원(국가기록원 → 독립운동 관련 판결문) 1928년 7월 21일, 「소화 3년 豫제11호 예심종결서」.
30) 『동아일보』 1928년 6월 29일, 「진정서 제출하고 광주고보 맹휴」 ;『중외일보』 1928년 7월 4일, 「조건을 못듣거든 교장 사직을 요구」 ; 양동주, 1956, 『항일학생

교육 실현" 등 학교에 대한 학생들의 누적된 불만이었다.31) 교장 오우지는 광주여고보 학부형회32)에 상황을 알렸고, 학부형회는 교장도 참석한 긴급 총회 후 원만히 타협되었다며 학생대표를 불러「진정서」철회를 요구하였고, 7월 5일(목)에도 계속하여 여고보생들을 진정시켜 사태를 일단락시켰다.33)

『조선총독부통계연보』에 의하면 광주여고보의 직원은 1928년 7명(일본인 4, 한국인 3), 1929년 6명(남 5, 여 1)이었고, 『조선총독부및소속관서직원록』에 의하면 광주여고보의 교사는 1928년에 미요시 칸지[三好貫二 : 교장], 오가타 마사루[小形勝], 츠키치 키테[築地キテ], 문남식(文南植) 등 4명, 1929년에는 오우지 이노스케[大內猪之介 : 교장), 오가타 마사루, 오쿠타 요시카메[奧田義龜], 무토 하루오[武藤治夫], 모리 고로쿠[森吾六], 조기홍(趙圻烘 : 겸 사감), 장정연(張貞嬿 : 겸 사감), 이규태(李圭泰 : 강사촉탁), 이경화(李景華 : 강사촉탁) 등 9명이었다. 따라서 광주여고보생들이 갱질을 요구한 2명의 교원은 오가타 마사루와 츠키치 키테였고, 츠키치 키테가 갱질된 것 같다.34)

사』, 청파출판사, 37~38쪽.
31) 김성민, 『1929년 광주학생운동』, 178~181쪽.
32) 1928년 2월 25일 창립.(『동아일보』1928년 2월 28일, 「광주여고보의 기숙사를 촉진」)
33) 『조선신문』1928년 7월 9일, 「광주여고보생이 교사 배척의 진정」;『매일신보』1928년 7월 11일, 「여고보는 일단락, 부형의 노력」, 1928년 4월에 광주여고보의 맹휴가 있었다는 장매성의 증언이 있는데(『전남일보』1989년 10월 20일, 「실록 광주학생독립운동(7) : 광주여고보 독서회」; 한규무, 『광주학생운동』, 독립운동사연구소, 2009, 60쪽의 각주 96 ; 김성민, 『1929년 광주학생운동』, 165쪽의 각주 104) 착각인 것 같다. 1928년 4월 광주여고보는 1학년과 2학년뿐이었고, 신축 교사로 이사하였으니 맹휴가 쉽지 않았을 것이다. 7월을 4월로 착각한 것이 아닌가 생각된다. 신문들에서도 광주여고보의 4월 맹휴에 대한 기사를 찾을 수 없다.
34) 1931~1933년 대전고등여학교 교사(겸 사감), 1934~1938년 경성제일고등여학교 교사.(『조선총독부및소속관서직원록』, 1931~1938년 : 국사편찬위원회 한국사데이터베이스)

교장은 한국인 문남식 선생에게도 광주여고보생들을 진정시키라 요구하였는데, 상황이 수습되자 여고보생들의 항거를 조종한 인물이라며 하기방학 중 문남식 선생의 서울 집으로 파면장을 보냈다고 한다.35) 여고보생들이 작성·제출한「진정서」에 많은 사람들이 관심을 두었고, 여고보생이 작성했다고 할 수 없을 정도로 매우 정교하게 잘 작성된 때문이었다.36) 1928년 3월 일본 나라[奈良]여자고등사범학교를 졸업하고 그해 4월 광주여고보에 부임한37) 문남식 선생은 이수(理數)과를 담당하였는데,38) 직·간접으로 여고보생들에게 애국 사상과 민족정신을 고취시키고 때로는 신문 사설을 낭독해 주었다고 한다.39) 문남식 선생은 1929년 5월 '의원 면직'으로 광주여고보를 떠났다.40)

광주여고보생들의「진정서」제출과 맹휴 시도는 일제의 식민교육에 대한 항거였다. 더부살이하던 광주고등여학교에서 광주여고보의 신축 교사로 이사하였지만, 여전히 교사들은 대부분 일본인이었고, 한국인 학생들을 무시하는 그들의 태도에도 변화가 없었기 때문이다. 맹휴는 실행하지 않았지만,41)「진정서」제출은 일제의 식민교육에 대한 광주여고보생들의 첫 항거였다.「진정서」제출로부터 약 3개월 후 장매성이 모임 결성을 제안하고, 그 제안에 6명의 여고보생들이 찬성하였다. 따라서「진정서」제출과 맹휴 시도는 1928년 11월 광주여고보의 모임 결성에 결정적이고 가장 중요

---

35)『동아일보』, 1960년 11월 5일, 최은희,「여학도 투쟁기(하)」.
36)『조선신문』1928년 7월 9일,「광주여고보생이 교사 배척의 진정」.
37)『경성일보』1928년 2월 18일,「총독부 중등교원 위탁생」.
38) 문남식,「나의 재직시대」,『창립 30년사』, 25쪽 ; 전남여자고등학교,『개교 반세기』, 삼남교육신보사 출판국, 1977, 56쪽.
39) 제1회 졸업생 장경례,「옥중 수난 회상」,『창립 30년사』, 27쪽.
40)『매일신보』1929년 5월 7일,「전남도 사령」.
41) 1928년 광주여고보 2학년이었던 박옥련은 광주고보생들의 대맹휴가 있었지만, 광주여고보는 "크게 동요하지 못했다"고 회고하였다.(박옥련, 2009,「소녀회」,『타오르는 횃불 : 광주학생독립운동 참여자의 증언』, 광주학생독립운동기념역사관, 48쪽)

한 요인이었다고 해야 할 것이다.

이상과 같은 이유들이 복합적으로 작용하여 1928년 11월 광주여고보생들의 모임이 결성되었다. 이 모임은 1930년 1월에 '어떠한 조직체',42) 공산주의 비밀결사,43) 학생 비사(秘社),44) 학생 비밀결사,45) 광주학생결사46) 등으로 불리다가, 2월에 '독서회'47)를 거쳐 '소녀회'48)라 호칭되었다.49) 그런데 '소녀회'는 '삼일여학교소녀회', '부산소녀회', '불교소녀회'50) 등과 같이 1920년대에 여학교·지역·종교계에서 나이 어린 소녀들의 모임을 가리키는 일반적인 용어로 사용되었다. 그럼에도 일제는 "강령과 간부가 크게 불온하다"는 이유로 해산을 명령하였고,51) 가극회의 내용을 서면 제출하라며 제재하는 등52) 'ㅇㅇ소녀회'들을 감시하고 통제하였다. 광주여고보의 소녀회도 마찬가지였다.

7명의 광주여고보생들은 회비를 월 10전53)으로 정하고, 매월 1회 회합

---

42) 『동아일보』 1930년 1월 17일, 「광주여고보생 12명 검거. 과격한 격문을 산포하여, 모종 조직체 발견」.
43) 『매일신보』 1930년 1월 17일, 「광주여고보생 12명을 돌연 검거, 공산주의 비밀결사의 관계자」.
44) 『중외일보』 1930년 1월 18일, 「광주여고생 검거는 학생비사에 관련」.
45) 『중외일보』 1930년 1월 19일, 「광주여고보 사건 11명 필경 수감. 열두 명 중 한 명만 석방」.
46) 『중외일보』 1930년 1월 25일, 「광주여고보 사건 박봉순만은 방면」.
47) 『동아일보』 1930년 2월 21일, 「소위 독서회 관계자는 장석천 외 127명, 여생(女生) 11명도 가담」.
48) 『조선일보』 1930년 2월 22일, 「독서회·성진회·소녀회 140인 예심 진행 중」 ; 『조선일보』 1930년 2월 22일, 「현직 공보 훈도 속속 검거 취조」.
49) 소녀회란 이름을 붙인 것은 사건 조사를 맡은 광주지방법원 검사국 사카이[酒井赳夫] 검사라고 한다.(한규무, 「광주학생운동과 광주여자고등보통학교 독서회 - '소녀회사건'을 중심으로 -」, 384쪽)
50) 『조선일보』 1924년 12월 9일, 「소년 남녀현상 토의회」 ; 『조선일보』 1923년 5월 24일, 「4처에서 기근 음악」 ; 『조선일보』 1924년 11월 3일, 「동래 불교청년 기근 구제 연극」.
51) 『조선일보』 1926년 7월 30일, 「소녀회까지 해산 명령. 이유는 강령 및 간부 불온」.
52) 『조선일보』 1930년 8월 29일, 「소녀회 기념도 금지」.

하여 목적 달성의 수단으로 먼저 공산주의를 연구하기로 한 후 산회(散會)하였다. 약 한 달 후인 1928년 12월 초순 장매성의 집에 모인 7명의 광주여고보생들은 '소녀회'의 목적이 만인 평등의 공산제 사회 실현을 계획하는 데 있음을 확인하였고, 이후 회비로 사회과학연구에 관한 소책자를 구입하여 보며, 종종 회합하였다.54)

소녀회 결성 약 6개월 후인 1929년 5월, 장매성의 집에서 김귀선(金貴先)55), 김금연(金錦嬿)56), 박계남(朴繼男)57), 박채희(朴采熙)58), 박현숙(朴賢淑)59) 등 5명의 광주여고보생이 소녀회에 가입하였다.60) 이후에도 월 모임이 계속되었는가는 알 수 없다. 「예심결정서」와 「공소사실」은, 1929년 5~10월 장매성의 집에서 소녀회가 회합을 하였다고 한다. 소녀회의 모임이 계속되었다면, 장재성이 광주지역 중등학교의 독서회들을 해산시키기 전까지였을 것이다. 1929년 6월 일본에서 귀국한 장재성은 6~7월 광주고보·농업학교·사범학교의 독서회 결성을 지도했다가 9~10월에 모두 해산시켰는데, 광주여고보의 독서회 즉 소녀회도 해산되었을 가능성이 크기 때문이다.61) 소녀회는 남학생들이 조직한 독서회와 "부단히 긴밀한 연락을 취"했다고 한다.62) 1929년 6월 중순 결성된 독서회 중앙부가63) 독

---

53) 이 내용이 「예심결정서」(1930년 7월 1일)와 「공소사실」(1930년 9월)에는 있는데, 「판결문」(1930년 10월 6일)에 없는 이유를, 일제가 구체적인 증거를 잡지 못했기 때문이라고 한다.(한규무, 「광주학생운동과 광주여자고등보통학교 독서회 - '소녀회사건'을 중심으로 -」, 360쪽)
54) 『중외일보』 1930년 9월 30일, 「사회과학연구를 목적한 소녀회」.
55) 1913~2005. 건국포장(1993). 본적 : 전남 보성군 벌교면 장좌리 1130.
56) 1911~2000. 건국포장(1995). 본적 : 경남 밀양군 하동면 삼랑진리.
57) 1910~1980. 건국포장(1993). 본적 : 전남 광주군 광주면 명치정 5정목 33.
58) 1913~1947. 건국포장(2013). 본적 : 전남 광주군 광주면 향사리.
59) 1914~1981. 애족장(1990 : 1963년 대통령표창). 본적 : 전남 광주군 송정면 소촌리 363.
60) 「예심결정서」;「공소사실」;「판결문」.
61) 한규무, 「광주학생운동과 광주여자고등보통학교 독서회 - '소녀회사건'을 중심으로 -」, 360쪽.

서회원의 친목단결 및 재정 활동 지원을 위해 학생소비조합을 조직할 때 각 학교 독서회 및 학생들로부터 자본금을 출자하게 했는데 광주여고보는 소녀회가 중심이 되어 자본금 30원을 출자했다고 한다.64) 따라서 광주지역 중등학교의 독서회들이 해산되었을 때 소녀회도 해산되었을 가능성이 크고, 해산되기 전까지는 소녀회의 월 모임이 계속되었을 것이다.

3. 1929년 11월 광주여고보생들의 교내 시위

1929년 3월 7～10일(화～금) 광주여고보의 제3회 입학시험이 시행되었다.65) 신축 교사로 이사하였지만, 1928년은 이사한 첫 해라 여러 가지로 여유가 없었을 것이다. 또한 1학년생과 2학년생뿐으로 1927년 입학생 56명에 1928년 신입생 62명으로 학생 수도 많은 편이 아니었다.66) 그러나 1929년에는 62명이 입학하여67) 3개 학년이 되었고, 1927년에 8명, 1928년에 22명이 퇴학하였지만 1928년 말 99명의 학생 수를 기록하였다.68) 따라서 1929년 신입생이 입학하였을 때 광주여고보생은 160여 명을 헤아렸다. 1929년 10월 26일(토) 광주여고보는 학교 설립 이후 첫 번째 운동회를

---

62) 제1회 졸업생 장경례, 「옥중 수난 회상」, 『창립 30년사』, 27쪽.
63) 「소화 5년 刑公 제880-881호 판결문」, 대구복심법원, 1931년 6월 13일(국가기록원 독립운동 관련 판결문) : 독립운동사편찬위원회, 1977, 『독립운동사자료집』 13(학생독립운동사자료집), 독립유공자사업기금운용위원회, 1679쪽.
64) 박옥련, 「소녀회」, 『타오르는 횃불 : 광주학생독립운동 참여자의 증언』, 49쪽.
65) 『조선일보』 1929년 2월 28일, 「입학 안내」.
66) 『조선총독부통계연보』에는 1927년과 1928년에 각각 60명이 입학했다고 기록되어 있는데 이유는 알 수 없다.
67) 『조선총독부관보』 1929년 12월 16일, 「관공사립학교 학생생도 입학 상황표(1929년)」에는 광주여고보의 1929년 모집정원은 50명, 입학지원자는 85명이었다고 한다. 『창립 30년사』에는 1929년 85명이 지원하였고 62명이 입학하였다고 한다.(『창립 30년사』, 43쪽)
68) 『조선총독부통계연보』, 1928, 668쪽.

개최하였는데 성황이었다.69) 운동회는 같은 학년은 물론 선·후배 학생들 간의 친밀감을 강화시켰을 것이며, 지역사회에는 광주여고보를 널리 알리는 계기였을 것이다.70)

그런데 운동회가 있은 5일 후인 1929년 10월 30일(수) 한국인 여학생이 일본인 남학생에게 희롱당한 사건이 발생하였다. 16시 45분 광주역을 출발한 기차가 17시 35분경 나주역에 도착한 후 박기옥(朴己玉),71) 암성금자, 이광춘(李光春)72) 등 한국인 여학생을 후쿠다 슈조[福田修三] 등 일본인 중학생들이 희롱하였다.73) 당시 광주 인근 거주 학생들 중에는 광주로 통학하는 학생들이 많았다. 광주학생독립운동이 일어났을 때 광주고보생 400명 중 69명, 광주중학생 400명 중 98명이 기차통학생이었다.74) 한·일

---

69) 『조선일보』 1929년 10월 31일, 「광주여고 動」.
70) 보통학교의 운동회를 추적한 것이지만, 운동회는 구성원의 애교심과 단결심을 높이는 수단이고, 지역의 축제적 성격을 강하게 내포하였으며, 지역민 모두의 관심 대상이었다고 한다.(황의룡·임우택, 2010, 「일제강점기의 보통학교 운동회에 관한 연구」, 『한국체육과학회지』 제19권 제4호, 한국체육과학회, 12~13쪽)
71) 1913~1947. 대통령표창(2019). 본적 : 전남 나주군 나주면 금정 31.『조선일보』 1930년 2월 26일, 「학생사건의 장본인 박기옥 양의 퇴학, 사건을 일으킨 책임 문제로」. 박기옥은 1929년 11월 16일(토) 무기정학 처분을 받았다.(『독립유공자공훈록』 25권 : https:// e-gonghun.mpva.go.kr/user/ ContribuReportDetail.do?goTocode=20002) 박기옥의 부친 박관업은 1925년 나주에서 결성된 사상단체의 간부, 나주청년회의 집행위원으로 활동하였다.(김성민, 『1929년 광주학생운동』, 194의 각주 187 ; 윤선자·윤정란, 2015, 『나주독립운동사』, 전남대출판부, 212·216쪽)
72) 1914~2010. 건국포장(1996). 본적 : 전남 나주군 나주면 박정리 14. 부친 이기성은 나주의 대표적인 한인 미곡상으로 조면업과 정미업을 한 재력가.(박찬승, 1993, 「일제하 나주지역의 민족운동과 사회운동」, 역사문제연구소, 『한국근현대지역운동사』Ⅱ(호남편), 224·265쪽 : 김성민, 『1929년 광주학생운동』, 193쪽의 각주 186)
73) 한규무,『광주학생운동』, 73~74쪽 ; 김성민,『1929년 광주학생운동』, 192~194쪽.
74) 조선총독부 학무국, 全羅南道 光州に於ける内鮮人生徒闘争事件の眞相並之が鮮内諸學校に及ぼしたる影響, 1930년 2월 : 정세현, 1975,『항일학생민족운동사연구』, 일지사, 337쪽 ; 광주지방법원 검사국,「증인 복전수삼 신문조서」, 1929년

기차통학생들 사이에는 종종 다툼이 있었는데,75) 1928년 5월에도 암성금자와 이광춘, 광주고보생 이순태(李淳泰) 등 3남매와 일본인 학생들 사이에 시비가 있었다고 한다.76)

10월 30일 나주역에서의 한·일 학생 충돌은 31일에도 계속되었고, 11월 1일(금)에는 광주역에서 광주고보생과 광주중학생 수십명이 일촉즉발의 대치 상황을 만들었다. 11월 3일(일) 한국인 광주고보생들과 일본인 광주중학생들이 광주 수기옥정(須奇屋町) 광주우체국 앞에서 우발적인 시비로 충돌하였고, 광주역 앞에서 또 충돌하였다. 11월 3일은 일본 메이지[明治] 천황의 생일인 메이지절이자 전남의 산견(產繭) 6만석 돌파 축하 행사 날이었는데, 한편으로는 성진회 창립 3주년이었고 음력으로는 개천절이었다. 광주신사(神社)에서 거행된 메이지절 기념식을 마치고 돌아가던 광주여보고생들은 붕대와 도포약(부상용 약품)을 가지고 뛰어다니며 한·일 학생 충돌에서 부상당한 한국인 남학생들을 치료하였다. 또한 한 손에 물주전자를 두 개씩 들고 쫓아다니며 열광적 규호(叫號)에 목이 타는 학생들의 목을 축여 주려고 애를 썼다. 광주고등여학교의 일본인 여학생들은 돌을 주어다가 일본인 남학생에게 주며 응원하였다.77)

일제는 11월 4일(월)부터 9일(토)까지 광주지역 학교들을 임시 휴교하게 하고, 12일(화)까지 72명을 체포하여 그중 62명을 검사국으로 송치하였다. 이들 중 40명이 '폭력행위 등 처벌에 관한 건'과 '보안법 위반 건'으로

11월 9일, 국사편찬위원회, 2002,『한민족독립운동사자료집』50(동맹휴교사건 재판기록 2), 314쪽.
75) 한규무,『광주학생운동』, 72~73쪽.
76)『동아일보』, 1960년 11월 3일, 최은희,「여학도 투쟁기(상)」.
77)『동아일보』1929년 12월 28일,「수백여명 학생 대치, 시일(市日)에 시위 장사진. 조선 여학생은 붕대로 고보생을 구호, 일본여학생은 약품으로 중학생 원조」;『동아일보』1930년 1월 17일,「광주여고보생 12명 검거」;『신한민보』1930년 1월 23일,『조선일보』1930년 9월 28일,「기미년 3·1운동 이후에 처음되는」;「붕대와 약품을 들고 시위남학생 간호」;『동아일보』1930년 9월 29일,「광주소녀회 명일에 공판」.

기소되었다.[78] 일제는 검거된 학생들을 일반 형사범으로 처벌하였는데[79] 11월 3일의 한·일 학생 충돌사건과 관련하여 광주여고보생들은 검거되지 않았다.[80] 그런데 광주여고보 측에서는 임시 휴교 기간에 11월 3일의 한·일 학생 충돌 현장에 갔던 여고보생들을 일일이 조사하였다.[81]

11월 3일의 한·일 학생 충돌과 관련하여 검거되었던 일본인 학생들은 모두 석방되었다. 한국인 학생들은 분노하였고, 제2차 시위운동을 전개하였다. 일주일 동안의 임시 휴교가 끝난 11월 11일(월), 광주고보에서는 장재성으로부터 격문 원고를 넘겨받은 오쾌일(吳快一)이 자신의 이름을 기재하여 "용감히 싸워라! 학생대중이여!"라고 제목한 4종의 전단[82] 4,000부를 작성하였다. 11월 12일(화) 이를 전달받은 김동섭(金東燮)·김삼석(金三錫)·김안진(金安鎭)·김홍남(金鴻南)·송만수(宋萬洙) 등이 시위 도중 광주여고보 부근의 도로에 살포하였다. 농업학교생들도 광주여고보를 지나 사범학교 앞에서 광주고보생들과 함께 함성을 높였다.[83]

광주여고보생들은 제1교시 수업이 끝날 무렵 교문 밖에서 들리는 광주고보생 등 시위 학생들의 함성에 놀랐다. 광주여고보생들은 시위 학생들과 함께 행동하기 위해 학교 밖으로 나가려다 일제 경찰과 학교당국자들[84]에

---

78) 한규무, 『광주학생운동』, 99쪽.
79) 장신, 2000, 「조선총독부의 광주학생운동 인식과 대응」, 『광주학생운동연구』, 아세아문화사, 253쪽.
80) 『동아일보』 1929년 11월 5일, 「흥분된 천여 학생 각처로 시위행렬」 ; 『조선일보』 1929년 11월 5일, 「대치 중의 쌍방 학생 중 돌연 10여 명을 검속」 ; 『동아일보』 1929년 11월 9일, 「형무소 송치」 ; 『조선일보』 1929년 11월 10일, 「農·師 양교생 15명도 검거」 ; 『동아일보』 1929년 11월 10일, 「고보생 20명 又송국, 농교·사범생 검거」 ; 『동아일보』 1929년 11월 11일, 「검거는 의연 계속, 憂復 18명 송국」 ; 『동아일보』 1929년 11월 12일, 「고보·농업·사범교 송국생 62명」 ; 『조선일보』 1929년 12월 28일, 「광주학생사건과 경무당국의 발표」.
81) 『조선일보』 1929년 11월 6일, 「여자고보 당국, 교내에 학생 단속, 시위행렬에 참가한 여학생 일일이 불러서 조사」.
82) 『조선일보』 1929년 12월 28일, 「광주학생사건과 경무당국의 발표」.
83) 김성민, 『1929년 광주학생운동』, 209~210쪽.

게 제지당하였다.85) 그리고 기숙사86)에 감금당하자 혁명가와 '강강수월 래'를 부르며 밤새도록 울었다.87) 학교 밖으로 나오지 못한 때문인지 11월 12일의 광주 제2차 시위운동으로도 일제 경찰에 검거된 광주여고보생은 없었다.88)

11월 14일(목), 광주여고보생들은 아침부터 교내에서 시위를 하였고, 그 날 오후 7시경에는 기숙사생들이 교정에서 독립가(獨立歌)89)를 합창하고 만세를 외치고, 사감실에 투석하여 유리창을 깨트렸다. 11월 15일(금) 저 녁에도 광주여고보생들은 만세를 부르고 독립가를 고창하였다.90) 독립가 를 불렀다는 것은 학생시위가 민족운동으로 발전하는 시작을 보여주는 것 이었다.91) 11월 14일 6명의 학생들만이 출석한 광주여고보에서는 동맹휴 교의 징후가 보였다. 광주여고보 측에서는 학생들의 결석 사유를 서면 제

---

84) 1929년 광주여고보는 교장 大內猪之介, 교사로 小形勝, 奧田義龜, 武藤治夫, 森 吾六, 조기홍(趙圻烘 : 사감 겸), 장정연(張貞嬿 : 사감 겸), 강사촉탁으로 이규태 (李圭泰), 안경화(李景華)가 있었다.(『조선총독부및소속관서직원록』, 1929, 247 쪽) 1930년에는 일본인 교사 原齊助, 堤タマ가 추가되고, 한국인 교사는 박계심 (朴桂心 : 사감 겸)으로 변경 축소되었으며, 강사촉탁도 유문희(劉文姬), 안래시 (安泰時)로 변경되었다.(『조선총독부및소속관서직원록』, 1930, 257쪽)
85) 『조선일보』 1929년 12월 28일, 「광주학생사건과 경무당국의 발표」;『조선일보』 1929년 12월 28일, 「광주학생사건의 개요」.
86) 1928년 학부형회 창립총회 때 기숙사 건축이 촉진되어(『동아일보』 1928년 2월 28일, 「광주여고보의 기숙사를 촉진」), 1,088평(35,904m)를 매입하여 1929년 11.45평(3,778.5m) 규모로 신축. 기숙사는 신축 교사의 정문 길 건너편에 위치. (전남여자중고등학교 창립30년사 편찬위원회, 『창립 30년사』, 49쪽)
87) 『동아일보』 1929년 12월 28일, 「제2차 시위행렬, 280명 검거」;『조선일보』 1929년 12월 28일, 「여학교에서는 체읍(涕泣)과 통곡」; 송상도 지음, 강원도 등 옮김, 『기려수필』 3, 문진, 2014, 318쪽.
88) 『기려수필』 3, 314쪽.
89) 1896년 '애국가 운동'의 일환으로 신문들에 게재되었던 독립가는 통감부 통치하 에서도 금지되었다.(김수현, 「일제강점기 음악통제와 애국창가 탄압사례 – 신문 기사를 통해-」, 『한국음악사학보』 66, 한국음악사학회, 2021, 39쪽)
90) 강재언 편, 『광주항일학생사건자료』, 64쪽.
91) 김성민, 『1929년 광주학생운동』, 212쪽.

출하라 학부형들에게 통지하였고, 교직원들이 학생들의 집을 방문하여 '이해'를 구하였다. 그래서였는지 11월 15일(금)에는 54명의 학생들이 출석하였다.92) 그러나 광주여고보생들은 강력하게 태업 분위기를 조성하였고, 수업은 제대로 이루어지지 않았다. 11월 16일(토) 학교 측에서는 주모자 20여 명에게 무기정학을 명하였다.93) 11월 18일(월) 여고보생들은 무기정학당한 학생들에 동정하여 수업을 거부하였다.94) 11월 19일(화) 여고보생들은 기숙사생을 제외하고는 13명만이 출석함으로써95) 맹휴 상태를 만들었다. 학교 측에서는 이순(李順),96) 주말순(朱末順),97) 한보심(韓寶心)98) 등 무단결석생 64명에게 무기정학 처분을 내리고, 그날부터 임시휴교하였다.99)

일제는 1929년 11월 12일의 광주 제2차 시위와 관련하여 장매성을 체포하였다. 1929년 11월 30일(토)에는 광주시내 각 중등학생 및 청년들의 집을 수색하여 11월 12일의 광주 제2차 시위 주도자들을 체포하였다. "여고보 최고 학년인 3학년생으로 평소부터 그 사상적 경향이 다름으로써 학교당국은 물론 경찰당국에게까지 많은 주목을 받아 오던" 장매성도 장재성과 함께 제2차 시위의 "총지도자" 혐의를 받고 검거되어100) 엄중한 취

---

92) 「全羅南道光州に於ける內鮮人生徒鬪爭事件の眞相並之が鮮內諸學校に及ぼしたる影響」, 조선총독부 학무국, 1930년 2월, 13쪽 : 독립운동사편찬위원회, 『독립운동사』 9(학생독립운동사), 독립유공자사업기금운용위원회, 1978, 544쪽.
93) 강재언 편, 『광주항일학생사건자료』, 64쪽 ; 17일에 17명이 무기정학 처분을 받았다는 기록도 있다.(『독립운동사』 9(학생독립운동사), 550쪽)
94) 강재언 편, 『광주항일학생사건자료』, 45·64쪽.
95) 모두 30명이 출석했다니 기숙사생 17명이 출석한 것인데 당시 광주여고보 기숙사생이 총 몇 명이었는지는 알 수 없다. 당시 광주여고보의 재적생은 145명이었다. (『독립운동사』 9(학생독립운동사), 550쪽)
96) 광주학생독립운동동지회, 『광주학생독립운동사』, 국제문화사, 1974, 718쪽.
97) 1915~2000. 대통령표창(2019). 본적 : 전남 광주군 광주면 금 42.
98) 강재언, 『광주항일학생사건자료』, 64쪽 ; 『독립운동사』 9(학생독립운동사), 559쪽.
99) 『조선일보』 1929년 12월 28일, 「광주학생사건의 개요」 ; 강재언, 『광주항일학생사건자료』, 64쪽 ; 『독립운동사』 9(학생독립운동사), 550쪽.

조를 받았다.101) 1929년 11월 "12일 광주에서 시위에 가담한 여자고등보통학교 생도를 취조한 결과 동교 안에도 소녀회라는 것이 있는 것을 발견"102)하였다는 신문 기사에서 추측된다. 「판결문」(1930년 10월 6일)에는 "소녀회라는 비밀결사를 조직한 사실은 검사의 장매성에 대한 증인 신문조서, 사법경찰관의 신문조서"에 있다고 하였다. 일제가 소녀회의 존재를 알게 된 것은 장매성이 검거된 이후였다.

장매성 외의 소녀회 회원들은 일제의 검거가 유예되었다. 그러나 돈을 모아 투옥된 학생들을 돌보고, 회원을 모집하고, 꾸준한 활동을 하다가 검거되었다.103) 시험이 끝난 다음 날인 1930년 1월 15일(수) 고순례, 김귀선, 김금연, 남협협, 박계남, 박봉순, 박옥련, 박채희, 박현숙, 암성금자, 이광춘, 장경례 등 12명의 광주여고보생들이 일제 경찰의 가택수색으로 많은 격문을 압수당하고 체포되었다.104)

김귀선은 군산에서 체포되었는데 1930년 1월 9일 광주여고보에서 군산고등여학교105)로 전학한 때문이었다. 1월 15일(수) 광주경찰서에서 군산경찰서에 구류장을 발하여 김귀선의 체포를 의뢰하였다. 군산경찰서는 군산부 개복동 89번지 김귀선의 집을 수색하여 편지 1장을 압수하고 김귀선을 체포하여 이튿날인 16일 광주로 호송하였다.106) 김금연은 전주에서 체

---

100) 『조선일보』 1929년 12월 28일, 「광주학생사건의 개요」 ; 『기려수필』 3, 316쪽. 그래서 1930년 1월 15일 검거된 광주여고보생 12명의 명단에 없던 장매성이, 수감자 명단에 실리면서 '제1차 입옥자(入獄者)'란 설명이 붙었다.(『조선일보』 1930년 1월 22일, 「묘령처녀로서 철창에 든 광주여고생 12명 근황」.)
101) 『중외일보』 1930년 1월 15일, 「文具와 麵包商 경영 학생접촉을 기도」.
102) 『조선일보』 1930년 2월 22일, 「현직 공보훈도 속속 검거 취조」.
103) 『조선일보』 1930년 9월 28일, 「계속 활동으로 필경 피검. 남학생을 위하여 꾸준한 활동이 검거의 동기」.
104) 『중외일보』 1930년 1월 16일, 「광주여고생 돌연 검거」 ; 『조선일보』 1930년 1월 17일, 「광주여고보생 12명을 검거」.
105) 1921년 4월 인가, 1931년 3월 제8회 졸업식 거행(『조선신문』 1931년 3월 25일, 「군산고녀고 졸업식 거행」.)

포되었는데 1929년 10월 광주여고보에서 전주공립여자고등보통학교107)로 전학한 때문이었다. 1월 15일 광주경찰서 형사 2명이 전주에 출장하여 전주군 이동면 상창리의 김금연 집을 수색하여 "광주의 친구에게서 온 편지와 사진 등"을 압수하고, 김금연을 광주로 압송하였다.108) 암성금자와 이광춘은 나주군 나주면 대정정 63번지의 자택에서 체포되었다. 1월 15일 6시 반경 두 자매의 집을 나주경찰서 정복 경관 7~8명이 가택수색하여 격문을 압수하고 암성금자는 광주경찰서로 호송하고, 이광춘은 나주경찰서에 구금하였다가109) 곧 광주로 압송하였다.110)

 1월 17일(금) 일제는 고순례, 김귀선, 남협협, 박계남, 박봉순, 박옥련, 박채희, 박현숙, 암성금자, 이광춘, 장경례 등 11명의 광주여고보생들을 광주지방법원 검사국에 송치하였다.111) 그날, 검거된 날짜를 알 수 없는 김지순이 방면되었는데112) 1월 15일에 검거된 광주여고보생 12명과는 별도

---

106) 『조선일보』 1930년 1월 18일, 「군산고녀생 피검, 광주사건으로」; 『동아일보』 1930년 1월 20일, 「군산여고생 1명 검거 호송」.
107) 1926년 5월 25일 설립 인가.(『조선일보』 1926년 5월 27일, 「전주여고 25일 인가, 개학은」)
108) 『중외일보』 1930년 1월 18일, 「여학생 검거는 전주에도 파급」; 『동아일보』 1930년 1월 19일 「전주여고생 광주로 압송」; 『조선일보』 1930년 1월 19일, 「전주여고생 1명 又 검거, 광주로 압송」.
109) 『동아일보』 1930년 1월 17일, 「나주署 활동 여학생 검거」; 『중외일보』 1930년 1월 17일, 「이광춘 자매 인치」.
110) 『동아일보』 1930년 1월 25일, 「이광춘 양 방면」; 『중외일보』 1930년 1월 25일 「이광춘 양은 석방」.
111) 『조선일보』 1930년 1월 19일, 「광주여고보 생도 11명 검국(檢局) 송치, 20여 명에게 퇴학처분」; 『중외일보』 1930년 1월 19일, 「광주여고보사건, 11명 필경 수감, 12명 중 1명만 석방」. 『중외일보』는 박현숙 대신 김금연을 거명하고, 고순례, 김귀선, 김금연, 남협협, 박봉순, 박옥련, 박채희, 이금자, 장경례 등 9명의 사진 수록.
112) 『중외일보』 1930년 1월 19일, 「광주여고보사건 11명 필경 수감, 12명 중 1명만 석방」; 『기려수필』 3, 315쪽. 「예심결정서」와 「공소사실」에는 김지순의 이름이 언급되는데, 「판결문」에는 없다.

로 검거된 것이라 여겨진다.113) 1월 21일 박봉순과 이광춘이 가족까지 불려가 훈계를 받은 후 방면되었다.114)

　전남도 경찰부는 광주여고보생들을 검속 취조하는 이유를 다음과 같이 말하였다. 1929년 11월 3일 광주고보와 광주중학교의 한·일 학생 충돌 때 광주고보 측에 가담하여 붕대와 약품을 준비하여 가지고 따라다닌 이후 남학생들을 많이 검속하는 것을 보고는 일제히 등교하지 않고, 등교해서도 수업에 응하지 않았다. 연말에 휴학하였다가 1930년 1월 8일부터 다시 등교하였고, 9일부터 제2학기 시험을 시작하였는데 백지동맹하기로 하였다. 1월 13일 3학년 이광춘이 시험 중에 돌연 등단하여 "우리는 같은 행동을 해야 한다"는 의미로 격려 연설을 하고 과격한 문구를 나열한 삐라를 준비하여 산포하려 했는데 경찰에 발견되었다. 그래서 경찰은 이 여고보생들을 중심으로 어떤 조직체가 있다고 생각하였기에 여고보생들을 검속 취조한다.115) 또한 전라남도에서 "학생비밀단체를 검거하였는데, 그 가운데 여학생이 많"고, "모두 나이가 어려 풀려날 것이"라 하였는데, "감옥에 있는 동지들을 위해 돈을 갹출하여 옥바라지를 하려 하"므로 검거했다.116) 이것이 일제가 주장한 광주여고보생들 검속 이유였다.

　1930년 1월 22일 『조선일보』는 '묘령처녀(妙齡處女)로서 철창에 든 광주여고생 12명 근황'이란 제목 아래 광주여고보 소녀회원 12명의 사진을 지역, 이름, 나이, 학교와 학년을 부기하여 게재하였다.

---

113) 1930년 1월 17일 방면된 김지순이 「예심결정서」와 「공소사실」에 다시 언급되는데 이유는 알 수 없다.
114) 『동아일보』 1930년 1월 25일, 「이광춘 양 방면」 ; 『중외일보』 1930년 1월 25일, 「광주여고보사건 박봉순만 방면」.
115) 『동아일보』 1930년 1월 17일, 「광주여고생 12명 검거, 과격한 격문을 산포하여」 ; 『조선일보』 1930년 1월 17일, 「광주여고보생 12명을 검거, 가택수색하여 격문 압수」.
116) 『중외일보』 1930년 1월 18일, 「전남경찰부장 談」 ; 『기려수필』 3, 315쪽.

고순례 : 원적 광주 / 18 / 광여고 3년,
김귀선 : 군산 / (元老女高 3) / 17 / 전학 군산고등여학교 2년,
김금연 : 광고여고생 / 18 / 전학 전주여고 2년,
남협협 : 원적 광주 / 17 / 광여고 3년,
암성금자117) : 부 일인(日人), 부 망(亡), 모 조인(朝人) / 19 / 광주 여고 3년 / 이광춘의 姉,
박계남 : 광주 / 20세 / 광주고녀 3년,
박봉순 : 광주 / 여고 2년생,
박옥련 : 원적 광주 / 18 / 광여고보 3년,
박채희 : 광주 / 여고 2년생,
이광춘 : 나주 / 암성의 이부 동복 매(異父 同腹 妹) / 16 / 광주여고 3년 / 휘루열변자(揮淚熱辯者),
장경례 : 원적(元籍) 광주 / 16 / 광주여보 3년,
장매성 : 광주 / 제1차 입옥자(入獄者) / 광여고보 3년.118)

  1930년 3월 일제는 광주여고보의 소녀회원들을 상대로 예심을 시작하였다.119) 일제는 "여고보생으로 조직된 소녀회는 어린 소녀인만큼 사건을 남학생과 분리하여 공판을 먼저 하여 준다는 말"120)을 하였다. 그러나 예심을 지연시켰고, 광주여고보생들은 이에 항의하며 1930년 6월 9일부터는 사식과 사복 차입 등을 거절하고 형무소 밥을 먹고 형무소의 의복을 입자고 동맹하였다.121)
  1930년 7월 1일 소녀회 예심이 종결되었다.122) 일제는 '소녀회사건'을 치안유지법 위반 사건으로 광주지방법원에 송부하였다. 7월 2일 소녀회원

---

117) 『동아일보』 1930년 1월 17일은 '이금자'라 함.(『동아일보』 1930년 1월 17일, 「나주서 활동 여학생 검거」)
118) 『조선일보』 1930년 1월 22일, 「묘령처녀로서 철창에 든 광주여고생 12명 근황」.
119) 『조선일보』 1930년 3월 24일, 「광주의 남녀학생 172명의 예심」.
120) 『조선일보』 1930년 4월 18일, 「광주소녀회의 11명 분리 심리」.
121) 『조선일보』 1930년 6월 13일, 「예심 지연 반대에 동맹 사식(私食) 거절」.
122) 『중외일보』 1930년 7월 5일, 「광주여고보생 11명 예심 결정」.

중 고순례, 남협협, 박채희, 장경례 등 4명이 각각 50원의[123] 보석금을 내고 석방되었다. 보석금이 없던 2명의 여학생들은 남협협의 부친인 남치풍(南致豊)이 자진하여 보석금을 내주었다.[124]

1930년 9월 29일 오전 8시 10분 광주지방법원 제1호 법정에서 소녀회 공판이 열렸다. 고순례·남협협·박채희·장경례 등 보석상태인 4명을 포함하여 11명의 소녀회원 모두가 출석하였다. "광주학생사건에 관련된 것이고, 또 여학생 결사에 관한 것으로 당일 공판을 구경하고자 법원 내외에 아침 일찍부터 피고 가족들, 사회단체 관계자 등 수백명이 쇄도"[125]하였다. 특별 방청석에는 광주여고보생들을 취조한 많은 경관들이, 방청석에는 정·사복 경관들이 앉아 있었다. 그럼에도 재판장은 "공안을 방해할 염려가 있으니 일반 방청을 금지"해 달라는 검사의 요구를 받아들여 개정 25분만에 방청을 금지하고, 각 신문의 촬영도 엄금하고 공판을 비밀리에 진행하였다.[126] 그리고 치안유지법 제1조 제2항 위반 혐의로 장매성에게는 징역 2년, 고순례·김금연·김귀선·남협협·박계남·박옥련·박채희·박현숙·암성금자·장경례 등에게는 징역 1년(에 집행유예 5년)을 구형하였다.[127]

변호사들은 광주여고보생들의 행동이 치안유지법 위반행위가 아니므로 무죄라고 주장하였다.[128] 그리고 9월 30일 연명으로 이미 7월 2일에 보석을 허가받은 고순례·남협협·박채희·장경례 등 4명을 제외한 김귀선·김금연·박계남·박옥련·박현숙·암성금자·장매성 등 7명의 「보석원」을 재판장

---

123) 『조선총독부및소속관서직원록』(1928)에 의하면, 문남식 선생의 월 급여는 10원.
124) 『조선일보』1930년 7월 4일, 「출옥한 광주 소녀 남협협, 박채희, 장경례, 고순례」 ; 『조선일보』1930년 7월 4일, 「남씨(南氏)의 특지(特志), 보석금 체당」.
125) 『중외일보』1930년 9월 30일, 「광주소녀회사건 금조(今朝)에 공판 개정」.
126) 『동아일보』1930년 9월 30일, 「광주학생 3개 비사의 其 1 소녀회 금일 개정」 ; 『조선일보』1930년 9월 30일, 「광주소녀회 금일 공판 개정」.
127) 『동아일보』1930년 9월 30일, 「검사 구형 최고 2년」.
128) 『동아일보』1930년 10월 1일, 「열석(列席) 변호사, 무죄를 주장. 치유위반 행위는 아니다」.

에게 제출하였다.129) 장매성은 늑막염 징후가 현저하였지만 보석이 허가되지 않았다. 박계남·박옥련·박현숙·암성금자 등 4명은 출옥(出獄)하였다. 김귀선과 김금연은 보석이 허가되었지만 보석금이 없어 출옥하지 못하였다.130) 그러나 이후 출옥하였을 것이다.

10월 6일 소녀회사건 재판이 광주지방법원에서 진행되었다. 재판장은, 소녀회 회원들이 사유재산제도를 부인하는 공산제도의 새로운 사회 창설을 목적으로 비밀결사를 조직했으므로, 치안유지법 제1조 제2항 위반이라며, 9월 29일의 검사 구형대로 형을 선고하였다.131) 치안유지법은 1925년 5월 제정되었고, 1928년 7월 4일 개정되었다.132) 개정된 제1조 제2항은 "사유재산제도를 부인함을 목적으로 결사를 조직한 자나 정(情)을 알고 결사에 가입한 자 또는 결사의 목적을 수행하려는 행위를 한 자는 10년 이하의 징역이나 금고에 처함"이었다.

예심이 시작되기 전 언론은, "사람은 사회적 동물이므로 학생들이 독서회, 소녀회와 같은 모임을 하고, 현대의 학생은 대부분 사회과학 관련 서적을 읽고, 모임의 선·후배 사이에 의견교환은 필수적이고, 도쿄·교토 학생들의 비밀결사사건에 진보적인 정책을 취하였으니, 광주학생운동 관련 학생들의 모임에 중대한 비밀결사에 해당하는 법조문을 적용할 것인가 아닌가를 결정하는 분기점"133)이라며, 광주여고보생들에게 가벼운 처벌이 내리기를 희망하였다. 그러나 기대와 달랐다. 조선총독부 고등법원 검사국

---

129) 『동아일보』 1930년 10월 1일, 「5변호사 연명으로 보석원을 제출. 대개는 허가가 될 듯하다」.
130) 『조선일보』 1930년 10월 3일, 「소녀회사건 6인 보석, 광주법원에서」.
131) 『조선일보』 1930년 10월 7일, 「장매성만 2년 언도」.
132) 『조선총독부관보』 1928년 7월 4일, 「칙령」. 1925년에 제정된 내용은 "제1조 국체를 변혁하거나 사유재산제도를 부인하는 것을 목적으로 결사를 조직하거나 이에 가입한 자는 10년 이하의 징역 또는 금고에 처한다. 전항의 미수죄는 벌한다"였는데, 국체변혁과 사유재산제도 부인을 나누었다.
133) 『조선일보』 1930년 2월 23일, 「사설 : 광주학생사건의 심리」.

사상부(思想部)에서 1931년 9월 15일에 작성한「광주학생사건범죄자 신원조」(光州學生事件犯罪者 身元調)에 의하면, 355명에게 형이 확정되었는데 징역 4년 1명, 2년 6월 4명, 2년 9명, 1년 106명…(중략)…금고 2월 3명 등이었다. 그러므로 장매성에게 가해진 징역 2년, 고순례 등 10명의 소녀회원들에게 가해진 징역 1년(집행유예 5년)은 상당히 무거운 형량이었다. 고순례·남협협·박옥련·암성금자·장경례·장매성은 '결사 조직', 김귀선·김금연·박계남·박채희·박현숙은 '결사 가입'이 일제가 여고보생들에게 씌운 '범행'이었다.134)

집행유예를 선고받은 10명은 물론 2년 징역을 언도받은 장매성도 공소를 포기하였다.135) 장매성은 항소할 뜻을 보였으나 10월 18일에 항소를 포기하였다. 소녀회사건 재판 보름 후인 10월 21일 성진회 공판 날, 장재성과 상매성의 어머니 최씨가 실진하였다.136) 자식들의 체포구금 그리고 재판에 힘들어하는 부모를 생각한 때문이 아니었을까 여겨진다.

1년 2월 14일간 광주형무소에서 복역한 장매성은, 7개월의 형기를 남기고 1932년 1월 22일 출감하여137) 광주 금정 자택으로 갔다.138) 이후에도 장매성은 일제의 계속된 감시 속에 있었으니 광주학생독립운동 3주년인 1932년 11월 3일 새벽 광주고보 독서회원 출신들과 함께 검거되었다.139)

---

134) 조선총독부 고등법원 검사국 사상부,『사상월보』제1권 제6호, 1931년 9월 15일, 569쪽.
135)『동아일보』1930년 10월 13일,「장매성 복역 공소권 포기」.
136)『동아일보』1930년 10월 22일,「철창에 남매를 잃고 최 여사 실진(失眞)」.
137) 가출옥을 위한 형식적 요건으로 유기형은 형기의 1/3이 경과되어야 한다. 1911 ~1943년 가석방자는 총 석방자의 6.4%.(김정아, 2012,「일제강점기 독립운동가 '가출옥관계서류'에 대한 검토」,『한국독립운동사연구』41, 독립기념관 한국독립운동사연구소, 239·242쪽)
138) 당시 신문은 "소녀회의 책임자 장매성"이라 하였다.(『조선일보』1932년 1월 27일,「광주소녀회사건 장매성 양 출옥」;『동아일보』1932년 1월 27일,「광주소녀회사건 장매성 양 출옥」)
139)『동아일보』1932년 11월 15일,「모종 秘社 또 탄로? 각지에 검거 선풍」.

어떤 조치를 받았는지는 알 수 없다.140) 장매성 외의 소녀회원들에게도 일제의 감시는 마찬가지였을 것이다.

4. 1930년 1월 광주여고보생들의 백지동맹

1929년 12월 19일(목) 광주여고보와 농업학교, 20일(금) 광주고보가 많은 경관들의 엄중 경계 가운데 임시 휴교를 풀고 개교하였다.141) 광주여고보생들은 1929년 11월 30일(토) 장매성이 체포된 후 수감된 동지들을 구휼하자는 표어 아래 차입금을 모금하여, 가난하여 차입하지 못하는 남녀학생들을 동정하였다. 또한 1930년 1월 1일(수)에는 모모 학생이 모여 재감 중인 학생들이 석방되기 전에는 시험에 응하지 말고 백지동맹하기로 결정하였다.142) "재감 중인 학생"은 장매성이었고, 모모 학생은 소녀회원으로 생각된다.143)

약 2주간의 방학 후 1930년 1월 8일(수) 개학하였는데 광주고보·광주여고보·농업학교의 학생들은 백지동맹의 방법으로 일제에 항거하였다.144) 각 학교에 경찰이 수시로 드나들며 엄중 감시했으므로 맹휴나 시위를 추진하기가 쉽지 않았기 때문이었을 것이다.145) "옥중에 들어간 학생이 광

---

140) 그 후 일본 도쿄의 후지미[富士見]여자상업학교로 유학하였고, 1938년 1월에는 도쿄[東京]기독교여자청년회관에서 거행될 졸업생 송별회에 장매성이 "여고商"으로 언급되었다.(『동아일보』 1938년 1월 25일, 「타향 동경 학창을 나올 졸업생의 송별회」)
141) 『조선일보』 1929년 12월 28일, 「삼교(三校) 개교」 ; 강재언, 『광주항일학생사건자료』, 182쪽.
142) 『동아일보』 1930년 1월 21일, 「차입기금 모집 방면 전엔 시험에 불응」.
143) 『중외일보』 1930년 7월 5일, 「광주여고보생 11명 예심 결정」 ; 한규무, 「광주학생운동과 광주여자고등보통학교 독서회 - '소녀회사건'을 중심으로 -」, 372쪽.
144) 『조선일보』 1930년 1월 11일, 「광주고보생 시험에 백지동맹」 ; 강재언 편, 『광주항일학생사건자료』, 183쪽.

주형무소에만 200여 명인데 그 학생들과 같이 시험을 치르기 전에는 언제까지든지 백지동맹을 한다는 듯이 의연히 등교하면서도 수업을 잘 받지 아니하고 시험도 치르지 아니하므로"146) 백지동맹은 학교와 일제 측에 대한 저항이었고 사실상의 맹휴였다.147)

1월 9일(목) 시험이 시작되었고, 광주여고보생들은 백지 답안을 제출하였다. 학부형회는 여고보생들이 백지동맹할 경우 학교 측이 단호한 처분을 하도록 하고, 학교 측과 함께 여고보생들을 '훈육'하였다. 그 때문이었는지 1월 10일(금) 이후의 시험에는 백지 답안 제출 학생들이 감소하였다.148) 그러나 1월 13일(월) 오전 10시 학교 측의 엄중 경계로 광주여고보생들이 시험에 응하려는데 3학년 이광춘이 울분한 태도로 교단에 뛰어 올라가 눈물을 흘리면서, 마지막까지 분투하여 목적을 관철하라며 학생들에게 열변을 토하였다. 그리고 선생들에게는 모두 책임이 자기에게 있으니 아무렇게나 처벌하라 하였다. 학생들은 감격하여 모두 백지 답안을 제출하였다.149) 이광춘은 열변 후 "과격한 문구를 나열한 삐라를 산포"했다고 한다.150) "과격한 문구"의 내용은 일제의 식민 통치, 식민 교육, 차별 교육에 대한 항거였을 것이다. 이광춘은 학교 측으로부터 퇴학 처분을 받았으며 일제 경찰에 체포되어 고초를 겪고151) 8일 후인 1월 21일(화)에 석방되었

---

145) 한규무, 『광주학생운동』, 141쪽.
146) 『조선일보』 1930년 1월 15일, 「광주형무소에만 2백여 명을 수용, 이런 현상 보고 수험할 수 없다고 광주 남녀 고보 백지동맹 이유」.
147) 한규무, 『광주학생운동』, 141쪽.
148) 강재언 편, 『광주항일학생사건자료』, 183쪽.
149) 『조선일보』 1930년 1월 15일, 「여고보 3년도 전부 백지, 이광춘 양의 연설, 눈물을 흘리며 말하였다」 ; 『중외일보』 1930년 1월 15일, 「백지동맹을 지속하자고 돌연히 등단 규호(叫呼), 시험을 보려 하던 찰라 광주여고보의 분요(紛擾)」 ; 『기려수필』 3, 315쪽.
150) 『동아일보』 1930년 1월 17일, 「광주여고보생 12명 검거」.
151) 『동아일보』 1930년 1월 17일, 「나주서(署) 활동 여학생 검거」 ; 『중외일보』 1930년 1월 17일, 「이광춘 자매 인치」.

다.152) 석방 이유는 알 수 없는데, 백지동맹의 주동자·참여자까지 일제의 사법 권력이 체포, 처벌할 수 없었기 때문이라 생각된다. 그래서 백지동맹은 일제의 식민 통치에 대한 직접 항거가 아닌, 학교에 대한 항거로 여기고 학교 측에 처벌을 일임하였으며, 학교 측에서는 학교가 내릴 수 있는 최고의 처벌인 퇴학 처분을 한 것이라 여겨진다.153) 1월 14일(화) 시험이 끝났고,154) 광주여고보생들의 백지동맹도 중단되었다.155)

광주학생독립운동에 참여하여 학교 측으로부터 처벌받은 학생들의 숫자는 정확하지 않다. 그 이유 중 하나는 외부에 발표를 꺼리는 학교들이 정확한 발표를 하지 않았기 때문이다.156) 그럼에도 광주학생독립운동으로 광주고보·광주여고보·농업학교·사범학교의 학생들 중 퇴학 처분받은 학생들을 계산해보면 125명이다.157)

광주여고보는 1929년 11월 3일의 시위 참여 학생들을 일일이 조사하고, 11월 12일의 시위 주도 학생들에게 무기정학 처분을 내렸으며, 1930년 1월 백지동맹 주도자들에게는 퇴학 처분을 내렸다. 1929년 광주여고보 입학생 양쌍감에 의하면, 연이은 맹휴의 결과 4차에 걸쳐 23명을 제외한 광주여고보생 모두가 정학 처분을 당했다고 한다.158) 1930년 1월 16일에 국순례·박봉매·설정순·유인순·이옥·정임숙·조을매·조정애·최풍오 외 6명, 17일에 "전의영·최심 외 20명"이 근신 처분을 받았고, 학부모들은 학교에

---

152) 『동아일보』 1930년 1월 25일, 「이광춘 양 방면」 ; 『중외일보』 1930년 1월 25일, 「이광춘 양은 석방」.
153) 조사 결과 독서회원이 아닌 것으로 일제가 판단한 때문이라고 주장하는 연구자도 있다.(한규무, 「광주학생운동과 광주여자고등보통학교 독서회 - '소녀회사건'을 중심으로 -」, 374쪽의 각주 68)
154) 『중외일보』 1930년 1월 16일, 「광주여고생 돌연 검거」.
155) 『조선일보』 1930년 1월 19일, 「10일간 47교, 신년 이래 재연한 학생시위」.
156) 『중외일보』 1930년 1월 8일, 「객랍(客臘)학교 동요사건 처분된 학생 다수」.
157) 『독립운동사』 9(학생독립운동사), 558~559쪽 ; 광주학생독립운동동지회, 『광주학생독립운동사』, 717~718쪽.
158) 동창회장 양쌍감, 「기념사」, 『창립 30년사』, 5쪽.

불려가 퇴학 대신 자퇴를 '권유'받았다.159) 자퇴를 '권유'받은 학부형 20여 명은 분개하여 퇴학원서를 제출하였다.160) '불량학생' 4명은 1월 18일 퇴학을 명받았다.161) 모두 백지동맹 고수 학생들이었다. 학교 측의 근신과 퇴학 처분으로 1월 18일에 출석한 광주여고보 3학년생은 13명이었고, 1·2학년생도 소수였다.162) 1월 19일 많은 학생들이 결석하자 학교 측에서는 휴교하였다.163)

광주학생독립운동으로 퇴학당한 광주여고보생들의 이름은 1978년에 발간된 『독립운동사』 9(학생독립운동사)에서 40명을 확인할 수 있다.164)

강묘례(姜卯禮), 강사채(姜四采), 국귀선(鞠貴善), 김경이(金慶伊), 김두채(金斗采), 김복순(金福順), 김숙(金淑), 김지순(金智順), 나성순(羅性順), 나슈덕(羅順德), 노간난(盧千蘭), 민순례(閔順禮), 박기옥(朴己玉), 박봉매(朴鳳梅), 박봉순(朴奉旬), 서귀덕(徐貴德), 설정순(薛貞順), 유황순(柳黃順), 윤오례(尹五禮), 이광춘(李光春), 이명지(李明智), 이송자(李松子), 이순(李順), 이옥(李玉), 이옥금(李玉今), 이정(李正), 이정임(李貞任), 전순옥(田順玉), 전의영(全義英), 정복해(丁福海), 정임숙(丁任淑), 조정례(曹貞禮), 조정애(曹貞愛), 주말순(朱末順), 지성덕(池成德),165) 최순복(崔順福)166), 최심(崔心), 최풍오(崔豊五), 하례(河禮), 한보심(韓寶心).167)

---

159) 『조선일보』 1930년 1월 20일, 「광주여고보생 다수 퇴학처분」.
160) 『동아일보』 1930년 1월 20일, 「부형 호출 권고로 20여 명 又 퇴학」.
161) 강재언, 『광주항일학생사건자료』, 183쪽.
162) 『조선일보』 1930년 1월 19일, 「광주여고보생도 11명 검국 송치, 이십여 명에게 퇴학처분」 ; 『동아일보』 1930년 1월 20일, 「다수 근신 처분, 출석률 불량」.
163) 『기려수필』 3, 316쪽.
164) 1974년 광주학생독립운동동지회에서 발간한 『광주학생독립운동사』(국제문화사), 717~718쪽을 근거로 제시하였는데, 『광주학생독립운동사』는 제시한 학생 명단이 "완전한 것이 되지 못해 후일 보유(補遺)가 있어야 할 것이"라 하였다.
165) 1914~2002. 대통령표창(2021). 본적 : 전남 광주군 광주면 향사리 104. 1929년 11월 19일 무기정학.
166) 최순덕(崔順德)의 오기.

이들 외에 광주여고보 당국은 일제에 체포된 고순례, 김귀선, 김금연, 남협협, 박계남, 박옥련, 박채희, 박현숙, 암성금자, 장경례, 장매성 등 11명도 퇴학 처분하였다. 「판결문」(1930년 10월 6일)에 의하면 소녀회원들이 퇴학당한 것은 1930년 1월부터 3월까지였다. 박채희의 퇴학 날짜가 1929년 11월 말로 가장 빠른데 그 이유는 알 수 없다. 고순례·박현숙·암성금자는 1월, 김귀선은 1월 중순, 김금연은 2월, 남협협은 3월, 박계남·박옥련·장경례·장매성은 3월 말이 퇴학 날짜이다. 이들의 퇴학 날짜가 다른 이유도 알 수 없다.

한편 광주여고보의 후신인 전남여자고등학교에서 작성한 광주여고보의 「1929~1930년 기강(起降) 학생 이동부(異動簿)」(이하 「학생 이동부」로 약칭)에 의하면, 광주학생독립운동으로 38명 퇴학, 9명 제적이다.168) 전남여자고등학교는 이들에게 1954~1972년 명에 졸업장을 수여하였다.169)

○ 제적 (9명) : * (　) 안의 연월일은 제적 일자.
강사채(姜四采 : 2학년 : 1930년 1월 20일),170) 김두채(金斗采 : 3학년 : 1930년 3월 23일),171) 김복순(金福順 : 1학년 : 1930년 3월 25일),172) 박기옥(2학년 : 1930년 3월 23일), 설정순(薛貞順 : 2학년 : 1930년 3월 23일),173) 윤오례(尹五禮 : 3학년 : 1930년 3월 23일),174)

---

167) 민순례(閔順禮), 유황순(柳黃順), 조정례(曺貞禮) 외에는 모두가 2022년 10월 현재 독립유공자로 추서되었다.
168) 『남도일보』 2019년 12월 15일, 이향희, 「항일독립운동과 호남여성② : 전남여고의 학생독립운동」.
169) 『내일신문』 2018년 12월 13일, 「학생독립운동 참여한 퇴학학생 명단 첫 공개」.
170) 1915~1999 : 대통령표창(2019). 본적 : 전남 광주군 광주 수기옥 171. 성진회 출신들을 지도한 강해석(姜海錫 : 2005년 애족장), 광주학생운동으로 1년형을 선고받은 강석원(姜錫元 : 1990년 애족장)의 동생. "수업료 미납 다(未納 多)"가 제적 사유로 기록되어 있다.
171) 1912~1947. 대통령표창(2019). 본적 : 전남 광주군 광주 수기옥 136.
172) 1914~2007. 대통령표창(2022). 본적 : 전남 광주군 광주면 금 39. 1929년 12월 19일 무기정학. 장기결석이라 기록되어 있다.

이명지(李明智 : 2학년 : 1930년 3월 31일),175) 이순(李順 : 2학년 : 1930년 1월 21일),176) 이정임(李貞任 : 3학년 : 1930년 3월 23일).177)

○ 퇴학 (38명) : * (　　　)안은 퇴학 일자.

강묘례(姜卯禮 : 2학년 : 1930년 1월 21일),178) 고순례(3학년 : 1930년 1월 31일),179) 국귀선(鞠貴善 : 3학년 : 1930년 1월 31일),180) 김경이(金慶伊 : 2학년 : 1929년 11월 27일),181) 김귀선(1930년 1월 중순), 김금연(1930년 2월), 김숙(金淑 : 3학년 : 1930년 3월 23일), 김지순(金智順 : 3학년 : 1930년 3월 31일), 나성순(羅性順 : 3학년 : 1930년 5월 26일),182) 나순덕(羅順德 : 2학년 : 1930년 3월 31일),183) 남협협(2학년 : 1930년 3월 31일),184) 노간난(盧干蘭 : 3학년 : 1930년 3월

---

173) 1916~?. 대통령표창(2021). 본적 : 전남 광주군 광주 금 4. 1930년 1월 15일 자택근신 3일을 명받음.
174) 1913~1992. 대통령표창(2018). 본적 : 전남 강진군 성전면 도림리 390. 1930년 1월 15일에 3일 근신처분 받음. 윤오례와 이정임은 1924년 9월에 창립된 도림리의 여자야학원에서 도림리 부녀들을 대상으로 농한기인 5개월(음 10월~익년 2월)동안 매일 밤 3시간씩 조선어, 산술, 가정학 등을 교수한 특별 공로자로 신문에 언급되었다.(『동아일보』 1929년 1월 4일, 「전조선모범농촌조사(4) : 강진군 도림리」)
175) 1912~2007. 대통령표창(2021). 본적 : 전남 완도군 소안 비자 587. 1926년 7월 31일부터 완도읍 공제회관에서 소안소년단 외 3개 단체 주최로 개최된 소년웅변대회에서 '여자교육의 필요'라는 연제로 웅변한 이명지가(『조선일보』 1926년 8월 11일, 「완도소년 웅변」) 동일인인 것 같다.
176) 1913~1991. 대통령표창(2019). 본적 : 전남 광주군 광주 수기옥 202. 1929년 11월 17일 무기정학 처분. 제적 사유로 "무계(無屆) 장기결석"이 기록되어 있다.
177) 1913~2004. 대통령표창(2021). 본적 : 전남 강진군 성전 도림 367.
178) 1914~?. 대통령표창(2022). 본적 : 전남 광주군 광주면 서남리 210. 공훈전자사료관에는 "1930.1.21. 퇴학"이라 되어 있다.
179) 1911~?. 건국포장(1995). 본적 : 전남 광주군 천(泉).
180) 1913~?. 대통령표창(2022). 본적 : 전남 담양군 담양 객사 195
181) 1915~?. 광주군 광주면 서남리 114. 1959년 명예졸업증서.(전남여고)
182) 1912~?. 대통령표창(2022). 본적 : 전남 나주군 문평면 오룡리 65.
183) 1914~1934. 대통령표창(2021). 본적 : 전남 나주군 문평면 오룡리 65. 1929년 12월 19일 무기정학.

5일),185) 박계남(3학년 : 1930년 3월 31일), 박봉매(朴鳳梅 : 1학년 : 1930년 3월 25일),186) 박봉순(朴奉旬 : 2학년 : 1929년 11월 30일),187) 박옥련(3학년 : 1930년 3월 31일),188) 박채희(2학년 : 1929년 11월 20일), 박현숙(2학년 : 1930년 1월 12일), 서귀덕(徐貴德 : 3학년 : 1930년 1월 21일),189) 암성금자(3학년 : 1930년 1월 14일), 이광춘(3학년 : 1930년 1월 14일), 이송자(李松子),190) 이옥(李玉, 1학년 : 1930년 2월 19일), 이옥금(李玉今 : 2학년 : 1930년 3월 23일),191) 이정(李正 : 1학년 : 1930년 1월 21일),192) 장경례(3학년 : 1930년 3월 31일),193) 장매성(3학년 : 1930년 3월 29일),194) 전순옥(田順玉 : 3학년 : 1930년 1월 20일),195) 전의영(全義英 : 3학년 : 1930년 3월 23일),196) 정복해(丁福海 : 1학년),197) 정임숙(丁任淑, 1학년 : 1930년 1월 15일),198) 조정애(曺貞愛 : 1학년 : 1930년 1월 15일),199) 주말순(2학년 : 1930년 2월 28일), 지성덕(2학년 : 1930년 3월 31일), 최순덕(崔順德 : 3학년 : 1930년 1월 31일), 최심(崔心 : 3학년 : 1930년 2월 19일),200) 최풍오(崔豊五 : 1학년 : 1930년 1월 15일),201) 하례(河禮, 1학년 : 1930년 1

---

184) 1912~?. 건국포장(2013). 본적 : 전남 광주군 광주면 수기옥정 77.
185) 1912~1993. 대통령표창(2022). 본적 : 전남 광주군 광주면 누문리 401. 1932년 11월 광주학생운동 3주년 사건과 관련되어 체포되었다.(『동아일보』 1932년 11월 6일, 「청년 남녀 등 10여 명 검거」) 이후의 상황은 알 수 없다.
186) 1915~?. 대통령표창(2022). 본적 : 전남 해남군 북평면 운전리 738.
187) 1914~?. 대통령표창(2022). 본적 : 전남 광주군 광주면 서남리 147.
188) 1914~2004. 애족장(1990). 본적 : 전남 광주군 사동 135.
189) 1913~1969. 대통령표창(2020). 본적 : 전남 담양군 담양면 객사리 60.
190) 1914~1979. 대통령표창(2021). 본적 : 전남 목포부 대성 118.
191) 1913~?. 대통령표창(2022). 본적 : 전남 함평군 함평면 함평리 274.
192) 1914~1991. 대통령표창(2021). 본적 : 전남 순천군 송광 낙수 383.
193) 1913~1997. 애족장(1990). 본적 : 전남 광주군 광주면 북정 250.
194) 1911~1993. 애족장(1990). 본적 : 전남 광주군 금동 97.
195) 1913~2013. 대통령표창(2021). 본적 : 전남 담양군 담양면 지침리 58.
196) 1913~1966. 대통령표창(2022). 본적 : 전남 광주군 광주면 서남리 164.
197) 1954년 명예졸업증서.
198) 1913~?. 광주군 광주면 수기옥정 368. 1972년 명예졸업증서.
199) 1916~?. 대통령표창(2021). 본적 : 전남 영광군 영광면 도동리 251.
200) 1914~?. 대통령표창(2021). 본적 : 전남 광주군 광주면 누문리 60.

월 31일), 한보심(韓寶心 : 3학년 : 1930년 4월 30일).202)

재판에 회부된 소녀회원 11명,『독립운동사』 9(학생독립운동사)에 제시된 40명을 합하면 학교로부터 제적·퇴학을 강요당한 광주여고보생은 51명이다. 그런데 위의「학생 이동부」에는 민순례, 유황순, 조정례 등 3명의 이름이 없다. 1927~1929년의 입학생이었을 것인데, 각 년도의 입학생 명단을 찾을 수 없어 언제 입학하였는지 확인할 수 없다.

「학생 이동부」에 의하면, 1930년의 퇴학생 수가 상당히 많다. 그런데『조선총독부통계연보』에 의하면 1930년의 퇴학생 수는 1927·1928·1931년과 크게 다르지 않고, 1929년의 퇴학생 수는 1927·1928·1931년에 비해 매우 많다.

〈표 1〉 1927~1931년 광주여자고등보통학교의 학생 현황

연도		1927	1928	1929	1930	1931
학급수		1	2	3	4	4
학생수	입학	60	60	64	53	50
	졸업				19	23
	퇴학	8	22	75	16	18
	사망		1			
	계	52	99	116	124	140

* 출전 :『조선총독부통계연보』 1927, 668·670쪽 ; 1928, 667·668쪽 ; 1929, 666·668쪽 ; 1930, 636·638쪽 ; 1931, 658·660쪽.

『조선총독부통계연보』의 퇴학생 수는 광주학생독립운동에 관련된 광주여고보생의 신분이, 학교에서는 1930년에 퇴학 처분되었지만 조선총독부에는 1929년 퇴학으로 보고되었음을 말해준다. 1929년 공립여고보는 전국

---

201) 1913~2002. 대통령표창(2020). 본적 : 전남 완도군 약산면 관산리 422.
202) 1912~1988. 대통령표창(2019). 본적 : 전남 보성군 문덕 봉 7. 1929년 11월 19일 무기정학.

에 6개였는데,203) 1929년 광주여고보의 퇴학생 수는 5개 공립여고보의 퇴학생 수와 비교해도 매우 많다. 광주여고보와 같은 1927년 4월에 설립된 부산여고보의 퇴학생 수보다 광주여고보의 퇴학생 수가 5배 이상이다. 그래서 비슷한 규모로 시작되었지만 광주여고보와 부산여고보의 1929년 학생 수는 116명과 161명으로 큰 차이를 보였다. 그리고 광주여고보의 퇴학생 수는 1929년 6개 공립여고보의 퇴학생 수를 1928년보다 168% 증가시켰다.

〈표 2〉 1929년 공립여자고등보통학교의 학생 현황

연도	학교	학생수	입학	졸업	퇴학
1928	아래 6개 여고보 합	1,346	527	176	154
1929	경성여고보	367	115	75	27
	전주여고보	140	57	25	45
	대구여고보	336	118	85	39
	부산여고보	161	65		14
	평양여고보	309	111	53	59
	광주여고보	116	64		75
	계	1,457	530	238	259

* 출전 : 『조선총독부통계연보』 1929, 668쪽.

광주여고보 등 공립여고보의 퇴학생 수는 일본인 여학교인 고등여학교와 비교해도 상당했다. 광주고등여학교의 퇴학생 수는 1927·1929·1930·1931년에 비해 1928년에 상당히 많은데 이유는 알 수 없다.

---

203) 경성여고보는 1908년 4월 1일 한성고등여학교로 설립, 1911년 2월 1일 경성여자고보로 명칭 변경. 평양여고보는 1914년 12월 12일 개교(『매일신보』 1914년 12월 15일, 「평양여고 개교식」), 부산여고보는 1927년 4월 18일 설립 인가(『조선일보』 1927년 4월 18일, 「부산여고보 설립 인가」), 대구여고보는 1926년 4월 15일 개교(『조선일보』 1926년 4월 19일, 「신설 대구여고 개교」), 전주여고보는 1926년 6월 15일 입학식.(『조선일보』 1926년 6월 17일, 「전주여고보 입학식」)

〈표 3〉 1927~1931년 광주고등여학교의 학생 현황

연도		1927	1928	1929	1930	1931
학급수		4	4	4	4	4
학생수(명)	입학	79 (한 13)	71	73 (한 1)	19	81
	졸업	47 (한 5)	53 (한 9)	67 (한 7)	48	58
	퇴학	15 (한 2)	50 (한 2)	21	13	20
	사망			1	5(한 1)	
	계	218 (한 26)	219 (한 16)	225 (한 8)	218	230

* 출전 : 『조선총독부통계연보』 1927, 668·670쪽 ; 1928, 667·668쪽 ; 1929, 666·668쪽 ; 1930, 636·638쪽 ; 1931, 658·660쪽.
** 비고 : ( ) 속의 '한'은 한국인 학생.

〈표 4〉 공립여고보와 고등여학교의 학생 현황

연도	학교(수)	학생수	입학	졸업	퇴학
1926	여고보(4)	827	441	134	113
	고등여학교(22)	6,332(한356)	2,532(한192)	1,284(한52)	706(한56)
1927	여고보(6)	1,103	573	175	142
	고등여학교(22)	6,779(한399)	2,799(한191)	1,562(한75)	873(한100)
1928	여고보(6)	1,346	527	176	154
	고등여학교(23)	7,056(한445)	2,679(한171)	1,592(한88)	696(한56)
1929	여고보(6)	1,457	530	238	259
	고등여학교(24)	7,432(한482)	2,786(한219)	1,162(한78)	838(한83)
1930	여고보(6)	1,556	505	317	140
	고등여학교(24)	8,066(한530)	2,838(한215)	1,554(한195)	960(한85)

* 출전 : 『조선총독부통계연보』 1926, 693·695쪽 ; 1927, 668·670쪽 ; 1928, 667·668쪽 ; 1929, 666·668쪽 ; 1930, 636·638쪽.
** 비고 : ( ) 속의 '한'은 한국인 학생.

공립여고보의 퇴학생 수는 1926년 113명으로 학생 수의 13%, 1927년 12%, 1928년 11%, 1929년 17%, 1930년 8%였다. 1929년의 퇴학생 비율이 1927·1928·1930년에 비해 상당히 높다. 고등여학교의 퇴학생 수는 1926년 11%, 1927년 12%, 1928년 9%, 1929년 11%, 1930년[204] 11%로

비슷하다. 그리고 고등여학교의 한국인 퇴학생은 한국인 전체 학생의 1926년 15%, 1927년 25%, 1928년 12%, 1929년 17%, 1930년 16%로 1927년에는 예년보다 높지 않았다.

소녀회원 11명은 학교로부터 퇴학 처분과 일제 식민 통치 권력으로부터 형사 처벌을 받았고, 40명의 광주여고보생은 1929년 11월의 교내외 시위와 1930년 1월의 백지동맹 참여 등을 이유로 학교로부터 자퇴·퇴학 처분을 받았다. 그러나 이러한 처분을 받은 이들 외에 당시 광주여고보 재학생들은 대부분 1929년 11월부터 전개된 광주학생독립운동에 참여하였음이 분명하다. 참여 정도의 차이는 있었겠지만, 그들 눈 앞에서 벌어지는 한·일 학생 충돌로 부상당한 한국인 학생들을 외면할 수 없었을 것이며, 비록 교내에서 그리고 기숙사 안에서였지만, 학교 밖에서 외치는 한국인 학생들의 만세시위 소리를 들었을 것이기 때문이다. 또한 마지막까지 항거하자는 동료의 절규에 모든 학생들이 백지 답안을 제출한 것은 광주학생독립운동에 광주여고보의 모든 학생들이 절실한 마음으로 참여했음을 보여주는 증거이다.

5. 맺음말

1927년 4월 전남인들의 열망으로 설립된 광주여고보는 광주고등여학교에서의 1년 더부살이 후 신축 교사로 이전하였다. 그러나 교장을 비롯하여

---

204) 1930년 광주고등여학교의 한국인 학생 강정민, 정소진, 차인희, 최공 등이 "조선인 학생이 많이 잡혀가서 고생하는 것을 보고 양심에 가책이 심하여 안연히 공부할 수 없다"며 학교에 퇴학원을 제출하였다.(『동아일보』 1930년 1월 15일, 「광주고녀에 재학튼 조선여학생 퇴학」; 『동아일보』 1930년 1월 17일, 「광주여고보생 12명을 검거」; 『중외일보』 1930년 1월 19일, 「광주여고보사건 11명 필경 수감」)

교사들 대부분은 여전히 일본인이었고, 한국인을 무시하는 그들의 태도도 여전하였다. 1928년 11월 광주여고보 2학년생 장매성은 광주여고보생들에게 모임 결성을 제안하였고, 찬성을 얻었다. 장매성이 모임 결성은 제안한 것은 항일비밀결사 성진회를 조직하였던 장재성의 동생으로 그의 영향을 받았고, 당시 광주지역 한국인 중등학생들의 연구모임 결성과 맹휴, 그리고 구체적인 조직체로의 발전을 향한 움직임에 원인이 있었다. 그러나 장매성이 모임 결성을 제안하고 광주여고보생들이 찬성한 결정적인 원인은 여고보생들이 당시 겪고 있던 일제의 부실한 교육이었다. 1928년 7월 학생들을 무시하는 일본인 교사들의 갱질을 요구하는「진정서」제출과 맹휴 시도는 일제의 식민교육에 저항하려면 학생들의 단결된 힘이 필요하다는 것을 보여주었고, 그것이 모임 결성으로 연결되었다.

1928년 11월 초에 결성된 광주여고보의 소녀회는 1929년 11월 30일 장매성이 체포된 후 일제통치자들에게 그 존재가 알려졌고, 1930년 1월 15일 소녀회원들이 체포됨으로써 막을 내렸다. 독서회들의 존속 기간은 상당히 짧았는데, 1926년 11월 3일경 조직된 성진회가 결성 5개월만에 자진 해산하였고,205) 1928년 2월 서울에서 결성된 사회주의계열의 학생비밀결사 'ㄱ당'(일명 CS당)이 9개월 후인 그해 11월 와해되었다.206)

광주여고보의 소녀회는 약 1년 2개월 동안 존속하며, 광주여고보에 모임을 확대하고 사회과학을 공부하였으며 1929년 11월부터 전개된 광주학생독립운동에 적극 참여하였다. 또한 소녀회에 참여하지 않았지만 광주여고보의 거의 모든 학생들이 소녀회를 알았거나 일제에게 체포된 후에는 알게 되었고, 소녀회원들을 적극 동정하고 함께 하고자 하였다. 일제가 소녀회원으로 파악하지 않은 이광춘이 백지동맹을 적극 권유하였고, 모든 학생들이 이광춘의 백지동맹 참여 권유를 받아들였음이 그 명백한 증거이다.

---

205) 김성민,『1929년 광주학생운동』, 150·158쪽
206) 장규식, 2009,『1920년대 학생운동』, 독립기념관 한국독립운동사연구소, 247~249쪽.

소녀회원들을 포함하여 광주여고보생들은, 한·일 학생 충돌로 인해 부상당한 한국인 남학생들을 치료하고, 학교 밖으로 나갈 수 없게 되자 교내에서 독립가를 부르며 시위하였고, 검거된 여고보생들과 함께 하고자 백지동맹을 결행하는 등 광주학생독립운동에 모두가 적극 참여하였다.

Ⅱ. 광주학생운동의 해외 확산과 반향(反響)

1. 머리말

　1929년 11월 3일 광주에서 광주고등보통학교 학생들 중심의 조직적 시위로 시작된 '광주학생운동'207)은 1930년 3월까지 전국 각지로 번져갔다. 일제 측 자료는 194개교(초등학교 54, 중등학교 136, 전문학교 4)의 54,000여 명 학생들이 광주학생운동에 참여했다고 한다.208) 그러나 정확한 수치라 보기 어렵다. 광주시교육청은 참여 학교를 남한지역 학교 171개, 북한지역 학교 117개, 간도(현재 중국 연변)지역 학교 32개 등 320개로 파악하였다.209) 그런데 간도 외에도 한(국)인이 살고 있던 많은 국외 지역에서 한인들은 광주학생운동에 관심을 보였고, 구체적으로 행동하였다.

　광주학생운동의 국외 확산 및 반향에 대한 연구들은 「昭和五年三月十四日調　朝鮮學生事件ニ關スル在外朝鮮人ノ行動及支那人ノ言動」210)과 『조선총독부경무국극비문서 : 광주항일학생사건자료』211), 그리고 광주학생운

---

207) 한규무는 일제강점기 다양한 문건에 사용된 '광주학생운동'의 용례를 분석하였으나 특정한 명칭을 제안하지는 않았다.(한규무, 「'광주학생운동' 관련 명칭의 용례와 의미」, 『한국독립운동사연구』 34, 2009)
208) 朝鮮總督府 警務局, 『朝鮮の治安狀況』, 1930, 74~75쪽.
209) 광주광역시교육청, 「광주학생독립운동 참가학교 명단」, 16쪽.
210) 한글 번역하고 원문을 첨부 간행하였다. 장우권·김홍길·박성하 외 공역, 『제2의 3·1운동 광주학생독립운동 : 조선학생사건에 관한 해외조선인의 행동과 중국인의 동조』(전남대학교 학생독립운동연구소 연구총서 03), 동인출판문화원, 2014. 본고는 첨부된 원문을 활용하였다.

동 당시 간행된 각종 국내외 신문 기사를 토대로 추진되었다.「昭和五年三月十四日調 朝鮮學生事件ニ關スル在外朝鮮人ノ行動及支那人ノ言動」은 일본 외무성 아세아국장 아리타 하치로[有田八郞]가 작성한『昭和五年 在外朝鮮人 '3·1'運動槪況に關する件』(1930년 3월 22일)에 포함되어 있다. 중국, 연해주, 호놀룰루 등에서 간행된 현지 신문들에 수록된 광주학생운동 관련 기사들을 수집, 발췌한 것이다.212)『조선총독부경무국극비문서 : 광주항일학생사건자료』는 조선총독부 경무국이 국외 한인들의 거주지 경찰망을 통하여 파악한 극비자료와 조선총독부 학무국장이 정무총감에게 보낸 보고서 등을 모은 것이다.213)

두 자료에는 중국, 일본, 러시아, 미주 등 각 지역의 한인들이 광주학생운동에 보인 반응과 인식, 각 지역의 현지인·단체·언론매체들이 보인 반응이 시간순으로 수록되어 있다. 그리고 이 자료들을 토대로 광주학생운동을 전체적으로 정리한 연구들도 광주학생운동의 국외 확산과 반향을 지역별·시간순으로 서술하였다.214) 지역적으로는 간도를 포함하여 중국에서의 한인들과 현지인들이 광주학생운동을 어떻게 인식하고, 어떤 모습을 보였는가를 정리한 연구들이 많은데, 다른 지역들에 비해 상대적으로 많은 자료를 확보할 수 있기 때문이다.215) 반면 일본, 러시아, 미국에서의 한인사

---

211) 한글 번역 간행되었다. 고려대학교 아세아문제연구소,『광주학생독립운동 자료』, 광주학생독립운동기념사업회, 1995.
212) 김홍길,「해제」,『제2의 3·1운동 광주학생독립운동 : 조선학생사건에 관한 해외 조선인의 행동과 중국인의 동조』동인출판문화원, 2014, v.
213) 강재언,「광주항일학생사건자료 해설」, 조선총독부 편,『조선총독부경무국극비문서 : 광주항일학생사건자료』, 名古屋: 風媒社, 1979, 24~25쪽.
214) 김성민,『광주학생운동 연구』, 국민대 박사학위논문, 2006 ; 한규무,『한국독립운동의 역사』41, 독립기념관 한국독립운동사연구소, 2009 ; 김성민,『1929년 광주학생운동』, 역사공간, 2013 ; 광주학생독립운동기념사업회 편찬,『광주학생독립운동 90년사』, 광주학생독립운동기념회관, 2019.,
215) 장석홍,「광주학생운동의 국내외 확산과 그 성격」,『광주학생운동연구』, 아세아문화사, 2000 ; 손과지,「광주학생운동에 대한 중국 매체의 보도와 인식」,『한국

회와 현지로의 광주학생운동 확산과 반향을 규명한 연구는 상대적으로 적다.216) 대개는 현지 신문들에 광주학생운동 소식이 얼마나 실렸는가 정도이다.

필자는 「昭和五年三月十四日調 朝鮮學生事件ニ關スル在外朝鮮人ノ行動及支那人ノ言動」과 『조선총독부경무국극비문서 : 광주항일학생사건자료』, 광주학생운동 당시 국내외에서 간행된 신문 기사들을 토대로, 선행연구들을 참조하면서 광주학생운동의 국외 확산과 반향을 추적, 서술하려 한다.

2. 중국의 한인·중국인의 인식과 호응

1) 만주지역 한인들의 인식과 활동

19세기 후반부터 조선인들이 본격적으로 이주한 간도 지역은 한말부터 민족운동이 치열했던 곳으로 그곳 한인들의 민족의식 또한 남달랐다. 만주의 한인은 1930년 607,119명217)을 기록하였는데 광주학생운동에 크게 고

독립운동사연구』 35, 2010 ; 김재기, 「중국에서 광주학생독립운동 지지운동 : 상해지역을 중심으로」, 『한국동북아논총』 20, 한국동북아학회, 2015 ; 장세윤, 「광주학생독립운동의 중국 동북(만주)지역 확산과 한인 학생·민족운동 세력의 호응」, 『한국근현대사연구』 94, 2020 ; 이지은, 「광주학생운동에 대한 상해 독립운동 세력의 반향」, 『한국독립운동사연구』 74, 2021 ; 박성우, 「광주학생독립운동 중국 신문 보도에 관한 기술적 연구」, 『한국문헌정보학회지』 56-4, 한국문헌정보학회, 2022 ; 박성우, 「광주학생독립운동 연구 지평의 확장을 위한 중국 신문 사료 연구」, 『한국도서관·정보학회지』 53(2), 2022.
216) 일본 : 김재기, 「광주학생독립운동에 대한 재일 조선인들의 지지 운동」, 『재외한인연구』 25, 재외한인학회, 2011 ; 허성태·임영언, 「광주학생독립운동의 일본지역 확산과 지지에 대한 고찰」, 『국제문화연구』 13-2, 조선대학교 국제문화연구원, 2020. / 미국 : 김재기, 「북미지역 쿠바한인 독립운동 서훈 미전수자 후손 발굴 연구」, 『한국보훈논총』 17-1 통권 46, 2018 ; 김재기, 「미국에서 광주학생독립운동 지지 운동」, 『국제문화연구』 14-1, 조선대학교 국제문화연구원, 2021.

무되었다.

　북만청년동맹은 『만주노력자신문』(滿洲勞力者新聞) 1929년 12월 22일 호외에 「전조선 대시위 운동! 군대와 충돌! 사상자 다수! 8대 도시는 폭동화! 형세 각각 악화 확대!」 등의 제목으로 기사를 실어218) 학생운동에 동참할 것을 호소하였다.219) 재동만(在東滿)조선인청년총동맹은 1929년 12월 26일 용정의 동흥학교·대성학교에 시위 촉구 전단을, 고려공산청년회 만주총국은 1930년 1월 대성학교에 국내의 시위운동을 성원하라는 전단을 뿌렸다.220) 1월 25일에는 용정 시내에 격문 "수만 매"가 뿌려졌다.221) 겨울방학 때 귀국했다가 돌아온 학생들의 전언, 서울 천도교 종리원 학생부에서 용정의 천도교 학생부로 우송된 격문도 영향을 주었다.

　광주학생운동에 동조한 간도 지역 한인 학생들의 행동은 1930년 3월 13일경까지 계속되었고, 지역별로는 용정→두도구→노두구→의란구→상의향→수신향→국자가→이도구→용지향→화룡현→삼도구→연길현 등으로 시위가 이어졌다. 30개 이상의 학교들이 참여했으리라 짐작된다. 용정에서는 최소 11개교(동아소학교, 동흥소학교, 영신소학교, 해성소학교 / 광명여학교, 명신여학교, 대성중학교, 동흥중학교, 영신중학교, 은진중학교 / 중앙학교)의 참여가 확인되는데 1~3월에 꾸준하게 시위가 계획, 추진되었다. 태극기와 적기(赤旗)를 함께 들고 시위한 사례도 보이는데(용정, 두도구, 이도구, 화룡현), 용정에서는 대성중학, 동흥중학, 광명여학교 등이 확인된

---

217) 박창욱, 『연변조선족역사연구』, 연변대학출판부, 1995 ; 권태환, 『세계 속의 한민족』, 중국 : 장문각, 1996 ; 김경일 외, 『동아시아의 민족이산과 도시 : 20세기 전반 만주의 조선인』, 역사비평사, 2004 : 박경숙, 「식민지 시기(1910년~1945년) 조선의 인구 동태와 구조」, 『한국인구학』 32-2, 2009, 34쪽.
218) 강재언 편, 『광주항일학생사건자료』, 227쪽. 필자는 『조선총독부경무국극비문서 : 광주항일학생사건자료』를 이렇게 표기.
219) 김성민, 『1929년 광주학생운동』, 212쪽.
220) 강재언, 『광주항일학생사건자료』, 224~225쪽.
221) 『중외일보』 1930년 2월 1일, 「용정학생 동요를 사전에 방지하고자 각 학교 학생을 다수 검거, 격문 살포와 영관 활동」.

다. 이는 간도에서의 학생시위에 사회주의계열의 영향이 있었음을 추측케 한다. 두도구에서는 3개교 이상(신흥학교, 약수동학교, 증평촌서당, 각 학교), 노두구의 중흥학교, 의란구의 의란구학교와 구룡평학교, 상의향의 천보산보조서당, 수신향의 학산동보통학교, 국자가의 숭신학교와 협립제1학교, 길림성 제4사범학교, 이도구의 각 학교, 용지향의 평풍리학교, 화룡현의 창동학교, 삼도구의 각 학교, 연길현의 동불사(銅佛寺) 인근학교 등이다.222)

간도 지역의 학생시위는 간도의 사회주의 운동조직의 활동과 함께 전개되었다. 조선공산당 만주총국은 1930년 3월 1일 3·1운동 11주년을 맞아 만주의 학생운동을 더욱 확대시키려 계획하였다. 그래서 2월 하순 동만(東滿)에서 연변학생연맹, 재동만조선인청년총동맹 대표들과 함께 '3·1폭동 11주년 준비위원회'를 조직하고,223) 수십 종의 격문 30여만 매를 제작하여 간도 전역에 살포했다. 격문에는 "우리에게 고통과 압박을 가하는 일본제국주의를 반대하고 우리의 무장폭동을 연합하여 그놈들을 끝까지 박멸하자!…(중략)…전조선 학생혁명자의 혁명적 투쟁을 최후까지 무장적으로 후원하라? 조선독립만세!"224)라고 하여 무장시위가 강조되었다. 2월 27일에는 두도구 인근의 농민 수백명이 독립만세를 외치며 시위하였고, 3월 2일에는 이도구의 청년 150여 명이 태극기와 적기가 함께 그려진 깃발을 들고 만세시위에 나섰다.225) 이후 만주총국 동만주 간부들은 5월 1일 메이데이 때 전면적 투쟁을 하려 했으나 사전 발각되고 주모자들이 검거되

---

222) 한규무, 『광주학생운동』, 208~209쪽 ; 김성민, 『1929년 광주학생운동』, 499~501쪽.
223) 「장조련 등 판결문」, 경성지방법원, 1933.12.20. : 김성민, 『1929년 광주학생운동』, 439쪽.
224) 김성민, 『광주학생운동 연구』, 331쪽.
225) 「장조련 등 판결문」, 경성지방법원, 1933년 12월 20일 : 김성민, 『1929년 광주학생운동』, 439쪽 ; 「昭和五年三月十四日調 朝鮮學生事件ニ關スル在外朝鮮人ノ行動及支那人ノ言動」, 110쪽.

는 이른바 '제3차 간도 공산당 사건'이 일어나 계획이 좌절되었다.[226] 국내와 인접한 간도 지역 학생들의 시위운동은 광주학생운동의 외연이 국외로 확장되면서 해당 지역 민족운동에 동력으로 작용하였다는 점에서 의미를 찾을 수 있다.[227]

길림에서는 좌우대립이 심각하여 민족주의계열 독립운동세력은 광주학생운동에 민첩하게 대응하지 못했다. 또한 이 지역은 한인들이 많이 거주하지 않아, 학교나 학생 차원의 독자적인 움직임을 기대하기 어려웠다. 대신 중국 동북에서 활동하던 조선공산당 재건조직을 중심으로 학생시위운동이 계획, 추진되었다. 조선공산당 재건설 만주부 위원회와 고려공산청년회 재건설 만주부 위원회는 1929년 12월 18~19일 격문을 제작, 배포하며 학생운동의 혁명운동 전환을 촉구했다. 이들은 "학생 사건은 3·1운동 이상의 조직적·대중적·혁명적 행동으로서 우리들 피압박 민중은 일제히 궐기하고 재만 단체는 종래의 파쟁을 청산하고 협동전선을 구축하여 이 운동을 옹호·원조하라"고 주장했다.[228] 북만청년동맹은 『만주노력자신문』 12월 22일 호외에 「전조선 대시위 운동, 군대와 충돌, 사상자 다수, 8대 도시는 폭동화, 형세 시시각각 악화 확대」라는 제목 아래 광주학생운동 소식을 전했다.[229]

민족주의계열과 사회주의계열의 인물 20명은 12월 30일에 혁명자긴급회를 개최하고, 광주학생운동 후원을 위한 상설기관의 설치를 결의했다. 이에 따라 1930년 1월 2일 '재만 한인 반제국주의동맹'이 조직되었다. 이들은 창립선언서에서 지방적·당파적 갈등을 극복하고 공동 전선을 구축하

---

226) 『중외일보』 1930년 4월 22일, 「170여 명 대검거 모종결사단체 발각」 ; 『동아일보』 1931년 2월 4일, 「간도조선공산당원 대폭동사건관계 54명 예심종결」 ; 『조선일보』 1931년 2월 5일, 「3월 1일 전후하야 일대폭동을 획책」.
227) 김성민, 「1929년 광주학생운동」, 440쪽.
228) 강재언 편, 『광주항일학생사건자료』, 227쪽.
229) 강재언 편, 『광주항일학생사건자료』, 227쪽.

여 "일본제국주의 타도, 조선독립의 완성, 피체포자의 탈환, 전조선의 혁명운동 원조에 전력을 경주"하자고 강조했다.230) 이어 1월 7일 길림의 한인 교회에서 '길림 한인 시민대회'를 개최하고, 광주학생운동 경과 및 '재만 한인 반제국주의동맹' 조직의 경위를 보고하였다. 그리고 재만 한인 반제국주의동맹의 하부조직인 길림 반제국주의자동맹을 창립했다.231) 이후 돈화(敦化)한인반제동맹, 반석현(盤石縣)한인반제동맹, 중동(中東)한인반제동맹, 전만(全滿)한인반제국주의대동맹창립주비회 등 반제 단체들이 결성되어 광주학생운동을 지원하였는데, 큰 성과를 거두지는 못했다.232) 이들이 주장하는 반제 공동전선의 구축이 계급적 이해를 무시한 것이라는 비판에 직면했기 때문이다.233)

조선혁명군도 1930년 1월 격문을 배포하여234) 광주학생운동을 지지, 성원하였는데, 이 격문은 서울의 휘문고보에 우송되어 일경의 주목을 받았다.235) 남만한인청년동맹은 1930년 2월에 열린 광주학생운동 강연회에서 "광주학생사건을 도화선으로 하여 곳곳에서 (싸우는) 전조선 피압박대중! 분발! 궐기! 혁명의 화선(火線)을 높이 들고 가라! 승리를 위해 최후의 일각까지 전투하라!"고 외쳤다.236)

봉천(奉天)에서는 1930년 1월 23일 홍경현(興京縣) 왕청문(旺淸門)고등보통학교에서 재학생·졸업생 약 60명이 학생대회를 열고 학생운동 만세를 외치며 광주여자고보에 축하문을 발송했다. 이어 국민부 간부에게 "전선학생대회에 300엔의 운동자금을 보내줄 것, 이번 학생 사건을 남만 일반

---

230) 「昭和五年三月十四日調 朝鮮學生事件ニ關スル在外朝鮮人ノ行動及支那人ノ言動」, 104쪽 ; 강재언 편, 『광주항일학생사건자료』, 226쪽.
231) 강재언 편, 『광주항일학생사건자료』, 291쪽.
232) 김성민, 『1929년 광주학생운동』, 431~432쪽.
233) 김성민, 『1929년 광주학생운동』, 433쪽.
234) 국사편찬위원회, 『한국독립운동사』 5, 1969, 740쪽.
235) 강재언 편, 『광주항일학생사건자료』, 105쪽.
236) 강재언 편, 『광주항일학생사건자료』, 293쪽.

학생에게 선전하여 각성시킬 것"을 결의했다고 한다. 한편 한인 3만여 명이 체포되어 그중 수천명이 살해되었거나 한인 학생 다수가 학살 또는 투옥되었다는 등의 내용을 담은 상하이·봉천으로부터의 격문이 퍼져 이 지역 및 뤼순·다롄[大連]의 한인들이 크게 동요되었다.237)

하얼빈[哈爾濱]에는 1920년대에 한인이 많지 않았다. 1925년 10월 962명, 1931년 1,557명으로 파악되었다.238) 1929년 말 1930년대 초 하얼빈에는 한인 중학교가 없었고, 한인 학생들은 중국인 학교에 다녔다. 따라서 광주학생운동과 관련하여 한인 학생들의 독자적·적극적 호응은 기대하기 어려웠다.239) 하얼빈한인학우회가 「타도 일본제국주의」라는 제목의 격문을 배포하였고, 인근의 아성현 소하구(小蝦溝)소학교에서 시위가 있었다.240)

하얼빈에서는 한인민족운동단체들이 광주학생운동에 호응하였다. 1929년 12월 18~19일 하얼빈의 조선공산당 재건설만주부위원회와 고려공산청년회 재건설만주부위원회가 「전조선을 진동시킨 혁명적 대시위운동 폭발에 제(際)하여 노동자·농민·청년·혁명동지 등에게」라는 제목의 성명서를 발표했다. 성명서는 "학생사건은 3·1운동 이상의 조직적·대중적·혁명적 행동으로서 우리들 피압박 민중은 일제히 궐기하고, 재만(在滿)단체는 종래의 파쟁을 청산하고 협동전선을 펼쳐 이 운동을 옹호, 원조하자"면서 일본제국주의 타도와 한국의 절대 독립을 주장했다. 그리고 노농소비에트 정부 수립, 지주의 토지몰수 및 농민에 무상분배 등을 주장했다.241)

---

237) 강재언 편, 『광주항일학생사건자료』, 225쪽.
238) 서명훈, 『할빈시 조선민족 백년사화』, 북경 : 민족출판사, 2007, 46쪽 : 장세윤, 「광주학생독립운동의 중국 동북(만주)지역 확산과 한인 학생·민족운동 세력의 호응」, 163쪽
239) 서명훈, 『할빈시 조선민족 백년사화』, 북경 : 민족출판사, 2007, 95~96쪽 : 장세윤, 「광주학생독립운동의 중국 동북(만주)지역 확산과 한인 학생·민족운동 세력의 호응」, 164쪽.
240) 강재언 편, 『광주항일학생사건자료』, 294쪽
241) 강재언 편, 『광주항일학생사건자료』, 227쪽.

중동선(中東線) 매림(梅林)에서 활동하던 재만조선무정부주의자연맹도 1930년 초 격문을 배포하고 "(광주)학생 사건은 정복자 대 피정복자의 항쟁"이라 선언하였다.242) 한족(韓族)총연합회는 광주학생운동의 진상조사를 위해 위원 4명을 국내로 파견하였는데, 이들은 중국 안동(安東 : 현재 丹東)에서 평안북도 정주로 이동하여 관계자와 회의를 하였다.243)

2) 중국 관내 지역 한인들의 인식과 활동

상하이의 한인독립운동가들은 계열을 막론하고 광주학생운동에 지지와 지원을 주장하였다. 상하이에 광주학생운동 소식이 언제 어떻게 전해졌는지는 알기 어렵다. 국내의 신문 보도나 인편, 정보망 등을 통해서였을 것이다. 광주학생운동이 시작된 다음 날부터 『동아일보』와 『조선일보』는 광주학생운동 소식을 수록하였다.244)

상하이의 한인독립운동가들이 광주학생운동에 호응을 시작한 것은 11월 말이었다. 1929년 12월 1일 중국공산당 산하 중국혁명 호제회(互濟會) 창립대회에는 한인·중국인·대만인이 모였는데 한인사회주의자들이 광주학생운동을 알렸다. 학생운동으로 1만 8천여 명이 일경에 감금되었다며, 일제 타도를 위해 각 단체가 협조해 줄 것을 호소하였다.245) 12월 30일에는 상하이의 유호(留滬)한국독립운동자동맹(1929년 10월 26일 결성)이 「조선에서 학생 900명 체포. 승리 때까지 투쟁 계속」이라는 격문을 배포

---

242) 강재언 편, 『광주항일학생사건자료』, 227쪽.
243) 강재언 편, 『광주항일학생사건자료』, 228쪽.
244) 『동아일보』 1929년 11월 4일, 「광주고보중학 양교생 수백명 충돌」; 1929년 11월 5일, 「흥분된 천여학생 각처로 시위행렬」; 『조선일보』 1929년 11월 5일, 「차실 내에서 수차 연행」「경솔한 유도선생 학생충돌을 激成」「대치 중의 쌍방 학생 중 돌연 10여 명 검속」 등등.
245) 「昭和五年三月十四日調 朝鮮學生事件ニ關スル在外朝鮮人ノ行動及支那人ノ言動」, 84쪽.

하였다.246) 유호한국독립운동자동맹은 광주학생운동을 '사회혁명'으로 파악하고 일제 타도를 위해 일본, 중국, 인도, 대만, 한국의 동방피압박약소 민족의 공동투쟁을 계획했었다.247) '재중국 한인청년동맹 제1구 상하이지부'는 12월 31일 "광주의 1,200학생 검속. 총동원하여 제국주의 타도 목표 달성"이라는 격문을 발표하였다.248)

중국의 한국독립운동계는 1920년대 말부터 좌우통합을 시도하였는데, 유호한국독립운동자동맹이 상하이 각 단체의 대표자 회합을 촉구하여, 1930년 1월 3~4일 대항책협의회가 개최되었다. 대한민국임시정부를 비롯하여 기독교청년회, 기독교회, 노병회, 대한교민단, 병인의용대, 유호한국독립운동자동맹, 인성학교, 재중국한인청년동맹, 중국한인청년동맹, 초동한국학생연구회, 학우회, 한국여자 구락부, 흥사단 원동지부 등 각 단체의 대표 21명이 참석하였고,249) 광주학생운동에 대처하기 위해 상해한인각단체연합회를 결성하여250) 광주학생운동이 끝날 때까지 활동하기로 했다.

대항책협의회의 결의에 1월 11일에 열린 민중대회에는 중국인 100명, 대만인 3명을 포함하여 약 450명이 참석하였는데251) 광주학생운동이 강

---

246) 「昭和五年三月十四日調 朝鮮學生事件ニ關スル在外朝鮮人ノ行動及支那人ノ言動」, 84~85쪽.
247) 국회도서관, 『한국민족운동사료 : 중국편』, 1976, 645쪽 ; 한규무, 『광주학생운동』, 200쪽.
248) 「昭和五年三月十四日調 朝鮮學生事件ニ關スル在外朝鮮人ノ行動及支那人ノ言動」, 85쪽.
249) 「昭和五年三月十四日調 朝鮮學生事件ニ關スル在外朝鮮人ノ行動及支那人ノ言動」, 85쪽.
250) 강재언 편, 『광주항일학생사건자료』, 219~220쪽.
251) 「昭和五年三月十四日調 朝鮮學生事件ニ關スル在外朝鮮人ノ行動及支那人ノ言動」, 86쪽. 『조선일보』는 참석자가 일천삼사백명이고, 상하이공회연합회, 동방피압박민족반제동맹, 상하이반제동맹, 반제인도동맹 등이 참석했다고 한다.(『조선일보』 1930년 1월 22일, 「상해동포 천여 회합, 조선학생사건 토의」)

한 자극을 준 때문이었고, 동방피압박민족 반제대동맹주비회라는 조직이 있었기 때문이다.252) 민중대회는 "동경, 만주, 하와이, 북경, 천진, 북미(北美) 등 재류 한인 동지들에게 사건을 전달하여 분기(奮起)를 촉구하고 세계적 운동을 시작할 것", "서울, 신의주, 평양, 대구 등에 결사대원을 파견하여 원조하되 국내외 일본의 대관(大官) 및 관청, 은행 등도 폭파 기도할 것" 등을 결의하였다.253)

그러나 사회주의계열이 이를 사회주의세력 확대의 기회로 삼으려 하고, 상해한인각단체연합회와 달리 독자적 활동을 전개한다는 민족주의계열의 반발 때문에 불협화음이 일어났고, 2월 26일 연합회는 해산되었다.254) 이후 광주학생운동 지원 활동은 더 이상 추진되지 못했다.255) 상해한인각단체연합회를 주도했던 조소앙은 『광주혁명지진상』(光州革命之眞象)을 저술하여 광주학생운동을 '혁명'으로 규정하고 시위에 참여한 학생들을 '학생군'이라 하였다. 광주학생운동을 독립시위운동을 넘어 독립전쟁으로 인식하였다.256)

대한민국임시정부는 광주학생운동을 계기로 난국을 타개하고 독립운동의 원동력으로 삼을 수 있으리라 기대하였다. 1930년 3·1절 기념 「선언」은 광주학생운동에 대한 임시정부의 인식과 공식 입장이었다.257) 임시정

---

252) 박한용, 「일제강점기 조선 반제동맹 연구」, 고려대 한국사학과 박사학위논문, 2012, 90~91쪽.
253) 강재언 편, 『광주항일학생사건자료』, 222쪽.
254) 한국정신문화연구원 편, 「在上海 韓國人各團體聯合會의 해산에 관해 1930년 3월 8일자로 조선총독부 경찰국장이 외무성아세아국장에 통보한 요지」, 『한국독립운동사자료집 : 중국편』, 1993, 642쪽.
255) 강재언 편, 『광주항일학생사건자료』, 284~285쪽.
256) 한국정신문화연구원 편, 『한국독립운동사자료집 - 조소앙 편(1)』, 1997, 249~250쪽 ; 김성민, 『1929년 광주학생운동』, 445쪽 : 이지은, 「광주학생운동에 대한 상해 독립운동 세력의 반향」, 『한국독립운동사연구』 74, 2021, 124~130쪽.
257) 국회도서관 편, 「안창호 일파의 한국국민당 조직과 그 후의 행동에 관해 1930년 8월 12일자로 조선총독부 경무국장이 외무성아세아국장에 통보한 요지」, 649~

부는 광주학생운동을 계기로 침체를 타개하고 활력을 불어넣고자 노력하였다.

북경의 한인들은 상하이·만주 등에서 들어오는 격문 등에 자극되어 민족주의자들을 중심으로 광주학생운동 호응 활동을 전개하였다. 북경조선학생회는 1930년 1월 11일 북경화북대학에서 임시대회를 열고 조선학생사건에 대해 진상 보고를 하고 성명서를 발표하였다.258) 1월 22일에는 학생문제 대책협의회를 가졌고, 그 결과 1월 26일 분투 학생 격려, 미온적인 학부형 행동의 문책, 중국인의 후원 요청 성명서 등을 각각 제작, 배포하기로 하였다. 또한 재외 독립운동자의 통일회의 개최 권유 격문을 각지에 발송하기로 결의했다.259)

민족주의계열 인물들은 2월 중순 북경한족동맹회를 조직하고,260) 광주학생운동의 열기를 독립운동으로 이어가기 위해 한글 격문 「조선학생 독립운동사건에 즈음하여 학생, 학부모, 일반 동포 제군에게 고함」과 「조선학생 독립운동사건에 즈음하여 해외에 있는 동지 제군에게 고함」, 중국어 전단 「경고 중국동지 서」를 2,000여 매 제작하여 각지에 배포하였다. 북경한족동맹회는 학생 및 학부형, 일반인, 중국인, 해외동포 등으로 구분하여 각자에 합당한 행동지침을 제시했다.261) 학생들에게 "강렬한 결전", 학부형들에게 "건곤일척의 결전", 일반인과 해외 동포들에게 "폭동과 혈전"을 주문하였다. 2월 16일에는 학생 사건 진상 보고 및 성원대책 논의를 위한 재북평동포전선대회가 개최되었다. 이 대회는 북경에서 대립되던 민족주의계와 사회주의계가 광주학생운동의 대항책 마련을 위해 힘을 합쳐 조직

652쪽.
258) 『조선일보』 1930년 2월 2일, 「북평유학생 성명서 발표」.
259) 강재언 편, 『광주항일학생사건자료』, 286쪽.
260) 「昭和五年三月十四日調 朝鮮學生事件ニ關スル在外朝鮮人ノ行動及支那人ノ言動」, 100쪽.
261) 「昭和五年三月十四日調 朝鮮學生事件ニ關スル在外朝鮮人ノ行動及支那人ノ言動」, 100~102쪽.

한 것이었다.262) 그런데 한교 대회 명의로 배포키로 한 격문의 내용을 놓고 민족주의계와 사회주의계는 갈등을 빚었고,263) 이후 북경에서 국내 학생운동 지원 활동은 지속적으로 전개되지 못했다.264)

천진에서는 조선대독립당주비회(朝鮮大獨立黨籌備會)가 1930년 1월 22일 「최후의 일인까지 일제에 대항하라」는 격문을 작성하여 일본조계 거주 한인들에게 배포하였다.265) "첫째, 적의 시설과 기관을 파괴하고 조선에 이주한 왜노를 박멸한다. 둘째, 학생은 적이 경영하는 교육기관을 소훼(燒燬)한다. 셋째, 주구(走狗) 및 고식적 자치운동자를 배격하고 대독립당의 건설을 기한다"266) 는 내용이었다. 학생운동을 적극적인 독립운동으로 전환하는 계기로 삼고자 했음을 보여준다. 조선독립당주비회는 1930년 6월 기관지로 『조선지혈』(朝鮮之血)을 간행하고, 천진에서 해외 각지의 독립운동단체 대표대회의 개최를 추진했다. 광주학생운동을 통해 침체된 민족유일당운동의 활성화를 희망하였는데 뜻대로 이루어지지 않았다.267)

남경에서는 1930년 2월, 남경한국유학생회 이름으로 「남경한국유학생회의 한국 광주 참상에 대한 선언」이란 제하의 전단과, 한국독립당 남경촉성회집행위원회 이름으로 중·한 양민족이 제휴하여 공동의 적 일제를 타도해야 한다는 격문이 각지에 배포되었다.268)

중국 관내의 한인들은 상해한인각단체연합회, 북평한족동맹회, 조선대독립당주비회 등을 결성하고 광주학생운동에 대한 조사, 보고, 선전, 후원

---

262) 朝鮮總督府 警務局, 『朝鮮の治安狀況』, 1930, 98~99쪽 : 김성민, 『1929년 광주학생운동』, 423~424쪽.
263) 강재언 편, 『광주항일학생사건자료』, 286~287쪽.
264) 김성민, 『1929년 광주학생운동』, 425쪽.
265) 강재언 편, 『광주항일학생사건자료』, 223~224쪽.
266) 「昭和五年三月十四日調 朝鮮學生事件ニ關スル在外朝鮮人ノ行動及支那人ノ言動」, 100쪽.
267) 김성민, 『1929년 광주학생운동』, 426~427쪽.
268) 강재언 편, 『광주항일학생사건자료』, 285쪽.

등의 활동을 펼쳤다. 이들 단체는 민족주의계열과 사회주의계열이 함께 참여하여 광주학생운동을 민족유일당운동 활성화의 계기로 삼았는데, 계열 간의 이질성을 극복하지 못하여 광주학생운동을 위한 연합운동도 오래 계속되지 못했다.269)

중국의 한인들은 첫째, 국내에서 일제가 학생 수십명을 학살하고 수천 명을 검거하는 대규모 탄압을 진행하고 있으며, 학생운동이 정치문제로 전화(轉化)되어 '일본제국주의 타도'의 시위운동이 전국으로 확산되고 있다고 인식하였으며, 광주학생운동을 혁명운동으로 높이 평가하였다.270) 그리고 직접적인 시위운동과 선전 활동을 통해 민족운동 활성화의 계기로 만들고자 하였고, 항일운동 세력의 통일문제를 제기하였으며, 중국을 비롯하여 대만, 인도 등 피압박 민족의 적극적인 지원을 요청하였다.271) "조선혁명의 성공은 중국 혁명의 성공을 촉진할 것이므로 상호 단결하여 제국주의 타도에 매진하자"고 호소했다.

3) 중국 정부와 언론의 인식과 지지

광주학생운동이 일어난 직후 중국의 언론매체들은 광주학생운동을 한·일 학생 간의 작은 충돌로 여겨 크게 관심 갖지 않았고, 광주학생운동이 전국 규모로 확산되자 관심을 보였다.

선행 연구에 의하면, 광주학생운동을 수록한 중국 언론과 보도 건수는 『대공보』(大公報), 『중앙일보』(中央日報), 『민국일보』(民國日報), 『시보』(時報), 『신보』(申報), 『홍기』(紅旗) 등 6종에 49건, 『상담민보』(湘潭民報), 『신신보』(新晨報), 『전민보』(全民報), 『태오사보』(泰晤士報), 『화북일보』(華北日報), 『중경신촉보』(重慶新蜀報), 『국민공보』(國民公報), 『세계일보』

---

269) 김성민, 『1929년 광주학생운동』, 427쪽.
270) 김성민, 『1929년 광주학생운동』, 441~445쪽.
271) 김성민, 『1929년 광주학생운동』, 446~448쪽.

(世界一報),『순천시보』(順川時報),『월화보』(越華報),『호남국민일보』(湖南國民日報) 등 11종에 104건이다.272)

광주학생운동을 가장 먼저 보도한 것은『세계일보』의 "日人大捕朝鮮學生 共一百二十七名",『순천시보』273)의 "朝鮮京城捕獲 過激學生 一百二十七名",『화북일보』274)의 "朝鮮大獄 百餘靑年學生被捕"으로 모두 1929년 12월 6일자이다.275) 세 신문 모두 1929년 12월 5일 일본연합사의 보도를 인용하였는데, 12월 2일부터 3일까지 학생들이 과격한 격문을 배포해 127명을 체포했다는 내용이다. 기사에 광주학생운동이 명시되지 않았지만 광주학생운동 관련 최초 보도로 이해된다.276) 1929년 12월 11일 기사는 일본연합사의 1929년 12월 10일 보도를 인용한 것인데, 12월 9일 서울에서 발생한 학생시위를 광주에서의 학생시위와 연관지어 기술하였다.277)

광주학생운동에 대한 초기의 중국 신문 기사는 주로 조선총독부의 발표내용을 근거로 하였기에 단편적인 인과관계 서술에 머물렀다.278) 그러나 12월 28일 조선총독부의 보도통제가 해제되고, 광주학생운동의 열기와 규모가 커지자 관심이 증가하였다. 한국인이 일제로부터 받는 억압과 착취를 서술하여 인과관계를 파악하고자 하였고, 한국인의 투쟁을 긍정적으로 평가하며 더욱 힘써주기를 바랬다. 그리고 한국민족과 중국민족이 연합하여

---

272) 박성우,「광주학생독립운동 중국 신문 보도에 관한 기술적 연구」,『한국문헌정보학회지』56-4, 2022 참조..
273) 일본인이 1901년 북경에서 발간한 일간지. 1905년 3월 이후 일본 외무성의 기관신문.
274) 1929년 1월 창간. 국민당의 입장을 옹호.
275) 박성우,「광주학생독립운동 연구 지평의 확장을 위한 중국 신문 사료 연구」, 2022, 249쪽.
276) 박성우,「광주학생독립운동 중국 신문 보도에 관한 기술적 연구」, 227쪽.
277)『시보』1929년 12월 11일,「韓生被捕九百餘人」. 동일한 일자에『순천시보』,『전민보』,『태오사보』,『화북일보』에서도 같은 내용을 보도.(박성우,「광주학생독립운동 중국 신문 보도에 관한 기술적 연구」, 2022, 228쪽)
278) 손과지,「광주학생운동에 대한 중국 매체의 보도와 인식」, 118~120쪽.

일본제국주의를 타도하고 혁명을 성공시키고자 함을 강조하였다.279) 중국 신문들에 수록된 광주학생운동 기사는 한국과 일본의 언론에 보도된 것을 전재(轉載)한 것이었다.280)

중국국민당은 기관지와 지역신문 등을 통해 광주학생운동을 지속적으로 보도하고 동정과 지지, 독려하는 글을 수록하였다. 1930년 1월 하순, 중국국민당은 중국 각지의 국민당 정치·군사 기관, 민중 단체, 언론기관으로 통전을 보내 한국의 독립운동 지지를 공개적으로 천명하였다.281) 한국독립운동이 중국 혁명 완수에 도움이 되므로 적극 성원하라는 것이었다. 이에 1930년 1월 하순 이후 중국국민당 강소(江蘇)·절강(浙江)·산서(山西), 하북(河北)의 각 省(성) 당부(黨部) 관할 하에 있는 중국 항일단체, 언론사들이 한국인의 독립운동 원조에 관한 지지 선언을 발표했다.282) 중국 신문들은 상해한인각단체연합회에서 배포한 광주학생운동 관련 격문을 게재하고 동정적인 사설을 실었다.283) 동방피압박민족은 상호 부조가 필요하니 서로 연합하여 제국주의를 타도하자고 하였다. 그런데 국민당 정부는 광주학생운동으로 촉발된 한국인들의 독립운동 지원을 선언하면서도, 독립운동가들이 중국공산당의 반제운동에 현혹되지 말 것을 당부하였다.284)

중국국민당 기관지 『중앙일보』(1927년 창간)는 1929년 12월 12일자에

---

279) 이지은, 「광주학생운동에 대한 상해 독립운동 세력의 반향」, 『한국독립운동사연구』 74, 2021, 115쪽.
280) 박성우, 「광주학생독립운동 중국 신문 보도에 관한 기술적 연구」, 『한국문헌정보학회지』 56-4, 한국문헌정보학회, 2022, 236쪽.
281) 「昭和五年三月十四日調 朝鮮學生事件ニ關スル在外朝鮮人ノ行動及支那人ノ言動」, 115쪽.
282) 「昭和五年三月十四日調 朝鮮學生事件ニ關スル在外朝鮮人ノ行動及支那人ノ言動」, 116~119쪽.
283) 「昭和五年三月十四日調 朝鮮學生事件ニ關スル在外朝鮮人ノ行動及支那人ノ言動」, 121~129쪽.
284) 『申報』 1930년 2월 12일, 「蘇省黨部 致韓國民黨電」 ; 국사편찬위원회 편, 『대한민국임시정부자료집(중국보도기사I)』 39, 328쪽.

「전라남도 광주의 학생 사건과 한·일 학생들 간에 오랜 시간 동안 있어온 작은 충돌들로 인한 학생폭동사건」을 수록한 이후 12월 19일자에 「한국 학생의 반일운동 규모가 크게 확대되다」, 12월 29일, 1930년 1월 13·23일에 「한국 혁명의 노도가 거세게 일어나다」, 1930년 2월 6·9·11·12·14·24·25·26일에 「한국독립운동 개황」이라는 기사를 수록하였다. '학생폭동'에서 '반일운동', 이어 '한국혁명'으로 광주학생운동을 호칭하였다.

『광주민국일보』(廣州民國日報 : 1923년 창간)는 1929년 12월 29일 "한성 통신"이라며 「한국 학생의 반일 운동 확대」285)를 수록한 이후 12월 30일에 「한국 학생 반일 폭동 진상」,286) 『민국일보』(1916년 창간)는 1930년 1월 14·21·25일, 2월 5일에 절강성, 2월 8·10·11·12·13·15일, 2월 20·22·28일, 3월 18일에 하북성·천진시 당무정리위원회, 상하이 학생연합회, 상하이 총공회, 국민당 상하이 제6구 당부, 국민당 각급 당부가 한국 독립(혁명)운동을 성원하였다고 하였다.287)

이 외에도 상하이의 『국민일보』, 항저우의 『국민일보』, 복건의 『북민일보』, 무한의 『증산일보』와 『북평일보』, 『천진일보』, 『소호보』에 광주학생운동 관련 기사가 수록되어 중국인들에게 광주학생운동을 알렸다.

중국공산당은 광주학생운동을 반제국주의 투쟁의 선전 기회로 이용하고자 했다. 일제의 한국학생시위운동 탄압을 규탄하면서, 전 세계의 피압박 민족이 연합하여 반제국주의 투쟁을 전개하고 중국공산당과 소비에트를 수호하자고 주장했다.288) 한국 학생운동 지원을 통해 피압박 민족의 반제국주의 투쟁을 고양시키고 이를 중국공산당 지지로 연결시키려 하였다.

---

285) 국사편찬위원회, 『대한민국임시정부 자료집』 39(중국보도기사 I), 2010, 285쪽.
286) 국사편찬위원회, 『대한민국임시정부 자료집』 39(중국보도기사 I), 288쪽.
287) 국사편찬위원회, 『대한민국임시정부 자료집』 39(중국보도기사 I), 291~294·296·302~306·310·312~313·318~320·328~330쪽.
288) 「昭和五年三月十四日調 朝鮮學生事件ニ關スル在外朝鮮人ノ行動及支那人ノ言動」, 114~115쪽.

중국공산당 기관지 『홍기』(紅旗 : 상하이에서 발간)는 1929년 12월 25일 발행된 64기(期)에서 「조선 투쟁소식」이란 제목 아래 광주학생운동을 자세히 설명하였다. 광주학생운동을 "조선의 5·30운동"이라 평가하였다. 광주학생운동을 혁명운동 차원에서 평가하고 중·일·한 노동대중이 연합하여 일본제국주의를 타도하자고 호소하였다. 1930년 1월 1일에 발행된 66기에도 「타도 일본제국주의! 한국독립 만세!」라는 제목으로 광주학생운동을 적극 지지하였다. "한국의 형제들, 투사들은 고립된 것이 아니다, 중국·일본·소련, 나아가 전 세계의 혁명 군중들이 투쟁에 함께할 것"이라고 적극 지원하였다. 중국공산주의청년단 중앙집행위원회는 1930년 2월 1일 「원조 조선혁명선언」을 발표하고, 광주학생운동에 대한 적극 지지를 표하였다. 중국공산당 만주성위원회도 2월 5일 제9호 통고를 통해 한국혁명운동의 열렬한 원조, 특히 한국 독립운동 원조의 확대를 표하였다. 그리고 3월 1일 한국 독립기념일에 시위 활동을 하기로 했는데, "한국 혁명운동의 원조"를 중심구호로 하기로 결정하였다.[289]

중국공산당 중앙과 청년 관련 단체, 만주성위원회 등의 방침, 조선공산당 만주 조직과 민족주의계열 단체 등의 주도로 1930년 초 중국 연변지역과 중국 동북지역 여러 지역에서 광주학생운동에 대한 호응과 이에 연계된 각종 시위나 항일투쟁 등이 전개되었다.[290] 이와 같이 중국국민당은 광주학생운동에 대한 지지 성명서 등을 통해 한국독립운동을 지원했고, 중국공산당은 대만, 인도 등 피압박 민족과 연대하여 시위운동 등의 지원 활동을 전개했다. 그러나 상하이(일본)총영사관 측의 항의가 있은 1930년 2월

---

289) 「昭和五年三月十四日調 朝鮮學生事件ニ關スル在外朝鮮人ノ行動及支那人ノ言動」; 石源華·蔣建忠 編, 『韓國獨立運動與中國關係編年史』上, 北京: 社會科學文獻出版社, 2012, 378~381쪽 : 장세윤, 「광주학생독립운동의 중국 동북(만주)지역 확산과 한인 학생·민족운동 세력의 호응」, 『한국근현대사연구』 94, 2020, 141쪽.
290) 장세윤, 「광주학생독립운동의 중국 동북(만주)지역 확산과 한인 학생·민족운동 세력의 호응」, 141쪽.

말 이후로는 지지와 지원 활동을 중단하였다.291)

중국국민당과 중국공산당이 광주학생운동을 지지·후원한 것은 292) 광주학생운동을 일제가 중국에서 자행한 학살사건과 연결하여 인식했고, 중화사상과 연계하여 중국의 옛 속국 또는 고토(故土)인 한국의 독립운동을 지원해야 한다는 인식 때문이었다. 또한 한국이 독립되면 일본과 중국의 완충지대가 설정되기 때문에 중국 동북 지역이 안정된다고 인식한 때문이었다.293)

3. 일본지역 한인·일본인의 인식과 반향

1929년 6월 말 재일한인은 27만 1,280명으로294) 이 가운데 4,433명이 중·고등학생 이상이었는데 그중 약 70%가 도쿄에 있었다. 노동자는 노동인부가 12만 7,630명으로 약 60%였고, 직공 4만 7,943명, 광부 5,475명이었다.295)

일본의 한인사회는 일찍부터 광주학생운동 소식을 듣고 관심을 보였다. 일제가 광주학생운동 소식의 신문기사 게재를 금지하였지만, 한인 유학생과 노동자들은 "조선 내 동지의 통신에 의하여" 대체적인 상황을 알게 되었고, 자주 회합하여 대책을 협의하였다.296)

---

291) 강재언 편, 『광주항일학생사건자료』, 284~285쪽.
292) 김성민, 『1929년 광주학생운동』, 453~454쪽.
293) 「昭和五年三月十四日調 朝鮮學生事件ニ關スル在外朝鮮人ノ行動及支那人ノ言動」, 128쪽.
294) 386,697명이라 계산하는 연구자도 있다.(박경숙, 「식민지 시기(1910년~1945년) 조선의 인구 동태와 구조」, 『한국인구학』 32-2, 2009, 50쪽)
295) むくげの會 編著, 『植民地下朝鮮·光州學生運動の硏究』(むくげ叢書 2), 1989, 78~79 : 허성태, 임영언 (2020), 「광주학생독립운동의 일본지역 확산과 지지에 대한 고찰」, 『국제문화연구』 13(2), 80쪽.
296) 강재언 편, 『광주항일학생사건자료』, 216~217쪽.

1929년 11월 말 재일본 조선노동총동맹 도쿄 조선노동조합은 「광주학생사건에 제(際)하야 전조선피압박민족 제군에게 격(檄)함」이라는 격문을 제작, 배포하였다. 그 내용은 "제국주의 노예교육 즉시 철폐, 조선인 본위 교육 실시, 학생의 언론집회출판결사의 자유, 학생 사건에 경찰간섭 절대 반대, 광주학생사건 희생자를 탈환하라, 제악법 철폐, 조선총독 폭압정치 반대, 타도 일본제국주의, 조선민족해방 만세" 등이었다.297) 또한 「조선혁명전을 지지하자, 혁명노동자 제군에게」라는 문건에서 "조선의 혁명전은 지금 노예인 군대, 경찰, 소방대의 총동원 하에 20여 만의 투옥과 백여 명의 총살을 당했다"고 주장하며 "감옥, 경찰서를 파괴하고 모든 희생자를 탈환하자?", "조선민족해방 만세!", "일본제국주의를 타도하자", "노동자, 농민 정부를 수립하자"고 역설했다.298) 1929년 12월 초 서울에서 시위를 준비하던 중등학생들이 재일본조선노동총동맹에서 배부한 격문을 입수하여 회람하였다.299) 1930년 1월 초 함남 원산에서는 일본 도쿄에서 보낸 격문에 기초하여 격문을 제작, 배포하였다.300) 1929년 12월 23일 도쿄 조선노동조합 심천(深川)지부가 간담회를 열고 광주학생운동 대책을 협의하였다.301) 1930년 2월 10일에는 도쿄 조선노동조합 명의로 「피를 흘리며 투쟁하고 있는 내지(內地)의 형제들을 응원하자」는 격문을 제작하여 살포하였다.302)

---

297) 김성민, 『1929년 광주학생운동』, 456~457쪽.
298) 김인덕 편, 『식민지시대 민족운동사자료집』(일본지역편 1), 국학자료원, 1996, 103~104 ; 김성민, 『광주학생운동 연구』, 345쪽.
299) 경성종로경찰서, 김인배 신문조서(2회), 1929년 12월 7일 : 국사편찬위원회, 『한민족독립운동사자료집』 49, 2002, 163쪽 ; 김성민, 『1929년 광주학생운동』, 458쪽.
300) 「昭和5年刑控第384號(劉三奉) 판결문」, 경성복심법원, 1930년 9월 29일 : 강재언 편, 『광주항일학생사건자료』, 216~217쪽.
301) 『조선일보』 1929년 12월 30일, 「동경에서 又復 백여 학생을 검거」 ; 독립운동사편찬위원회, 『독립운동사자료집 별집 3 : 재일본한국인민족운동자료집』, 독립유공자사업기금 운용위원회, 1978, 398쪽.
302) 강재언 편, 『광주항일학생사건자료』, 217~218쪽 ; 『독립운동사자료집 별집 3

오사카[大阪] 조선노동조합은 1930년 1월 18일 간담회를 열고 일제당국에 항의서한을 보내기로 결정한 후, 1월 20일 오사카 조선노동조합, 오사카 조선노동조합 서성지부(西成支部), 오사카 산업노동자공장 등 세 단체가 항의문 세 통을 조선총독에게 발송하였고, 1월 21일 일본수상에게 발송했다. 그 내용은 "전조선 학생소요사건은 일본제국주의의 대리점인 총독부가 조선민족으로 하여금 영구히 예속화하려고 하는 교육에 대한 학생의 반항임에도 불구하고 관헌으로 하여금 난폭하게 수천명 학도의 자유를 억압하고 체포, 투옥하는 것은 우리들 2천만 조선민족을 영원히 일본제국주의의 쇠사슬로 묶어 노예화하려는 것이기에 우리들은 오사카의 5만 동포의 이름으로 엄중히 항의하며 구금 학생의 즉시 석방을 요구함"이라는303) 1월 25일에는 「잔인하기 짝이 없는 일본제국주의를 타도하자!」라는 제목으로 격문을 작성했지만 사전에 배포가 금지되었다. 오사카 서성지부는 1월 21일 격문을 작성했지만, 관헌에게 사전 발각되어 배포하지 못했나. 북부 지부는 1월 29일 조선총독부 규탄, 오사카의 한인들에게 대중운동의 환기를 결의하여 2월 3일 「조선피압박민중에 고함」이라는 제목으로 격문을 작성했는데 배포 전에 압수당하였다.

아이치현[愛知縣] 조선노동조합304)은 1월 29일 광주학생운동의 대책을 결의하였지만 구체적인 행동은 없었다.305) 치바현[千葉縣] 조선노동조합306)은 1월 30일 국내의 학생운동에 대한 일제의 조치를 비판하는 비판

: 재일본한국인민족운동자료집』, 400쪽.
303) 강재언 편, 『광주항일학생사건자료』, 318쪽 ; 독립운동사편찬위원회, 『독립운동사자료집 별집 3 : 재일본한국인민족운동자료집』, 400쪽.
304) 1929년 12월 7일 설립(『동아일보』 1929년 12월 15일, 「조선노동조합 애지현서 조직」).
305) 배영미, 「도쿄지역 재일조선인의 3·1운동 기념일 투쟁의 양상과 특징」, 『한국독립운동사연구』 59, 2017, 155쪽.
306) 1929년 11월 28일 설립.(『조선일보』 1929년 12월 20일, 「천엽현 조선노조 창립대회의 성황」)

연설회를 열려다 경찰의 제지로 실패했다. 효고현[兵庫縣] 조선노동조합은 2월 8일 「조선 학생 사건에 대한 야만적 탄압을 일본·조선 노동자 제군에게 호소한다」는 격문 100여 매를 제작했지만 효고현 당국에 발각되었다.307)

한인 유학생들도 광주학생운동에 깊은 관심을 보였다. 와세다[早稻田] 대학 조선학생동창회는 1929년 12월 12일 임시총회를 열고 광주학생운동의 대책을 협의하였다.308) 도쿄 조선유학생학우회는 12월 14일에 도쿄의 조선기독교청년회관에서 광주학생사건 비판연설회를 개최하고 이어 시위를 전개하려 하였는데, 간부 4명이 검거되고 연사로 나선 변호사 5명의 연설을 제지당하였다. 12월 24일에는, 도쿄 유학생학우회와 조선노총이 함께 기독교청년회관에서 연설회를 열고 시위하려 했으나 임석 경관의 제지로 해산당하고 60여 명이 검거되었다.309) 도쿄 유학생학우회는 12월 27일에도 시위를 계획하였는데 76명이 검거되어 실행하지 못했다.310)

오사카 유학생학우회도 1929년 12월 모임을 갖고 협의하였으나 일제의 감시가 심해 구체적인 활동은 할 수 없었다.311) 오사카 조선소년동맹은 12월 9일에 "고국인 조선에서는 어떻게 싸우고 있는가? 조선 형제여, 광주학생은 왜 관헌에게 맞아죽고, 또 모든 조선 학생은 생명을 던져 싸우는가?"라고 적고, "광주학생운동에 무죄한 조선인 학생만이 죽어가는데…

---

307) 강재언 편, 『광주항일학생사건자료』, 284쪽.
308) 독립운동사편찬위원회, 『독립운동사자료집 별집 3 : 재일본한국인민족운동자료집』, 397쪽.
309) 『동아일보』 1929년 12월 29일, 「학생 2백명 연설 중 검속」. ; 內務省警保局, 「在留朝鮮人ノ運動」(1930), 박경식 편, 『재일조선인자료집성』 2, 三一書房, 1975, 1119쪽. [공훈전자사료관 제공] ; 독립운동사편찬위원회, 『독립운동사자료집 별집 3 : 재일본한국인민족운동자료집』, 397쪽 ; 강재언 편, 『광주항일학생사건자료』, 316쪽.
310) 박경식, 편, 『재일조선인관계자료집성』 2, 三一書房, 1975, 868~869쪽 ; 독립운동사편찬위원회, 『독립운동사자료집 별집 3 : 재일본한국인민족운동자료집』, 398쪽.
311) 강재언 편, 『광주항일학생사건자료』, 217쪽.

(하략)"라는 내용의 『뉴스』 3호를 400매 제작하여 소년동맹원 및 일반인들에게 배포하였다.312) 일본조선청년동맹 오사카지부도 1930년 1월 20일 회합하고 광주학생운동의 대책으로서 일본정부 및 조선총독부의 불법 탄압을 폭로하고 사람들에게 선전할 것을 협의하였다.313) 교토(京都)에서도 1930년 1월 15일 서울에서의 연합시위 이후 유학생들이 모여 대책을 협의했으나 경찰의 감시로 실행에 옮기지는 못했다.314)

일본에서도 공산주의 성향의 일본인 단체들이 광주학생운동에 지지 선언과 격문 등을 발표하였다. 일본공산당 전기사(戰旗社)는 기관지 『전기』 1930년 2월 1일 제3권 2호에 「조선학생사건」이라는 글을 게재하였다. 『제2무산자신문』(第二無産者新聞)은 1929년 12월 24일 제9호에 「백(색)테러를 비판하고 학생투쟁의 전조선으로 확대 운운」, 1930년 1월 21일 제12호에 「학생투쟁 다시 불붙다」, 2월 1일 제13호에 「조선의 형제를 구원하자」, 3월 5일 제16호에 「조선 학생 파업 다시 불붙다」라는 글을 수록하였다. 무산청년회는 『무산청년』(無産靑年) 1929년 12월 1일 제16호에 「학생 항의의 동맹휴교 운운」, 1930년 1월 10일 제18호에 「전조선에서 내란상태 발발, 10만 명 민중 가두로 나와 군대와 충돌하여 총살자 수명」, 1월 23일 19호에 「광주학생사건 응원의 투쟁을 개시하자」 등을 실었다.

해방희생자구원회는 『구원뉴스』 1930년 1월 18일 제2호에 「계엄령 하에 일본제국주의 타도를 외치는 전조선의 억압받는 민중, 조선의 해방운동 지지의 대중행동을 조직하자」, 1930년 3월 27일 제3호에 「경성의 학생 세 번 일어나다」 등을 게재하였다. 일본반제동맹은 『반제뉴스』 1929년 11월 3일에 광주학생운동을 간단하게 사실 보도하였고, 1930년 1월 18일에 「조선해방운동지지의 대중운동을 일으키자」는 제하의 글을 수록하였다. 그리

---

312) 강재언 편, 『광주항일학생사건자료』, 218쪽.
313) 독립운동사편찬위원회, 『독립운동사자료집 별집 3 : 재일본한국인민족운동자료집』, 독립유공자사업기금 운용위원회, 1978, 400쪽.
314) 강재언 편, 『광주항일학생사건자료』, 217~218쪽.

고 1930년 2월 두 종류의 선전인쇄물을 배포하였다. 반제동맹 도쿄지방위원회는 『민중의 무장』 3·4·8호에서 대중행동을 선동하고, 1930년 2월에는 두 종의 격문을 발행하였다.315)

1929년 12월 10일 조선총독부 경무국이 처음으로 광주학생운동의 내용을 공식 발표하자, 일본의 신문들은 다음 날 관련 기사를 게재하였다. 『오사카 아사히』[大阪朝日]316)는 「폭력화하는 조선 학생의 대시위」라는 제목으로 보도하였다. 『오사카 마이니치』[大阪每日]317)도 「광주에서 경성으로 파급, 피를 본 학생 소동」이라는 제목으로 보도했다. 『오사카 아사히』는 경성발 전보에 의한 기사로서 「조선 학생의 시위행렬이 경관과 충돌하여 난투」라는 제목으로 서울 각 학교의 동맹휴교 투쟁을 전했다. 일반 신문으로는 이 신문의 기사가 광주학생운동에 대한 가장 빠른 보도이다. "광주학생사건의 요인이 일본에서도 가끔 일어날 수 있는 극히 단순한 사건이다. 그러나 이것이 장기화되면서 일본인과 조선인에게 민족적 반감을 유발한다. 이것은 일본의 통치방식에도 문제가 있다는 의미이다. 조선의 통치는 조선인에 의해 조선을 목적으로 하는 경향이 있다. 근대적 식민지정책은 통치받는 사람들의 심리를 무시해서는 성립될 수 없다"는 내용이었다. 이어 12월 14일 사설에서 「조선의 지방자치제도, 개정은 시기상조이다」라는 제목으로 "조선의 보통교육이 내선인 공학제도에 의하지 않고 특수 경비 부담단체를 만들어 중등교육마저도 중학교와 고등보통학교와 같은 별도의 학교를 만들고 있는 현재의 제도가 통치상 좋지 않다고 생각한다"며 제도 결함을 광주학생운동 발발의 한 원인으로 지적하였다.

오사카와 가까운 항구도시 고베[神戶]에는 한인 노동자들이 많았고, 일제의 한국경제수탈과 밀접한 관련이 있었다. 『고베신문』은 1929년 12월 4

---

315) 박경식 편, 『재일조선인관계자료집성』 2, 三一書房, 1975, 1164쪽.
316) 1879년 창간.
317) 1882년, 『일본입헌정당신문』(日本立憲政党新聞)으로 창간, 1885년 『오사카일보』(大阪日報), 1888년 『오사카 마이니치신문』(大阪每日新聞)으로 이름을 변경.

일 「중등학교에까지 미치다, 조선의 동맹파업, 방학을 앞당길 궁리를 마련」이란 제목으로 "경성 전화"에 의한다며, "조선 학생의 동맹휴업에 의한 시위운동이 경성부 내에 있는 중등교로 파급되어 동요를 초래"했다고 하였다. 1929년 12월 15일에는 「신간회 간부 검거 학생 사건으로」라는 제목으로 "경성 14일 발 전통"에 의한다며 "광주학생사건에 관하여 신간회와 기타 각 민족단체 간부가 책동한 새로운 사실이 발각되어 경기도 경찰부에서는 13일 검거를 개시하여 신간회, 근우회…(중략)…등의 각 사무소를 덮쳤다"고 하였다.

1930년 1월 16일자는 「총동원하여 검거에 힘쓰다 기마대도 출동할 정도로 삼엄, 조선학생의 소요 사건」이라는 제목 아래 "경성 전보"라며 "서대문서에서는 배제고보…(중략)…검거함과 동시에…(중략)…종로서에서는 학생소요사건이 일어남과 동시에 총동원하여…(중략)…검거"라 하였다. 1월 18일자는 「조선학생 여전히 소요, 옹호 동맹 발각」이란 제하에 "경성 17일 밤 통전"이라며 "경성부 내의 조선 남녀 학생의 소요가 한층 확대되어…(중략)…조사 결과 각 학교 내에 광제학생옹호동맹이라는 것이 조직되어…(하략)"라 하였고, 1월 23일자는 「이번에는 평양으로 옮겼다. 조선의 학생 소요, 어제 검속 70여 명」이란 제하에 "평양 전보"라며 "경성과 그 외 각지에서 일어난 학생운동이 평양으로 파급되어…(하략)"라고 하였다.[318]

일본에서는 한인들이 많이 거주하는 도쿄, 오사카, 치바현, 효고현 등의 조선노동조합과 도쿄조선유학생학우회를 중심으로 광주학생운동 후원 활동이 이루어졌다. 주로 격문을 배포하는 격려 활동과 일제당국에 항의문 발송이었다. 경찰의 감시와 탄압으로 가두시위나 연설회 개최 등은 할 수 없었지만, 식민 통치자인 일본의 심장부에서 항일독립운동을 감행했다는 것은 의미가 있다.

---

318) 독립기념관, 『神戶新聞 한국관계기사집』IV, 독립기념관, 2019, 224~226쪽.

4. 러시아지역의 한인·러시아인의 인식과 지지

1863년 함경북도 국경 지역의 13가구가 러시아의 치신허 강 계곡에 정착한 것을 시작으로 한인의 러시아 이주는 시작되었고, 1882년 연해주 거주 한인은 10,137명을 기록하였다.[319] 그리고 1932년 극동지역의 한인은 199,500명으로 조사되었는데, 연해주 88,400명, 우수리 주 66,100명, 하바롭스크 주 30,500명, 유태인 자치주 3,600명, 아무르 주 4,200명, 제이스카야 주 300명, 니즈니 아무르 주 3,000명, 사할린 주 3,200명, 캄차카 주 200명이었다.[320]

한인이 가장 많이 살던 연해주 블라디보스톡의 재포조(在浦潮) 고려공산당 본부에서 1929년 12월에 간부회를 열고『선봉』(先鋒)[321]을 통해 광주학생운동의 실상을 알리고, 근우회를 통한 여학생 지도를 위해 당원을 국내에 파견하기로 했다. 1929년 12월 30일 발행된『선봉』에는 '조선통신'이라며「암흑에서 폭발한 조선학생 대학살사건」이란 제목으로, 고려공산당이 광주학생운동을 계기로 한국에서 공산 운동이 일어날 것을 예상하고 1월 상순 블라디보스톡을 출발하여 서울로 향할 것이라 하였다.[322]

하바로프스크의 고려부(高麗部) 안에 광주학생운동 후원을 목적으로 선내피압박학생구제위원회를 조직하였고, 각 지에 지부를 설치하여 구금 학생 및 그 가족구제에 의연금을 모금하고, 연극 및 활동사진반을 조직하여 각 지역을 순회하며 수입금을 구제금으로 충당하였다. 니콜리스크에서는 1930년 2월 1일 한인 학생 300여 명과 복무 중인 한인 군인 200명 외에

---

319) 반병률,「제정러시아 시기의 한인사회」,『한국사시민강좌』28, 일조각, 2001, 67·69쪽.
320) 홍웅호,「1937년 러시아 극동지역 한인 강제이주 결정과 집행」,『사림』74, 2020, 247쪽.
321) 1923년 3월 1일~1937년 9월 12일. 연해주 공산당위원회 발행.
322)「昭和五年三月十四日調 朝鮮學生事件ニ關スル在外朝鮮人ノ行動及支那人ノ言動」, 112쪽.

일반인 400명이 함께 종일 시위운동을 하였다는 정보가 있었다.323)

『선봉』1930년 2월 5일자에는 광주학생운동을 "이 투쟁의 사회적 요소가 학생운동이라는 영역에 있음을 불구하고 투쟁의 정치적 본질이 일본제국주의에 반항하는 식민지 해방운동에 합류되고 있는 것은 의심할 여지가 없다"고 지적했다.324) 2월 11일자에는 「조선학생운동에 대하야」라는 제하에 광주학생운동의 경위를 자세히 실어 한인사회의 관심과 동참을 촉구했다. 광주학생운동에 대한 과대평가를 경계하면서도 "광주의 한국인 학생-일본인 학생 사이에서 일어났던 '적은' 충돌사건과 이 사건에 관련하야 한인 학생에 대한 일본 교육자·사법·경찰들의 횡포한 처치를 도화선으로 하야 전국적으로 폭발된 조선학생대중의 반항운동은 그것이 벌써 사회적으로 국한된 학생운동의 분야를 초월하여 광범한 민족적 반제국주의 투쟁으로 크게 발전되고 있다"며 높이 평가했다. 그리하여 민중들이 모두 동원되어 교육 부문의 투쟁적 요구에서 나아가 '조선의 절대 독립'이라는 혁명적·정치적 표어를 내걸게 되었다고 하였다. 나아가 이를 학생들이 '정치투쟁의 훈련'을 받고 단련하는 기회로 삼아 장차 '혁명 조직'에 참가하는 계기가 될 것이라 기대했다.325)

1930년 1월 16일 재포조 고려혁명투사구제회는 블라디보스톡의 신한촌 '스탈린' 구락부에서 고려공산당원 80여 명을 소집하여 광주학생사건의 경과를 보고하고, 재러 고려공산당과 고려인 청년이 '소비에트'의 후원 아래 적극적으로 광주학생운동을 원조하지 않는다면 고려인의 해방은 불가능하다고 하였다. 그리고 후원금을 모금하고, 한국의 각 사회단체에 보내기로 결정하였다. 1월 18일 신한촌에서 고려인교육회와 고려부대표회를 개최하고 광주학생운동의 실황조사 및 후원책 강구를 위해 대표 30명을

---

323) 강재언 편, 『광주항일학생사건자료』, 296쪽.
324) 『선봉』1930년 2월 5일 : 김성민, 『1929년 광주학생운동』, 462쪽.
325) 『선봉』1930년 2월 11일, 「조선학생운동에 대하야」 : 김성민, 『1929년 광주학생운동』, 462쪽.

한국의 각 도에 파견토록 하였다.326)

소련공산당기관지 『프라브다』(Pravda)는 1929년 12월 28일자(308호) 1면에서 「한국에서 학생들 사이에 동요」라는 제하에 'TASS 통신에 의하면, 뉴욕에서 12월 26일에 온 소식'이라며 광주학생운동을 전하였다. 즉 한국에서 학생들이 시위를 하였고, 40개 학교로 확산되었으며, 500명 이상이 체포되었고, 휴교하였는데 평소보다 2주 먼저 방학을 하였고, 방학이 끝난 후 학생들의 새로운 시위가 예상되며, 서울의 상인들은 학생 시위에 동조하여 철시하려 하였으나 경찰의 강제로 가게 문을 열었다는 내용이었다.327) 『프라브다』1930년 3월 5일자에는, 집단적 반일운동은 작년 10월 말경 일·선 학생 간의 투쟁이 원인이 되어 시위운동이 일어나, 서울에서는 경찰관과 충돌하여 사상자가 나왔으며, 그 외 구금자가 수천에 달하였고, 이 시위운동에 노동자가 가세하였으며, 동맹휴교에 80만명이 참여하였고, 피구금학생이 1만 7천명, 사상자 수는 불명확하다며 광주학생운동 소식을 수록하였다.328) 하바로프스크 극동집행위원회 기관지 『하바로프스크』는, 1930년 1월 8일 '동경특파원 통신'이라며, 일본이 "최근의 한국학생 사건에서 이천명의 한국인 학생을 체포하였"다는 기사를 실었다.329) 이 외에도 소련공산당 극동지부에서 발간한 『아방가르드』와 『이스베스티야』(Izvestiya)에 광주학생운동이 보도되었다는데,330) 며칠 자에 실렸고 무슨

---

326) 「昭和五年三月十四日調 朝鮮學生事件ニ關スル在外朝鮮人ノ行動及支那人ノ言動」, 112.쪽.
327) 1929년 12월 29일자에 광주학생운동에 관한 내용이 실렸다는데(『교육연합신문』 2015년 8월 13일, 「전남대, 86년 전 광주학생독립운동 소련 공산당 기관지에 보도」) 그 날짜에는 광주학생운동 관련 기사를 찾을 수 없었다. 12월 28일자에서 광주학생운동 관련 기사를 찾아내고 해석하여 준 전남대 사학과 박상철 교수께 감사드린다.
328) 「昭和五年三月十四日調 朝鮮學生事件ニ關スル在外朝鮮人ノ行動及支那人ノ言動」, 130쪽.
329) 「昭和五年三月十四日調 朝鮮學生事件ニ關スル在外朝鮮人ノ行動及支那人ノ言動」, 129쪽.

내용인지는 확인하지 못했다.

이처럼 러시아지역의 한인들은 광주학생운동의 실상 파악과 지원책 마련을 위해 노력하였고, 소련공산당은 『프라브다』 등을 통해 광주학생운동을 러시아의 한인은 물론 러시아인들에게도 알렸다.

5. 미주지역 한인·미주인의 인식과 후원

『신한민보』 1930년 4월 10일자에 의하면, 광주학생운동이 일어났을 당시 재미한인은 약 1,700명이었고, 북미, 멕시코, 쿠바 등지에서 생활하고 있었다.331) 1903년 하와이 이민으로 시작된 미주 이민 한인은 1905년 7,248명을 기록하였고,332) 1920년 하와이 거주 한인은 약 5,000명으로 조사되었다.333)

한국에서 멀리 떨어진 미주지역의 한인들은 광주학생운동에 대한 신속·정확한 정보를 얻기 어려웠다. 국내의 신문과 중국 상하이의 한인 각단체 연합회 등에서 보내는 통문에 의지하여 광주학생운동의 진행 과정을 알 수 있었다.

미주에서 광주학생운동에 가장 먼저 반응을 보인 것은 대한인국민회 기

---

330) 『교육연합신문』 2015년 8월 13일, 「전남대, 86년 전 광주학생독립운동 소련공산당 기관지에 보고」.
331) 『신한민보』 1930년 4월 10일, 「재미한인사회 통일의 실현이 가능한가」.
332) Lee, D. H.(2001), Passports Issued to Koreans in Hawaii,1910~1924, Center for Korean Studies : 조은정, 「19세기 말 - 20세기 초 하와이 이민에 관한 연구」, 성균관대 경제학과 석사학위논문, 2011, 50쪽. 재미 한인의 수를 7,226명(최창희, 「한국인의 하와이 이민」, 『국사관논총』 9, 1989, 229~230쪽), 6,747명(웨인 패터슨, 정대화 역, 『아메리카로 가는 길 : 한국인 하와이 이민사, 1896~1910』, 들녘, 2002)이라고도 한다.
333) 최대희, 「하와이 초기 한인 이민사회와 '불교의 부재'」, 『민족연구』 73, 2019, 89쪽.

관지『신한민보』였다. 하와이에서는 1904년『신죠신문』이 발간된 이후 약 20종의 신문이, 미국 본토에서는『공립신보』(1905년 11월~1909년 1월),『신한민보』(1909년 2월) 등 20여 종의 신문이 발간되었다.334)『신한민보』는 이 가운데 미주에서 가장 영향력이 컸던 대표적인 신문이다. 대한인국민회의 지원 아래 주 1~3회, 수천부가 발행된『신한민보』는 미국 본토, 하와이, 멕시코와 쿠바 등의 미주뿐 아니라 연해주와 북간도에도 배포되었다.335)

광주학생운동에 대한『신한민보』의 첫 보도는 1929년 11월 28일 「흥분된 천여 학생 시위행렬, 광주고보생을 필두로 농업생도 대막대를 메고 시위행진을」이다. "지난달 3일 광주고등보통학교 학생과 광주중학교 학생 각각 수백명이 광주역 부근에서 일대 충돌이 일어났다. 이 때문에 학교당국은 3일간 휴교령을 내렸다"는 내용이다. 해외에서는 첫 보도였다. 1929년 12월 12일에는 「한국학생, 경관과 충돌」이라는 제목으로 서울에서 충돌이 12월 9일에 발생했는데 곧바로 보도하였다. 1930년 1월 30일에는 '상해 한인협회에서 신한민보에 발송한 전보'에 의한다며 광주학생운동으로 1만 7천명이 체포되었으며, 17명이 피살되었다고 하였다. 또한 한국에서 온 모씨의 말이라며, 일제는 광주학생운동을 공산당의 조작이라며 무죄한 사람들을 체포한다고 하였다. 2월 23일에는 '평양에서 모 부인이 샌프란시스코의 황 부인에게 보낸 전보'를 게재하여 광주에서 평양으로 학생운동이 확산된 상황을 보여주었다.

『신한민보』는 상하이와 만주에서의 광주학생운동 지지 시위운동에 대한 기사도 10여 차례 보도하였다. 2월 20일에는 "중국 상해에서 중국인, 대만인, 한국인이 연합하여 광주학생운동을 지지하는 군중대회를 개최했고 이들은 일본영사관 앞까지 가두시위를 벌여 30명이 체포되었다"고 하

---

334) 최기영, 「미주 본토 발행 한인언론」,『한국근현대사연구』8, 1998, 100~113쪽.
335) 최기영, 「신한민보」,『한국독립운동사사전』5, 독립기념관, 2004, 331쪽.

였다. 2월과 3월에는 만주지역 용정의 대성학교, 동흥학교, 광명학교, 은진학교 등 30여 개 학교에서 광주학생들 지지 시위를 진행하여 10여 명이 체포당했다는 소식도 전했다.336) 『신한민보』는 1930년 5월까지 광주학생운동을 집중 보도하였고, 이후에도 광주학생운동 관련 재판 소식을 수록하였다.337)

　미국 신문들도 광주학생운동을 소개하였다. 『The New York Times』는 1929년 12월 26일자에 「동경 경찰 180명의 한국학생 체포」(Tokio Police Arrest 180 Korean Students)라는 제하에 "한국에서 발생한 학생시위는 공산주의 경향의 비밀결사가 주도한 정치적 사건으로, 1929년 12월 9일 900여 명의 학생이 체포되었다", "한국의 6개 지방 40여 개 학교에서 시위가 일어났고 조선총독부에 의해 모든 사건이 종료되었다"고 하였다. 이어 12월 28일사에는 「도쿄에서 100명의 한국인 체포」(100 Koreans held in Tokio)라는 제하에 "도쿄 경찰은 한국 유학생과 노동자 100명을 체포했다. 이들은 공산주의 사상을 가진 한국인들로 구성된 도쿄에 있는 대학의 비밀단체"라고 하였다. 1930년 2월 4일자에는 「한국 소문 축소」(Discounts Korean Rumors)라는 제하에 "몇 주 동안 한국에서 광범위한 학생시위가 보고되었는데, 시위는 격렬하지 않았고 일본에서 거의 주목받지 못했다. 조선총독부가 판단한 한국의 정치적 불안은 공산주의자가 중심이 되어 일으켰다. 많은 학생이 체포되었지만, 공산주의 영향을 받은 학생들은 소수였다고 밝혔다"고 하였다.338) 뉴욕에서 발행되는 신문들은 대개 일본 신문의 전보를 그대로 전재하여 대부분 온건한 내용이었고, 2월 초순 뉴욕공

---

336) 『신한민보』 1930년 2월 27일, 「간도 남녀 조선학생들이」 ; 1930년 3월 13일, 「간도 양교생 40명 검거 만세사건으로 영사관 경찰서에서」 ; 1930년 3월 16일, 「원동 소식 : 간도 양교생 40명 검거, 만세사건으로 영사관경찰서에서」 ; 1930년 4월 3일, 「대성학교를 포위하고」.
337) 『신한민보』 1933년 1월 19일, 「광주학생사건 주모자 장석천 오늘 공판에 - 1년 징역 구형」.
338) 『전남일보』 2019년 10월 17일, 「광주학생독립운동 보도한 뉴욕타임즈 기사 발굴」.

산당기관지 『데일리 워커』에 몇 개의 선전 기사가 수록되었다.339)

『The Washington Post』도 광주학생운동을 언급하였다. 1930년 1월 16일자에는 일본 도쿄의 AP(Associated Press) 기자가 취재한 것이라며 「한국시위자들이 구(舊) 국기를 흔들다」(Korean Strikers Wave Olden Flags)라는 제하에 "한국독립을 외치는 시위 물결? 미국인 선교사들이 세운 5개 학교(이화, 배화, 경신, 연희 등) 학생들이 광주학생들을 지지하는 거리시위에 적극 참여했다"고 하였다. 3월 25일자에는 「한국 학생들 봉기」(Korean Students Forment Uprising)라는 제하에 "한국에서 대규모 학생들의 봉기"가 일어났다고 하였다. 광주에서 시작된 학생시위가 전국적인 대규모 봉기로 전개되는 과정을 상세하게 전하면서 "1919년 3·1만세운동 이후 최대 규모 독립운동"으로 평가했다. 특히 『The Korean Students Bulletin』을 인용, "아름답고 조용한 아침의 나라가 피바다가 됐다. 일제의 침탈에 맞서 자유와 정의를 주장한 한국학생들의 운동은 매우 가치 있다"고 하였다.340) 샌프란시스코에서는 상하이나 뉴욕의 전보로 영자 및 중국 신문에 광주학생운동 관련 기사가 게재되었다.341)

분열과 경제공황으로 침체되어 있던 미주의 한인사회는 광주학생운동에 충격받았고, 각지에서 국내 학생 후원을 목적으로 공동회를 결성하였다. 1930년 1월 27일 뉴욕 한인공동회가 결성되었고,342) 2월 3일 시카고 한인공동회, 3월 1일 나성 한인공동회,343) 3월 중가주 한인공동회 등이 조

---

339) 「昭和五年三月十四日調 朝鮮學生事件ニ關スル在外朝鮮人ノ行動及支那人ノ言動」, 129쪽 ; 강재언 편, 『광주항일학생사건자료』, 296쪽.
340) 『아시아경제』 2016년 11월 2일, 「87년 전 광주학생독립운동 보도 '워싱턴포스트지' 발굴」.
341) 강재언 편, 『광주항일학생사건자료』, 296~297쪽.
342) 『신한민보』 1930년 1월 30일, 「해내해외에서 학생운동에 일치 향흥 국민회의 간부회의와 뉴욕공동회」.
343) 『신한민보』 1930년 2월 6일, 「시카고와 나성에서 공동회를 발기 내지학생운동을 일치 응원코자」.

직되면서344) 광주학생운동에 대한 지원 논의가 활발해졌다.345) 이들 공동회는 광주학생운동 후원을 위해 의연금을 모금했고, 중가주 한인공동회는 학생운동뿐 아니라 일반적인 독립운동의 모든 활동에 관여하기로 하고, 한시 기구인 공동회를 영구조직으로 변경하여 새로운 활로를 모색했다.346)

하와이에서는 독립단 계열 사람들이 중심되어 광주학생운동을 후원하기 위해 1930년 1월 13일 한인협회를 조직하였다.347) 호놀룰루 교민단은 1월 26일 학생들 검거 반대를 결의했다.348) 이승만의 연설은 호놀룰루의 영자 신문과 한인 신문에 게재되었다.349) 이 무렵 상하이와 뉴욕에서 교민단장 이승만 앞으로 지원 요청 전보가 전달되기도 했다. 교민단은 2월 24일 회의를 열고 구체적인 지원대책을 논의했다.350) 3월 1일 호놀룰루 전도기념관에서 700여 명이 모여 3·1절 11주년을 기념하면서 미국대통령과 국제연맹에 광주학생운동에 대해 호소하기로 결의하고 이 내용을 신문에 발표하는 한편 워싱톤 한인교민단에도 발송했다.351) 새크라멘토, 샌프란시스코 등 각지의 한인들도 3·1운동을 기념하며 학생운동 후원의 필요를 역설하였다.352)

---

344) 홍선표, 「1930년대 미주한인의 통일운동」, 『한국독립운동사연구』 10, 1996, 199~200쪽.
345) 김성민, 『1929년 광주학생운동』, 463쪽.
346) 홍선표, 「1930년대 미주한인의 통일운동」, 201~202쪽.
347) 『한인협회 공보』 5, 1930년 3월 20일, 「동포의게 통고」: 김도형, 『미주한인사회의 한국독립운동』, 역사공간, 2021, 170쪽.
348) 김도형, 「1930년대 초반 하와이 한인사회의 동향」, 『한국근현대사연구』 9, 1998, 213쪽.
349) 「昭和五年三月十四日調 朝鮮學生事件ニ關スル在外朝鮮人ノ行動及支那人ノ言動」, 113쪽.
350) 강재언 편, 『광주항일학생사건자료』, 229쪽.
351) 『신한민보』 1930년 3월 6일, 「미주 각처 동포들의 三一기념 대성황, 학생운동을 후원할 절대 필요를 역설」 ; 「昭和五年三月十四日調 朝鮮學生事件ニ關スル在外朝鮮人ノ行動及支那人ノ言動」, 113쪽.
352) 『신한민보』 1930년 3월 6일, 「미주각처 동포들의 三一기념 대성황, 학생운동을

동지회도 『태평양잡지』353) 1930년 3월호(1930년 2월 19일)에 광주학생운동을 알리고, 가장 먼저 할 일은 세상에 알리는 것인데 재정이 있으면 다른 나라 신문과 교섭하여 '탐보원'을 보낼 수 있고, 원동으로 사람을 보내 자세히 파악할 수 있고, 영문보를 발행하여 세상에 전파할 수 있다며 모금을 호소하였다. 4월호에는 「내지 독립운동의 상보」라는 제목으로 광주학생운동 등 독립운동을 알렸다.

1929년 재미한인유학생은 303명(여학생 44명)이었다.354) 북미 대한인 유학생총회(The Korean Student Federation of North American : 1921년 4월 30일 설립)는 독립운동과 관련하여 두드러진 활동을 하지 못하였는데, 광주 학생들의 참상을 알리는 데는 기여하였다. 북미대한인유학생총회는 『The Korean Student Bulletin』355) 8호(1930년 2월)에서 「Koreans Rise Again for Independence」라는 제목 아래 4면에 걸쳐 광주학생운동을 알렸다. 즉 "한국에서 1919년 이후 다시 대규모 독립운동이 발생했다. 수천명이 체포되고, 수백명이 다치거나 사망", 1929년 12월 9일 "서울에서 미국인 선교사가 세운 미션스쿨 5개를 비롯하여 평양, 부산, 송도, 공주, 원산 등에서 광주 학생들을 지지하는 동조시위의 불길이 전국적으로 확산", "1929년 12월 10일과 11일에 서울에서만 12,000명의 학생이 동조시위를 벌였다. 이로 인해 아름다운 '조용한 아침의 나라'인 한국이 일본인들의 잔악한 총칼에 의해 '유혈이 낭자'한 나라가 되었다", "3개월 동안 120개

후원할 절대 필요를 역설」.
353) 1913년 9월 1일 하와이의 호놀룰루에서 이승만이 월간으로 창간한 잡지. 1930년 10월호까지 약 60호 내외 간행.(최기영, 「해제 ; 해외의 한국독립운동사료37-미주편10 : 태평양잡지」, 『해외의 한국독립운동자료XXIII : 미주편 5 : 태평양잡지』 1, 국가보훈처, 2013, 9~13쪽.)
354) 정병준, 「일제하 한국여성의 미국유학과 근대경험」, 『이화사학연구』 39, 2009, 38쪽의 각주 9.
355) 영문 월간잡지. 국가보훈처, 『해외의 한국독립운동사료 XXIII : 미주편 5 : THE KOREAN STUDENT BULLETIN』, 국가보훈처, 2000, 169~172쪽. [공훈전자사료관(https://e-gonghun.mpva.go.kr/openViewer.do) 참조]

학교에서 45,000명의 학생이 참여했으며 4,000명 이상의 학생이 체포되었다. 496명의 10대 학생들이 학교에서 제적당했다", 신간회가 주최하려던 광주학생운동 지지 군중대회가 발각되어 12명의 민족지도자가 구속되었다는 내용도 수록하였다. 북미 대한인유학생총회는 1930년 2월 23일을 애도의 날(A Day of Mourning)로 정하여 한국에서 학생들이 겪고 있는 희생과 고통을 함께 나누고자 하였다.

미주 한인들의 광주학생운동 후원 활동은 뚜렷한 가시적인 성과를 거두지 못했다. 그러나 이를 계기로 한인사회가 독립운동을 위해 분발하는 계기가 마련되었고, 미국인들에게 한국인들의 독립 의지를 보여주는 효과도 거두었다. 광주학생운동은 미주 본토와 하와이의 한인사회가 모두 1920년대 후반의 침체를 벗어나 새로운 변화를 모색하는 계기로 작용했다.

대한인국민회 쿠바지방회356)도 광주학생운동에 지지를 표하였다. 쿠바의 마탄사스, 갈데나스, 마나티에서 100여 녕이 참여하여 광주학생운동 지지대회를 개최하고 후원금을 모금하였다.357)

1929년 『조선총독부 통계연보』에 의하면 1929년 한국 거주 외국인은 58,146명(남 47,962명, 여 10,184명)으로 중국인 56,672명, 미국인 854명, 영국인 258명, 프랑스인 64명, 독일인 87명, 러시아인 146명, 노르웨이인 5명, 스웨덴인 16명, 터키인 13명, 기타였다.358) 이들 외에도 많은 나라의 사람들이 광주학생운동이 일어난 1929년 한국을 방문하였고, 광주학생운동을 직·간접으로 경험하였다. 그리고 그들 중에는 광주학생운동을 자국의 신문에 수록하였다. 독일의 『포시쉐 자이퉁』(Vossische Zeitung)359)은

---

356) 1921년 6월 14일 설립.(이명화, 「대한인국민회 쿠바지방회」, 『한국독립운동사사전』 4, 독립기념관, 2004, 176쪽)
357) 『신한민보』 1930년 2월 20일, 「마탄사스 지방회」 ; 1930년 2월 27일, 「내지학생운동을 열정적으로 지지하자 : 마탄자스 동포들의 열성」.
358) 「現住외국인 국적별」, 『조선총독부통계연보』(1929년), 1931년 3월 간행, 40~43쪽.
359) 1934년 폐간.(『교포신문』 2019년 10월 21일, 「독일 속에서의 독립운동을 찾아

1930년 2월 23일자의 4면에 「반자이 대신 만세 - 천명의 한국 학생들 -」이라는 제하에 광주학생운동을 중요 기사로 수록하였다. 서울 주재 기자 리하르트 카츠(Richard Katz)가 작성하였는데, 한국 학생들의 만세운동 배경과 일본의 한국에 대한 강압적 통치에 대해 4면의 거의 절반에 걸쳐 상세하게 보도했다.[360]

6. 맺음말

국권 상실 이후 한(국)인들은 어디에 살든 독립운동에 직간접으로 참여하였다. 제2의 3·1운동이라 일컬어진 광주학생운동에 대한 국외 한인들의 인식과 참여도 마찬가지였다. 중국에서도 러시아에서도 미주에서도 그리고 식민 통치국인 일본에서도 한인들은 광주학생운동에 깊은 관심을 보였고 적극 행동하였다. 만주지역에서는 학생들을 중심으로, 미주에서는 한인단체들을 중심으로, 일본에서는 조선노총을 중심으로, 러시아에서는 고려공산당을 중심으로 격문을 발표하고 시위운동을 계획, 실행하였으며, 실상 파악을 위해 한국으로 사람을 보내는 등 광주학생운동에 적극 참여하였다.

광주학생운동에 대한 반응의 형태는 지역에 따라 각각 다른 형태로 나타났다. 운동의 주체는 대부분 민족주의·사회주의 단체들이었다. 일본에서는 조선노총 등의 활동이 활발했고, 거주 한인이 많고 항일운동의 전통이 있는 간도에서는 학생 중심으로 독립운동이 전개되었다. 1920년대 말 1930년대 초 만주의 한인들도 미주의 한인들도 민족주의계열과 사회주의계열 간에 분란을 겪고 있었는데, 광주학생운동을 혼란 극복의 계기로 삼

---
(3)」)
360) 1888~1968. 카츠는 1931년 1월 『Japan, Korea, China : Funkelnder Ferner Osten』을 발간하였다. 이 책은 경인문화사에서 2001년 영인하였는데, 81~106·355쪽에 'korea' 항목이 있다. 광주학생운동에 대한 언급도 있으리라 생각된다.

고자 하였다.

　중국, 러시아, 미주, 일본에서는 현지의 언론매체에 광주학생운동 소식이 수록되었다. 자국의 이익, 자기 계열의 목적을 위해서이기는 하였지만, 일제에 항거하는 광주학생운동에 그들은 상당히 우호적이었다. 일제는 한인들이 이주해 사는 지역에서 어떠한 행동을 하는지 조사하고 감시하고 자료를 수집하였다. 광주학생운동에 대한 국외 한인들의 인식과 반향은, 지금까지 조사된 자료들을 비판적인 시각으로 점검하고, 더 많은 자료를 확보하여 연구를 추진해야 할 것이다.

III. 광주학생운동 이후 학생운동의 변화

1. 머리말

　광주학생운동은 1929년 10월부터 1930년 3월까지 전국 13부(府)·218군(郡)·2도(島) 중 12부(92.3%)·81군(37.2%)·1도(50.0%)의 학교들이 참여한 대규모·장기간의 학생운동이었다. 북으로는 함북 회령, 남으로는 전남 제주에 이르기까지 전국 13도는 물론, 중국의 관내·간도와 노령·일본·미주에도 영향을 미쳤다. 국내외 280여 학교가 학생운동에 참여한 것으로 추정된다. 따라서 '전국적'은 물론 '국내외'에서의 민족운동이었고, 1920년대에서 1930년대로 넘어가는 시점에 일어난 민족운동 발전의 분수령이었다. 그래서 광주학생운동은 1920년대 학생운동은 물론 민족운동을 '총결산'했다고 평가한다.361) 또한 원산노동운동·용천소작농민운동과 더불어 1929년의 3대 민족운동이라 하기도 한다.362)

　이러한 광주학생운동에 대해서는 많은 연구성과가 축적되었다. 그리고 광주학생운동의 연구 범위 확장에 따라 광주학생운동 이후의 학생운동에 대한 연구도 진행되었다. 그리하여 광주학생운동 이후 어떠한 학생조직들이 있었는지, 어떠한 활동을 하였는지가 상당 부분 밝혀졌다.363) 선행 연

---

361) 조동걸, 「광주학생운동의 성격과 역사적 의의」, 『광주학생운동연구』, 한국역사연구회·전남사학회 공편, 아세아문화사, 2000, 302 ; 김성민, 「광주학생운동연구」, 국민대학교 박사학위논문, 2006, 370쪽.
362) 조동걸, 「광주학생운동의 성격과 역사적 의의」, 295쪽.
363) 김호일, 「일제하 학생단체의 조직과 활동」, 『일제하 식민지시대의 민족운동』, 풀빛, 1981 ; 조동걸, 「한국근대 학생조직의 성격변화」, 『한국근대 민족주의운

구들은 광주학생운동 이후 학생운동이 '동맹휴교'에서 '비밀결사'로 변하였다고 주장한다.

   그러나 동맹휴교는 '행동'의 한 방식이고, 비밀결사는 '조직'의 한 양태이다. 물론 비밀결사를 행동의 한 양식으로 볼 수도 있겠지만, 비밀결사의 목적이 조직 결성 자체에 머무는 것이 아니라 구체적 행동에 있으므로 비밀결사는 조직 양태이다. 따라서 동맹휴교에서 비밀결사로 바뀌었다고 주장하는 것은, '행동'에서 '조직'으로 변화하였다는 것으로 논리성이 떨어진다. 그러므로 필자는 광주학생운동 이후 학생운동이 어떠한 변화를 겪었는지를 학생운동 조직이 왜 어떻게 바뀌었는지, 그리고 행동 양식은 구체적으로 왜 어떻게 달라졌는지를 통하여 살펴보고자 한다. 즉 이 글은 광주학생운동 이후인 1930년 4월부터 1945년 광복 이전까지 학생운동이 어떠한 조직을 기반으로 어떠한 활동을 전개하였는가를 시간 추이에 따라 정리해 보고자 한다.

동사』, 일조각, 1987 ; 김호일, 「1930년대 항일학생운동의 연구」, 『한국독립운동사연구』 3, 독립기념관 한국독립운동사연구소, 1989 ; 김호일, 「일제하 부산의 학생항일독립운동연구」, 『윤병석교수화갑기념한국근대사논총』, 1990 ; 홍석률, 「1940-45년 학생운동의 성격변화」, 『한국사론』 24, 서울대 국사학과 석사학위논문집, 1990 ; 김호일, 「1940년대 항일학생운동 연구」, 『중앙사론』 7, 중앙사학연구회, 1991 ; 홍석률, 「일제하 청년학생운동」, 『한국사』 15, 한길사, 1994 ; 박한용, 「1930년대 전반기 민족협동전선론과 '학생반제동맹'」, 한국역사연구회 근현대청년운동사 연구반, 『한국근현대청년운동사』, 풀빛, 1995 ; 강창석, 「1940년 부산 항일학생운동의 역사적 배경 -乃台兼治(노다이)사건을 중심으로 -」, 『항일학생운동의 재조명』, 경성대학교 한국학연구소, 2000 ; 홍석률, 「제2차 광주학생운동의 민족운동사적 의미」, 한국역사연구회·전남사학회 공편, 『광주학생운동연구』, 아세아문화사, 2000 ; 강대민, 「부산지역 항일학생운동의 성격」, 『항일학생운동의 재조명』, 경성대학교 한국학연구소, 2000 ; 김호일, 『한국근대학생운동사연구』, 선인, 2005 ; 박성식, 「1930년대 경남지방 학생운동의 전개 - 1930년대 경남지방을 중심으로 -」, 『경남문화연구』, 1984.

2. 학생운동의 조직

1) 1920년대의 학생운동조직

일제강점기 학생조직의 기본 단위는 교내 조직인 독서회였다. 3·1운동 이전의 학생조직은 송죽결사대 등의 몇몇 비밀결사조직을 제외하고는 친목 단체가 대부분이었다. 학생운동조직으로서의 의미를 갖는 조직은 1920년대에 나타났다.[364] 1920년대에는 교내 조직을 바탕으로 교내 차원을 넘어 학생을 포괄할 수 있는 조직들이 나타났는데, 1920년 5월에 나타난 조선학생대회였다. 성립 초기부터 일제의 탄압에 시달린 조선학생대회는 1923년 2월 전문학생만으로 조선학생회를 결성하였는데, 학생운동의 중추인 중등학교 학생이 제외되었으므로 활발한 활동을 기대할 수 없었다.[365] 1925년 5월에는 사회주의계열의 첫 학생조직으로 조선공학회가 결성되었는데 창립 6개월만에 일제의 탄압으로 해산되었다. 그 후 사회주의계열의 학생조직은 경성학생연맹(서울계)·서울학생구락부(북풍회계)·조선학생과학연구회(화요계)로 삼분되었고, 이 가운데 실질적인 활동을 전개한 것은 조선학생과학연구회였다.[366]

이리하여 1920년대 전반의 학생조직은 조선학생회와 조선학생과학연구회가 양립하는 구도였다. 그러다 1927년 신간회가 창립되고 거기에 학생부가 만들어지면서 1920년대 후반의 학생조직은 조선학생회, 조선학생과학연구회, 신간회학생부가 정립하는 형세가 되었다. 그런데 이들은 학생운동에 직·간접으로 관여했지만 어느 조직도 전체 학생운동을 조직적으로 지도해나갈 수 있는 역량을 갖추지 못했다. 이것이 1920년대 학생조직의 한계였으며, 이 때문에 광주학생운동도 고립분산적으로 전개될 수밖에 없

---

364) 조동걸, 「한국근대 학생조직의 성격변화」, 339~348쪽.
365) 김호일, 「일제하 학생단체의 조직과 활동」, 178~215쪽.
366) 홍석률, 「일제하 청년학생운동」, 316쪽.

었다.367) "20세 이하 학생은 별도로 학생부를 설치한다"는 합의에 따라 조직된 신간회학생부는 민족주의계열인 조선학생회와 사회주의계열인 조선학생과학연구회가 협동전선을 펼 수 있는 매개였다. 그러나 1931년 신간회의 해산에 따라 신간회학생부도 같은 절차를 밟았으며, 이는 학생운동계의 분립으로 이어졌다. 1933년 조선학생과학연구회가 조선학생회에 통합되었으나 계몽단체의 수준에 머물렀다.368)

광주학생운동을 겪은 일제는 특히 학생운동조직의 적발·와해를 위해 노력했다. 그 결과 학생조직은 대부분 비밀결사의 형태로 조직되었다.369) 민족주의계열과 사회주의계열이 모두 있었으나 후자의 비중이 더 높았다. 그것은 1932년 경성농업학교의 비밀결사가 적발되었을 때 언론에서 "대개 지금까지 학생간에 조직된 사상계통의 결사는 적색 경향이 농후하였는데 이번 사건은 민족주의적 색채를 띠어서 주목을 끈다고 한다"370)고 보도한 것에서 짐작할 수 있다.

2) 1930년대 전반기의 학생운동조직

1930년대 전반의 학생비밀결사는 '독서회'와 '반제동맹'으로 구분되기도 한다. 독서회가 사회주의이론 학습을 위한 준비 조직인데 비해, 반제동맹은 1931년 일제의 만주침략 이후 반전운동 등을 벌인 실천적 조직이라

---

367) 홍석률, 「일제하 청년학생운동」, 317~318쪽.
368) 김호일, 『한국근대학생운동사』, 158쪽.
369) 1928년 수원고등농림학교의 조선개척사가 첫 학생비밀결사로 언론에 보도되었다. 1927년 6월 수원고등농림학교 안에 건아단이라는 비밀결사가 조직되었고, 1928년 6월 동경에 본부 두고 전문 이상 학생들로 조직된 조선농우연맹 지부가 설치되었다. 조선농우연맹 지부가 해산되자 학생들은 계림농흥사라는 비밀결사를 조직하였고, 1928년 여름방학에 조선개척사로 명칭을 변경하였다.(『동아일보』 1928년 9월 18일)
370) 『동아일보』 1932년 4월 17일, 「청량리농업교생 민족주의비사조직」.

는 것이다.371) 그러나 당시 비밀결사는 명칭만으로 이러한 구분이 쉽지 않다. 1930년대 전반기 학생비밀결사에 대한 선행 연구들을 필자가 검토, 보완, 정리한 바에 의하면 다음과 같다.

〈표 1〉 1930년대 전반기 학생비밀결사

단체	장소	창립시기	해산시기	목적(성격)	활동(관련인원)
白望會(興武會)	대구고보	1929.11.7	1930.1.13(발각)	사회주의 연구	맹휴 주동(6)
赤光會	전주여고보	?	1930.1(발각)	(사회주의 성향)	(6)
S당	고창고보	?	1930.2.13(피검)	(사회주의 성향)	(11피검)
拳隊	대구사범학교	?			(6피검)
學生前衛同盟 後繼組織	서울(경성고학당)	?	1930.5.15(피검)	(사회주의)	(5)
勸讀會	해주고보	?	1930(?)	(교양·독립운동)	(12)
여수수산학교 독서회	여수수산학교	1930.9	1931(피검)	(교양·독립운동)	(14)
대구고보사회 과학연구회	대구고보	1930.11	1931	사회과학 연구 (교양·독립운동)	(11)
함흥고보독서회	함흥고보	1930		사회과학 연구	(9)
爭議團		1931.4	1931(?)	(교양·독립운동)	(9)
소년공산당	부산진보통학교	?	1931.2.22(피검)	(사회주의)	(7피검)
同伴會	진주농업학교	?	1931.3.24(피검)	(사회주의)	(21피검)
함흥상업학교 독서회	함흥상업학교	?	1931.5.21(피검)	(교양·독립운동)	(24피검)
서울계공산당 재건계획	이화여고보	?	1931.6.25(피검)		(22피검)
경성제국대학 독서회	경성제대	1929	반제부로 발전	(교양·독립운동)	
경성제국대학반 제부	관훈동·내자동	1931.4	협의회로 발전	(독립·사회주의)	노동조합 지도 신문·격문 제작·살포(3)
반제경성도시 학생협의회	관훈동·내자동	?	1931.9.27(피검)	(독립·사회주의)	(50)

---

371) 홍석률, 「일제하 청년학생운동」, 332쪽.

단체	장소	창립시기	해산시기	목적(성격)	활동(관련인원)
赤友會	관훈동·내자동	?	1931.9.27 (피검)		협의회의 別動(3)
평양고보독서회	평양고보	1931.4.25	1931.11.10 (피검)	(교양·독립)	반전격문 제작·살포(10)
TK團	진주농업학교	?	1931.12 (피검)	(교양·사회주의)	『叛逆』발행 문예활동 표방 (13)
경성R.S.협의회	서울	?	1931.12.25 (피검)	(사회주의)	(37)
赤旗會	동래고보	1931.7	반제전위동 맹으로 개칭	반전운동	『赤色뉴스』 발행(8)
反帝前衛同盟	동래고보	1931.9	1932.1(피검)		반전격문 제작·살포
스포츠단	동래고보	?	1932.1(피검)	(독립·사회주의)	반제전위 동맹의 別動
제일고보R.S.회	경성제일고보	?	1932.2.26 (피검)	(사회주의)	(14피검)
제이고보R.S.회	경성제이고보	?	1932.3.1 (피검)	(사회주의)	(9피검)
공주고보반전 비밀결사	공주고보	?	1932.3.11 (피검)	반전운동	격문 살포, 일인교사 배척 (8)
제주농업학교 독서회	제주농업학교	?	1932.3.11 (피검)	(교양·독립운동)	(4피검)
蘇拓隊(蘇苔會)	경성농업학교	?	1932.4.9 (피검)	(교양·독립운동)	『蘇拓』 발행(9)
전주신흥학교 독서회	전주신흥학교	?	1932.4.15 (피검)	(교양·독립운동)	(13피검)
전주중등학교 독서회	전주중등학교	?	1932.6.10 (피검)	(교양·독립운동)	(73피검)
학생공동위원회	함흥 각 중등학교 (영생고보·영생여 고보·함흥고보·함 흥농업·함흥상업)	?	1932.6.14 (피검)	(반전운동)	반전운동 계획(54)
원산 각 학교 독서회	원산(원산상업·원 산중학·루씨여고보)	?	1932.6.17 (피검)	(반전운동)	(30여명 피검)
L會	밀양농업학교	?	1932.6.22 (피검)	(사회주의)	(4피검)
사리원농업학교	사리원농업학교	1932 초	1932.6(발각)	(반전운동)	(11)

단체	장소	창립시기	해산시기	목적(성격)	활동(관련인원)
독서회					
이리농업학교 독서회	이리농업학교	?	1932.8.10 (피검)	(교양·독립운동)	(25피검)
M.L.M.	신의주중등학교	?	1932.9.28 (피검)	(사회주의)	(8피검)
진주고등학생 비밀결사	진주고보	?	1932.11.14 (피검)		
공산청년학생회	평남사범학교	?	1932.11.24 (피검)	(사회주의)	(18피검)
예산농업학교 독서회	예산농업학교	?	1932.12 (발각)	(반전운동)	(11)
독서회反帝班	진남포상공학교	?	1932.12.30 (피검)		(25피검)
보성고보독서회	보성고보	?	1933.1.7		(25피검)
白靑團	수피아여학교	?	1933.1.9 (피검)		(9피검)
동덕여고보 독서회	동덕여고보	?	1933.1.14 (피검)		(5피검)
송정리공업실습학교독서회	송정리공업 실습학교	?	1933.1.19 (피검)		(5피검)
영변농업학교 독서회	영변농업학교	?	1933.6.21 (피검)		(12피검)
사회과학연구회	부산제이상업학교	?	1933.7.17 (피검)		(11피검)
해주고보반 제동맹	해주고보	?	1933.7.24 (피검)		(22피검)
決死會	의성보통학교	?	1933.8.18 (피검)		(2피검)
이화여고보 독서회	이화여고보	?	1933.9.3 (피검)		(4피검)
사회과학연구회	세브란스의전	?	1933.9.9 (피검)		(4피검)
경성제이고보 독서회	경성제이고보	?	1933.9.9 (피검)		(11피검)
정읍농업학교 독서회	정읍농업학교	?	1933.9.24 (피검)		(18피검)
경성여자상업학교독서회	경성여자상업학교	?	1933.10.4 (피검)		(4피검)

단체	장소	창립시기	해산시기	목적(성격)	활동(관련인원)
진주고보독서회	진주고보	?	1933.11.25 (피검)		(22피검)
강릉농업독서회	강릉	?	1933.11.28 (발각)	사회과학연구, 민족독립정신 함양(교양·독립)	농촌계몽, 항일운동, 민족적교양 함양(48피검)
赤色돌격대	대구농업학교	?	1933.12.2 (발각)	(사회주의 경제학연구)	독서토론 (27피검)
중앙고보반제동맹	중앙고보	1933.10	1935.2(발각)	(반제운동)	사회과학 지도 동맹휴교 주도 (8)
수원高農常綠樹운동·독서회	수원고농	1930	1935.7(발각)	식민지농업정책 및 황민화교육 반대(교양·계몽·독립)	야학 설치·운영 문맹퇴치운동 농촌개발운동 (11)

* 출진 : 조동걸,「한국근대 학생운동조직의 성격변화」, 364~373쪽 ; 김호일,『한국근대학생운동사』, 326~328쪽.
** 관련 인원은 창립 인원 혹은 발각·피검 당시의 숫자.

위의 〈표 1〉에 언급된 59개 학생단체들은 대부분 피검(43)·발각(8)된 것들로 이는 이들 단체가 일제가 허용하지 않은 비밀단체였다는 것을 말해준다. 또한 피검이 발각보다 5배 이상 많았다는 것은 광주학생운동 이후 학생비밀단체에 대한 일제의 강력한 탄압을 보여준다. 〈표 1〉에서 성격이 '교양·독립(운동)'이라 된 것은 12개 단체인데 민족주의계열로 보인다. 사회주의계열의 단체들은 적광회·적기단·적우회·적색돌격대 등 '赤'을 붙이거나, Red Society·맑스·레닌 등을 뜻하는 RS·L·MLM, 사회과학연구회, 반제동맹 등으로 지어 그 성격을 나타냈다. 명칭에서 사회주의계열 단체임을 알 수 있는 것은 22개, 이름으로는 파악하기 어렵지만 목적(성격)에서 사회주의계열임을 알 수 있는 것은 8개이다.

'독서회' 명칭은 24개 단체에서 사용하고 있다. 그런데 함흥고보 독서회·원산 각 학교 독서회·사리원농업학교 독서회·예산농업학교 독서회·강릉농업 독서회는 독서회 명칭을 사용하고 있지만, 목적(성격)을 보면 사회주의계열의 단체이다. 한편 1930년대 전반기의 독서회에는 합법적·공개적인 것도 적지 않았다. 당시 신문을 보면 농민독서회·청년독서회·학생독서회 등의 창립과 활동에 대한 기사가 많이 보이는데, 이들은 비밀결사로 보기 어렵다.372) 광주학생운동 이후에도 각지에서 '독서회사건'이 일어나 신문에 보도되었지만, 각지에서 다양한 형태의 독서회가 공개적·합법적으로 조직되어 활동하고, 『동아일보』에는 '독서질의'·'독서소식' 난을 두어 독서회의 활동을 소개한 것을 보면 '독서회'라는 명칭이 곧 비밀결사를 뜻하는 것은 아니다.

〈표 1〉의 59개 비밀결사만 본다면 고등보통학교(여고보 포함) 22개, 농업학교 등 실업학교 8개, 전문학교와 사범학교 각 2개가 조직되었다. 이는 학생비밀결사에 중등학교 이상의 학생들이 주로 참여했음을 말해준다. 이를 지역별로 보면, 서울(경성고학당·이화여고보·경성제대·경성제일고보·경성제2고보·경성농업·보성고보·동덕여고보·세브란스의전·경성여자상업·중앙고보), 경기(의성·수원고농), 전남(여수·제주농업·수피아여·송정리공업), 전북(고창고보·전주여고보·전주신흥·전주중등·이리농업·정읍농업), 경남(진주농업·진주고보[2]·부산제2상업), 경북(대구고보·대구사범학교·대구농업), 충남(공주고보·예산농업), 평안(평양고보·평남사범), 경남(부산진보통·진주농업·동래고·밀양농업), 황해(해주고보[2]·사리원농업·진남포), 함경(함흥고보·함흥상업·함흥 각중등학교·원산·신의주중등·영변농업) 등으로 서울과 전북, 함경도에서 많이 조직되었다. 그리고 경성여자상업학교·동덕여고보·수피아여학교·영생여고보·원산루씨여고보·이화여고보·전주여고보 등 여학교에서도 비밀결사가 조직되었는데, 개신교 학교 여학생들의 참여가 주목된다.

학생비밀결사는 발각·피검된 경우를 보면 3명부터 73명까지 다양한데,

---

372) 농민독서회는 「용덕리에 농민독서회」(『동아일보』 1931년 2월 6일), 청년독서회는 「독서회조직」(『동아일보』 1932년 2월 3일), 학생독서회는 「계명학교독서회」(『동아일보』 1931년 7월 6일) 등 참조.

평균 15~20명 정도가 참여하는 소규모였다. 이들 조직은 그 안에서 마르크스레닌주의 학습을 통하여 이론적으로 무장하여 활동가로서의 준비를 갖추고, 노농운동가로서 투신하는 것을 목적으로 하였다. 교내에서는 별다른 활동이 없었고 주로 이론학습 등을 하다가 개인적으로 노농운동에 투신해가는 형태로 운동을 전개하였다.373) 그런데 이러한 운동 양상의 변화는 학생운동의 사회운동으로의 성격 전환이라는 차원에서도 설명될 수 있으나, 이 과정에서 학생운동의 독자적 역할을 상실함으로써 당시 학생운동이 침체되는 결과를 가져오기도 하였다.374)

위 학생비밀결사들의 활동 내용을 보면, 신문·격문의 제작·살포,『반역』·『적색뉴스』·『소척』등 소식지 발행, 일인 교사 배척, 노동조합 지도, 농촌계몽 활동, 항일운동, 민족적 교양 함양, 동맹휴교 지도 등이다. 대개가 사회주의계열 비밀결사에서 전개한 활동들이고, 강릉농업 독서회와 수원고농 상록수운동·독서회가 민족주의계열 비밀결사로 농촌계몽·야학 운영 등을 펼쳤다.

한편 광주학생운동 당시에도 광주의 독서회중앙본부와 같은 지역 각 학교 독서회들의 연합조직이 있었는데, 1930년대도 그러한 사례가 여럿 보인다. 앞의 〈표 1〉에 나온 학교별 비밀결사들을 연합조직별로 정리하면 다음과 같다.

---

373) 김성보,「광주학생운동과 사회주의 청년·학생조직」,『역사비평』4, 1989년 봄호, 137쪽.
374) 홍석률,「일제하 청년학생운동」, 331쪽.

〈표 2〉 1930년대 전반기 학생비밀결사 연합조직

단체	학교	발각시기	관련인원
서울공산당 재건설계획	이화여고보·고학당	1931.6.25	22
성대반제부 및 적우회	경성제대·경성치과의전·제2고보·경신학교·법학전문학교·중앙기독교청년회학관	1931.9.27	50
중국공산당 조선국내 공작위원회 후계조직	경성제대·제1고보·제2고보·보성고보·중앙기독교청년회학관·송도고보·개성공립상업학교	1931.10.26	21
경성R.S.협의회	동덕여고보·휘문고보·중앙고보·제2고보·법정학교·중동학교·중등야학교	1931.12.25	37
학생공동위원회	함흥고보·농업학교·상업학교·영생고보·영생여고보	1932.6.14	54
원산 각 학교 독서회	원산상업·원산중학·루씨여고보	1932.6.17	30여명

* 출전 : 김호일, 『한국근대학생운동사』, 326~328쪽의 〈표 32〉에서 발췌.

   3개 연합조직이 서울, 2개 연합조직이 각기 원산과 함흥에 위치한 학교들의 조직이었다. 같은 지역에 소재한 학교들끼리 연합조직을 형성하였는데, 서울과 송도·개성 소재 학교들까지 연합한 '중국공산당 조선국내공작위원회 후계 조직'은 전국적인 연합조직 구상이 가능할 수도 있었으리라 생각게 한다. 인원은 21~54명인데 연합조직이라는 것을 생각한다면 적은 숫자이다. 이는 앞의 〈표 1〉에서 발각·피검 당시에서 확인할 수 있듯이 개별 학생비밀결사의 참여자가 소수였던 것과 관련이 있다고 여겨진다.
   광주학생운동 이후 나타난 새로운 학생조직은 반제동맹이다. 국내에서의 반제동맹은 1930년대 조선공산당 재건 운동과 관련을 맺으며 결성되었고, 이에 따라 사회주의계열 단체에 반제부가 설치되었으며, 각 학교의 독서회가 반제동맹으로 발전하기도 했다. 독서회가 사회주의 이론학습을 위한 준비 조직이었다면, 반제동맹은 주로 1931년 일제의 만주침략 이후에 이를 반대하는 반전운동 등을 벌이는 실천 운동 조직이었다. 학생들의 반제동맹조직은 경성제대·동래고보·중앙고보·해주고보의 반제동맹 등이다.

〈표 3〉 1930년대 전반기 학생반제동맹

명칭	활동 시기	주요 인물(계통)	조직 및 활동
원산중학반제동맹 조직준비회	1930.7~ 1932.4	김현제(와세대대생, 일본반제동맹원)	1930.8 원산중학생 중심으로 조직/1930.10 노동운동으로 선회하면서 적색독서회로 개조/1932.3 산별노조 조직준비위원회로 개조(태평양노동조합계와 연결)
경성제대반제동맹	1931.4~ 1931.10	이종림·강진(ML계) /신현중·조규찬·市川朝彦	1931.3~4 성대야체이카 조직/1931.5 성대 조선인·일본인 독서회를 성대반제위원회로 개조/1931.9 반제경성도시학생협의회 결성/제2고보·치과의전 독서회를 반제부로 개조/1931.9 적우회(노동자조직)와 반전격문 살포
동래반제전위동맹	1931.5~ 1932.1	이치우·김응엽·권동수·김명돌·성달덕(동래고보생·동래소년동맹원)	1931.5 적기회 조직/1931.6 반제전위동맹으로 개조/동래사회과학연구회·동래고보스포츠단·수영무산청년회·기장사회과학연구회 조직/1932.1 부산에 반전격문 살포/『적색뉴스』 발간
해주고보반제동맹	1932.7~ 1933.7	박성춘·이형석 (일본유학생)	1932.7 해주적노 황해도재건준비위원회 조직/해주고보생을 적노준비위에 가입시키는 한편 이들로 교내 독서회를 조직해 이를 모체로 해주고보반제동맹 결성
진남포상공학교 반제반	1932.9~ ?	이기호 (배후지도, 재건설파)· 윤상남(학생)	『붉은 동지』 발간
중앙고보 반제동맹	1933~?	권우성(중앙고보생)	교내에 반전격문 살포

* 출전 : 박한용, 「1930년대 전반기 민족협동전선론과 '학생반제동맹'」, 450~454쪽의 〈표 1〉에서 발췌.

〈표 3〉을 보면 학생반제동맹의 주된 활동은 격문 살포이다. 학생반제동맹의 목적은 '성대반제동맹 행동강령'에서 명시한 바와 같이 반제공동전선의 구성요소로서 조선반제동맹학생부를 완성하고 학생층의 반제투쟁을

노농의 반제투쟁과 연결시키는 것이었다.375) 반제투쟁의 조직화를 위해 각 그룹이 제시하는 투쟁 슬로건376)은 대체로 식민노예교육으로 고통받는 학생들의 일상적 이익을 옹호하기 위한 슬로건만이 아니라 일제 타도, 반전, 민족개량주의 반대 등의 여러 정치적 요구까지 수용하고 있었다.377)

학생반제동맹 조직은 대부분 초기 단계에서 와해됨으로써 조선반제동맹 학생부의 전국적인 결성에 이르지 못했다. 학생반제동맹은 반전운동을 계획하다 1930년대 중반 이후 자취를 감추었다. '학습'보다는 '실천'에 중점을 두었지만 소수 정예의 비밀결사라는 한계 때문에 대중 차원의 실천운동을 펼치지 못했다. 소수 정예로 시작했을지라도, 학생들을 넓게 확보하는 것이 학생운동을 확산시키고, 목적하는 바를 이루는데 중요한 일이었음에도 그러지 못하였다는 아쉬움이 있다. 물론 그것은 독서회를 비롯한 학생단체 및 각종 사상단체·청년단체에 대한 일제의 감시·탄압이 강화되면서 조직이 적발되어 주목할 만한 가시적 성과를 얻기 어려운 때문이기도 하였다.

3) 1930년대 후반기의 학생운동조직

1935년 전국적으로 중등학교에 배속장교가 배치되었고, 농촌진흥운동의 이름으로 학생의 농촌계몽운동이 전면 금지되었다. 학생의 민족적 생활공간이 좁혀지고 대신 교련 등의 식민적 추종이 강요됨에 따라 학생들은 세계적 계급혁명이라는 거창하면서도 높은 이상의 논리보다는 현실적 민족문제에 눈을 돌리게 되었다.378) 1930년대 후반기 학생들의 비밀결사는

---

375) 『사상월보』 9, 1931년 12월, 「반제동맹 행동강령」.
376) 박한용, 「1930년대 전반기 민족협동전선과 '학생반제동맹'」, 469~470쪽.
377) 이애숙, 「이재유그룹의 당재건운동(1933~1936)」, 『일제하 사회주의운동사』, 한국역사연구회 1930년대 연구반, 한길사, 1991, 203쪽.
378) 조동걸, 「한국근대 학생운동조직의 성격변화」, 377쪽.

다음과 같다.

〈표 4〉 1930년대 후반기 학생비밀결사

단체	장소	창립	해산	목적	활동(창립회원수)
경제연구회	연희전문	1935.4.	1938.3.10 (발각)	사회주의 연구	독서, 토론(20)
一片丹心會	평양숭의 여학교	1936.2		신사참배거부로 교장이 파면당한 일을 계기로 폐교 반대	특별기도단 결성, 폐교반대 시위(10)
明朗크럽	공주고보	1936.3	1942.6 (발각)	식민 통치 반대	일어사용 금지, 신사참배 거부, 일인교사 배척, 무궁화 식수 장려(4)
一麥會	평양숭일 상업학교	1936.6.	1936(?)	조선민족해방	활동방략 협의하기 전에 해소(6)
熱血會	평양숭인 학교동창회, 일본	1937.2		조선독립, 민족계몽지도	농민대중에 기독교 포교, 민족독립의식 배양, 경제 갱생도모, 동지포섭 계몽활동, 상급학교진학후 일본에서도 활동(8)
地境친목회	함흥농업학교	1937.2.	1941.12.28 (발각)	민족의식, 독립사상 고양	조선어연구·조선역사·소설 구독, 민족주의선전 및 동지포섭활동
常綠會	춘천공립 고등보통	1937.3	1938가을 (발각)	3대강령(회원으로서 자기완성, 지도자로서 책임완수, 단결력 배양)	월례회, 토론회, 독후감 발표회, 귀농운동, 졸업생들과 연락하면서 민족적 교양 함양, 졸업회원 만주 등지에서 활동(6)
춘천농업 학교 독서회	춘천농업 학교	1937.11	1940.12 (발각)	민족사상 고양	민족교양서적 윤독 토론 및 독후감 발표,단결을 도모하기 위해 매월 조기회 활동(4)
신의주동중 독서회	신의주동 중학교		1938.4.7 (발각)		(7피검)
鯨會	원산상업 학교	1937.	1941.1.16 (발각)	조선독립	졸업 후 계속 활동
우리 학교	경성공업 학교		1938.5.5 (발각)		(9)
서중독서회	광주서	1938	1941.3	교풍의 민족화	민족의식 고취, 일제의 민

단체	장소	창립	해산	목적	활동(창립회원수)
	중학교		(발각)		족차별교육 반대(3)
강서친목회	함흥농업학교	1938.	1941.12.28 (발각)	민족의식, 독립사상 고양	조선어연구·조선역사·소설 구독, 민족주의선전 및 동지포섭활동
한글연구회	수원고농	1939.4.	1941.9 (피검)	민족독립, 한글연구, 농민계몽	한국인기숙사를 중심으로 항일의식 함양, 한글연구 및 농민계몽활동(20여명)
대구사범학교 윤독회	대구사범학교	1939.10	1941.2.15 다혁당으로 발전	황민화교육반대	기별로 조직, 민족·역사·문학서적 윤독, 월 1~2회 모임(5)
조선학생동지회	서울사직동 (연희전문 중심)	1939.12		독립만세운동	3.1운동식의 독립운동 결의, 동경유학생과 연락, 전국적인 조직계획(7)

* 출전 : 朝鮮總督府 警務局, 『最近に於ける朝鮮治安狀況』, 1933·1938 ; 『동아일보』 1936~1939년 ; 김호일, 『한국근대학생운동사』, 326~328쪽 ; 강대민, 『부산지역학생운동사』, 국학자료원, 2003, 154~160쪽의 〈표 13〉.

    1930년대 후반기에는, 언론 보도에 기초한 것이기에 한계가 있지만 학생비밀결사의 숫자가 전반기의 27%에 불과하다. 일제의 탄압이 1937년 중일전쟁 발발 이후 총동원체제 하에서는 더욱 강화된 때문이었을 것이다. 학생비밀결사의 명칭도 전반기의 조직과 다른 분위기를 느끼게 한다. 즉 전반기의 "적색·공산·전위·사회과학" 등을 표방하는 조직이 보이지 않는다. 위 〈표 4〉의 16개 학생비밀결사 중 독서회 명칭을 사용한 것도 2개뿐이다. 〈표 1〉에서 확인할 수 있듯이 1930년대 전반기에는 약 40%의 학생비밀결사들이 독서회 명칭을 사용하였다. '연구회·크럽·친목회' 등의 명칭을 사용하고 있는데 이는 1930년대 전반기에 독서회 명칭을 사용하였던 학생비밀결사들이 일제의 탄압을 받은 때문이었을 것이다. 그런데 학생비밀결사들의 목적이나 활동도 전반기와는 다르다. 신사참배 거부, 일어사용 금지 등 황민화 반대의 시사성의 실천 요목이 제시되고 있으며, 일편단심회·명랑크럽·열혈회 등 종교 조직 성향의 것도 있고, 민족독립의식 배양·경제갱생 도모·조선어 연구·조선 역사와 소설 구독·한글 연구 등 민족주의적 성격이 짙다. 1930년대 후반기, 전체 조직을 볼 때 민족주의가 크게 부각되고 있다. 전반기에는 목적(성격)이 사회주의 연구이거나 사회주의 성격인 것이 많았는데 후반기에는 경제연구회만이 사회주의 경향이다. 조직 규모는 3~20여 명으로 대부분 10명 전후의 실천적 정예조직이라는 것은 전반기와 다름이 없다.

이들 16개의 학생비밀결사 중 농업 등 실업학교가 7개이다. 전반기에는 중등학교 이상의 학생들이 중심을 이루었는데, 후반기에는 실업학교가 주를 이루고 있다. 물론 전반기에도 실업학교의 참여율이 높고, 전문학교·사범학교도 참여하였다. 지역별로는 서울(연희전문[2]·경성공업), 함경도(함흥농업[2]·원산상업), 평안도(평양숭의여·평양숭일상업), 강원도(춘천공립고등보통·춘천농업), 경기도(수원고농), 전라도(광주수중), 경상도(대구사범), 충청도(공주고보) 등이다. 전반기와 마찬가지로 서울에서의 참여가 많다. 황해도 지역에서만 1930년대 후반기 학생비밀결사가 보이지 않는다.

4) 1940년대 전반기의 학생운동조직

태평양전쟁 발발 이후의 학생비밀결사는 1930년대 후반기와 다른 특성이 보인다. 모두 20명 이내의 작은 조직이다.[379] 이처럼 작은 규모의 조직으로 존재한 것은 1920년대 후반부터 나타난 경향성이지만, 그때와 같이 실천조직의 체제를 갖추기 위해서가 아니었다. 일제의 전시통제로 학원사찰이 강화된 가운데 학생조직은 소수가 아니면 존재 자체가 불가능했다. 즉 1930년대에는 소수정예의 실천조직을 갖추기 위해 조직 규모를 작게 하였지만, 태평양전쟁 발발 이후에는 일제의 전시통제로 소수가 아니면 존재하기 어려웠기에 조직 규모가 작았던 것이다. 1937년 중일전쟁 발발 후

---

379) 광주의 무등회는 많은 인원이 관계된 것이지만, 조직 자체는 30명에 미치지 못하였다. 그런데도 많은 인원이 관계된 것은 1943년 5월 맹휴항쟁을 전개함으로써 관련자가 많아진 때문이었다.

실시된 노동력착취 동원은 1941년에 학생근로보국대가 상설적으로 결성되고, 그 후 「학도전시동원체제확립요강」(1943년 6월), 「학도동원비상조치요강」(1944년 3월), 「수업폐지령」(1945년 4월) 등으로 학생들은 일제의 패망이 멀지 않았다는 것을 예견할 수 있었다.[380] 따라서 이 시기 학생운동조직은 광복의 역군으로 참여하기 위한 투쟁 방략을 취하였다. 흑백당(경복중), 근목당(경복중), 화랑회(이리농), 건국위원회(마산중, 김해농), 조선독립당(동래중), 순국당(부산), 백의동맹(춘천사범) 등이 모두 무력항쟁을 계획한 독립군 조직을 성격상 겸하였다. 이는 종전에 보지 못한 태평양전쟁 발발 이후 학생조직의 특성이다.[381]

〈표 5〉 1940년대 전반기 학생비밀결사

단체	장소	창립시기	해산시기	목적(성격)	활동(창립회원수)
州西친목회	함흥각학교	1940.5.	1941.12.28 (발각)	민족의식, 독립사상 고양	조선어연구·조선역사·소설 구독, 민족주의선전 및 동지 포섭활동
5인 독서회	중앙중학교	1940.10	1941.8 (피검)	민족정기 배양, 독립쟁취	매주1회 역사·정치 분야에 대한 문제연구, 1941.7활동 범위 확대(5)
東光社	함남중학교	1940.11.3		조선독립	천도교에 입교, 천도교 함흥교구 경리원 문태화의 지도 (7)
문예부	대구사범학교	1940.11		독립에 대비한 민족적 조직체 구상. 실력 양성과 단결 도모	비밀엄수, 매주 토요일 작품 감사, 기관지 '학생' 간행(8)
無憂團	대구사범학교	1940.12	1943.6 (발각)	민족실력양성, 조선문화연구, 경제력 성장	조교 및 저축단체 위장 '무우단' 책자 발행(3)
춘천중학교 독서운동	춘천중학교	1940겨울	1941.3 (피검)	민족사상 고양	민족적 서적 윤독, 토론 및 독후감 발표, 조직의 형식은

380) 조동걸, 「일제 말기의 전시수탈」, 『천관우선생 환력기념 한국사학논총』, 정음문화사, 1986, 988~990쪽.
381) 조동걸, 「한국 근대 학생운동조직의 성격 변화」, 392~393쪽.

단체	장소	창립시기	해산시기	목적(성격)	활동(창립회원수)
					갖추지 않았으나 춘천고보의 상록회나 춘천농업독서회와 같은 성격의 활동(12)
동래중학교 독서회	동래중학교	1940	1941.겨울 (조선독립당으로 발전)	식민 통치 반대	민족의식 고취, 개발
高麗會	경기중학교	1940	같은 해 발각	차별교육 철폐, 일인의 加俸제도철폐	외부단체와 연락(10여명)
연구회	대구사범학교	1941.1.23		독립에 대비하여 각기 전문 분야의 함양, 민족의식 양양, 장기계획으로 우수 학생을 독립에 필요한 인재로 양성	비밀엄수, 매월 10일 회합, 각부 책임자 지도로 하급생 지도교양 및 동지포섭, 졸업회원의 활동성과를 매월 1회 사무원에 보고(8)
BKC단	소화공과학원	1941.2.	1941.6.4 (피검)	소선독립, 민족차별 반대	1941.3.금강산 훈련을 계획했으나 지금관계로 포기하고 대신 악극단 조직하여 동지 규합 활동(11)
茶菓黨	대구사범학교	1941.2.15	1941.7 (발각)	조국독립, 문학·미술·학술·운동 등 각 분야 실력양성	타교생 및 사회인사까지 포섭결의, 교내 한국인학생에 대한 학교측의 차별대우 반대(16)
京農生의 민족운동	경성농업학교	?	1941.8 (피검)	조선독립	조국독립을 위한 실력배양(4)
鐵血團	함흥 각학교	1941.3	1941.12.28 (발각)	민족의식, 독립사상 고양	조선어연구·조선역사·소설구독, 민족주의선전 및 동지포섭활동
경성약학전문 비밀결사	경성약학전문	?	1941.9 (피검)	일인학생 배격, 민족사상 고취	축구부로 위장활동(14)
목포상업학교 독서회	목포상업학교		1941.6 (피검)		매월회비 3~5원모금, 윤번으로 회원집에 모여 민족위식고취(9피검)
高城동지회	서울(?)		1941.6.30 (피검)	식민 통치 반대	농민생활의 비참상에 통분, 동지규합 통한 항일방안 모색
無等會	광주서중	1941.3	1942.1 (일부 발각) 1943.6 (전원 피검)	조선독립, 민족의식 고취, 창씨개명, 징병제도, 일본어사용, 내선일체 반대	광주학생운동 계승, 1938년 독서회의 발전조직, 1943년 5~6월 동맹휴학, 350여명 피검, 183명 구류, 30여명

제2장 광주학생운동 209

단체	장소	창립시기	해산시기	목적(성격)	활동(창립회원수)
					기소 또는 기소유예
경성유학 5인조	서울	1941.7	1942.1 (피검)	조선독립	주10회 모임, 총독정치 비판(5)
黑白黨	경복중, 중앙중, 경성사범학교	1941.가을	1944.1 (피검)	친일파 처단, 일본인 고관 살해	일인주택가에 방화계획, 비밀전단 배포, 거사에 필요한 무기 빼냄(9)
조선독립당	동래중학교	1941.겨울	1944.8 (피검)	총독처단 및 일군탄약고 폭파, 군용열차 통과시 구포다리 폭파	1943년 졸업후 자일회, 순국당과 유대연락(6)
太極團	대구상업학교	1942.5	1943.5 (발각)	조국의 자주독립,인류의 평화와 자유	학교단위의 포섭활동, 학술연구토론개최 및군사학 연구증진(20여명)
우리회	전주사범	1942.6	1943(일부 발각) 1945.1 (발각)	민족의식 교육	독서와 토론(19)
紫一會		1942	1944?		
학우동지 공제회	덕수상업학교		1942.2.15 (피검)	총독정치 배격	(9)
和寧會	순창농업		1942.8 (발각)	민족의식 함양	독서, 토론(13)
대한독립회복 연구단	안동농림학교	1943.여름	1945.3 (발각)	안동내 일인고관 및 일제기관 습격	1945.3.일본육군기념일에 총궐기 계획.(4)
石榴會	전주사범	1943.10	1945.2 (발각)	민족성 제고	독서교류, '석류'3호까지 발행(6)
건국위원회	마산중,김해 농림학교	1943.겨울	1944.6 (발각)	연합군에 일군 정보 제공	마산, 진해위 군사시설 탐지(3)
槿木黨(일명 花郎黨)	경복중학교	1943.	1944.1 (피검)	조국독립	일인 고관처단 및 군시설 파괴 계획 준비(8)
경성제대예과 윤독회	돈암동 김봉호집	1943.	1944.10 (발각)	민족의식개발, 독립노선의 모색	민족문제에 관한 연구, 토론, 사회과학 연구(5)
花郞會	이리농업학교	1943.	1945.4 (발각)	무력봉기(일인광산, 주재소,경찰서 습격)	(8)
甲申동맹	중앙중, 양정중	1944.3	1944.8 (발각)	독립쟁취	설악산에서 훈련중 발각(17)
殉國黨	부산진보통학교 출신	1944.5	1944.7 (발각)	조선총독 암살, 일군시설 파괴, 일본	조선독립당의 세포당 역할, 1차계획인 철교파괴 실패

단체	장소	창립시기	해산시기	목적(성격)	활동(창립회원수)
	중학생			인거주지 방화	이후 만주망명 계획(12)
仁商친목회	인천상업학교	?	1944.4 (발각)	민족성 함양	독서, 토론
無窮團	부산제2 상업학교		1944.6 (발각)	독립쟁취	(20여명)
槐會	경기중학교	1944.12	1945.		김포비행장 근로동원때 일인교사 구타
白衣동맹	춘천사범	1944.	1945.3 (발각)	유격대 조직, 무력 항쟁 계획	민족서적 구독, 김화·철원의 산악지대를 이용, 항쟁준비 (4)

* 출전 : 역사학회 편, 『한국근대 민족주의운동사 연구』, 일조각, 1987, 388~391쪽 ; 김호일, 『한국 근대학생운동사』, 326~328쪽 ; 강대민, 『부산지역학생운동사』, 154~160쪽의 〈표 13〉.

　위 〈표 5〉에 조사된 1940년대 전반기 학생비밀결사는 38개이다. 명칭을 보면 1930년대 후반기에 사라졌던 사회주의를 표방하고, '건국'이나 '조선 독립'·'대한 독립'이라는 용어를 사용한다. 목적은 식민 통치 반대, 차별 교육 반대라는 것도 있지만, 대부분 민족의식과 독립사상 고취·독립 쟁취· 조선 독립·총독정치 배격·총독 처단·일군 탄약고 폭파·군용열차 통과 때 다리 폭파·일제 기관 및 일인 고관 습격·연합군에 일군 정보 제공·무력 봉기(일인 광산·주재소·경찰서 습격), 유격대 조직 등이다. '독립'을 목적으로 하고, 그 독립을 이루기 위해 총독을 처단하고, 일군 탄약고를 폭파한다거나 연합군에 일군 정보를 제공한다는 등 구체적인 투쟁 방법까지를 목적(성격)으로 제시하고 있다. 그만큼 1940년대 학생비밀결사들의 활동은 학교 내의 모임을 통한 의식 함양에 머무르지 않고 구체적인 행동으로 나아가고자 했다는 특징이 있다.
　실업학교 10개, 중학교 9개, 사범학교 3개로 1930년대 후반기와 마찬가지로 실업학교가 가장 많은데, 곧 이어 중학교의 참여가 많다. 지역별로 보면 서울, 함경도, 경상도에서의 참여가 많다.

3. 학생운동의 형태

　1920년대 학생운동의 가장 일반적인 형태는 동맹휴학이었으며, 6·10만세운동을 기점으로 그 성격에 변화가 나타났다. 동맹휴학이란 일정한 요구조건을 내걸고 이를 관철시키기 위해 등교 거부, 수업 거부, 농성 등을 행하는 것이다.[382] 6·10만세운동 이전 맹휴의 원인은 교장 및 교사 배척, 교수 방법 및 교과과정 시정, 학교시설의 확충, 학교의 승격 등 교내 문제가 주류를 이루었다. 반면 그 이후에는 노예교육 철폐, 조선 역사의 교수, 교내에서 조선어 사용, 학생회 자치 허용, 언론집회의 자유 등이었다. 즉 6·10만세운동 이전의 맹휴가 식민교육에 대한 저항이었다면, 그 이후는 식민교육은 물론 식민통치 자체에 대한 항거였다고 할 수 있다.[383] 1920년대 전반기 "민족의식 및 좌경사상으로 인정되는 것"이 동맹휴학의 원인인 것이 1~3건이었는데 1927년과 1928년에는 19건과 37건으로 급증하였고, 이들은 당시 맹휴 원인의 20%와 22%를 차지하였다.

1) 1930년대 전반기의 동맹휴학

　광주학생운동 이후 동맹휴학의 양상은 크게 달라졌다. 광주학생운동을 겪은 일제는 학생운동세력의 적발·와해를 위해 노력했다. 그 결과 동맹휴학이나 가두시위와 같은 표면적 학생운동은 위축되었다. 1931년 이후 맹휴 건수가 크게 줄었으며, 보통학교에서의 사례가 약 절반이나 되었고, 발생 동기나 요구조건에서도 이전에 비해 민족적인 성격이 잘 드러나지 않게 되었다. 이 때문에 일제 측에서는 '단순한(사상적 배경 없는) 맹휴 시대'라 하고 사상적으로는 '전향 시대' 또는 '주의사상 침체기'라 했으나,[384] 조동걸은 일제의 이러한 인식은 맹휴의 실체를 제대로 파악하지 못

---
382) 홍석률, 「일제하 청년학생운동」, 318쪽.
383) 김호일, 『한국근대학생운동사』, 206쪽.

한 것이라 지적했다.385)

양적인 면에서 볼 때 일제 측 통계에 의하면 맹휴는 1931년 102건에서 1932년 33건으로 크게 감소하였고, 1932~1935년에는 연평균 36.5건으로 줄었다. 이는 1931년 102건의 1/3 수준이다.

〈표 6〉 1930년대 전반기 동맹휴학의 원인

원인 연도	교사의 처우에 대한 불만	실습嫌忌	불량학생 의 선동	교수 및 시험방법에 대한 불만	품행불량 교사배척	수업료 인하요구	기타	계
1931	21	8	15	6	15	7	30	102
1932	13	2	5	4	4	1	4	33
1933	11	4	1	2	10	-	10	38
1934	12	11	6	4	4	-	2	39
1935	15	5	3	4	2	-	7	36
계	72	30	30	20	35	8	53	248

* 출전 : 朝鮮總督府 警務局 保安課,『高等警察報』5, 1935, 44~46쪽 ; 김호일,『한국근대학생운동사』, 311쪽.

한편 1930년대 전반기의 맹휴 원인은 1920년대 후반기, 특히 1927년과 1928년 맹휴의 주요 내용이었던 '민족의식 및 좌경사상으로 인정되는 것'이 잘 드러나지 않는다. 교사·수업·시험·실습·수업료 등 교내 문제에 국한된 것이 주류를 이루고 있다. 특히 '교사의 처우에 대한 불만'과 '품행불량교사 배척'이 맹휴 원인의 43%(107건/248건)를 차지하는데, 1920년대 '교원 배척'이 48.3%(344건/712건)를 차지했던386) 것과 비슷한 수치이다. 결국 맹휴의 양적 감소와 질적 변화에도 불구하고 교사의 자질이 가장 큰 문제였다는 점에서는 마찬가지였다.387) 이러한 현상은 강화된 일제의 감

---

384) 朝鮮總督府 警務局 保安課,『高等警察報』5, 1935, 37~38쪽.
385) 조동걸,『한국민족주의의 발전과 독립운동사 연구』, 지식산업사, 1994, 247쪽.
386) 朝鮮總督府 警務局,『朝鮮に於ける 同盟休學の 考察』, 1929, 19~20쪽 : 한규무,『광주학생운동』, 독립기념관 한국독립운동사연구소, 2009, 30쪽.

시·탄압에 기인한 바 크며, 사회주의계열의 학생비밀결사가 외부 활동을 자제하며 학생들의 권익을 위한 맹휴에 적극 나서지 않게 된 것도 하나의 요인이라 할 수 있다. 아울러 언론사가 주관한 농민계몽운동에 많은 학생들이 참여한 점도 영향을 주지 않았을까 생각된다.

또 일제 측 자료에 따르면 1934년 39건 중 28건, 1935년 36건 중 18건이 보통학교에서 일어났는데,388) 이들 맹휴는 교내 문제, 그중에서도 수업료에 관련된 것이 많았다. 1920년대 후반의 세계 대공황은 한국에도 영향을 끼쳐 전국 각지에서 '수업료 독촉을 못이겨서' 맹휴를 벌이거나 '경제공황을 따라 수업료를 철폐'하라고 요구하는 보통학교가 많아졌다. 이같은 보통학교의 맹휴에서는 민족적 성격이 두드러지지 않지만, 식민지의 어려운 교육 현실을 잘 보여준다. 동맹휴학에 대한 일제의 태도는 매우 강곽하였다. 1931년 11월 한 달 동안 15개 학교에서 맹휴가 일어났는데 일제는 85명의 학생에게 출학(黜學), 108명에게 무기정학, 그리고 3명에게 견책처분을 내렸다.389) 퇴학, 무기정학이 상당히 많았음은 다음의 〈표 7〉에서도 확인할 수 있다.

1930년대 전반기 맹휴 사례를 선행 연구를 토대로 하고 필자의 검토와 추가를 합하면 다음과 같이 정리된다. 당시 언론에 실린 69건으로 1931년 50건, 1932년 7건, 1933년 2건, 1934년 3건, 1935년 7건 등이다. 이는 위의 〈표 6〉에 나오는 1930년대 전반기 맹휴 건수의 27.8% 정도에 해당된다.

---

387) 한규무, 『광주학생운동』, 250쪽.
388) 朝鮮總督府 警務局 保安課, 『高等警察報』 5, 1935, 47쪽 ; 김호일, 『한국근대학생운동사』, 312쪽.
389) 『동아일보』 1931년 11월 29일, 「빈발하는 學海波蘭」.

〈표 7〉 1930년대 전반기의 동맹휴학

발생시기	학교	참가학생	발생원인/요구사항	비고
1931.01.26	대구상업학교		폭행 일인학생 퇴학처분 요구/일인교사 배척/성적순에 따른 입학허용/한인교사 증원	주동자 9명 퇴학처분
1931.01.26	함흥농업학교	140명	교우회 자치 허용/수업료 인하/식대 인하/일인교사 배척/희생자 복교/학칙 배척	
1931.01.26	함북웅기 보통학교	4·5·6학년	수업료 독촉요금 면제/교사의 폭력 폐지/교수의 수업시간 중 음주 폐기/운동기구 완비/수업료 인하/수업료 체납자의 퇴학처분 폐기	주동자 25명 무기정학
1931.02.26	경성근화여자 실업학교		교장 배척	현명숙 등 5명 검거
1931.02.18	진주농업학교	1·2·3학년	퇴학생의 복교	
1931.02.23	부산진공립 보통학교	6학년	수업료 철폐 등 14개 조건	과격한 요구조건이라고 신문에서 내용이 삭제됨
1931.02.26	정주오산 고등보통학교	300여명	학교 교직원의 총사직/희생학생의 복교	
1931.02.27	진주고등 보통학교			조정래 등 맹휴 선동학생 검거
1931.03.09	제주농업학교		졸업식장에서의 경찰 만행	8명 구속
1931.03.10	경남하동 공립보통학교	5·6학년	수업료 철폐 요구	사전발각, 3명 구속
1931.03.28	신의주공립 고등보통학교			박일봉 등 맹휴 계획자 5명 검거
1931.04.25	영흥공립 농잠실습학교	3학년	오후 2시간 실습/수업료 인하/교사 배척/운동기구 비치/학과목 증가	
1931.05.07	대구계성학교	3학년 50명	교사 교체	
1931.05.09	중앙불교 전문학교		신임교장 배척	
1931.05.09	평북의주군 육영학교	90명	교사 유임 요구	
1931.05.12	개성송도 고등보통학교		수업료 인하/교우회 자치/학교내 경찰 간섭 반대/교사 배척	5명 퇴학, 전원 정학
1931.05.16	함흥고등 보통학교	3학년	희생자의 복교/수업료 철폐/학우회 자치권 보장/○○교육제도 절대반대/학	7-8명 검거

발생시기	학교	참가학생	발생원인/요구사항	비고
			교내 경찰간섭 반대	
1931.05.21	함흥고등 보통학교 함흥상업학교	50여명 30여명	격문 살포/적기(赤旗) 사용	
1931.05.23	함흥영생 고등보통학교	2·3학년	월사금 인하	
1931.05.27	경성여자 상업학교		교사 배척/수업료 인하/수업시간 증가	
1931.06.01	함흥영생여자 고등보통학교	2·3·4학년	수업료 인하	
1931.06.03	함흥공립 농업학교	2·3·4학년	교우회 자치권 허용/수업료 5할 인하/ ○○○○○교육 철폐/ 교내 경찰권 ○○ 엄금/실습의 노동화 반대	
1931.06.05	함북나남중학교	5학년	교장 배척	
1931.06.08	경성여자 상업학교	2·3학년 200명	퇴학생 복교 요구	53명 무기정학
1931.06.08	동덕여자 고등보통학교	1·2·3·4학년 200명		임시휴교
1931.06.17	보성고등 보통학교		희생자 무조건 복교/언론집회 절대자 유/○○교육 반대/수업료 3할 인하/교 장·교원 7인 배척/불교포교 반대/교내 경찰간섭 절대반대	이습회(而習會) 사건 후 학생들의 학교 틈입(闖入) 파괴
1931.06.22	전남영광 남공립보통학교	3학년이상 80명	수업료 독촉에 반감	
1931.06.23	전남장성서삼 공립보통학교	4년 23명	조선어 시간 증가/체조시간에 구타금 지/실습시간 단축/월사금 반감/교장의 매일출근	
1931.06.24	경남초계 공립보통학교		퇴학 이유	4명 검거
1933.06.24	평남영원 공립보통학교	5,6년 여학생	교사 배척	
1931.05.25	이화여자 고등보통학교	2·3·4학년 100명	신교(信新)자유 허용/교사 4인 배척/6 시간 교수시간	
1931.06.29	경성실업 전수학교	2학년 80여명	수업료 인하/교사 신축/타교와 동일한 휴가일/교사의 수업시간 엄수	
1931.07.03	정주오산 고등보통학교	2학년 20여명	○○교육 반대/언론집회자유/급장제 반대/교원 4인 배척/수업료 3할 인하	

발생시기	학교	참가학생	발생원인/요구사항	비고
1931.07.20	전북이리 농림학교			맹휴주동자 윤영동·김석동 체포
1931.07.22	함남안변농림 보습학교	1·2학년 35명	실습 불만	
1931.07.30	평북영변농림 학교	3학년	교사의 폭언과 부정행위	3명 퇴학, 6명 정학
1931.09.02	제주좌면공립 보통학교			김성원 외 4명 검거
1931.10.08	전북고창공립 보통학교	6학년	교사보충으로 상급학교 진학 대비/조선어 교수/교장의 가혹한 행위 개선	
1931.10.10	전남송정리공립 전수학교	2학년	수업연한 5년 연장/학교의 광주읍 이전/교장의 행위 경고/물리·수학교사 배척/조선어·한문시간 증가/불친절한 교육 철폐/제도시간의 실습시간 편입/학습시간의 보충	
1931.10.10	전남장성서삼 공립보통학교	4학년	수업료 독촉	
1931.10.21	전남무안일로 공립보통학교	5·6학년	교장 배척	
1931.10.26	황해해주고등 보통학교	3·4학년	○○교육 반대/봉건적 강제교육 반대/교과서 자유선택/종교선전 반대/교우회 자치/언론집회 자유/연구기구 개방/수업료 4할 인하/교과서 자유구입/강제여행 반대/가정통학 자유/성적표 발송 반대/교장 등 6인 배척/희생자 반대	70명 검거, 280명 무기정학
1931.11.09	대구고등 보통학교	4학년 96명	3학년 박모의 단체적 충고	54명 검거 송치
1931.11.10	경신학교 (중등학교)	420명	교내집회 자유/신교(信教)의 자유/교무주임 복직/교사 배척	3·4학년 전체 무기정학
1931.11.11	평양고등보통 학교	전교생 800명	학생검거 반대	16명 검거, 17명 무기정학, 48명 퇴학
1931.11.12	대구고등 보통학교	3·4학년	징계학생 처벌 반대	
1931.11.27	경남삼천포공립 보통학교	5·6학년 60여명	수업료 미납자의 가산차압 불만	
1931.12.20	평북선천신성 중학교	1·2·3학년	10개조 요구	〈중앙〉311207

발생시기	학교	참가학생	발생원인/요구사항	비고
1931.12.12	경남함안군북 공립보통학교	4·5·6학년 100명	수업료독촉 반대/시간외 실습 반대/학생모욕 반대/생도압박 반대/학교건물 자유이용/조선역사시간 배치/교장 배척/생도자치권 요구	
1931.12	제1고등보통학교	3학년 200여명	교장·일인교사 배척/○○교육 반대/언론집회 자유/수업료 인하	
1932.03.01	경성공립고등보통학교	2·3학년 300여명	차별교육 철폐/무조건처분 반대/수업료 인하/교원 배척/교우회 자치 등 9개 조항	
1932.05.10	대구의학강습소	200여명	의전(醫專) 승격	
1932.06.01/ 06.07	신의주삼무학교	400여명	교장 배척 등 6개 조건	휴교선언
1932.07.15	경성공립 직업학교	2학년 36명	학과목 증설/운동부 설치/실습시간 단축	
1932.09.09	세브란스병원산파간호사양성소	1학년 25명	노예적 교육 반대/봉건적 규칙 타파/8시간 30분에 적합한 임금 지불/간호원 인격존중/4년 수업연한 축소/식당과 변소일을 시키지 말 것	
1932.09.17	협성실업학교			주모자 22명 무기정학
1932.04.29	춘천농업학교	4학년 46명	학생처우 개선/실습시간 단축/교사 4명 배척	전원 무기정학
1933.06.09	영변농업학교	3학년 46명	노동실습 철폐/교장 배척/생도본위 교육방침/교내에 경찰 침입금지	
1933.11.04	중앙고등보통학교	2·3학년 400명	교원 배척/교우회 자치	
1934.05.22	경남진영농업학교	1·2학년 36명	교사 배척	전원 무기정학
1934.05.24	평양종로공립보통학교	6학년 60여명		
1934.11.12	경성약학전문학교	1·2학년	교장 배척/임시시험제 철폐	
1935.02.20	중앙고등보통학교	4학년 102명	퇴학생 복교 요구	전원 무기정학
1935.02.02	배재고등보통학교	3학년 120명	교사 배척/운동선수 성적우대 철폐	10여명 구속
1935.03.04	중동학교	3학년 60명 4학년 120명	교원 배척/재단 찬성 등 6개 조항	주동자 7명 무기정학

발생시기	학교	참가학생	발생원인/요구사항	비고
				3학년 10명 보류 4학년 23명 퇴학
1935.06.22	신의주삼무학교	전교생 450명	교장의 학교운영 반대	
1935.07.04	춘천공립고등보통학교	3·4·5학년	조선어시간 연장/교사 배척	주동자 7명 무기 정학 4명 유기정학 9명 근신
1935.09.11	함남영흥공립 농업보습학교	2학년	실습시간 단축	
1935.10.24	태화여학교		퇴직교원 복직	

* 출전 : 김호일, 『한국근대학생운동사』, 313~317쪽의 〈표 30〉 ; 『동아일보』, 『조선중앙일보』.

위의 〈표 7〉을 보면 동맹휴학이 일어난 곳은 고등보통학교 20개, 실업학교 19개, 보통학교 14개 순이다. 앞에서 살펴본 것처럼 1930년대 학생비밀결사가 고등보통학교, 실업학교 순으로 많이 조직된 것과, 같은 시기 맹휴 발생 건수와 연관이 있다고 여겨진다.

요구사항은 1931년 50건 중 교장·교사 배척 22건, 수업료 인하·철폐 19건, 식민교육 반대 9건, 학우회 허용 및 언론 결사의 자유 8건, 한글·한국역사 교육 3건 등이다. 즉 수업료 문제가 교장·교사의 배척 다음으로 많이 나타난다.390) 이는 일제의 식민 교육은 물론 식민 통치 자체에 대한 항거였다. 또한 경찰의 학교에서의 만행이 동맹휴학이 원인이 되었던 경우도 있고, 교내에서의 경찰 간섭 반대를 동맹휴학의 목적으로 한 것도 있었다. 이는 학생들의 맹휴가 학교 내 문제에서 비롯한 것이지만, 경찰을 언급하였다는 것은 이 맹휴가 일제 식민 통치 권력에 대한 항거였다는 것을 말해준다.

일제는 학생들의 맹휴를 단순한 젊음의 혈기로 폄하하려 하였고, 사회주의와 연계시키려고도 하였다. 1931년 부산진고등보통학교 맹휴를 언급하면서, 주동자 7명을 취조하였고 가택 수색 결과 제3인터내셔널 규약과

---

390) 김호일, 『한국근대학생운동사연구』, 317쪽.

사회주의 관련의 많은 팸플릿 등을 압수하였다는 것이다.391) 그리고 학생들의 맹휴가 폭력화하는 것은 청년들의 혈기 때문만이 아니라, 근본 원인은 사회주의사상에 학생들이 깊이 '감염'된 때문이라고 추측하였다.392)

2) 동아일보사의 브·나로드운동

사회주의계열의 학생운동이 소수정예의 비밀결사 형태로 전환되면서 민족주의계열의 많은 학생들이 농민계몽운동에 참여했다. 1930년 10월 전국 조사 결과 문맹자 수는 전인구의 77.7%일 정도로393) 문맹 퇴치는 한국에서 시급히 해결되어야 할 현안 중 하나였다. 방학 동안에는 맹휴나 시위를 벌일 수 없었는데 언론계·종교계에서 주관·후원하자 많은 학생들이 이 운동에 참여했다. 동아일보사의 브·나로드운동과 조선일보사의 문자보급운동, 개신교계의 하기아동성경학교 등이다. 동아일보사의 브·나로드운동은 1928년 동아일보사의 농민계몽운동에서 비롯하는데 학생들의 '귀농 운동'임을 분명히 했다. 동아일보사의 역할은 홍보 및 포스터·교재 제공이었고 기타 경비는 참여 학생이 책임져야 했다. 동아일보사는 주관기관이었을 뿐 각지에서의 실제 활동은 학생들이 주체가 되었다.

1931년 하기 방학에 즈음하여 동아일보사는 "1천 3백만의 글 모르는 이에게 글을 주자!"는 슬로건을 내걸고 앞세우고 학생계몽대·학생강연대·학생기자대로 조직을 나누어 제1회 학생대원을 모집하였다.394) 이후 일제의 금지로 운동이 중단된 1935년 이전까지 브·나로드운동의 성과에 동아일보사는 "대원으로 참가한 정예로운 전사는 (금년에) 1천98명 4년 동안에 5천

---

391) 『동아일보』 1931년 3월 4일, 「형사가 대관 출장」.
392) 『동아일보』 1931년 11월 29일, 「빈발하는 學海波瀾」.
393) 이여성·김세용, 『수자조선연구』 4, 세광사, 1933, 111쪽 ; 『조선일보』 1934년 12월 22일, 「(사설)조선인의 문맹과 신문화의 요구」.
394) 『동아일보』 1931년 7월 16일, 「제1회 학생하기브나로드운동」.

7백52명이, 금년에 2만6백1명 4년 안에 9만8천5백98명이란 문맹을 타파하였고 어둠의 세상을 벗어나왔다"[395]라 자평했다.

〈표 8〉 동아일보사 브·나로드운동의 성과(1931~1934)

	1회(1931)	2회(1932)	3회(1933)	4회(1934)	합계
운동기간	62일 (7.21~9.20)	82일 (7.11~9.30)	81일 (7.12~9.30)	73일 (7.2~9.12)	298일
총개강일수	2,289일	8,182일	6,304일	3,962일	20,737일
계몽대원수	423명	2,724명	1,506명	1,098명	5,751명
강습지수	142처	592처	315처	271처 (만주 21 일본 7)	1,320처
총수강생수	9,492명	41,153명	27,352명	20,601명	98,598명
교재배부수	30만부	60만부	60만부	60만부	210만부
금지	11처	69처	67처	33처	180처
중지	-	10처	1/처	26처	53처

* 출전 : 정진석 편, 『(조선일보,동아일보)문자보급운동 교재 : 1929~1935』, LG상남언론재단, 1999, 32쪽.

이에 의하면 4년 동안 1,320처에서 5,751명의 학생이 참여하여 97,598명에게 강습했다. 1934년의 사례처럼 만주·일본 등 국외로까지 운동이 확산된 것은 높이 평가할 만하다. 참여 학생수는 1931년 423명에서 1932년 2,724명으로 6.4배 증가하였다가, 1933년 전년 대비 0.6배로 감소하였고 1934년에는 전년 대비 0.7배로 감소하였다. 그리하여 연평균 1,437명의 학생이 계몽대원으로 참여하였다. 강습 장소는 1931년 142처에서 1932년 592처로 4.2배 증가하였다가, 1933년 전년 대비 0.5배로 감소하였고 1934년에는 전년 대비 0.9배로 감소하였다. 연평균 330처에서 강습이 행해졌다. 수강생은 1931년 9,292명에서 1932년 41,153명으로 4.3배 증가하였다가, 1933년 전년 대비 0.6배로 감소하였고 1934년에는 전년 대비 0.7배로

---

395) 『동아일보』 1934년 9월 19일, 「文化戰線動員 4년만에 근10만명 문맹퇴치」.

감소하였다. 즉 1932년 가장 많은 학생이 이 운동에 참여하였고, 그래서 가장 많은 장소에서 많은 이들이 혜택을 받았다. 배부된 교재는 『한글 공부』(이윤재)·『일용계수법』(백남규)으로 210만부였다.396) 『한글 공부』마지막 부분에는 한국의 지리와 역사의 가장 기초가 되는 내용을 넣었다.397) 금지·중지된 사례가 전체의 16.9%를 차지하여, 이 운동에 대한 일제의 시각을 짐작케 한다. 어떻든 이 운동을 통해 약 10만명이 문맹에서 벗어나게 되었다.

브·나로드운동의 한계에 대한 지적도 없지 않다. 주최 측에서 이 운동을 통해 농민 계몽뿐 아니라 "학생들의 사상 선도"도 꾀했다는 것이다. 즉 광주학생운동 이후 항일민족적 학생운동을 약화시키기 위해 일제가 내세운 '근로 의식의 고취'·'멸사봉공의 정신 함양'과 맥락을 같이 한다는 것이다.398)

3) 조선일보사의 문자보급운동

조선일보사는 1929년 6월부터 "아는 것이 힘, 배워야 한다"는 표어를 내걸고 문자보급운동을 펼쳤다. 조선일보사에서 교재를 제공하고 중등학교 학생들 중에서 지원자를 모집하여 이들이 향촌에 내려가 한글과 산수를 가르치는 것이었다. 교재는 『한글원본』(후에 『문자보급 교재』)이었으며, 1929년 409명의 학생이 참여했다. 1930년에는 46개 학교 900여 명의 학생이 10,567명, 1931년에는 1,800여 명의 학생이 20,800명에게 가르치는 등 매년 2배 가까운 성과를 거두었다.399)

---

396) 『동아일보』 1933년 9월 28일, 「문맹퇴치교재 2만3천책」.
397) 신용하, 「1930년대 문자보급운동과 브나로드운동」, 『한국학보』 120, 일지사, 2005, 115~115쪽.
398) 지수걸, 「일제시기 브 나로드운동, 재평가해야」, 『역사비평』 11, 역사문제연구소, 1990, 259쪽.
399) 신용하, 「1930년대 문자보급운동과 브·나로드운동」, 111~114쪽.

〈표 9〉 조선일보사 문자보급운동의 성과

연도	참가 학교수	참가 학생수	수강자 수	비고
1929		409	2,849	참가학생 409명 중 91명의 보고서만 집계한 수강자임.
1930	46	900	10,567	『한글원본』 9만부 배포
1931		1,800	20,800	『한글원본』 20만부, 추가 10만부 배포
1934	124	5,078		
1935				『한글원본』 10만부 배포
1936				『한글원본』 50만부 배포

* 출전 : 정진석 편, 『(조선일보,동아일보)문자보급운동 교재 : 1929~1935』, 120쪽.

    1932~1933년에는 판권 문제로 조선일보사에 내분이 일어나 문자보급운동이 일시 중단되었지만 1934년 재개되어 124개 학교 5,078명의 학생이 참여하였다. 문자보급운동도 일제의 감시·탄압을 받았다. 그들은 경찰서와 학교에 "개인교수는 무방하나 강습회는 불허"라는 공문을 보내기도 했고, 이 때문에 허가가 나오지 않는 사례도 여럿이었으며, 집집마다 교재를 배부하다 곤욕을 치르기도 했다.400)

4) 개신교계의 하기아동성경학교

    하기성경학교도 농민계몽운동에 일익을 담당하였다. 개신교계는 1920년대 중반부터 '농촌운동'에 나섰으며 그 일환으로 문맹퇴치운동을 벌였다. 문자보급운동이나 브·나르도운동처럼 '무산 아동'을 대상으로 한 단기간의 교육을 위한 것이었다. 하기아동성경학교는 기본적으로 종교 강습과 전도를 위한 것이었지만 그 과정에 한글·산수 등의 교육이 포함되어 있었다. 성경학교에는 방학을 맞아 귀향한 학생들이 교사로 많이 참여했다. 통계가 제대로 남아 있는 1932년의 경우 장로교·감리교가 주관한 952처에서

---

400) 김호일, 『한국근대학생운동사』, 302~303쪽.

성경학교가 열려 교사 5,167명이 학생 68,852명을 가르쳤다. 같은 해 동아일보사의 브·나로드운동보다 강습자·교사·수강생 수가 많다. 물론 교사 중에는 학생 아닌 이들의 참여가 적지 않았고, 학생 수강생들이 많았으므로 브·나로드운동과 단순 비교하기는 무리가 있다. 이 역시 일제의 감시·탄압이 뒤따랐고, 경찰의 제지로 중단되거나 아예 열리지 못하는 경우도 있었다.401)

5) 1930년대 후반기의 동맹휴학

1930년대 후반기 맹휴 사례를 당시 언론에 실린 것들을 정리하면 다음과 같다. 총 11건으로 1937년 7건, 1938년 2건, 1939년 2건 등이다. 1930년대 전반기의 69건의 16%에 불과한데, 특히 중일전쟁 발발 이후 전시총동원체제 등 일제의 강화된 통제와 탄압에 원인이 있다고 여겨진다. 주로 실업학교에서 일어났고, "민족적 감정" 때문이었다는 광주농업학교의 맹휴 원인 외에는 과도한 실습시간 감축이 주요 원인이었다. 경찰 간섭 반대와 같은 내용이 원인으로 거론되지 않은 것은 1935년 전국의 중등학교에 배속장교가 배치된 때문일 것이다. 그러나 "실습시간의 과다"는 일제의 식민교육방침에 의한 것이었고, 학생들의 맹휴는 식민교육방침에 항거한 것이었다. 따라서 표면적으로는 실습시간 감축이라는 학내 문제이지만, 결국에는 일제의 식민 통치에 대한 항거라고 보아야 할 것이다.

---

401) 한규무, 『일제하 한국기독교 농촌운동』, 한국기독교역사연구소, 1997, 115~121쪽.

〈표 10〉 1930년대 후반기 동맹휴학

발생시기	학교	참가학생	발생원인/요구사항	비고
1937.2.4	경성전기학교	588명	직원개정, 설비개선	
1937.3.3	전남목포 영흥학교와 정명여학생	1,000여명	신사참배 거부로 폐교조치 반대	
1937.6.1	춘천공립농업학교	3,4학년생 80명	교무주임 배척	
1937.6.3	평남순안의명학교	200여명	설립자의 학교매각 반대	
1937.6.10	강계농림학교	3년생	실습과목 과다한 작업 감소 요구	
1937.6	광주공립농업학교		민족적 감정	
1937.8.26	평남안주농업학교		일본인 방축/군사훈련 열심/일본제국주의 배격	이범준, 이발, 윤홍규 체포
1938.11.8	평양농업학교	3년생 50명	실습시간 단축	
1938.12.6	신의주삼무학교	1,2년생 240명	교사가 낡고 추워서 공부를 할 수 없다/학급정원 이상으로 교실의자책상 등 모두 좁아서 공부를 할 수 없다/선생의 변동이 심하여 재미가 없다	
1939.9.1	영일오산소학교	300여명	교장 배척	
1939.11.1	연안농업학교	2년생 50여명	실습시간의 과역	

* 출전 : 『경성일보』 1937년 2월 6일 ; 『동아일보』 1937년 6월 12일, 1938년 12월 1일, 1939년 9월 12일 ; 『매일신보』 1938년 12월 8일.

6) 1940년대 전반기의 무장투쟁

1930년대 초 이후 계속 침체되었던 학생운동은 1940년 무렵부터 다시 활성화되었다. 가장 큰 이유는 일본이 패전하고 민족해방의 결정적 시기가 도래한다는 인식이 학생들 사이에 널리 유포된 때문이었다. 중일전쟁이 장기화되고, 이 전쟁으로 인하여 일본이 영국과 미국 또는 소련과 전쟁을 하게 되면 경제 사정의 악화로 패전하게 된다는 것이었다.[402] 학생들 중 일

---

402) 홍석률, 「1940~45년 학생운동의 성격변화」, 『한국사론』 24, 서울대 국사학과

부는 독자적인 정황 판단, 외국 신문 기사 탐독, 단파방송 등을 통하여 일본이 패전하게 된다는 내용을 접하고 있었다. 그리고 일제가 패전할 경우 큰 사회 혼란이 올 것이므로 이때를 결정적 시기로 삼아 봉기함으로써 민족해방을 달성해야 한다는 생각을 갖게 되었다.

춘천사범학교의 백의동맹, 경성제대 의학부와 연희전문 등 서울 시내 학생들을 중심으로 한 조선민족해방협동당(1943년 여름), 지리산에 있었던 보광당(1945년 3월)처럼 산속으로 들어가 소규모 무장 대오를 만들어 투쟁하거나, 이리농림학교의 화랑회, 부산지역의 조선독립당·순국당처럼 철도폭파나 요인암살 등을 계획하는 등의 활동을 하였다. 광주서중의 비밀결사 무등회의 주도자였던 기영도가 "대동아전쟁이 장기화되면 일제의 패배는 필정적이며 그때야말로 조선 독립의 절호의 기회가 도래한다"[403]고 한 것이 그 예이다. 따라서 가장 적극적인 항쟁인 무장투쟁의 형태를 취하였다. 무등회 회원들은 일제의 군사교육을 역이용하여 이러한 훈련을 받은 학생들을 독립의 결정적 시기에 동원한다는 구상을 하였다.[404]

학생비밀결사들 중 일부는 국내 활동이 어려워지거나 불가능하다고 생각될 때 국외운동세력에 합류하기 위해 집단 월경을 도모하기도 하였다. 신풍보통학교 졸업생 중심의 결사와 금산지역 농민청년 결사원들이 만주유격대에 합류하기 위해 모의하다가 발각된 사건이 그 예이다.[405] 학도지원병에 지원했다가 중국 등지에서 일본군으로부터 탈출하여 임정의 광복군이나 화북독립동맹의 조선의용군에 참여한 학생들도 이와 같은 맥락으로 이해할 수 있다.[406]

　　석사학위논문집, 1990, 20~24쪽.
403) 광주학생독립운동동지회, 「제2차 광주학생독립운동사건 판결문」, 『광주학생독립운동사』, 국제문화사, 1974, 249쪽.
404) 홍석률, 「제2차 광주학생운동의 민족운동사적 의미」, 315쪽.
405) 「소화 17년 형공제9호 산강용범 외 9인 판결문」, 1942 : 「소화 19년 형공제1300호 김전태영 외 2인 판결문」, 전주지법, 1945.
406) 홍석률, 『광복 직전 독립운동의 세력』, 독립기념관 한국독립운동사연구소, 2009,

1943년 12월에 시행된 학도지원병제는 학생운동의 무장화에 큰 영향을 미쳤다. 서울의 협동당, 지리산의 보광당 모두가 학도지원병제 거부자를 중심으로 이루어졌다. 학병으로 끌려간 사람들 중에 일부는 개인적으로 일본군을 탈출하여 항일운동조직에 참여하였고, 결사를 조직하여 일본군대에서 집단으로 탈출해 항일운동을 전개하려고 시도하였다. 1944년 평양지역 학병의 모반사건이 그 예이다.[407]

이 시기 학생운동은 투쟁 형태 변화는 물론 이념의 측면에서도 변화가 나타났는데, 민족통일전선의 강화였다. 1940년 이후부터는 학생운동에도 민족주의·사회주의 등 이념 차이를 불문하고 반일의 기치 아래 여기에 찬동하는 모든 세력을 결집하려는 시도가 나타났다. 1930년대 후반부터 코민테른의 '반파쇼적 인민전선' 노선의 제창, 전세계적인 민족해방운동의 추세로 말미암아 국내 학생운동에도 이러한 노선을 수용하는 양상이 나타났던 것이다. 대표적인 예가 1940년 경기중학교에서 모임을 가진 비밀결사 조선인해방투쟁동맹의 창립 취지에서 "본 회합은 공산주의와 민족주의 신봉자의 회합으로서 그 주의는 상이하나 조선민족해방을 위하여 일본제국주의와 투쟁하는 목적은 서로 일치하므로 조선 독립을 목적으로 하는 결사를 조직한다"고 밝힌 것을 들 수 있다. 평양 학병 모반사건 때도 그 행동강령에 "일체의 이데올로기를 초월하여 단결한다"라고 서로 합의하고 운동을 추진한 것도 이러한 맥락으로 이해할 수 있다.[408]

이렇듯 1940년경부터의 학생운동은 일제의 패전이라는 객관적인 정세를 인식하고, 이러한 정세에 부응하기 위하여 가장 적극적인 형태의 무장투쟁에 나서면서 이 과정에서 제반 항일역량을 모두 결집하는 형태로 전개되었다. 물론 이 시기 학생운동은 고립분산적이고 자연발생적이었다는 본질적인 한계를 갖고 있었고, 또한 대부분 실행의 단계를 거치지 못하고

217~235쪽 참조.
407) 홍석률, 「제2차 광주학생운동의 민족운동사적 의의」, 315쪽.
408) 홍석률, 「1940~1945년 학생운동의 성격 변화」, 60~80쪽.

계획의 단계에서 와해되었지만 전혀 의미가 없었던 것은 아니다. 이러한 학생들의 움직임은 일제당국에게 커다란 위협이었고, 상당한 위기의식을 안겨주었다. 광복 직후 학생층은 학도대를 만들어 건국준비위원회·인민위원회 등 각종 자치조직에서 실질적인 행동대원의 역할을 담당했다.409)

4. 맺음말

1929년 11월~1930년 3월 한국 학생들의 대규모의 조직적 운동을 겪은 일제는 이후 학생운동세력의 적발·와해를 위해 노력했다. 이같은 상황에서 학생조직은 대부분 비밀결사의 형태를 띠게 되었다. 학생비밀결사에는 민족주의계열과 사회주의계열이 모두 있었으나 후자의 비중이 더 높았다. 사회주의계열이 중심이 된 학생들의 비밀결사는 ML주의 학습을 통하여 철저히 이론적으로 무장함으로써 활동가로서의 역량을 갖춘 뒤 졸업과 함께 사회에서 노농운동에 투신하는 것을 목적으로 하였다. 이를 위해 학내에서는 별다른 활동 없이 이론학습 등을 하다가 개인적으로 노농운동에 투신해가는 형태로 운동을 전개하였다.

1930년대 전반의 학생비밀결사는 '독서회'와 '반제동맹'으로 구분되기도 한다. 독서회가 사회주의이론 학습을 위한 준비 조직인데 비해, 반제동맹은 1931년 일제의 만주침략 이후 반전운동 등을 벌인 실천적 조직이라는 것이다. 그러나 당시 비밀결사는 명칭만으로 이러한 구분이 쉽지 않다. 1930년대 전반기의 독서회에는 합법적·공개적인 것도 적지 않았다. 학생반제동맹은 반제공동전선의 구성요소로서 조선반제동맹 학생부를 완성하고 학생층의 반제투쟁을 노농의 반제투쟁과 연결시키는 것을 목표로 하였다. 대부분 초기 단계에서 와해됨으로써 조선반제동맹 학생부의 전국적인

---

409) 홍석률, 「일제하 청년학생운동」, 342쪽.

결성에 이르지 못하였고, 1930년대 중반 이후 자취를 감추었다.

1930년대 후반기에는, 학생비밀결사의 숫자가 전반기보다 훨씬 적았다. 명칭도 전반기의 "적색·공산·전위·사회과학" 등을 표방하는 조직이 보이지 않는다. 목적이나 활동도 전반기와는 달리 황민화 반대의 시사성의 실천 요목이 제시되고, 종교 조직 성향의 것도 있고, 민족주의적 성격이 짙다. 1930년대 후반기, 전체 조직을 볼 때 민족주의가 크게 부각되었다.

태평양전쟁 발발 이후의 학생비밀결사는 20명 이내의 작은 조직이었는데, 일제의 전시통제하 학원 사찰이 강화된 속에서 학생조직의 존재 자체가 매우 어려운 때문이었다. 학생들은 일제의 패망이 멀지 않았다는 것을 예견하고 광복의 역군으로 참여하기 위한 투쟁 방략을 취하였다. 따라서 이 시기 학생비밀결사 중에는 무력 항쟁을 계획한 독립군 조직을 성격상 겸하는 것들도 있고, 이는 종전에 보지 못한 태평양전쟁 발발 이후 학생조직의 특성이다. 명칭에 '건국'이나 '조선 독립'·'대한 독립'이라는 용어를 사용하고, '독립'을 목적으로 하고, 그 독립을 이루기 위한 구체적인 투쟁 방법까지를 목적(성격)으로 제시하였다.

학생운동의 구체적인 행동은 시위와 동맹휴학이었다. 광주학생운동 이후 동맹휴학의 양상은 크게 달라졌다. 1931년 이후 맹휴 건수가 크게 줄었으며, 보통학교에서의 사례가 절반 정도나 되었고, 발생 동기나 요구조건에서도 이전에 비해 민족적인 성격이 잘 드러나지 않게 되었다. 1930년대 전반기의 맹휴 원인은 주로 교내 문제였다. 맹휴의 양적 감소와 질적 변화에도 불구하고 교사의 자질이 가장 큰 문제였다는 점에서 1920년대와 같았다. 이는 강화된 일제의 감시·탄압에 기인한 바 크며, 사회주의계열의 학생비밀결사가 외부 활동을 자제하며 학생 권익을 위한 맹휴에 적극 나서지 않게 된 것도 하나의 요인이라 할 수 있다. 또한 교내 문제이지만, 식민교육에 대한 항거는 결국 식민 통치에 대한 항거였기에 동맹휴학에 대한 일제의 태도는 매우 강곽하였다.

사회주의계열의 학생운동이 소수정예의 비밀결사 형태로 전환되면서 민족주의계열의 학생들이 농민계몽운동에 많이 참여했다. 동아일보사의 브·나로드운동과 조선일보사의 문자보급운동, 개신교계의 하기아동성경학교 등이다.

1930년대 후반기의 맹휴는 건수에서 전반기보다 많이 감소하였는데 중일전쟁 발발 이후 일제의 강화된 통제와 탄압에 원인이 있었다. 주로 실업학교에서 일어났고, 과도한 실습시간 감축이 주요 원인이었다. 그러나 "실습시간 과다"는 일제의 식민교육방침에 의한 것이었고, 학생들의 맹휴는 식민교육방침에 항거한 것이었다. 따라서 표면적으로는 실습시간 감축이라는 학내 문제이지만, 결국에는 일제의 식민 통치에 대한 항거였다.

학생운동은 1940년 무렵부터 다시 활성화되었다. 일제의 패전이라는 객관적인 정세를 인식하고, 이러한 정세에 부응하기 위하여 가장 적극적인 형태의 무장투쟁에 나서면서 이 과정에서 제반 항일역량을 모두 결집하는 형태로 전개되었다.

IV. 미군정기 신문들에 투영된 광주학생운동

1. 머리말

 1945년 8월 15일 일제가 연합국에 패망함으로써 한국은 일제로부터 독립하였다. 일제의 항복과 동시에 발족한 조선건국준비위원회(朝鮮建國準備委員會)는 그해 9월 6일 조선인민공화국(朝鮮人民共和國) 수립을 발표하였다. 조선건국준비위원회와 조선인민공화국 세력들이 한반도 정치의 중심 세력이 되었다. 그러나 일제 패망 약 한 달 전부터 소련군이 한반도의 북쪽 지역에 진주하고, 9월 8일에는 미국군이 인천에 상륙하여 한반도를 통치하는 상황이 펼쳐지자 한국인들은 크게 혼란스러워 하였다. 일제의 패망이 한국의 완전 독립으로 연결되지 않았기 때문이다. 9월 9일 미 극동사령부는 "북위 38도선 이남의 한국 영토와 한국 인민에 대한 통치의 모든 권한은 당분간 본관의 권한 아래 시행된다"는 '포고령 제1호'를 공포하였다. 9월 12일에는 아놀드(Arnold, Archibold V.)가 미군정장관에 임명되었고, 9월 20일 미군정이 시작되었다. 이어 10월 10일에는 "38도선 이남의 한국에는 오직 미군 정부가 있을 뿐이다…(중략)…자칭 '조선인민공화국'이라든가 '조선인민공화국 내각'은 권위와 세력과 실재가 없다"라는 미군정장관 아놀드의 성명이 발표되었다.410)
 광복 이후 한국인들의 최고이자 긴급한 관심과 과제는 완전한 독립 국가 수립이었다. 그리고 완전한 독립 국가 수립을 위한 떳떳하고 자랑스러운 전형(典型)은 일제강점기에 추진한 한국독립운동이었다. 국망(國亡) 이

---

410) 송건호, 「미군정하의 언론」, 『한국언론 바로보기 100년』, 다섯수레, 2012, 115쪽.

후 국내외에서 끊임없이 전개된 독립운동 중 대표적인 것이 1919년의 3·1운동과 1926년의 6·10만세운동, 그리고 1929년의 광주학생운동이었다. 8월 15일에 광복되었으므로 3·1운동과 6·10만세운동 기념일은 날짜가 지났고, 광주학생운동 기념일인 11월 3일이 다가오고 있었다. 따라서 광주학생운동 기념일이 광복 이후 가장 먼저 독립운동 기념일로 대두하였다.

광주학생운동은 1929년 10월부터 1930년 3월까지 계속되었다. 광주에서 시작되어 전국으로 확산되었고, 중국·러시아·일본·미주 지역의 반제학생운동에도 영향을 미쳤다. 그동안 광주학생운동에 대해서는 발발 원인, 전개 과정, 결과, 한국독립운동사에서의 위치 등 여러 측면에서 많은 연구 업적이 축적되었다. 「판결문」과 당시의 신문 기사들이 연구의 기초적인 자료로 활용되었다. 그런데 광주학생운동은 광복 이후 한국 현대사에도 큰 영향을 주었다. 1960년의 4월 혁명, 1980년의 5·18광주민주화운동의 주역도 학생들이었는데, 불의에 항거한 학생들의 행동은 1929년 일제 식민 통치에 항거한 학생들과 같은 의미로 해석되고 연결되었기 때문이다.

광복 이후 광주학생운동이 한국인들에게 어떠한 의미로 어떻게 인식되었는지를 살펴볼 수 있는 방법 중 하나는 광주학생운동을 언급한 당시의 신문 기사를 분석하는 것이다. 일제의 언론탄압으로 해방 당시 한국에서 신문은 조선총독부의 기관지였던 『매일신보』, 그리고 일본인과 소수의 친일 지식인들을 위한 12개가 있었을 뿐이다. 그러므로 광복 이후 많은 사람들이 신문 발간에 주력하여 1945년 말까지 40개 이상의 신문들이 창간되었다.[411] 미군정청의 『조사월보』에 의하면 1946년 9월 현재[412] 일간 신

---

411) 김복수, 「미군정하 언론에 대한 연구 : 신문을 중심으로」, 『정신문화연구』 11-2, 한국학중앙연구원, 1988, 176쪽.
412) 미군정은 1945년 10월 30일 신문 발행을 등기제로 규정(군정법령 제19호 '신문 기타 출판물의 등기')하였다가 1946년 5월 29일 허가제로 변경(군정법령 제88호 '신문 급 기타 정기간행물 허가에 관한 건')하였다.(정진석, 『한국신문역사』, 커뮤니케이션북스, 2013, 90~91쪽)

문 57, 주간 신문 49, 월간·격월간 등의 각종 잡지 154개 등 총 260개의 언론매체가 있었다.413) 그리고 1947년에는 일간 신문 85, 주간 신문 68, 격월간 잡지 12, 월간 잡지 154개 등 총 319개의 신문잡지가 있었다.414)

필자는 미군정기(해방공간) 일간 신문들에 수록된 광주학생운동 기사를 분석하여 광주학생운동이 어떻게 인식되었는가를 규명하고자 한다. 많은 언론매체들 중에서 일간 신문의 기사들이 급박하게 전개된 미군정기의 상황을 정확하게 보여주기 때문이다. 이는 광복 이후 독립운동을 어떻게 인식하였는가를 밝히는 작업이기도 하다. 미군정기에 간행된 80여 개의 일간 신문 중 광주학생운동 기사를 수록한 신문은 그리 많지 않다. 대부분의 신문들이 영세하였고, 휴간(休刊)과 정간(停刊)이 빈번했기 때문이다. 필자가 분석한 신문은 다음과 같다. 더 많은 신문들을 확보할 수 없었고, 북위 38도선 이남에서 발간된 신문만을 분석 대상으로 하였다는 아쉬움이 있다.

〈표 1〉 미군정기 광주학생운동 기사를 수록한 신문들415)

신문명	창간일	경향	신문명	창간일	경향
민중일보	1945. 9.22	우익	조선일보	1945.11.23. 속간	우익
매일신보	1945. 9.24	우익	대동신문	1945.11.25	우익
신조선보	1945.10. 5	좌익	동아일보	1945.12. 1. 속간	우익
자유신문	1945.10. 5	좌익	한성일보	1946. 2.26	우익
대중일보	1945.10. 7	좌익	독립신보	1946. 5. 1	좌익
중앙신문	1945.11. 1	좌익	우리신문	1947. 2.10	좌익
대한독립신문	1945.11. 3	우익	조선중앙일보	1947. 7. 1.	좌익

413) 윤임술, 『한국신문백년지』, 한국언론연구원, 1983, 451쪽. 이 책의 451~644쪽에 8·15해방 이후 정부수립 때까지 간행된 신문 107개가 소개되어 있다.
414) 김영희, 「미군정 시대의 신문 연구」, 『저널리즘 연구』 5, 이화여자대학교 언론홍보영상학부, 1975, 28쪽.
415) 이 신문들의 성향은 최준, 『한국신문사』; 윤임술, 『한국신문백년지』; 이현준, 「대중일보의 성격에 관한 분석」, 서강대학교 언론대학원 석사학위논문, 2011 등을 참조하여 정리하였다.

2. 광주학생운동 기억

광복 이후 신문들은 광주학생운동을 언급하는 이유가 일제의 언론통제 때문에 1929년 광주학생운동 당시에는 진상이 올바르게 보도되지 못하였고, 그 상태로 시간이 흘렀으므로 해방된 이제는 학생운동의 전모를 알아야 하기 때문이라 하였다.416) 광복 이후 신문들은 광주학생운동을 다음과 같이 기억하고 정리하였다.

1929년 10월 30일 전남 나주에서 광주여자고등보통학교 여학생을 희롱한 일본인 광주중학생을 한국인 광주고등보통학교 학생이 구타하였는데, 이 사건이 민족 감정에 불을 붙여 광주중학교와 광주고등보통학교의 싸움으로 되었다고 하였다. 그리고 당시 광주고등보통학교 학생들은 한국 전체의 의사를 대표하여 싸웠다.417) 일제의 식민지 노예교육제도,418) '일제의 야만적 노예교육',419) '일제의 억압정책',420) '일제의 정치적·경제적·문화적 억압정책'421)이 광주학생운동의 발발 원인이었고, '식민지 노예교육 반대, 일제 타도'422)를 외쳤다. 일본어 신문『경성일보』(京城日報)는 '학원의 자유와 학문연구의 자유'를 요구하며 한국 학생들이 일제에 항거했다고 하였다.423) 문자에 이·출입이 있고 표현방식에 약간의 차이가 있을 뿐

---

416) 『중앙신문』 1945년 11월 4일, 「상기하라. 17년 전 광주학생사건 전말. 민족적 모멸에서 발단. 전국적으로 과감한 투쟁을 전개」.
417) 『매일신보』 1945년 11월 2일, 「조선학도대, 학생의 날 기념행사 개최」.
418) 『중앙신문』 1945년 11월 2일, 「11월 3일 果敢, 청년학도의 투쟁, 광주학생사건 기념 '학생의 날'」;『자유신문』 1945년 11월 3일, 「기억 새로운 광주사건, 금일 뜻깊은 '학생의 날', 해방운동에 불멸할 역사 살리라」.
419) 『독립신보』 1946년 11월 3일, 「사설 : 광주학생사건 기념일에」.
420) 『조선일보』 1946년 10월 20일, 「광주학생사건 17주년」.
421) 『독립신보』 1946년 10월 19일, 「史上에 燦然 '학생의 날', 광주학생사건 17주년 기념」.
422) 『자유신문』 1947년 11월 3일, 「오늘 학생의 날, 상기하라 광주사건」.
423) 『京城日報』 1945년 11월 3일, 「광주사건을 생각한다. 열과 힘을 굳게 한 학생일. 기념식전과 강연회 성황」.

신문 기사들은 광주학생운동 발발 원인을 일제의 식민 지배, 더 구체적으로는 식민교육제도였다고 하였다. 그런데 이러한 신문 기사들이 수록되기 전인 1945년 10월 30일 조선학도대(朝鮮學徒隊)가 작성하여 한국인들에게 배포한 「광주학생사건의 경위」라는 제목의 삐라는, 광주학생운동이 1917년 11월의 러시아혁명과 관련 있다고 하였다.424) 즉 러시아혁명이 세계적으로 영향을 미쳤는데 광주학생운동도 그 영향을 받았다는 것이었다.

광주학생운동의 전개에 대해서는 광주고등보통학교의 한국인 학생과 광주중학교의 일본인 학생간의 다툼이 광주고등보통학교와 광주중학교, 나아가 광주고등보통학교·광주농업학교·전남사범학교·광주고등여자보통학교와 광주중학교 및 일제경찰·관리들과의 분쟁으로 이어졌다고 하였다. 그런데 1945년의 신문들에서는 광주고등보통학교·광주농업학교·전남사범학교·광주여자고등보통학교의 2천여 학생들이 "노예교육 철폐, 언론집회결사의 자유, 학생자치권 요구, 일본인 중학교 폐쇄' 등의 깃발 아래 의식적·조직적으로 반제투쟁을 하였다고 했는데, 1946년의 신문들에서는 광주여자고등보통학교가 빠지고 3개 학교만을 언급하였다.425) 이유는 알 수 없다.

그리고 전국에서 광주학생운동에 호응하여 194개교(초등 54, 중등 136, 전문 4) 5만 5천여 명이 참여하였고, 수천명의 학생들이 희생되었다고 하였다. 76명 부상, 46명 검속, 200여 명 투옥이라고,426) 4만여 명이 감금당하였고 2천여 명이 투옥되었다고,427) 체포되어 수감생활을 한 학생이 기

---

424) 김현식·정선태 편저, 『'삐라'로 듣는 해방 직후의 목소리』, 소명출판, 2011, 104쪽.
425) 『대중일보』 1946년 11월 3일, 「18년 전 광주학생봉기의 혁명에 희생된 영령 추도. 아아 영원히 기념할 역사적 투쟁일을 상기하라」 ; 『독립신보』 1946년 11월 3일, 「민족해방사에 빛나는, 오늘 광주학생사건 기념일, 불사조의 우리 학생혼」 ; 『한성일보』 1946년 11월 3일, 「기억도 새로운 광주학생사건」.
426) 『신조선보』 1945년 11월 2일, 「광주사건기념일로 학생의 날 제정」.
427) 『자유신문』 1945년 11월 4일, 「역사의 날 절규하는 조선학도 불멸의 함성, 투쟁 고조된 광주사건 기념식전」.

만 명이라고 신문들은 학생들의 희생 내용을 지적하였다.428) 미군정기는 광주학생운동에 관한 자료 조사가 되어 있지 않았고, 따라서 연구도 진행되지 못하여 이렇게 다른 숫자들이 거론되었다. 그러나 각기 해방공간의 열악한 정보 수집과 상황 아래서 그들이 입수할 수 있는 자료에 근거하여 이러한 숫자를 제공하였으리라는 것은 분명하다. 이후 자료 조사와 연구업적이 축적되면서 광주학생운동으로 체포되어 퇴학, 정학 등의 처벌을 받은 학생이 2,905명이라는 사실이 밝혀졌다.429) 한편 광주학생운동의 희생자로 당시 광주고보 2학년 최쌍을(崔双乙)의 이름이 거론되었는데430) 왜 그를 언급하였는지, 그리고 그가 누군지는 알 수 없다.431) 광주학생운동 참여자를 박해한 이들도 일제 경찰과 소방서원, 재항군인들이라고 구체적으로 거론하였다.432) 또한 조선공산당의 사촉으로 광주학생운동이 일어났다며 일제가 한국인들의 광주학생운동 참여를 경고했다고도 하였다.433)

결국 광주학생운동은 학생들이 일본제국주의의 폭악한 힘에 용감히 도전한 것이고, 1919년 3월 1일의 독립만세운동과 함께 특기할 역사적인 사건이라고 하였다. 몇몇 학생들이 일으킨 단순 사건이 아니고 전 민족적 공감과 지지 아래 전개되었고 전국으로 확대되어 5만여 명의 학생이 참가하

---

428) 『민중일보』 1945년 11월 4일, 「사설 : 학생의 날」.
429) 한규무, 『광주학생운동』, 한국독립운동사편찬위원회·독립기념관 한국독립운동사연구소, 2009, 236쪽.
430) 『중앙신문』 1945년 11월 4일, 「상기하라 17년 전 광주학생사건 전말. 민족적 侮蔑에서 발단, 전국적으로 과감한 투쟁을 전개」 ; 『독립신보』 1946년 11월 3일, 「민족해방사에 빛나는 오늘 광주학생사건 기념일, 불사조의 우리 학생혼」.
431) 1929년 11월 3일 광주고보생 황남옥(黃南玉) 과 광주중학생 제등민부(齋藤敏夫)가 언쟁을 벌이는 중 가세한 당시 광주고등보통학교 학년 최상을(崔祥乭)이 아닌가 생각된다. 광주학생운동에 적극 참여하였던 최상을은 1930년 5월 15일 대구복심법원에서 징역 6월을 언도받았다.
432) 『대중일보』 1946년 11월 3일, 「18년 전 광주학생봉기의 혁명에 희생된 영령 추도. 아아 영원히 기념할 역사적 투쟁일을 상기하라」.
433) 『독립신보』 1946년 11월 3일, 「민족해방사에 빛나는, 오늘 광주학생사건 기념일, 불사조의 우리 학생혼」.

였으므로 전 민족적이요 전 사회적인 운동이라고 규정할 수 있다는 것이었다.434)

한편 광주학생운동에 직접 참여하여 재판을 받고 수감되었던 오쾌일(吳快一)은 1945년 제1회 학생의 날에 「광주학생사건의 진상과 의의」라는 제목의 강연을 준비하다가 중지당하였다. 그리고 이듬해인 1946년 광주학생운동의 전말을 알리고 의미를 부여하는 기사를 신문에 투고하였다.435) 광주학생운동을 '광주학생의 투쟁'이라 지칭한 오쾌일은 광주학생운동이 일어난 원인과 경과를 다음과 같이 설명하였다. 즉 3·1운동 이후 앙양된 한민족 내부의 혁명 의욕이 성숙하고, 일제의 반동 공세가 최고조에 달하여 결정적 단계에 이르자 혁명적 학생·청년·근로자들이 투쟁하였다. 객관적 조건으로는 경제공황에 처한 자본주의 일본의 한민족 분열정책 때문에, 주체적 역량으로는 혁명적인 노동자·농민, 청년 그리고 양심적 인텔리겐치아(러시아어 Интеллигенция)의 주동 부대인 학생의 조직 운동이 치열해졌다. 그리하여 학생들은 식민지의 모든 차별에 각 학교와 학급을 토대로 사회과학연구회·독서회 등을 조직하여 맹휴, 수업 거부, 사보타주(프랑스어 sabotage), 가두 데모 등의 방법으로 투쟁하였다.436) 공산주의자를 주축으로 혁명 세력이 학생반제투쟁을 대중화 즉 노동자·농민·소시민층과 결부 발전시킬 주체적 역량을 갖추고 있었다. 그리하여 한국학생운동사상 처음으로, 3·1운동 이후 처음으로 성공적 투쟁 성과를 거두었다. 광주학생투쟁은 전국학생 투쟁으로, 근로인민 투쟁으로 발전하였다. 만주 5·30사건437)의 원인(遠因)이 되었고, 일본 도쿄[東京]에서는 근로대중의 함성을

---

434) 『대중일보』 1946년 11월 3일, 「18년 전 광주학생봉기 혁명에 희생된 영령 추도, 아아 영원히 기억할 역사적 투쟁일을 상기하라」.
435) 吳快一, 「조선학생투쟁의 전통, -광주학생사건 기념일에-(下)」, 『독립신보』 1946년 11월 5일.
436) 吳快一, 「조선학생투쟁의 전통, -광주학생사건 기념일에-(上)」, 『독립신보』 1946년 11월 3일.
437) 간도에서 1930년에 일어난 5.30사건을 말한다. 이에 대해서는 이성환, 「시대하

울렸으며, 중국와 필리핀에서는 학생운동이 일어났고, 모스크바에서는 코민테른 의제로 채택되어 전세계 피압박민족의 환호를 샀다.438)

오쾌일은 광주학생운동이 국내는 물론 세계적으로 혁명운동세력들에게 영향을 미쳤다며, 광주학생운동의 민족사적·세계사적 의미를 강조하였다. 1946년 오쾌일의 투고 기사를 다른 신문 기사들과 비교해보면, 사회주의 세력의 역할이 강조되어 있다. 광주학생운동의 토대가 되었던 성진회를 비롯한 독서회들에서 공부하고 연구한 것이 사회주의였다. 그리고 그 사회주의를 독립운동의 한 방법으로 추진하였기에 이렇게 설명하였을 것이다.

광주학생운동이 성공했는가 아닌가는 광주학생운동을 어떻게 인식하는가와 연결된다. 광주학생운동 당시 학생들이 요구하였던 사항들을 관철해 내지 못하였다는 측면에서는 성공적이었다고 보기 어렵다. 그러나 광주학생운동에 참여한 학생들을 비롯하여 노동자·농민들은 독립운동을 포기하지 않고 계속하였다. 그리고 계속할 수 있는 용기와 동기는 광주학생운동의 경험에서 나온 것이므로 긍정 평가가 가능하다. 그래서 광주학생운동이 이후 세계사적 반동기의 내습 때문에 표면적으로는 큰 성과를 거두었다고는 할 수 없지만 민족적 자존의식은 대중적으로 고도화되어 갔다고 평가하였다.439)

신문들은 광주학생운동에 대한 이해를 높이기 위해 광주학생운동을 3·1운동과 비교하였다. 3·1운동 이후 처음 보는 큰 사건,440) 3·1운동 이후 두 번째의 독립 대운동,441) 3·1운동 이후 처음 보는 대중운동,442) 3·1운동

라(幣原) 외교와 간도 5·30 사건 : 시데하라(幣原)의 간도구상을 중심으로」, 『일본문화연구』 16, 2006 ; 황민호, 「일제하 간도봉기의 전개와 한인사회의 대응」, 『한국민족운동사연구』 65, 2010 참조.
438) 일본·중국·러시아에서의 광주학생운동에 대한 반향은 김성민, 『1929년 광주학생운동』, 역사공간, 2013, 456~462쪽 참조.
439) 『자유신문』 1945년 11월 3일, 「사설 : 광주학생사건의 회고」.
440) 『자유신문』 1945년 11월 3일, 「기억 새로운 광주사건, 금일 뜻깊은 '학생의 날', 해방운동에 불멸할 역사 살리라」.

다음가는 민족해방운동,443) 3·1운동 이후 10년만에 일어난 민족투쟁이라고444) 규정하였다. 광주학생운동은 3·1운동 이후 6·10만세운동을 거쳐 의식적·조직적으로 결집된 한국 청년들의 정열과 투지가 폭발한 것이라 설명하였다. 그리고 학생들이 민족운동의 선두에서 전위적 역할을 한 것은 3·1운동과 광주학생운동이 같은데, 운동의 방향과 성질에서 차이가 있다고 하였다. 즉 광주학생운동에는 투쟁의 정치적 강령과 조직형성에 대한 확고한 과학적 의식이 침투해 있는데, 그것은 3·1운동 이후 10년 동안의 성장 결과라는 것이었다.445)

광주학생운동을 '11·3학생운동'446)이라 지칭한 임미란은, 3·1운동은 민족자본에 의하여, 광주학생운동은 무산계급에 의하여 주도되었다고 하였다. 그리고 3·1운동 이후 민족자본은 대부분 일제에 완전 투항하고 일제 침략자본의 예속자본으로 변질되어 한국 노동자들을 핍박하고 착취하는 주구가 되었는데, 노동자·농민은 막스 레닌주의로 무장되고 그 전위당이 되어 반제반봉건의 가장 견고한 혁명역량으로 반제투쟁을 전개하였는데 광주학생운동이 그러한 조직으로서 일어났다고 평가하였다.447)

중국의 5·4운동과 광주학생운동을 비교하기도 하였다.448) 즉 일제의

---

441) 『민중일보』 1945년 11월 4일, 「사설 : 학생의 날」.
442) 『중앙신문』 1945년 11월 4일, 「상기하라 17년 전 광주학생사건 전말, 민족적 모멸에서 발단, 전국적으로 과감한 투쟁을 전개」.
443) 『대중일보』 1946년 11월 3일, 「18년 전 광주학생봉기 혁명에 희생된 영령 추도, 아아 영원히 기억할 역사적 투쟁일을 상기하라」 ; 『대중일보』 1947년 11월 4일, 「사설 : 19년 전 이 날의 정신으로 상호 상애 학업에 맹진하자」.
444) 『대동신문』 1947년 11월 2일, 「전국 학원에 뻗친 독립항쟁의 날」.
445) 『독립신보』 1947년 11월 2일, 「사설 : 지도자여 반성하라, 광주학생사건 기념에 際하야」.
446) '11·3학생운동'이 '광주학생운동'이라는 명칭보다 낫다고 주장하는 연구자도 있고(한규무, 『광주학생운동』, 5쪽) '11·3학생독립운동'이라는 명칭이 더 낫다고 하는 연구자도 있다.(박찬승, 「11·3학생독립운동과 나주」,『광주학생독립운동과 나주』, 경인문화사, 2001)
447) 『우리신문』 1947년 11월 4일, 임미란, 「11.3일 학생의 날의 의의」.

21개조 요구에 항거하고 친일파 처단을 주장한 베이징[北京]의 학생운동이 중국의 5·4운동으로 확산 발전한 것처럼 광주에서 시작된 광주학생운동이 일제의 식민노예교육에 항거하며 전국으로 확산되었다는 것이었다.

　미군정기에 간행된 신문들에서 사용한 광주학생운동에 대한 용어는 다양하다. '광주고보사건',449) '광주학생사건'으로 지칭되었는데 이는 1929년 광주학생운동이 일어났을 때 신문들과 일제의 판결문 등에서 사용한 용어들이다. 이 용어들은 일제강점기라는 현실에서 광주학생운동을 하찮은 한 사건으로 폄하하려는 일제의 태도가 강력하게 반영된 것들이다. 역사적 용어이지만 광복 이후이니 이 용어에 대한 진지한 고민이 필요했다. 그러나 해방공간의 혼란상은 그러한 고민을 할 수 있는 시간도 여건도 허락하지 않았기에 이 용어는 그 이후에도 상당 기간 사용되었다.450) '광주학생봉기',451) '11·3학생운동'이라 지칭하기도 하였는데452) 광주학생봉기에는 특별한 의미가 있다고 보기 어렵다. '봉기'는 벌떼처럼 무리를 지어 세차게 일어난다는 뜻으로, 광주학생운동의 역사적 성격을 드러낸 것이라 보기 어렵기 때문이다. 반면 '11·3학생운동'이라는 용어는 1930년에 언급되었던 것으로453) 광주에서 시작되었지만 광주학생운동이라고 하였을 때

---

448) 『자유신문』 1945년 11월 3일, 「사설 : 광주학생사건의 회고」.
449) 일제강점기에 이 용어를 사용한 기사는 다음과 같다. 기사 제목에 사용한 것은, 『중외일보』 1928년 11월 10일, 「광주고보사건, 4명 집행유예」/ 『매일신보』 1929년 4월 13일, 「폭행생도 送局 광주고보사건」/『동아일보』 1929년 11월 11일, 「긁어부스럼, 광주고보사건」등이고 기사 내용에서 이 명칭을 언급한 것은, 『매일신보』 1930년 1월 8일, 「학생사건 주모자 처분 각 교를 통하야 총 280명을」/ 『중외일보』 1930년 1월 12일, 「신의주고보생, 9일부터 등교, 다섯 명 퇴학생 내고 如常히 수업개시」/『중외일보』 1930년 1월 22일, 「신의주 경계」 등이다.
450) 이에 대해서는 한규무, 「광주학생운동 관련명칭의 용례와 의미」, 『한국독립운동사연구』 34, 2009 참조.
451) 『독립신보』 1946년 11월 5일, 吳快一, 「조선학생투쟁의 전통, -광주학생사건 기념일에-(下)」.
452) 『우리신문』 1947년 11월 4일, 임미란, 「11.3일 학생의 날의 의의」.
453) 留韓國勞動者同盟, 「11·3운동 1주년 기념에 즈음하여 국내혁명군 중에 檄함」

는 광주라는 지역에 한정될 수 있기 때문에, 또는 광주에서 시작되었지만 전국으로 확산되었기 때문에 운동이 처음 시작된 날짜를 사용한 것이라 생각된다. 3·1운동과 6·10만세운동을 지칭할 때 각각의 운동이 시작된 첫 날을 용어로 사용한 것과도 관련이 있을 것이다. '광주학생운동'이라 지칭되기도454) 하였는데 같은 신문에는 이후에도 '광주학생사건'이라고 한 것으로 보아 두 용어를 구분한 것은 아니라는 것을 알 수 있다.

광주학생운동을 어떻게 지칭하는가는 광주학생운동을 어떻게 이해하고 평가하는가 하는 문제와 긴밀하게 연결된다. 그러나 미군정기 신문들에서 사용된 용어는 일제강점기 식민 지배를 받았을 때와 마찬가지의 용어가 주로 사용되었다. 그것은 아직 독자적인, 한국·한국인을 중심으로 하는 독립운동사로서의 광주학생운동을 객관적·논리적으로 이해하지는 못했다는 것을 보여준다.

미군정기 신문들에 기억된 광주학생운동을 보면, 성향이 우익으로 분류되는 신문들은 광주학생운동을 평면적이고 짤막하며 단순하게 서술하였다. 조선총독부 기관지 『매일신보』는 물론 광주학생운동 당시 거의 매일 관련 기사를 수록하였던 『동아일보』와 『조선일보』도 광주학생운동을 정확하게 설명하고 분석하는데 소홀하였다. 반면 좌익 성향으로 분류되는 신문들에 수록된 광주학생운동에 대한 기억은 상당히 분석적이다. 특히 광주학생운동의 주역인 학생들을 지도한 이들로 사회주의세력, 그리고 사회주의 이데올로기를 연결하여 '독립운동에 큰 역할을 한 사회주의(세력)'라는 인식을 갖게 한다.

좌익 성향의 신문들에서 이런 경향을 보이는 이유는 북위 38도선 이남에 실질적인 지배권을 행사하는 미국을 배제하고 사회주의를 국가 건설

  ; 조선총독부 경무국장, 「朝報秘 제1517호 불온격문우송에 관한 건」, 1930년 11월 17일, 일본외무성 외교사료관 소장.
454) 『중앙신문』 1945년 11월 4일, 「상기하라 17년 전 광주학생사건 전말, 민족적 모멸에서 발단, 전국적으로 과감한 투쟁을 전개」.

이념으로 채택하기 위해서였을 것이다. 그래서 사회주의 세력이 상당한 역할을 하였던 1929년의 광주학생운동을 강조한 것이다. 반면 우익 성향의 신문들은 반대의 경향을 보였다. 즉 광주학생운동을 가능한 한 언급하지 않거나 언급하더라도 지극히 평면적으로만 거론하여 의미 부여에 비중을 두지 않았다. 이러한 경향은 미소공동위원회담, 신탁통치문제에 대한 태도와 마찬가지였다.

3. 광주학생운동 기념

8·15광복 후 광주학생운동에 대한 기억은 기념으로 연결되어 '학생의 날'[455] 창정(創定)으로 구체화되었다. 조선학도대를 비롯하여 27개의 청년단체가 광주학생운동을 회고하고, 청년의 의지를 굳게 하고, 자주독립국가 건설에 정열을 집중하기 위해 광주학생운동이 시작된 날을 학생의 날로 결정하였다. 조선학도대와 함께 학생의 날 창정에 참여한 청년단체들이 구체적으로 어떤 단체들인지는 알 수 없다. 다만 학생의 날 창정 약 일주일 전인 1945년 10월 23일 서울 시내 26개 청년단체 대표 100여 명이 만나 '전국청년단체대표자회'를 결성하였는데 이들 단체가 아닌가 생각된다. 그 단체들은 강남청년동맹, 건국부녀동맹청년부, 건청회, 경서청년동맹, 낙산청년동맹, 동아청년회, 북악청년동맹, 실업청년동맹, 인왕청년동맹, 전농청년대, 조선건국청년회, 조선군인동맹, 조선근로청년동맹, 조선청년단, 조선청년동맹건청대, 조선학도대, 조선학병동맹, 조선해방청년동맹, 청년돌격대, 청년연학회, 출판노조청년회, 해방청년단, 혁신청년동맹 등이다.[456] 학

---

455) 1953년 10월 30일 국무회의에서 '학생의 날'로 결정하였고, 1973년 3월 24일 유신국무회의에서 학생의 날을 기념일에서 제외하였으며, 1982년 10월 29일 '학생독립운동기념일'로 제정되었다.(윤선자, 「광주학생독립운동 기념사업 평가와 향후 과제」, 『호남문화연구』 43, 2008, 266~267쪽)

생의 날을 '새 명절'이라 지칭하기도 하였다.457)

1945년 '학생의 날'을 전후하여 11월 2일부터 5일까지 기념행사로 강연, 기념식, 운동경기를 계획하였다. 즉 서울에서는 11월 2일 남녀 중등학교별·남녀 전문학교 지역별로 기념 강연을, 11월 3일 9~11시에 명치좌(明治座)에서 기념식, 오후 2시부터 경기중학교와 경성여자의학전문학교 강당에서 일반 강연, 오후 6시부터는 각 극장을 개방하여 조선학도대원과 청년단체원의 강연, 11월 4·5일 오전 9시부터 서울운동장에서 운동경기를 한다는 것이었다.458) '광주학생사건기념투쟁위원회'에서 계획한 11월 3일의 광주학생운동 기념 강연의 제목과 연사는 다음과 같았다.

〈표 2〉 제1회 학생의 날 기념 강연회

경기중학교 강당	경성여자의학전문학교 강당
광주학생사건의 진상과 의의 : 중앙신문 오쾌일	광주학생사건의 진상과 의의: 서울시민위원 이신연
현정세와 학생의 임무: 학도대 김홍태(金虹泰)	현정세와 학생의 임무: 학도대 장석두(張錫斗)
현단계의 여성문제: 健婦 고명자(高明子)	제목 미정: 건국부녀동맹 정온(鄭溫)
객관적 정세와 조선독립: 朝靑 태재기(太戴基)	제목 미정: 조선해방청년동맹 이호제(李昊濟)
조선민족의 해방과 청년의 임무: 共靑 배원필(裵元弼)	제목 미정: 조선소년동맹 김원식(金元植)

* 출전 : 『자유신문』 1945년 11월 3일, 「기념투쟁위원회 대강연」.

---

456) 여기에 언급된 단체는 23개. 김행선, 『해방정국 청년운동사』, 선인, 2004, 109쪽.
457) 『신조선보』 1945년 11월 4일, 「새 명절 '학생의 날', 광주학생사건 기념식 엄숙」.
458) 『매일신보』 1945년 10월 29일, 「조선학도대, 11월 3일을 학생의 날로 결정」 ; 『자유신문』 1945년 10월 29일, 「학도들의 투혼」 ; 『신조선보』 1945년 11월 2일, 「광주사건기념일로 학생의 날 제정」 ; 『자유신문』 1945년 11월 2일, 「학생의 날 기념행사 안내」 ; 『자유신문』 1945년 11월 2일, 「상기하자! 광주사건 明 3일은 '학생의 날'」.

'광주학생사건의 진상과 의의'와 '현정세와 학생의 의무' 강연 제목은 두 학교가 같다. 특히 '현정세와 학생의 임무' 강연은 두 학교 모두 조선학도대에서 맡았다. 그런데 경기중학교에서 행해질 강연 제목과 강사들이 정해진 것과 달리, 경성여자의학전문학교에서의 강연은 제목이 미정이고 강연자만 제시되었다. 그러나 경기중학교 강당에서 건국부녀동맹과 조선건국청년회의 회원이 강연을 맡았고, 경성여자의학전문학교에서의 강연도 같은 단체에서 맡았으니 비슷한 제목과 내용으로 강연이 계획되었으리라 여겨진다.

강연을 맡게 될 강사들과 단체를 살펴보면 다음과 같다. 오쾌일은 광주학생운동 당시 나주에서 통학하던 광주고등보통학교 학생으로 독서회의 핵심 활동가였다. 4종의 선전 전단 4,000부를 광주고보와 농업학교 학생들에게 배부하는 등 광주학생운동에 적극 참여하였다. 체포되어 대구복심법원에서 징역 2년을 선고받았다.459) 그러므로 '광주학생운동의 진상'을 누구보다도 정확하게 설명해 줄 수 있는 인물이었다.

학생의 날 창설에 주도적인 역할을 한 조선학도대는, 1945년 8월 16일 건국치안대 산하 조직으로 조직된 '건국학도대'와 분리되어 "정치적 색채를 떠나서"라는 표어 아래 전문·대학 학생들이 1945년 8월 25일 조직하였다. 이들은 치안유지운동에 진력하였는데 곧 정치색채를 떠난 치안이 일종의 기만적인 표어라고 판단하였다. 그리하여 열흘 후인 9월 25일 "학생은 총의에 의하여 자주적 입장에서 신국가 건설에 매진한다"는 새로운 강령을 채택하고 운동 방향을 전환하였고, '인공 지지'를 결의하였다.460)

건국부녀동맹은 1945년 8월 17일 황신덕(黃信德)·유영준(劉英俊) 등이 발기하여 17세 이상의 유지로서 구성되었다.461) 여성 운동에 대한 입장이

---

459) 「판결문」(1931년 6월 13일 : 대구복심법원) ; 「판결문」(1930년 10월 18일 : 광주지방법원 형사부).
460) 건국청년운동협의회, 『대한민국건국청년운동사』, 1989, 262쪽 : 김행선, 『해방정국 청년운동사』, 71쪽.

나 일제강점기의 행적에 관계 없이 여성운동가들이 총망라되어 있었는데 결성 한 달도 안되어 좌·우익 여성운동으로 분열되어 9월 10일 한국애국부인회가 결성되고 조선여자국민당이 창당되었다.[462] 조선건국청년회는 1945년 9월 29일 결성되었고,[463] 조선공산주의청년동맹은 1945년 8월 18일 조직되었다.[464]

강연 장소인 경성여자의학전문학교(京城女子醫學專門學校)는 1928년 9월 조선여자의학강습소(朝鮮女子醫學講習所)로 개강되었고,[465] 1938년 4월 경성여자의학전문학교로 인가되었으며,[466] 1938년 11월 경성여자의학전문학교의 새 교사가 경성부 명륜동에 신축 준공되었다.[467] 경기중학교는 1900년 서울 종로구 화동(花洞)에 '관립중학교'로 개교하였고,[468] 1938년 '경기공립중학교'로 명이 변경되었다.[469] 두 학교는 창덕궁·창경궁·종묘를 사이에 두고 양쪽에 위치하였다. 두 학교를 강연 장소로 정한 것은 거리를 고려한 것이고, 남·여 학교를 배려한 것이라 생각된다. 그러나 많은 청년단체들이 준비한 광주학생운동 기념 제1회 학생의 날 기념 강연회는 중지되었다. '부득이한 사정' 때문이라고 하였는데[470] 이유를 설명하지

---

461) 김행선, 『해방정국 청년운동사』, 45쪽.
462) 양동숙, 「해방 후 우익여성단체의 조직과 활동 연구 : 1945~1950」, 한양대 박사학위논문, 2010, 26·30쪽.
463) 『매일신보』 1945년 9월 29일, 「조선건국청년회 결성」.
464) 한림대학 아시아문화연구소 편, 『조선공산당문건자료집』, 한림대학교 출판부, 1993, 7~9쪽.
465) 『동아일보』 1928년 7월 11일, 「조선여자의학강습소 개강, 구월부터 강습회를 열어」; 김상덕, 「여자의학강습소-1938년에서 1938년까지-」, 『의사학』 2-1, 1993, 81쪽.
466) 『동아일보』 1938년 4월 10일, 「백화난만의 佳節 맞어 금일 여의전 遂 認可 5월에 개교 만반을 준비」.
467) 『동아일보』 1938년 12월 2일, 「여의전 新校舍 준공, 明倫町 새 교사에서 수업 개시」.
468) 『대한제국관보』 광무 4년(1900) 9월 7일, 「部令」.
469) 『동아일보』 1938년 4월 1일, 「새 간판 내거는 학교들」.

는 않았다.

11월 3일 광주학생운동 기념 제1회 학생의 날 기념식은 조선학도대가 주최하였다. 명치좌에서 태재기의 사회로 애국가 합창,471) 오기옥의 개회사, 묵상, 위원장 인사, 강연(광주학생사건의 진상 의의 : 이신연[李信衍]), 학생의 날 제정 취지 설명(조선학도대 정상유[鄭尙柔]), 허헌(許憲)·중앙인민위원 대표 서중석(徐重錫)·조선공산당 대표 하필원(河弼源)의 축사, 각 학교대표의 궐기의 말, 김종설(金鍾卨)의 광주고보생에게 보내는 메시지, 프로음악동맹의 독창, 조선학도대의 만세 삼창으로 기념식은 이어졌다. 광주학생운동 희생자들에게 조의를 표하며, 국운 타개를 위해 적극적으로 정치에 참여하라는 내용의 인민공화국에서 보낸 메시지도 낭독되었다.472)

한편 축사를 했던 허헌은 '광주학생운동 투사이자 당시[1945년] 중앙인민위원회 위원',473) '당시 신간회 위원',474) '광주학생운동과 관련 있는 민중대회사건 희생자'475)라고 세 신문이 그의 대한 설명을 달리 하였다. 세 신문의 이러한 지칭은, 허헌이 광주학생운동과 관련이 크다는 것은 알지만, 신간회 위원, 민중대회사건 희생자라고 지칭함으로써 신간회 및 민중대회사건이 광주학생운동과 어떤 관계인지를 알지 못하는 이들에게는 혼란을 줄 수 있었다. 중앙인민위원회 위원임을 강조한 것은 중앙인민위원회가 광주학생운동의 순수하고 민족적인 운동에 투신한 자랑스러운 인물들이 참여한 것임을 강조하려는 의도가 보인다.

---

470) 『중앙신문』 1945년 11월 4일, 「흥분과 분노의 坩堝, 광주학생사건 기념대회 대성황」.
471) 『자유신문』 1945년 11월 4일, 「역사의 날 절규하는 조선학도 불멸의 함성, 투쟁 고조된 광주사건 기념식전」.
472) 『신조선보』 1945년 11월 4일, 「새 명절 '학생의 날' 광주학생사건 기념식 엄숙」.
473) 『신조선보』 1945년 11월 4일, 「새 명절 '학생의 날' 광주학생사건 기념식 엄숙」.
474) 『중앙신문』 1945년 11월 4일, 「흥분과 분노의 坩堝, 광주학생사건 기념대회 대성황」.
475) 『자유신문』 1945년 11월 4일, 「역사의 날 절규하는 조선학도 불멸의 함성, 투쟁 고조된 광주사건 기념식전」.

11월 4일 서울운동장에서 개최된 광주학생운동 기념 운동경기에서는, 광주학생운동이 일어났을 때 서대문감옥에 있었던 여운형(呂運亨)이 축사를 하였다. 학생들은 '여운형 선생 절대 지지 만세'와 '공화국 만세'를 부르면서 운동장을 시위 행진하였고 정오부터 육상, 농구, 축구 등의 경기를 시작하였다. 운동경기는 '광주학생사건기념투쟁위원회'에서 주관하였다.[476) 광주학생운동의 진원지 광주에서는 광주시민들이 종합기념행사를 하고, 『조선학생운동사』[477)를 편찬하여 선배들을 기념하기로 하였다.[478)

기념식이 거행된 명치좌는 명동에 위치하여 많은 사람들이 모일 수 있는 장소였다. 명치좌는 일본인 이시바시 료스케[石橋良介]가 일본인을 대상으로 건설하여[479) 1936년 10월에 준공한 영화와 연극 전용 극장이었다.[480) 1946년 1월 1일부터 국제극장(國際劇場),[481) 1947년 11월 30일부터 시공관(市公館)으로[482) 명칭이 변경되었다. 강연을 위한 장소로 각 극장을 학생에게 개방하라 하였는데, 광복 당시 남한에는 97개, 북한 지역에는 90여 개의 극장이 있었다.[483) 일제강점기 한국인들은 공식·비공식 모임을 위한 공간·건물을 거의 갖지 못하였다. 그러므로 광복이 되었을 때 많은 사람들이 모여 거룩한 행사를 할 수 있는 건물로 선택할 수 있는 곳이 극장이었다.

---

476) 『중앙신문』 1945년 11월 5일, 「약동하는 청춘군상, 광주사건 기념 경기대회 대성황」.
477) 그로부터 약 30년의 시간이 지난 1974년 광주학생독립운동동지회에서 『광주학생독립운동사』(국제문화사)를 간행하였다.
478) 『자유신문』 1945년 11월 3일, 「기억 새로운 광주사건. 금일 뜻깊은 '학생의 날', 해방운동에 불멸할 역사 살리라」.
479) 유민영, 『한국근대극장 변천사』, 태학사, 1998, 180쪽.
480) 이근혜, 「일제강점기 근대문화공간 표현 특성에 관한 연구」, 경원대학교 실내건축학과 대학원, 2008, 89~93쪽.
481) 『동아일보』 1946년 11월 7일, 「명치좌를 국제극장으로」.
482) 『조선중앙일보』 1947년 12월 13일, 「국제극장을 시공관으로」.
483) 이명자, 「미·소 군정기(1945~1948) 서울과 평양의 극장연구」, 『통일과 평화』 1-2, 서울대학교 평화연구원, 2009, 203쪽.

기념 운동경기가 열린 서울운동장은 1925년 10월 15일 개장되었다.[484] 한국 최초의 종합운동장이고, 2만 5천 8백여 명을 수용할 수 있는 국제 규모의 경기장이었다. 이곳은 일제강점기 민족 감정 표출의 장, 체육을 통한 군국주의 체화의 장, 행사를 통한 체제 과시의 장, 세계와 조우의 장, 경성의 일상적 상징물이라는 특징이 있었다.[485]

1946년의 '학생의 날' 기념식은 광주학생사건기념행사준비위원회에서 서울학생통일촉성회[486]의 후원을 받아 11월 2·3일 서울운동장에서 기념 운동경기, 11월 3일 기념 학생대회를 개최할 예정이었다.[487] 그러나 기념 학생대회의 내용이 무엇인가는 제시하지 않아 알 수 없다. 특히 1945년의 광주학생운동 기념일이자 제1회 학생의 날에 중지당한 강연회에 대한 언급도 없었다.

한편 남한의 9개 정당(인민당, 독립노동당, 공산당, 신민당, 사회민주당, 한국민주당, 청우당, 한독당, 신진당) 청년부에서 광주학생운동 기념일에 관심을 표명하였다. 10월 27일~10월 31일의 토의를 거쳐 광주학생사건 공동행사준비위원회를 결성하고 9개 정당 공동주최로 11월 5일 천도교 회장에서 웅변대회를 개최하기로 하였다.[488] 남한 쪽만 언급한 것은 이미 38도선을 경계로 남과 북이 분리된 현실적인 이유 때문이었다. 1946년의

---

484) 『매일신보』 1925년 10월 17일, 「만민환호리에 장엄성황을 몬한 경성운동장 개장식」.
485) 유근필, 「일제강점기 동아일보 기사를 통해 본 경성운동장의 장소성」, 『기초조형학연구』 15-2, 한국기초조형학회, 2014 참조.
486) 1946년 2월 중순 서울의 학생들을 중심으로 결성되었다.(김행선, 『해방정국 청년운동사』, 223쪽)
487) 『독립신보』 1946년 10월 19일, 「史上에 燦然 '학생의 날', 광주학생사건 17주년 기념」 ; 『자유신문』 1946년 10월 19일, 「광주사건 기념, 학생대회를 준비」 ; 『조선일보』 1945년 10월 20일, 「광주학생사건 17주년, 11월 3일 기념행사 거행」.
488) 『독립신보』 1946년 11월 3일, 「광주학생사건, 9정당서 학생웅변회 개최」 ; 『동아일보』 1946년 11월 3일, 「기억도 새롭다. 오늘 광주학생 기념일」 ; 『조선일보』 1946년 11월 3일, 「광주학생사건 기념식을 거행」.

기념행사로 웅변대회를 준비하였는데, 당국의 불허가로 중지당하였다.[489]

1945년 기념 강연회가 중지된 이유를 설명하지 않았던 것처럼 1946년 기념 웅변대회가 중지당한 이유도 신문들은 수록하지 않았다. 대신 11월 3일 광주의 각 학교 학생들이 광주학생운동 연합기념식과 각종 행사를 거행하려 했는데 중지당하자 2천여 명의[490] 학생들이 시위행렬을 하였고 경관대와 충돌하여 경관대의 발포로 학생 3명이 중상 입었다는 소식을 전하였다. 그리고 광주학생운동 연합기념식이 중지된 것은 미군정의 식량정책에 반대하고 경찰의 편파적 좌익단체 탄압에 항거한 전남지방의 소요사건 때문이라고 보도하였다.[491] 또한 송정리에서 천여 명의 시위군중이 경관대와 미군의 출동으로 해산하였고,[492] 광주학생운동의 발단 학교인 광주고등보통학교 - 당시 서중학교(西中學校) - 가 휴교를 당하였다는 소식도 수록하였다.[493]

1946년 9월 23일 부산 철도노동자들의 파업을 시작으로 그해 11월까지 남한의 거의 모든 지역에서 노동자·농민·학생들의 봉기가 계속되었다. 조선공산당의 신전술과 미군정의 박헌영 체포령 등이 총파업의 직접 계기였는데, 그 밑바탕에는 열악한 노동조건과 절대빈곤에 시달리던 노동자·농민들의 현실이 깔려 있었다.

---

[489] 『동아일보』 1946년 11월 5일, 「광주학생사건 학생웅변대회 중지」 ; 『자유신문』 1946년 11월 5일, 「광주사건 강연 중지」.
[490] 『조선일보』는 1500여 명이라 하였고 전남군정장관의 명령으로 경찰과 미군이 삼엄한 경계를 한다고 하였다.(『조선일보』 1946년 11월 7일, 「광주학생사건 기념일에 광주의 중등학생들 시위행진」)
[491] 『대중일보』 1946년 11월 6일, 「광주충돌사건. 경찰지서 면사무소 충화(衝火)」 ; 『대한독립신문』 1946년 11월 6일, 「전남소요 재연」 ; 『독립신보』 1946년 11월 6일, 「광주서 학생시위, 기념행사 중지로 경찰과 충돌」 ; 『자유신문』 1946년 11월 6일, 「광주서 학생의 날 시위」.
[492] 『자유신문』 1946년 11월 7일, 「송정리서 시위」.
[493] 『대한독립신문』 1946년 11월 6일, 「광주서중 휴교」 ; 『독립신보』 1946년 11월 6일, 「西中學 휴학」.

강연과 웅변은 문맹률과 매체 보급률, 소통체계가 미흡했던 미군정기에 매우 중요한 의미를 지니는 대중홍보수단이었다.[494] 일제의 1944년 조사에 의하면, 남한의 1천 7백만 인구 중 약 41.4%인 7백 3만 3천명이 비문해자(非文解者)였다.[495] 1945년 12월 15일 미군정청 학무국의 통계에 의하면, 38도선 이남의 6～18세 학령아동은 567만 8,139명이었고 그중 30%인 171만 3,247명이 취학 중이었다.[496]

정확한 정보가 없고 정보 매체들을 접할 수 있는 조건이 열악한 상황에서 웅변이나 강연은 많은 사람들에게 적지 않은 도움이 된다. 정간, 휴간, 폐간 등이 빈번한 가운데도 신문을 접할 수 있었던 소수의 사람들, 신문을 읽을 수 있었던 사람들도 미군정기의 혼란스러움을 이해하기 어려웠다. 그러니 신문을 접할 수도 읽을 수도 없었던 사람들의 어려움이 얼마나 컸을지는 충분히 짐작할 수 있다. 따라서 강연자·웅변자로부터 강연·웅변 현장에서 내용을 듣고, 의문이 가는 것은 물어볼 수도, 그곳에 함께 모인 이들과 토론을 할 수도 있던 강연·웅변은 매우 중요하였다. 강연과 웅변은 여론 형성에 중요한 수단이었다. 그러므로 미군정 당국은 미군정 정책에 반하는 여론이 조성될 수 있는 강연과 웅변의 장을 용납하지 않았다.

미군정기 광주학생운동을 기억하고 기념하기 위한 행사들은 1945년 제1회 학생의 날 기념행사부터 차질을 빚었다. 광주학생운동 참여자, 청년단체들에서 준비한 강연회는 중지당하였고, 기념식과 기념 운동경기만 이루어졌다. 1946년에도 준비하였던 웅변대회는 중지당하고, 기념식만 가능하였다. 1947년에는 기념식도 어려웠다. 해가 갈수록 기념식이 어려워진 것은 독립운동을 토대로 한 한민족의 완전한 독립국가 건설이 어려워졌다는 의미였다. 그것은 한반도에 수립될 국가가 한민족을 중심으로, 한민족을

---

494) 강준만,『한국현대사산책 : 1940년대편 2권』, 인물과 사상사, 2004, 288～297쪽.
495) 이희수,「미군정기 농민정치교육소사:공보부의 활동을 중심으로」,『한국교육사학』19, 1997, 299쪽.
496)『동아일보』1946년 2월 6일,「군정청 학무국, 38도 이남의 학생수 발표」.

위해서가 아니라 미·소의 대립 상황을 결정하는 방향으로 진행되고 있었기 때문이다.

광주학생운동 기념일에 기념행사를 거행한다는 것은 광복 이후 완성할 새로운 모습의 국가를 만들기 위한 토대를 일제강점기의 독립운동에서 찾는다는 것이었다. 그중에서도 광주학생운동은 조국을 향한 학생들의 희망과 열정을 기억하고 기념하고 국가에 그들을 기여하게 한다는 의미가 있었다. 그러나 미군정기의 혼란한 정치 현실, 그리고 한국인들이 온전하게 갖지 못하였던 한민족 주권 부재의 현실은 그러한 것들을 어렵게 만들었다.

4. 맺음말

남북이 분단되어 있었던 미군정기, 38선 이남의 한국인들은 미군정의 통제를 받아야 했다. 좌익과 우익으로 이념이 나누어져 각자 자신들의 신념이 옳다고 주장하고 행동했던 것은 일제의 식민 지배에서 벗어난 조국을 새롭게 건설하고 완전한 독립 국가로 만들기 위한 몸부림이었다. 그래서 해방된 조국의 새로운 모습을 형성하는데 토대로 해야 한다고 생각한 것이 독립운동이었다.

광주학생운동은 일제로부터 해방된 이후 한국인들이 맞이한, 자랑스러운 독립운동이었다. 일제강점기에는 사실조차 제대로 알릴 수 없었기 때문에 광복 이후 신문들이 관심을 둔 것은 광주학생운동을 정확하게 기억하고 정리하여 한국인들에게 알리는 것이었다. 그러나 당시에는 광주학생운동에 관한 정확한 자료 수집이 어려웠으므로 부정확하지만 1929년 광주학생운동 당시의 신문 기사들, 광주학생운동으로 고통당한 이들의 증언을 토대로 기억하고 정리하였다. 그리하여 광주에서 시작하여 전국으로 세계로 확산된, 학생에게서 시작하여 노동자·농민·시민들에게로 확산된 광주학생운동을 정리하고 그 사실들을 강조하였다.

기억은 기념으로 연결되었다. 기념식, 기념 강연, 기념 웅변대회, 기념 운동경기 등이 광주학생운동 기념행사로 계획되었다. 강연과 웅변은 많은 이들에게 광주학생운동의 진상을 알리고 그 의의를 정의내리며 광주학생운동이 나아가야 할 방향을 토론하는 장이 될 수 있었다. 그러나 미군정은 강연도 웅변대회도 용납하지 낳았다. 자신들의 힘으로 완전한 자주독립국가를 건설하겠다는 한국인들의 소망을 용납하지 않았기 때문이다. 그래서 광복 이후 세 번째의 광주학생운동 기념일은 기념식조차도 할 수 없었다.

광주학생운동은 3·1운동, 6·10만세운동과 함께 한민족이 끊임없이 전개한 독립운동의 위대한 역사였다. 그 역사를 토대로 새로운 민족국가, 완전한 독립국가를 건설하려 했던 한민족의 열절한 소망은 실질의 지배자인 소련과 미군정 앞에서 힘을 잃었다. 기억하고 기념하려 노력하였지만, 그 기억과 기념들을 토대로 완전독립국가를 건설하려 하였지만 미군정기의 혼란한 상황들을 그러한 것들을 용납하지 않았다. 그것은 한민족이 전개하였던 독립운동의 가치와 의미를 경시하는 것이었다. 그러한 것들이 당시의 신문 기사들에서 확인된다.

제3장

독립유공자 선양

I. 광복 후 안중근 기념사업의 역사적 의의

1. 머리말

 안중근은 오늘날 한국인에게 매우 친숙한 인물이다. 해방된 한국에서 긍정적인 평가가 진행된 안중근은 남·북한 모두가 함께 긍정적으로 평가하는 몇 안 되는 위인 가운데 한 인물이 되었다. 그러나 그에 대한 본격 연구는 상당히 늦게 시작되었다. 북한에서는 독립운동 연구가 사회주의 계열로 집중됨에 따라서 안중근 연구가 상대적으로 저조하게 되었다. 남한의 경우에도 정치적 상황에 영향받아 1960년대까지는 독립 운동사 연구가 지지부진했다. 그 때문에 안중근 연구 역시 활발하지 못하였다. 안중근 의거는 이토 히로부미[伊藤博文] 처단 직후 의병 전쟁의 일환으로 간주되었고,[1] 의열투쟁의 전범(典範)으로 평가받았으며,[2] 1970년대부터 본격적인 연구가 시작되었다.[3]
 광복 이후 남한에서는 안중근에 대한 각종 기사가 신문이나 잡지에 다수 실렸다. 안중근을 기념하는 사업이 진행되었고, 안중근의 일대기는 문학작품을 통해서 표현되었다. 그의 의거를 기념하는 연극이 공연되었고,

---

1) 滄海老紡室,『安重根傳』(上海:大同編輯局), 1914 : 인하대학교 한국학연구소,『한국학연구』4 별집, 1992.
2) 「利害」,『丹齋 申采浩 全集』하, 149쪽.
3) 김갑득,「안중근에 관한 일연구 - 국권회복과 관련하여 -」, 이화여대 대학원, 1975 ; 신용하,「안중근의 사상과 국권회복운동」,『韓國史學』2, 한국정신문화연구원, 1980 :「안중근의 사상과 의병전쟁」,『한국민족독립운동사연구』, 을유문화사, 1985에 재수록.

그의 일대기를 담은 영화가 남·북한에서 각기 제작되었다. 일본에서도 안중근에 대한 긍정적 시각의 연구와 서술이 이루어졌다. 안중근에 대한 평가는 시간의 경과에 비례하여 더욱 강화되어 가고 있다. 그리고 그를 기념하는 각종 기념사업도 시간이 흐름에 따라 활발하고 다양하게 추진되고 있다. 광복 이후 곧 시작된 안중근 기념사업이 그동안 어떻게 추진되었는가를 추적하는 것은 앞으로 안중근 기념사업은 물론 독립운동가 기념사업이 나아갈 방향을 점검하고 기획하는 토대가 될 것이다.

기념사업이란 "어떤 뜻깊은 일이나 훌륭한 인물 등을 오래도록 잊지 아니하고 마음에 간직하기 위하여 벌이는 사업"을 가리킨다. 기념사업의 대상은 사건, 인물, 장소, 이념, 이것들이 아우르는 것들로 구분할 수 있다. 또한 기념사업의 형태는 기념행사, 기념시설 건립, 학술 조사와 연구 등으로 나눌 수 있다. 필자는 안중근 기념사업을 시간의 추이에 따라 조사, 분석하려 한다. 시간이 흐름에 따라 기념사업의 내용과 지역에 변화가 있기 때문이다. 연구의 시간 범위는 광복 이후부터 안중근의거 100주년인 2009년 전반기까지이고, 공간 범주는 한반도와 중국·러시아·일본·미주이다. 이 글을 작성하기 위해 활용한 기초 자료는 광복 이후 공간된 신문 기사들이다.

2. 기념사업회 결성과 동상 건립

한반도·동양 평화를 위해 이토 히로부미를 저격하였던 안중근을 기념한다는 것은 일제 식민 통치가 계속되는 동안에는 국내에서도 국외에서도 어려웠다. 그러나 안중근 의거는 한국인들은 물론 중국인들과 일본인들의 기억에도 남아 있었다. 그리고 그러한 기억은 일제의 패망 이후 안중근 기념사업으로 구현되었다. 자료로 확인할 수 있는 광복 후 안중근 관련 첫 기념사업은 안중근 동상 건립이다. 1945년 12월 11일 장충단에서 대한민국임시정부 요인을 비롯하여 각계인사들이 참석한 가운데 민도회(民道會) 주최로 "안중근선생동상건립기금 및 장충단재건총회"가 개최되었다. 총회는 일본인들이 건설한 박문사(博文寺) 안에 있는 이토 히로부미의 동상을 파괴하고 그 자리에 안중근 동상을 건립하기로 하였다.4) 그리하여 '장충단(奬忠壇)5) 재건과 의사안중근동상건립기성회'를 조직하고 회장 이종대, 부회장 우덕순·고 오를 선임하고 총무부장·재무부장·기획부장·지방부장도 선임하였다.6) 동상은 사건이나 인물의 동적인 성격과 현실감을 가장 잘 드러내주는 기념물이라 할 수 있다.7) 이토 동상을 파괴하고 그 자리에 안중근 동상을 건립한다는 것은 대부분의 한국인들에게 충분히 공감대를 형성할 수 있는 결정이었다.

 안중근 기념일은 의거일인 10월 26일과 순국일인 3월 26일로 이날 기념식이 행해졌다. 광복 후 안중근에 관한 첫 기념식은 1946년 3월 26일 서울운동장에서 순국 36주기 추도회로 진행되었다. 김구, 김규식, 조소앙, 홍진, 김창숙, 김능권과 각 정당 대표, 유가족 대표, 뉴맨 공보국장, 중화민국 거류민단대표 정원한 등이 참석한 추도식은 정인보의 추념문, 천주교합창단의 추념가 합창, 안중근 영정에 2분간 묵념 순으로 이어졌다.8) 추도식을 마친 후 안중근선생추도준비회는 발전적으로 해소하고, 안중근선생기념사업협회를 결성하였다. 위원장 우덕순, 부위원장 방응모·김낙영·김효석, 고문 권동진·오세창·이시영 외 33명이 선임되었다.9) 순국 36주기 추도식은

---

4) 『동아일보』 1945년 12월 12일, 「死後雪恥 : 안중근선생 추모 伊藤의 동상분쇄」.
5) 을미사변 때 순사(殉死)한 충신·열사들을 제사지내기 위해 1900년 9월 고종의 명으로 마련되었다가 1910년 8월 일제에 의해 폐사되었다.
6) 『동아일보』 1946년 1월 8일, 「안중근의사동상건립 장충단 재건 기성」
7) 박명규, 「역사적 사건의 상징화와 집합적 정체성 : 기념비, 조형물의 문화적 기능을 중심으로」, 5쪽.
8) 『동아일보』 1946년 3월 29일, 「안중근선생 추도회 집행 휴간 중의 기사보고 : 동지의 애끊는 추념 26일」.

지방에서도 거행되었다. 독립촉성국민회이리지부 주최로 이리시립유치원 광장, 독립촉성국민협회전주지부 주최로 동풍남초등학교에서 각각 안중근 추도식이 거행되었다.10)

이후 1950년 한국전쟁 발발 이전까지 거행된 안중근 기념식은 다음과 같다. 1947년 3월 26일 안중근선생기념사업회 주최로 기독교청년회관에서 순국 37주기 추념식,11) 1948년 3월 26일 안중근선생기념사업회 주최로 명동 시공관에서 순국 38주기 추념식,12) 1949년 3월 26일 안중근기념사업회 주최로 시공관에서 순국 39주기13) 추도식,14) 1950년 3월 26일 상공회의소강당에서 순국 40주기 추도식15)이 있었다. 그런데 안중근 추모 행사는 그가 순국한 날에 집중되었고, 의거일에는 1946년 10월 26일 안중근의사기념사업회 주최로 기독청년회관에서 의거 37주기 기념식과 강연회가 있었을 뿐이다.16) 의거일이 아니라 순국일에 기념식이 집중되었다는 것은 아직 안중근의거에 대한 인식이 충분하지 않았던 때문이 아니었을까 여겨진다. 또한 의거보다는 순국이 더한 의미로 여겨진 것은 안중근의 죽음이

---

9) 『동아일보』 1946년 5월 12일, 「고안중근의사 기념사업협회 결성」.
10) 『동아일보』 1946년 4월 2일, 「안중근의사 추도(이리)」 ; 『동아일보』 1946년 4월 4일, 「안중근의사 추도식(전주)」.
11) 『동아일보』 1947년 3월 27일, 「안중근의사 37주기 추념식 昨日 기청회관서 집행」.
12) 『동아일보』 1948년 3월 27일, 「안중근의사 추념식 거행 독립은 가까왔소이다 영령이여 瞑目하소서」.
13) 1949년 3월, 백범은 '안중근의사 순국 39주년 기념'으로 '총욕불경' 이란 시를 썼다. : "영예와 치욕에 놀라지 아니하고, 한가로이 뜰 앞에 피고 지는 꽃을 본다. 가고 머묾에 뜻을 두지 않고, 부질없이 하늘가에 걸히고 펼쳐지는 구름을 따른다. 맑은 하늘과 밝은 달을 어느 곳엔들 날아가지 못하리오. 그런데 나는 나방이는 오로지 밤 촛불에 뛰어드는구나. 맑은 샘과 푸른 풀은 어느 것인들 먹고 마시고 싶지 않으리오. 그런데 올빼미는 오직 썩은 쥐를 즐겨 먹는다. 아, 슬프다! 세상에 나방이와 올빼미 같지 않은 자 몇이나 되는가."(『서울신문』 1999년 6월 29일, 「김삼웅 칼럼 :정도(正道)냐 사도(邪道)냐」)
14) 『동아일보』 1949년 3월 27일, 「안중근의사 추도식, 순국하신 지 40년」.
15) 『동아일보』 1950년 3월 28일, 「안중근의사 추도식 엄수」.
16) 『동아일보』 1946년 10월 26일, 「안중근의사 의거 추모식, 대의는 영생한다」.

의거 때문에 일어났으므로 순국일에는 의거도 함께 기억할 수 있었던 때문이라 생각된다.

　한국전쟁이 휴전되고 1955년 6월 일부 인사의 발의로 서울 장충단공원에서 안중근 동상 건립이 결정되었다. 1945년 12월 11일 '장충단재건과 의사안중근동상건립기성회'가 조직되었었지만, 해방 공간의 혼란과 한국전쟁 발발로 동상 건립은 추진되지 못하였다. 그리하여 휴전이 성립되고 다시 안중근 동상 건립을 결정하였는데 이번에는 기금 관계로 공사를 중지하게 되어 안중근의사기념사업회에서 1956년 6월 2일 고문·이사 연석회의를 개최하고 동상 건립 공사를 추진하기로 하였다.[17] 그러나 건립 장소 미확보로 공사가 지연되었는데 관계 당국의 양해로 서울역 광장에 건립하기로 결정하여 의거일인 10월 26일 제막식을 목표로 1957년 8월 7일 서울역 광장에서 기공식을 거행하였다. 동상은 1957년 4월부터 조각가 김경승에 의해 제작 중이었다.[18] 그러나 그 후에도 공사는 원활하게 진행되지 못하였고, 2년 후인 1959년 5월 23일에야 서울역 광장이 아닌 남산 기슭 왜성대(倭城臺) 옛터에서 안중근 동상 제막식이 거행되었다. 대통령 치사는 외무장관이 대독하였고, 입법부 추념사는 한희석 국회부의장, 사법부 추념사는 김세완 대법관이 하였다. 이어 3·1만세운동 33인 중 생존자로 이갑성, 박현숙(자유당), 조병옥(민주당), 왕동원 대사(주한외국사절단장)의 순으로 추념사가 이어졌다. 동상 건립은 전국 학생, 군인, 공무원, 은행원, 기타 유지들이 바친 성금 2,300여 만환으로 완성되었다. 동상은 안 의사가 오른손에 태극기를 잡고 북쪽 하늘을 응시하고 있는 모습이었다.[19]

　안중근 동상은 광복 후 마련된 안중근 첫 기념시설이었다. 기념시설은 과거의 사건이나 그 의미를 되살리려는 집합적 노력의 결과로, 구체적인 가시성을 통해 직접적인 경험이 불가능한 과거사를 현재 속에 재현해 주

---

17) 『동아일보』 1956년 6월 6일, 「안중근의사 동상 건립 공사 추진」.
18) 『동아일보』 1957년 8월 5일, 「안중근의사의 동상 서울역 광장에 건립」.
19) 『동아일보』 1959년 5월 24일, 「애국정신을 추모, 안중근의사 동상 제막식」.

고 지식인의 해석체계를 대중의 평범하고도 일상적인 기억 속에 접목시켜 주는 문화적인 매개물이 된다.20) 안중근 동상은 안중근 개인에 대한 기억은 물론 그의 의거, 그리고 국망과 피식민 통치의 아픔을 기억하고 교훈으로 삼아야 한다는 것을 말해주는 상징물이었다.

한편 1955년 10월 27일에는 전남 장흥군 장동면 만수사(萬壽祠)21)에서 안중근 의사 위패 봉안식이 거행되었다. 만수사는 고려시대 유교를 일으켜 세우는데 공이 컸던 안향(安珦)을 주벽으로 안씨 일문이 선조들의 학덕을 기리기 위하여 1946년에 건립을 시작, 1951년에 완공한 사우였는데 여기에 안중근 의사를 배향한 것이다.22) 그런데 봉안식에 문교부장관을 대신해 고등교육국장이 참석하였다는 것은23) 문중사우에 모신 것이지만, 국가적인 의미를 부여할 수 있다. 그러나 그러한 의미 부여는 이루어지지 못하였다. 사당은 배향된 이가 매년 사망한 일시를 기억하여 제사가 모셔지고 반복되는 의례 행위를 통해 사건이 끊임없이 재해석될 수 있기 때문에 상대적으로 상징화의 기능이 강하다.24) 만수사에서는 이후 정례적으로 안중근을 기념하는 행사를 하였지만, 그것은 안씨 문중의 일로 그쳤다. 1959년 4월에는 고안중근의사 모의계(慕義契) 평의원회의가 광주 시내에 안의사 의적비(義蹟碑) 건립을 결정하였다.25) 그러나 이 계획도 실현되지는 못하였다.

---

20) Grills John R. ed, Commemorations : The Politics of National Identity, Princeton University Press, 1994, 6쪽 : 박명규(2001), 「역사적 사건의 상징화와 집합적 정체성 : 기념비, 조형물의 문화적 기능을 중심으로」, 『한국사회과학』 23-2, 서울대학교 사회과학연구원, 2001 - 보고서, 2쪽.
21) 1984년 2월 29일 문화재자료 제71호로 지정되었다.
22) 이해준, 「장흥지방의 유교유적」, 『장흥군의 문화유적』, 국립목포대학교박물관·전라남도·장흥군, 1989, 330쪽.
23) 『동아일보』 1955년 10월 27일, 「안중근의사 위패 봉안식」
24) 박명규, 「역사적 사건의 상징화와 집합적 정체성 : 기념비, 조형물의 문화적 기능을 중심으로」, 5쪽.
25) 『동아일보』 1959년 10월 8일, 「안의사 순국 49주, 13일에 추도식」.

순국 50주년이었던 1960년 3월 26일 순국선열기념사업전국위원회와 안중근의사기념건립회는 안중근의사 동상 아래서 간단한 추념식을 거행하였고, 3월 28일 50주기 추념식을 시공관에서 거행하였다.26) 의거 52주년 추념식은 안중근의사선양회에서 간소하게 거행하였다.27) 그러나 순국 52주기 추념식은 '국민회당'에서 5·16군사쿠데타 주역들이 직·간접으로 참여한 가운데 거행되었다. 안중근의사선양회 회장 이강의 헌화로 시작된 추념식은 최고회의 박정희 의장(문사위원장 대독), 내각 수반(박 법제처장 대독), 재건국민운동본부장의 추념사 순으로 이어졌다. "우리나라가 독립된 것은 오로지 의사의 구국정신과 민족정기의 체모를 죽음으로 지킨 결과이며 의사의 불요불굴의 기개와 만고 불역의 구국지성은 민족의 귀감이라"고 한 박정희 최고회의 의장의 추념사는28) 안중근에 대한 국민적인 관심을 제고시키는 계기가 되었다. 안중근에 대한 쿠데타 주역들의 관심과 평가에 이어『동아일보』는 다음날부터 5월 2일까지 31회에 걸쳐「처음으로 공개되는 공판 기록」이라는 제목으로 안중근 재판 기록을 소개하였다.29)

추념식과 동상 건립 외에 안중근과 관련하여 다음과 같은 일들이 이루어졌다. 유묵·30)공판기가 발견·소개되고,31) 희곡으로 김춘광의『안중근 사기』(청춘극장, 1946)와 서재수의『안중근 사기』(삼중당, 1946), 단행본으로 박성강 편의『안중근 선생 공판기』(경향잡지사, 1946)·김진복 편의『(왜놈 이등박문 죽인)안중근 실기』(중앙출판사, 1946)·김용필의『안중근 의사』

---

26)『동아일보』1960년 3월 27일,「안중근의사 순국 50주년」.
27)『동아일보』1961년 10월 26일,「안중근의사 오늘 의거 52주년 간소한 추도식」.
28)『동아일보』1962년 3월 26일,「안중근의사 가신 지 52년 국민회당서 추념식 엄수 : 안의사 유훈 받들자 박정희 의장 추념사」.
29)『동아일보』는 1956년 4월 6일부터 41회에 걸쳐 황의돈의「위국항일의사렬전 : 안중근」을 게재한 적이 있었다.
30)『자료 대한민국사』제1권, 1946년 1월 1일.
31)『동아일보』1946년 1월 28일,「안중근의사 공판기 등 독립사상서적 도서관에서 삼천권 해방」.

(동아일보, 1947)·김춘광의 『안중근 사기』(삼중당, 1947)·이전의 『안중근 혈투기』(연천중학교기성회, 1949) 등이 간행되었다. 또한 "안중근 사기"(1946년, 계몽영화사)가 안중근을 다룬 첫 번째 영화로 만들어지고, "고종황제와 의사 안중근"(1959년, 태백영화사)이 두 번째 영화로 만들어졌다.32)

한편 천주교 측에서도 천주교신자 안중근에 관심을 기울였다. 1946년 4월에 한국천주교회의 대표 잡지사인 경향잡지사에서 『안중근 선생 공판기(安重根先生公判記)』를 간행하였다. 안중근 의거를 부정적으로 평가해 왔던 한국천주교회의 공식 입장을 뒤늦게나마 거부한 것이었다. 이어 1947년 3월 26일에는 안중근 가문의 요청으로 서울대목구장 노기남 주교가 안중근 사망 37주년 연미사를 거행하였다.33) 그리고 1957년 3월 26일에는 안중근 사망 47수기 추도식에 노기남 주교가 참석하여 사도 예절을 행하고 명동대성당 강당에서 추도식을 하였다.34) 공식적인 교회 행사는 아니었지만, 현직 서울대목구장이 한국천주교회의 대표 성당인 명동대성당에서 안중근을 추모한 행사들은, 안중근 의거를 단죄한 서구인 성직자가 통치권을 장악하고 있던 동안에는 할 수 없었던, 긍정적인 태도와 입장으로의 전환이었다.35)

중국에서도 안중근에 관심을 표명하였다. 일제 패망 직후 해방구(解放區)에서는 일제의 잔재를 청산하고 애국주의사상을 수립하는 방법의 하나로 '안중근' 극을 공연하였다. 중화인민공화국 건립 직후에는 안중근의 사적을 소학교 교과서에 수록하여 후대 교육에 적극 활용하였다. 그러나 안

---

32) 『동아일보』 1959년 2월 25일, 「획기적인 대규모의 영화 수십명의 외국인도 출연 화제의 '고종황제와 의사안중근'」.
33) 『노기남 대주교 연보』 1947년 3월 26일. 1949년부터는 같은 날 대통령 생일 축하식에 갔다.
34) 『노기남 대주교 연보』 1957년 3월 26일.
35) 윤선자, 「안중근의거에 대한 천주교회의 인식」, 『한국근현대사연구』 33, 한국근현대사학회, 2005, 70쪽.

중근을 애국지사 내지 동아의 영웅으로 추대할 뿐, 그의 구체적인 행적과 사상에 대하여는 깊은 관심을 가지지 못하였다.36)

광복 이후 1960년대 초까지 안중근 기념 사업은 동상 건립과 순국일·의거일에 거행된 추념식이었다. 추도란 "죽은 이를 생각하며 슬퍼하는 것"으로 '추념'도 비슷한 의미이다. 추도에서 한 걸음 더 나아가 교훈을 끌어내는 것이야말로 추도의 진정한 의미이다. 뿐만 아니라 최고의 추도란 정확한 사실에 토대하여 이루어져야 한다. 그러기 위해서는 안중근에 대한 자료 발굴과 그에 기초한 연구가 진행되어야 하는데 이 기간에는 몇 편의 희곡과 단행본이 출간되었을 뿐이다. 천주교회 측에서도 소극적인 관심을 표명하였을 뿐이었다.

3. 기념관 건립과 기념사업 기반 마련

1963년 12월 14일 안중근의사숭모회(이하 '숭모회'로 약칭)가 문화공보부로부터 사단법인 설립을 승인받았다. 2009년 9월 30일 현재 국가보훈처에서 등록되어 있는 독립운동가 기념사업회는 48개이다. 이 가운데 가장 먼저 설립된 것이 "일성이준열사기념사업회"(www.leejun.org)로 설립일은 1955년 2월 25일이다. 그런데 이 사업회의 홈페이지에 의하면 동 사업회가 애국선열 기념사업의 최초 활동이라고 한다. 신문 기사에 의하면 이준열사추모준비회 발기인회가 결성된 것은 1946년 5월이었다.37) 숭모회는 이준열사기념사업회에 이어 두 번째로 승인받은 독립운동가 기념사업회이다. 숭모회가 이전의 안중근의사선양회와 무관하지 않은 것 같지만 정확히

---

36) 김춘선, 「안중근의거에 대한 중국의 인식」, 『안중근 연구의 기초』, 경인문화사, 2009, 401쪽.
37) 『동아일보』 1946년 5월 7일, 「만국회의에서 독립절규 해아밀사 이준열사 추념을 준비」.

는 알 수 없다.

2007년에 수정된 안중근의사기념관 홈페이지(http://www.patriot.or.kr)38)에 의하면, 숭모회의 주요 사업은 ① 3대 기념식(3.26 순국, 9.2 탄신, 10.26 의거) 거행, ② 안 의사 해외독립투쟁지 대학생 탐방, ③ 청소년 학생 글짓기대회·웅변대회, ④ 음악회·창극, ⑤ 나라사랑 프로그램 안중근, ⑥ 안중근 마라톤, ⑦ 국·내외 안 의사 관련 자료의 발굴 수집, ⑧ 안 의사의 사상 연구 및 학술 심포지엄 개최, ⑨ 안 의사 관련 각종 서지 및 홍보 책자 발행, ⑩ 각종 숭모 활동 및 선양사업 추진 등이다. 그런데 이러한 사업들은 숭모회가 설립된 처음부터 있었던 것은 아니고, 시간이 흐르면서 추가·수정되었는데 무엇이 언제부터 추가·수정되었는지는 알 수가 없다. 그러나 이 모든 사업들이 결국은 안중근을 기념하기 위한 것임에는 분명하다.

5·16군사쿠데타 주역들의 안중근에 대한 관심은 숭모회의 사단법인 설립에 이어 1967년 4월 26일 안중근동상의 현충 시설 지정,39) 1970년 10월 26일 안중근의사기념관의 준공·개관으로 이어졌다. 서울시 중구 남대문로 5가 471번지(남산공원 내)에 석조와즙(石造瓦葺) 1동(594.28㎡, 180평)으로 마련된 안중근의사기념관은 국민들의 성금과 박정희 대통령의 지원에 의해서였다. 기념관이란 '어떤 뜻깊은 사적이나 인물 그리고 사건 등을 기념하기 위해 지은 집'을 지칭한다. 기념관은 박물관이나 미술관 혹은 역사관 등과 기능 및 역할이 중복되는 측면이 있으나, 특정한 역사적 인물이나 사건 등을 그 대상으로 한다는 점에서 다소 차이가 있다.40)

기념관 건립에 이어 1972년 8월 16일 안중근 의사의 유묵 25점과 윤봉길의사유품(尹奉吉義士遺品) 68점이 보물로 지정된 것은41) 안중근과 윤봉

---

38) 1997년 10월 26일 개설되었다.(『국민일보』 1997년 11월 1일, 「안중근 의사 사이버기념관 개설, 숭모회·웹스코리아 제작」)
39) 국가보훈처 홈페이지(http://narasarang.mpva.go.kr) "현충시설" 참조.
40) 정호기, 『한국의 역사기념시설』, 민주화운동기념사업회, 2007, 205~206쪽.

길에 대한 국가적인 관심의 표현이었다. 윤봉길의사유품 68점은 보물 제568-1호부터 제568-2호, 안중근유묵 20점은 보물 제569-1호부터 제569-20호로 지정되었다.42) 그런데 당시까지 지정된 보물 중 대한제국기와 일제강점기에 제작된, 그리고 독립운동과 관련된 유물의 보물 지정은 이것이 처음이었다. 보물은 유형문화재로 학술적·예술적 가치가 국보 다음으로 높은 문화재를 가리킨다. 보물 지정은 일제강점기에 '조선보물·고적·명승·천연기념물 보존령'(1933년 8월 9일)43)에 의하여 시작되었으며 광복 후 제헌헌법 제100조에서 '조선보물·고적·명승·천연기념물 보존령'의 효력을 계속 유지시켰다. 1955년, 일제강점기에 보물로 지정된 419건(남한 367, 북한 52)이 일괄 국보로 승격·지정되었다. 그 후 1962년 1월 10일 문화재보호법이 제정·공포되고 이 법에 따라 국보와 보물로 분류·지정되어 1963년에 386건이 보물로 다시 지정되었다. 윤봉길의사유품과 안중근유묵이 보물로 지정된 이후 독립운동 관련 유물의 보물 지정은 1997년에야 이어졌다. 1997년 6월 12일 『백범일지』가 보물 제1245호로 지정되었고, 2006년 12월 29일 황현초상 및 사진이 보물 제1494호, 2007년 2월 27일 최익현초상이 보물 제1510호, 2009년 9월 2일 대한제국 고종 '황제어새'(皇帝御璽)가 보물 제1618호로 지정되었다. 황제어새를 제외하면 모두가

---

41) 『경향신문』 1972년 8월 10일, 「안중근, 윤봉길 의사 유물 보물로 지정」.
42) 보물 제569-1호(百忍堂中有泰和) ; 제569-2호(一日不讀書口中生荊棘) ; 제569-3호(年年歲歲花相似 歲歲年年人不同) ; 제569-4호(恥惡衣惡食者不足與議) ; 제569-5호(東洋大勢思沓玄 有志男兒豈安眠 和局未成猶慷慨 政略不改眞可憐) ; 제569-6호(見利思義見危授命) ; 제569-7호(庸工難用連抱奇材) ; 제569-8호(人無遠慮難成大業) ; 제569-9호(五老峯爲筆 三湘作硯池 靑天一丈紙 寫我腹中詩) ; 제569-10호(歲寒然後知松栢之不彫) ; 제569-11호(思君千里 望眼欲穿 以表寸誠 幸勿負情) ; 제569-12호(丈夫雖死心如鐵 義士臨危氣似雲) ; 제569-13호(博學於文約之以禮) ; 제569-14호(第一江山) ; 제569-15호(靑草塘) ; 제569-16호(孤莫孤於自恃) ; 제569-17호(仁智堂) ; 제569-18호(忍耐) ; 제569-19호(極樂) ; 제569-20호(雲齋). 이상 문화재청 홈페이지(http://www.cha.go.kr) 참조.
43) 『조선총독부관보』 1933년 8월 9일.

독립운동과 관련된 것들이다. 여전히 전근대 생산 유물들이 주로 보물 지정의 대상이 되는 경향이었지만, 근대 특히 독립운동과 관련하여 보물이 지정된 것은 유물 자체의 가시적인 가치보다는 그 유물과 관련된 정신적인 측면에 가치를 부여한 것이다.

1973년 3월 5일 전남 장성군 삼서면 학성리 육군보병학교 내에 안중근 의사 동상이 건립되었다. 군에 안중근 의사 동상이 건립되었다는 것은 안중근이 한국군의 표상으로 삼을 만한 인물이라는 평가였다. 한편 안중근의 사기념관에는 1973년 9월 2일 최성모(숭모회 전 부이사장)가 건립·헌납한 안중근 의사 어록비를 시작으로, 1975년 10월 26일 김용원(경제인연합회 전 회장), 1982년 9월 2일 정주영(현대그룹 전 회장)이 어록비를 건립 기증하였다. 이어 안중근 순국 77주년이었던 1987년 3월 26일 「국가안위 노심초사」, 「지사인인 살신성인」, 「동양대세 사묘현」, 「이토히로부미 15개 죄상」, 「최후의 유언」 비 등이 헌납되었다. 비는 한국 사회에서 가장 오래되고 전통적인 기념물의 양식이다. 어떤 인물이나 사건의 의미를 기록된 문자로 돌에 기록해 두는 것은 영구히 그 의미를 보존하겠다는 뜻이 담겨 있는 것이라 하겠다. 그러나 비는 그 규모가 작고 기념물로서의 가시성이 현저하지 못해서 상징화의 기능은 상대적으로 미약하다.[44]

국가적인 관심과 후원은 안중근 관련 자료들의 발굴로 이어졌다. 안중근 관계 자료의 발굴 과정에 있어서 가장 중요한 사건은 그의 자서전인 『안응칠역사』(安應七歷史)와 그의 저서인 『동양평화론』(東洋平和論)의 존재가 확인된 사실이었다. 즉, 1969년 4월 일본 도쿄 간다[神田] 고서점에서 『안중근 자서전』(安重根 自敍傳)이란 표제로 된 일본어본이 최서면에 의해 발견되었다.[45] 그리고 1978년에는 나가사키[長崎]의 와타나베 쇼시

---

[44] 박명규, 「역사적 사건의 상징화와 집합적 정체성 : 기념비, 조형물의 문화적 기능을 중심으로」, 5쪽.
[45] 崔書勉, 「安應七自傳」, 『外交時報』 1970년 5월호, 東京 外交時報社, 777쪽 ; 윤병석, 「해제 안중근전기전집」, 『안중근전기전집』, 1999. 국가보훈처, 37쪽.

로[渡邊庄四郎]가『안응칠역사』(安應七歷史) 한문본을 한국대사관에 기증함으로써 그 자료가 본격적으로 발굴될 수 있었다.46) 한편, 1979년 9월 이치가와 마사아키[市川正明, 한국명 김정명]가 일본 국회도서관 헌정연구실 '七條淸美 文書' 중에서『안응칠역사』와『동양평화론』의 등사본 합책을 발굴하였다.47) 이러한 노력들을 통하여 안중근의 친필 원본은 아니지만 그의 유고가 원문대로 빛을 보게 되었다. "안중근 공판 관련 기록" 중 관동도독부 지방법원 본 등사본은 1976년『한국독립운동사자료 6 : 안중근 편 1』(국사편찬위원회), 주한일본공사관기록+일본외교문서+대한매일신보는 1978년『한국독립운동사자료7 : 안중근 편 2』(국사편찬위원회)로 공개되었다.48) 이러한 안중근 자신이 남긴 자전적 기록이나 당시의 재판기록들은 안중근 연구에 필수적으로 요청되는 일차 사료들이다. 이러한 자료들을 토대로 안중근에 대한 많은 단행본들이 국내와 일본에서 간행되었다.49)

이외에도 안중근 의거에 대한『경성일보』호외50), 안중근의 미공개 사진,51) 안중근의 절필,52) 안중근의 편지,53) 안중근의 사진,54) 안중근의 이

---

46) 최서면,「안중근 자전고(自傳考)」,『나라사랑』34, 외솔회, 1979년 12월, 56~57쪽.
47) 『동아일보』1979년 9월 1일 ; 윤병석,「해제 안중근전기전집」,『안중근전기전집』, 1999. 국가보훈처, 37쪽.
48) 한상권, 김현영,「안중근 공판 기록 관련 자료에 대하여」,『안중근 연구의 기초』, 경인문화사, 2009.
49) 안학식,『의사안중근 전기』, 해동문화사, 1963 ; 유경환 저,『안중근』, 태극출판사, 1972 ; 이선근 등,『한말격동기의 주역 8인 : 김옥균, 안중근, 이완용 외』, 신구문화사, 1975 ; 최홍규,『안중근사건공판기』, 정음사, 1975 ; 이은상 역,『안중근의사 자서전』, 안중근의사숭모회, 1979 ; 市川正明,『安重根と日韓關係史』, 東京 : 原書房, 1979 ; 경인문화사, 1986 ; 유희용 편,『(의사)안중근』, 서남출판사, 1979 ; 유경환,『안중근』, 중앙서관, 1983 ; 中野泰雄,『安重根 : 日韓關係の原像』, 東京 : 亞紀書房, 1984 ; 中野泰雄,『일본의 지성이 본 안중근』, 경운출판사, 1984 ; 안중근의사숭모회 편,『민족의 얼 : 안중근의사 사진첩』, 안중근의사숭모회, 1987 ; 최이권 편역,『(애국충정)안중근의사』, 법경출판사, 1990.
50) 『경향신문』1973년 5월 17일,「안중근 의사 의거 속보 경성일보 호외 발견」.
51) 『경향신문』1975년 10월 30일,「안중근의사 등 애국지사 15명 미공개사진 첫 공개」.
52) 『경향신문』1978년 2월 6일,「안중근 의사 절필 일서 발견」.

토 저격 현장 필름,55) 안중근의 뤼순 옥중 마지막 자작 시 11편56) 등이 국내와 일본 등지에서 발견·소개되었다. 또한 1974년 10월 26일 서울 중구 을지로 국도극장에서는 안중근 의거 64주년을 기념, 연방영화사에서 제작한 70mm컬러영화 '의사 안중근'의 시사회가 열렸다.57) 이 영화는 '안중근 사기'(1946), '고종 황제와 의사 안중근'(1959)에 이어 안중근에 관한 세 번째 영화이다.

　안중근 의거에 대한 국가적인 평가와 국민들의 관심은 천주교회에도 영향을 미쳤다. 1979년 9월 2일 명동대성당에서 노기남 대주교 주례로 안중근 탄생 100주년 기념미사가 거행되었다.58) 기념미사 후 안중근 의거를 살인 행위로 단죄했던 평가에 많은 문제가 있었다는 의견과 연구가 제시되었다. 불과 몇십명만이 참석하였고, 현직 교구장이 아닌 전임59) 서울대교구장에 의해 거행되었다는 한계는 있었지만, 안중근 의거를 살인 행의로 단죄하였던 한국천주교회가 그 의거의 가치를 수용하여 행동으로 옮긴 의미있는 사건이었다. 이후 1980년 3월 26일 안중근 의사 서거 70주기 추모미사, 1986년 9월 26일 안중근 의사 서거 76주기 추도미사, 1987년 9월 26일 순국 추모미사, 1990년 3월 26일 서거 80주년 추모미사, 1990년 9월 26일 순국 추모미사가 천주교정의구현전국사제단 주최로 거행되었다. 그런데 당시 일부에서 정의구현전국사제단의 공인 여부를 거론할 정도로 주최 측을 폄하하고 있었다는 점에서 한국천주교회의 공식 행사로 보기에는

---

53) 『경향신문』 1978년 2월 18일, 「안중근의사 사진 10장, 편지 1통 또 발견」.
54) 『경향신문』 1978년 4월 8일, 「안중근의사 사진 9점 경주서 발견」.
55) 『경향신문』 1979년 1월 10일, 「안중근의사 이등박문 저격 극적현장필름 동경서 발견」.
56) 『경향신문』 1985년 12월 10일, 「안중근의사의 여순 옥중기 마지막 자작 한시 11편 발견」.
57) 『세계일보』 1993년 1월 15일, 「'안중근의사' 시나리오 3편 집필」.
58) 『경향잡지』 1979년 10월, 「교회의 이모저모」, 86쪽.
59) 1967년 서울교구장직을 사임하였다.

한계가 있었다.

　안중근을 천주교 신앙인으로 추적한 논문들도 발표되었다. 1984년 발간된 『황해도 천주교회사』에 안중근 의거가 군인으로서 전쟁 중 전개한 정당방위라고 언급되었다. 1986년에는 안중근 의거가 신앙심과 애국심이 조화를 이루어 발현한 정당한 행위였다는 주장들이 제기되었다. 그러나 자료적인 측면에서도 이론적인 측면에서도 아쉬움이 많았다.60) 1990년 정의구현전국사제단이 『안중근(도마) 의사 추모자료집-서거 80주년을 맞이하여』를 발간하였다. 이후 이 자료집은 천주교회 측에서 안중근을 연구하는데 중요한 기초 자료로 활용되었다.

　한국천주교회의 공식 행사는 아니었지만 안중근의 순국과 의거를 기념하는 천주교회 측의 행사들과 연구업적들은 『가톨릭신문』에 신앙인 안중근으로 언급되었다.61) 또한 천주교 연극의 주제가 되었다. 1991년 4월 가톨릭문화운동연합연극분과 극단 산맥은 '안중근 그리고 도마'를 제3회 정기공연 작품으로 올렸다.

　1966~1976년의 문화대혁명이 종료되고 한·중간의 민간 문화교류가 이루어지면서 중국에서 안중근에 대한 관심이 새롭게 고조되었다. 그 결과 1980년대에 들어서면서 안중근 관련 신문기사를 비롯하여 각종 회억록·저서·논문들이 연이어 발표되었다. 1980년 11월 13일 안중근의 의거지인 하얼빈에서 발간되는 『흑룡강일보』는 '할빈에서의 안중근'이란 글을 실었다. 이를 시작으로 『길림신문』·『연변일보』·『요녕일보』 등 중국 동북 지역의 신문들에서 안중근 관련 기사를 수록하였다.62) 안중근의 생애와 항일 활

---

60) 윤선자, 「안중근 의거에 대한 천주교회의 인식」, 61~62쪽.
61) 『가톨릭신문』 1968년 10월 6일, 「안중근의사의 순교설」 ; 1980년 3월 16일, 「민족의 횃불 안중근의사」 ; 1982년 8월 29일, 「'암살자 安重根' 矣을 신앙인에 대한 모독」 ; 1986년 3월 23일, 「참 신앙인으로 다시 부각되는 안중근의사」 ; 1986년 4월 13일, 「안중근의사 재평가돼야 한다」 ; 1986년 7월 27일, 「독립기념관 '안중근 전시실'에 가톨릭관계 자료 전무」.
62) 『흑룡강일보』 1980년 11월 3일, 「할빈에서의 안중근/홍룡」 ; 『흑룡강일보』 1989

동을 소개하면서 안중근은 항일투쟁의 선구자라고 평가하였다. 중국 내 한글 잡지들도 안중근 의거, 안중근 동료들에 대한 글을 실었다.63) 1986년에는 동북삼성 조선족학교에서 사용하는 『조선어문』교과서 제9책(5학년용)에 「열혈투사 안중근」이 수록되었다. 또한 중국의 흑룡강 성당사연구실, 길림성 사회과학원, 연변대학, 북경대학 등의 연구기관과 학교들에서 안중근의 항일운동과 동양평화사상에 대한 학술연구가 이루어지면서 많은 연구성과가 발표되었다.64) 1989년 10월에는 길림성 사회과학원 주최로 창춘[長春]에서 안중근의사 의거 80주년 기념 국제학술토론회가 열렸다. 이는 개혁개방 후 중국에서 안중근을 주제로 개최된 첫 학술회의였다.

안중근 의거지인 하얼빈과 다롄을 중심으로 안중근 기념 행사가 전개되었다. 1983년 하얼빈 거주 4만여 명 한인교포들이 안중근 의사의 흉상을 하얼빈 역에 세우는 사업을 추진하였다. 그러나 중국 정부가 일본을 의식, "역 구내에 안중근 의사의 흉상을 세우는 것은 국제적인 외교 문제를 야기

년 4월 10일, 서명훈, 「80년전 할빈의 조선사람들」 ; 『흑룡강일보』 1990년 5월 14일, 김우종·원인산, 「청사에 길이 빛날 그 이름 안중근」 ; 『길림신문』 1985년 6월 13·15·18일, 류동선 구술, 김파 정리, 「후손만대에 잊지 못할 민족의 얼 - 애국지사 안중근과 오빠 류동하를 회억하며」 ; 『연변일보』 1989년 12월 15일, 최홍빈, 「항일독립투쟁 의사 안중근-」 : 김춘선, 「안중근의거에 대한 중국의 인식」, 『안중근 연구의 기초』, 경인문화사, 2009, 402쪽의 각주 70에서 재인용.
63) 송정환, 「할빈역두의 총소리」, 『장백산』, 1983 ; 고송무, 「안중근의 의거 도운 유동하의사, 그 가족의 일대기」, 『장백산』, 1988 ; 김운룡, 「안중근의 옥중실기」, 『장백산』, 1988 ; 김충실, 「개를 쐬죽인 안중근」, 『소년아동』, 1989년 3월 ; 류동선 구술, 김파 정리, 「안중근과 그의 동료들」, 『송화강』, 1985년 3월 ; 송정환·황현걸, 「안중근전」, 『장춘문예』, 1991 : 김춘선, 「안중근의거에 대한 중국의 인식」, 402쪽의 각주 71에서 재인용.
64) 저서로 대표적인 것은 양소전·안청전의 『조선애국지사안중근』(상무인서관, 1983), 송정환의 『안중근』(요녕민족출판사, 1985), 김우종·최서면의 『안중근』(요녕민족출판사, 1994), 김우종·리동원의 『안중근의사』(흑룡강조선민족출판사, 1998), 아성의 『안중근격창이등박문』(신세계출판사, 2002) 등이다.(김춘선, 「안중근의거에 대한 중국의 인식」, 402쪽의 각주 72)

할 우려가 있다"며 난색을 표하였다. 한인교포들은 하얼빈 시내 중심부의 민족문화궁 뒤편 5층 부속건물을 제2의 흉상 건립장소로 선정하였는데 이 역시 중국 정부의 허가를 받지 못했고 흉상 건립은 중단되었다. 그리하여 '국가안위노심초사'의 조국애를 새긴 안중근 의사의 흉상은 하얼빈의 한 허름한 다락방에서 먼지에 덮인 채 방치되었다.65) 1987년부터 하얼빈의 조선족 이퇴직간부문화활동중심과 조선족부녀연의회가 매년 3월 26일과 10월 26일을 안중근기념활동일로 규정하고 다양한 기념 활동을 진행하였다. 1990년에는 흑룡강혁명박물관에 안중근사적전시관이 설치되었다. 하얼빈시인민정부는 안중근을 '하얼빈의 역사 인물'로 그리고 '하얼빈에서 선정한 세계 40대 위인' 중의 한 사람으로 선정하였다.66) 그러나 일본과의 외교관계를 인식한 중국은 공개된 장소에 안중근 동상을 건립하는 것은 허용하지 않았다.

일본에서도 매우 특수한 경우이지만 안중근을 기념하는 일이 진행되었다. 1981년 미야기현[宮城縣] 구리하라[栗原]의 대림사에 안중근 의사를 현창하는 2.5m 높이의 비가 세워졌다.67) 뤼순감옥에서 안중근을 감시했던 구일본군 헌병 지바 도시치[千葉十七]는 안중근이 처형되기 직전에 써준 글을 보관하였고, 그의 유족이 1979년 안중근의사기념관에 기증하였다. 이에 한·일 유지들의 성금으로 지바가 묻힌 대림사 경내에 비를 설립하였다.68) 1990년 6월에는 안중근 의사를 한국의 독립운동가로 소개한 글이 처음으로 일본 정부 관계 출판물에 실렸다. 일본 외무성이 편집에 협력한 『외교 포럼』(재단법인 세계의 움직임사 발행·일본외무성 편집 협력) 6월호에 노태우 대통령의 방일을 계기로 한 한국 특집 가운데 이치카와[市川

---

65) 『경향신문』 1990년 10월 20일, 「안중근의사 흉상, 하얼빈 다락방서 7년째 '낮잠'」.
66) 김춘선, 「안중근의거에 대한 중국의 인식」, 401쪽.
67) 『동아일보』 1992년 9월 7일, 「안중근의사 독립혼 일본서 추모, 여순 수감 당시 일군 감시헌병과 합동법사」.
68) 『국민일보』 1992년 2월 17일, 「일본의 '반역'」.

正明, 한국명 김정명] 가 쓴 안중근 의사의 행적과 사상을 소개하는 「독립과 동양평화를 찾아」라는 글을 게재한 것이다. 일본어 6천자 분량인 이 글은 『동양평화론』서설과 공판정에서 안중근의 진술 등을 소개하고 안중근 의사가 이토 히로부미를 사살한 것은 "남의 나라를 빼앗고 사람의 목숨을 빼앗으려는 인물이 존재하고 있을 때 이를 방관하는 것은 죄악이라고 느꼈기 때문"이라고 안중근 의사의 말을 인용, 설명했다.69) 당시까지 일본은 안중근을 테러리스트로 규정하고 있었다.

숭모회가 사단법인으로 설립된 1960년대 초반부터 1990년대 초까지 안중근 기념사업은 국가적인 후원과 국민들의 관심 속에서 추진되었다. 안중근의사기념관 설립과 안중근 유묵의 보물 지정은 국가 차원에서의 관심과 후원이었다. 그리고 이러한 관심과 후원은 안중근 관련 자료들의 발굴로 이어졌고, 안중근 연구의 기초가 되었다. 천주교회 측에서도 안중근을 천주교 신앙인으로, 단죄하였던 안중근 의거를 애국적인 행동으로 인식하고 평가해야 한다는 주장을 추모식과 논문들로 표명하였다. 중국에서는 안중근 의거지인 하얼빈을 중심으로 동북삼성에서 안중근 기념사업들이 추진되었다. 안중근 동상 건립과 같은, 안중근을 표면에 내세우는 사업은 할 수 없었지만 신문 기사·학술회의·단행본 등을 통하여 안중근을 기념하였다. 일본에서도 안중근 기념비가 설립되었다. 이처럼 이 기간 안중근 기념사업은 국·내외적으로 토대를 다져나갔다.

4. 기념사업 확대와 활성화

1993년 문화부에서 안중근을 '이달의 문화 인물'(8월)로 선정하였다. 문

---

69)『경향신문』1990년 5월 23일,「안중근의사 한국독립운동가, 일정부 관계 출판물서 첫 소개」.

화 인물은 '한국인 재발견 운동'의 일환으로 문화부가 문예진흥원과 함께 1990년 7월부터 추진하였는데 안중근은 "국가보훈"의 측면에서는 선정된 첫 인물이었다.70) 기념관 건립, 안중근유묵의 보물 지정에 이어 국가 차원에서 안중근에 대한 관심이 다시 제기된 것이다. 문화 인물 선정은 안중근 기념사업에 활기를 불어넣었다. 세계일보사는 1992년 11월부터 게재한 안중근 의사 기획시리즈를 1993년 7월 『대한국인 안중근』으로 간행하였다. 독립기념관은 '안중근의사의 독립운동사에서의 위치'를 주제로 안중근의 달 기념 특별강연회와 안중근 의사의 의열 활동 관련 사진 기획전을 하였다. 국립중앙도서관은 8월 한 달 동안 안중근 의사 사진첩 외 11종 12책 전시, 한국문화재보호재단은 8월 20～29일 중국의 안중근 의사 항일독립 유적지 순례, 한국영상자료원은 8월 14·15일 고려영화사 제작 '자유 만세'(1946)와 연방영화사 제작 '의사 안중근'(1972) 영화 상영, 숭모회는 11월 '안중근의 생애와 사상'을 주제의 국제학술심포지엄을 개최하였다.

1995년 4월 14일 안중근 동상이 광주시 북구 운암동 중외공원에 건립, 준공되었다.71) 또한 그해 광복절에는 광복절기념주화로 안중근 의사의 초상을 새긴 1만원짜리 주화가 만들어졌다.72) 그리고 1996년 10월 26일에는 숭모회가 안중근 흉상을 건립 제막하였다.73) 1997년에는 전쟁기념사업회 전쟁기념관이 선정하는 '호국 인물'로 안중근이 선정되었다. 그리하여 3월 14일 전쟁기념관에서 '3월의 호국 인물'로 선정된 안중근에 대한 추모식이 거행되었다.74) 국방부 유관 기관인 전쟁기념관에서 '호국 인물'로 안

---

70) 2005년까지 456명이 선정되었는데 그중 국가보훈의 측면에서는 1994년 박은식, 1995년 김병로·김구, 1996년 서재필, 1997년 송진우, 1999년 김창숙, 2000년 김좌진 등 8명이다.[문화체육관광부 홈페이지 중 하단 메뉴인 '한국의 문화인물 홈페이지(http://person.mcstgo.kr) 참조]
71) 『세계일보』 1995년 4월 14일, 「안중근의사 동상 건립, 광주 중외공원서 준공」.
72) 『국민일보』 1995년 3월 3일, 「광복·유엔 50돌 기념주화 8월 발행」.
73) 『세계일보』 1996년 10월 27일, 「안중근 의사 의거 87주 기념식」.
74) 『세계일보』 1997년 3월 15일, 「안중근 의사 어제 추모식」.

중근을 선정한 것은 안중근에 대한 국가적인 차원에서의 계속적인 관심의 표현이었다. 국가 차원의 관심은 안중근 유묵이 계속하여 보물로 지정될 수 있게 하였다. 1999년 12월 15일 안중근의 유묵 1점,[75] 2000년 2월 15일 유묵 3점,[76] 2003년 4월 14일 유묵 1점,[77] 2007년 10월 24일 유묵 1점이[78] 보물로 각각 추가 지정되었다.

  2005년 8월 17일 통일부는 '안중근 의사 의거 100주년(2009) 기념행사'를 비롯 '광복 60주년 기념 남북공동사업'으로 추진 중인 안중근 의사 유해 발굴 등과 관련, 북한에 '동참 제안서'를 발송하였다. 통일부와 국가보훈처 관계자, 민간 전문가 등으로 실무단을 구성하고, 실무자 회의에서 '고증을 위한 남북학술세미나·전기자료집 발간·북한 해주에 기념관 건립·뤼순에 추모비와 추모관 설립·중국 하얼빈역에 추모비 건립·현장 검증을 위한 조사단 구성·유해 발굴시 봉안 장소·생가 복원·추모 문화행사' 등을 논의하기로 하였다. 이러한 제의는 6월 21～24일 제15차 남북 장관급 회담 결과에 따른 후속 조치로, 통일부장관과 북한 내각책임참사는 공동보도문을 통해 "안중근 의사의 유해 발굴 사업 등을 공동 추진, 일제 시기 항일정신을 함께 살려나갈 것"이라고 발표하였다.[79] 2005년 9월 15일 남과 북은 '안중근 의사 유해 공동발굴단'을 만들어 안중근의 유해 수습과 봉환 사업을 추진하기로 합의하였다.[80] 이어 2006년 3월 20일 남·북한은 안중근 의사의 유해가 묻힌 위치를 확인하기 위해 중국 현지에서 공동 조사를 벌이는 데 합의하였다.[81]

---

75) 보물 제569-24호 : 天與不受反受其殃耳 / 김화자.
76) 보물 제569-21호 : 欲保東洋先改政勢 時過失機追悔何及 / 단국대학교 ; 보물 제569-22호 : 國家安危勞心焦思 / 안중근의사기념관 ; 보물 제569-23호 : 爲國獻身軍人本分 / 안중근의사기념관.
77) 言忠信行篤敬蠻邦可行 / 안중근의사기념관.
78) 보물 제569-26호 : 臨敵先進 爲將義務 / 해군사관학교박물관.
79) 『가톨릭신문』 2005년 8월 21일, 「안중근기념사업 남북 함께 한다」.
80) 『한겨레신문』 2005년 9월 16일, 「남북, 안중근의사 유해 공동발굴 합의」.

그러나 성과를 거두지 못하였고, 2008년 3월 25일 한국 정부가 뤼순(旅順) 안중근 유해 매장 추정지 일대에 대한 발굴작업을 2개월 예정으로 시작하였다. 중국 정부가 아파트 건설 공사로 훼손 논란이 일고 있는 유해 발굴 예정지에서의 공사를 중단시키고, 남북 공동 조사나 한국 측의 단독 조사 및 발굴도 무방하다고 알려온 데 따른 것이었다. 그런데 조사지역은 북한이 안중근의 고향이 황해도 해주라는 연고를 내세워 1970년대부터 중국과 함께 여러 차례 발굴을 시도한 지역이었다.82) 정부 수립 이후 우리나라가 처음으로 정부 주도로 벌인 안중근 유해 발굴 작업은83) 2008년 5월 28일 중단되었다. 뤼순감옥 뒤편에 자리 잡은 유해 매장 추정지를 상대로 광범위한 발굴조사를 벌였지만 유해를 찾지 못한 때문이었다.84)

국가적인 관심은 관련 자료 발굴·발간과 학술회의를 통해 안중근 연구를 심화시켰다. 1995년 안중근의 사형집행 광경 기록 등이 포함된 자료집이 『아주 제1의협 안중근』일본편(1~3권)으로 국가보훈처에서 영인 발간되었다.85) 또한 1999년 3월 26일에는 안중근에 대한 최초의 한글 위인전과 재판의 모든 과정을 실은 공판기가 영인본으로 묶여져 나왔다. 독립기념관 한국독립운동사연구소는 안중근 의사 의거 90주기를 맞아 '한국독립운동사 총서'의 하나로 『안중근 의사 자료집』을 발간하였는데 미국 하와이 교포사회에서 읽혔던 『대동위인 안중근전』과 일본인 기자가 공판을 방청하고 남긴 속기록을 묶은 것이었다.86)

안중근을 주제로 국제학술회의도 속속 개최되었다. 2001년 '안중근 의거 92주년 한·러 국제학술회의', 2004년 10월 8일에는 '안중근 의사의 위

---

81) 『서울신문』 2006년 3월 21일, 「남북, 안중근의사 유해 위치 공동조사 합의」.
82) 『세계일보』 2008년 3월 26일, 「사설 : 安 의사 순국 98돌, 유해 발굴 작업에 부쳐」.
83) 『가톨릭신문』 2008년 4월 6일, 「사설 : '영웅'으로 부활하는 안중군 의사」.
84) 『세계일보』 2008년 5월 29일, 「안중근 유해발굴 잠정 중단」.
85) 『한겨레』 1995년 8월 3일, 「안중근 사료집 발간」.
86) 『경향신문』 1999년 3월 19일, 「안중근의사 순국 89주년 최초 한글위인전 발굴, 공개」.

업과 사상 재조명'(숭모회 주최)을 주제로 의거 95주년 기념 국제학술회의,[87] 2008년 10월 17~18일에는 '동북아 평화와 안중근 의거 재조명'(안중근·하얼빈학회와 동북아역사재단 주최)을 주제로 국제학술회의[88]가 개최되었다. 국제학술회의는 연구 주제와 범위는 물론 연구자 확산이라는 측면에서 의미가 크다. 안중근의 사상과 의거를 한국사 내지 한반도에 가두지 않고 인류 평화 사상·동양 평화를 위한 의거로 자리매김할 수 있는 토대와 계기가 되기 때문이다.

안중근 의거 100주년인 2009년에는 안중근 기념행사가 굉장히 많았다. 학술회의에서 특별기획전, 창작 오페라, 뮤지컬 공연까지 다양했다. 8월 7일, '안중근 의거의 국제적 영향'(한국독립운동사연구소 주최)을 주제로 한국프레스센터에서 국제학술심포지엄, 8월 27일 중국 하얼빈에서 '중국인 눈에 비친 안중근 의사 의거'(관훈클럽 주최)를 주제로 해외 세미나가[89] 개최되었다. 이외에도 학술회의들이 준비되었는데 의거 100주년 학술회의들은 안중근의 사상과 의거를 주로 국제적인 관점에서 조명하는데 초점이 맞추어졌다. 그런데 많지 않은 연구인력은 100주년 학술회의들을 추진하는데 문제를 발생하게 할 수 있었다. 소수의 연구자들이 한정된 시간에 독창적인 논문들을 작성하고 활발한 토론을 진행하는 것이 쉽지 않기 때문이었다.

한편 2007년에는 '안중근의 청년 정신을 21세기 젊은이들에게'라는 모토로 '안중근평화재단청년아카데미'(http://www.danji12.com)가 설립되었다. 2006년 10월 25일 창립준비위원회를 구성하고 6개월간 준비과정을 거쳐 50여 명의 상임 이사들로 조직을 구성, 구체적인 활동에 들어가 2007년 5월 16일 안중근기념관에서 발족하였다.

---

[87] 『국민일보』 2004년 10월 9일, 「하얼빈의거 러 한인 의병과 연계, 안중근의사숭모회 국제학술회의 개최」.
[88] 『한국일보』 2008년 10월 21일, 「하얼빈의거 99주년 국제학술대회서 재조명」.
[89] 『서울신문』 2009년 8월 26일, 「중국인 눈에 비친 안중근의거」.

1993년 8월 21일 '제100회 교회사연구발표회 겸 안중근의사기념 학술심포지움'이 개최되었다. 안중근의 신앙과 민족운동에 대하여 추적하였는데 안중근 의거에 대한 교회의 인식과 태도에 대하여 논의가 심도있게 진행되었다.[90] 심포지움' 후 거행된 안중근 의사 추도미사는 현직 서울대교구장인 김수환 추기경이 집전하였다. 김수환 추기경은 강론에서 안중근 의거가 윤리적으로 타당하였다고 말하였다.[91] 그러나 김수환 추기경의 강론은 조선일보와 동아일보가 인식한 것처럼, 전 서울대목구장 뮈텔(Mutel) 주교가 단죄한 안중근이 1993년 현직 서울대교구장인 김수환 추기경에 의해 '복권'되었음을 의미하는 것은 아니었다.[92] 왜냐하면 김수환 추기경의 강론은 비공식적인 것이 아니었지만, 그렇다고 공식적인 것도 아니었기 때문이다. 한 번의 미사에서 행해진 강론으로 끝나는 아쉬움을 남겼다.

2000년 11월 1일, 영성·윤리 신학의 측면에서 안중근을 추적한 심포지움이 '2000년 대희년과 안중근 토마스'라는 주제 아래 한국교회사연구소 주최로 열렸다. 신학적인 측면에서 안중근 의거의 정당성을 보다 자세하게 규명하고자 하였고, 아쉬움은 남았지만 발표자도 토론자도 안중근의 의거가 전쟁 중에 전개한 정당한 행동이었다는 데 의견이 일치하였다.

안중근 의거를 추적한 학문적인 연구성과들이 집적되고, 실천의 측면에서 안중근의 신앙과 애국심을 이해하고 본받으려는 많은 노력들이 계속되었다. 그리하여 안중근의 이토 히로부미 처단은 살인 행위가 아니라 애국심과 신앙심을 조화시킨 영웅적인 일이었고, 따라서 그를 성인의 반열에 올려야 한다는 주장도 제기되었다.[93] 그러나 신학자들과 교회사학자들의

---

90) 이날 발표된 4편의 논문과 각 논문의 토론문, 종합토론문은 '안중근 연보'와 함께 1994년 『교회사연구』 9(안중근 토마스 의사 특집호)로 발간되었다.
91) 『가톨릭신문』 1993년 8월 29일, 「김수환 추기경, 안중근 의사 추모미사 중 강론」.
92) 김춘호, 「안중근의 의거 (義擧)는 정당한가? - 사회윤리적 관점에서 -」, 『신학과 철학』 2권, 서강대학교 비교사상연구원, 2000, 100~101쪽.
93) 『한국일보』 1997년 7월 31일, 「천주교, 안중근 의사 시성시복 추진」.

공통 의견은, 안중근이 천주교 신앙을 바탕으로 독립운동을 했고, 신앙의 신념 아래 이토를 저격하고, 죽음을 받아들였다 할지라도 열심한 신앙인이 었지 순교자는 아니라는 것이었다. 그 이유는 교회법과 교리, 교회의 전통에서 제시한 '순교의 세 가지 필수 조건' 때문이었다. 안중근 의거는 궁극적으로 '그리스도를 증거'하기 위해서가 아니며, 안중근의 사형 자체도 신자로서 그가 마지막까지 신앙을 고백했지만 '신앙' 때문에 죽은 것도 아니며, 박해자 즉 일본 정부도 '신앙' 때문에 사형선고를 내린 것이 아니라는 것이다.94)

안중근 의거에 대한 한국천주교회의 인식 변화는 성당 명칭에 '안중근 도마'가 사용되고, 교구 차원의 행사들이 행하여지는 것에서 확인할 수 있다. 1998년 4월 27일, 군종교구는 새 성당을 '안중근 도마 성당'이라 명명하였다. 1999년 5월 대전교구 전민동본당이 '안중근 도마 추모성당'으로 공포하였다. 1999년 3월 25일 천주교정의구현전국연합은 안중근의사기념관 앞에서 '민족과 함께 한 참신앙인 안중근 도마'를 주제로 순국 89주기 추모 행사를 거행하고 추모미사도 봉헌하였다. 같은 해 9월 군종교구는 오스트리아에서 열린 제31회 국제군인사도직(AMI) 총회에 참석, 2000년대 한국의 군인 신자상으로 안중근을 제시하였다. 1999년 청주교구는 충북 청원군 청소년수련관의 운영을 지자체로부터 넘겨받아 2000년 5월 '안중근 학교'를 개설, 안중근의 생애와 사상을 교육하였다.95).

안중근 의거를 가장 적극적으로 현양한 단체는 천주교정의구현전국사제단이었다. 매년 안중근 순국 추모미사를 거행하였던 사제단은 2000년 10월 25일 조선카톨릭교협회와 함께 '안중근 의사와 민족통일'이라는 주제로 심포지움을 개최하였다. 이튿날 사제단과 조선카톨릭협회는 하얼빈역 구내에서 묵념 등 기념행사를 하고 안 의사 유해 남북공동발굴을 결의

---

94) 『가톨릭신문』 1997년 9월 7일, 「순교자 성월 특집 1 : 제2의 시복 시성, 누가 대상인가」.
95) 윤선자, 「안중근의거에 대한 천주교회의 인식」, 74쪽.

하였다. 안중근은 남북한 모두에서 항일투쟁가로 높은 평가를 받고 있기 때문이었다. 2001년 4월 안중근학교·안중근연구선양회와 함께 '안중근 평화운동'을 시작하였으며, 5월 5일 제1회 '안중근 통일문화제'를 안중근학교와 함께 마련하였다. 12월에는 '통일 염원 한겨레 성찬제와 안중근 도마 의사 하얼빈 의거 92주년 남북 공동 학술세미나'를 평양에서 개최하였다. 2002년 3월 25일 제1회 안중근 평화상을 제정, '평화를 여는 가톨릭청년'에 시상하였고, 4월 29일~5월 1일, 조선카톨릭교협회와 함께 중국 다롄·뤼순감옥에서 '안중근 도마 의사 순국 92주기 남북공동기념행사'를 개최하였다.96)

신자들의 인식과 태도에도 많은 변화가 있었다. 2000년 8월 제천 배론 성지에서 원주교구와 나고야[名古屋]교구의 한·일 화해와 일치 청소년 세미나가 개최되었는데, "안중근 의사의 사상에서 본 한·일간 화해와 평화" 등에 관해 토론하였다. 2002년 3월 한국가톨릭언론인협의회 전국대회는 '안중근 의사의 삶과 영성' 특강을 마련하였고, 2003년 3월 평화방송TV는 특선영화 '의사 안중근'과 '청소년 특별기획-안중근 의사의 발자취를 따라서' 등 안중근 관련 3·1절 특집방송을 하였다. 이상 살펴본 것처럼, 안중근에 대한 한국천주교회의 관심은 교구·본당·신자 차원에서 다양한 형태로 표현되었다. 그러나 일회성의 행사들이 많고, 안중근과 안중근 의거를 천주교 신앙의 차원에서 밀도있게 다루지는 못하였다.97)

한편 1999년 3월 1일 안충석 신부 등이 성역화 사업을 대통령에게 건의하였다. 1만평 규모의 '안 의사 추모공원'을 신사참배지였던 서울 남산식물원에 조성하고, 안중근의 고향이자 신앙생활의 모태 역할을 하였던 황해도 청계동성당을 복원하고, 남북의 화해와 일치를 위해 비무장지대(DMZ)에 안중근의 유해를 모시는 방안도 추진한다는 것이었다.98) 3월 26일 남

---

96) 위의 논문, 74~75쪽.
97) 위의 논문, 75~75쪽.
98) 『평화신문』 2000년 3월 26일.

산의 안중근 의사 동상 앞에서 안충석·신성국 신부 집전으로 미사를 올리고 성역화 사업 추진을 선포하였다. 그리고 9월 5일 '안중근의사 성역사업 추진위원회'를 발족하였다. 9월 16일 동 위원회는 서울시장에게 성역사업을 제안 설명하였는데, 서울시는 '남산 제모습 찾기' 일환의 이유로 제안을 부결하였다. 이에 동 위원회는 12월 23일 확대 회의를 개최하여 '안중근의사 남산성역화추진위원회'를 결성하였다.

2000년 1월 1일 안중근의사기념사업회는 안중근 의사 생가 복원사업 추진을 결의하였고, 3월 16일 안의사유해발굴위원회를 발족하였다. 유해발굴위원회는 "중국 뤼순(旅順)감옥에서 처형당한 뒤 감옥 내 수인 묘지에 묻힌 안 의사의 유해 매장장소를 확인할 수 있는 자료를 발견했다. 중국 및 북한의 양해를 얻는 대로 유해를 발굴할 예정"이라고 하였다. 유해발굴위원회 도쿄사부국은 도쿄의 성이냐시오 성당에서 기자회견을 갖고 "안의사 매장지를 확인할 수 있는 자료는 일본에서 입수한 지도 및 서류와 방증 자료 등 여러 점"이라고 말했다. 안중근 의사가 묻혀 있는 수인 묘지는 1만 5천여평 규모로 일제 패망 후 중국의 애국열사를 묻는 공동묘지로 바뀌었다.[99]

현행법상 국가유공자 관련 단체의 경우 '선(先) 설립단체 유일주의'가 적용되고 있어 안중근의사기념사업회는 국가로부터 독립운동가 단체로 인정받을 수 없다. 그럼에도 안중근의사기념사업회가 설립된 것은 친일인사들이 숭모회의 이사장 및 주요 간부를 역임한 때문이었다.[100]

2005년 3월 25일 안중근의사기념사업회는 (사)기쁨과희망사목연구원과 함께 '안중근 의거에 대한 인식'을 주제로 안중근 의사 의거 100주년 기념 준비 및 제1회 국제학술회의를 서울프레스센터에서 개최하였다.[101] 이어

---

99) 『동아일보』 2000년 3월 18일, 「안중근의사 유해 中서 곧 발굴키로…매장 장소 확인」 ; 『경향신문』 2000년 3월 21일, 「개운찮은 '安의사 墓地' 발표」.
100) 『시사인』 48, 2008년 8월 12일, 주진우, 「독립 열사 욕보이는 독립운동 기념사업회」.

2005년 10월 26일 '안중근의 신앙과 사상'을 주제로 제2회 국제학술회의,[102] 2006년 3월 24일 '안중근 부자의 독립운동'을 주제로 제3회 학술대회,[103] 2007년 10월 26일 '안중근과 그 가족의 독립운동'을 주제로 제6회 학술대회,[104] 2008년 10월 24일 '동아시아공동체와 안중근'을 주제로 제8회 학술대회를 개최하는 등 의거 100주년 학술대회를 추진하였다.

한편 2006년 1월 11일 '안중근 의사 하얼빈의거 100주년 기념사업추진위원회'가 안중근의사기념사업회 주도로 발족하고, 각계 인사 100명이 추진위원으로 위촉되었다.[105] 동 위원회는 2009년 안중근의사기념사업회·민족문제연구소 등 50여 독립운동단체·시민단체·학술단체로 '안중근 의사 의거·순국 100주년 기념사업추진위원회'로 확대 개편하였다. 100주년 기념사업은 순국 99주기인 2009년 3월 26일부터 100주기인 2010년 3월 26일까지 1년간을 사업 기간으로 기획하였다. 주요 사업으로는 안중근 의사의 생애와 사상을 재조명하는 국제학술대회와 자료집 발간 등 학술사업, 전시회·시민강좌·유적지 순례·청소년 평화캠프 등 대중교양사업, 공연·서예대전·UCC공모전 등 문화사업, 기념 주화와 우표 발행 등이었다. 또한 그동안 내국인만을 수상자로 선정했던 '안중근 평화상'을 '안중근 국제평화상'으로 확대하고, 아시아의 평화운동에 기여한 국내외 인물을 선정, 상금 1만 달러와 함께 시상하기로 하였다. 100주년 사업의 내용을 보면 학술연구와 미래세대 교육에 중심을 두고 추진한 특징이 있다. 그런데 100주년 기념사업은 연대 형식으로 만들어진 기념사업추진위원회가 추진하기에는 다소 무리가 있어 보인다. 많은 기념사업을 추진하기 위해서는 인적 자원

---

101) 『가톨릭신문』 2005년 4월 3일, 「안중근의사 기념사업회, 의거 100주년 기념준비 국제학술대회」.
102) 『가톨릭신문』 2005년 11월 6일, 「안중근의사 의거 96주년 학술대회」.
103) 『가톨릭신문』 2006년 4월 2일, 「안중근의사 순국 96주기 추모식·학술대회」.
104) 『가톨릭신문』 2007년 11월 4일, 「안중근의사 하얼빈의거 98주년 기념식, 학술대회」.
105) 『문화일보』 2006년 1월 11일, 「안중근 기념사업회 발족」.

과 더불어 물적 자원이 요구되는데, 현실적으로 인적 자원이나 물적 자원을 조달할 수 있었겠는가 의문이 들기 때문이다.

1992년 3월 26일 중국 하얼빈에서 안중근 순국 82주년 기념 오페라 '안중근'이 공연되고 다롄천주당에서 연미사가 올려졌다.106) 그리고 같은 달 하얼빈에 중국한인교포사회에서는 처음으로 안중근의사연구회가 설립되었고,107) 서덕근의 주도로 하얼빈공업대학에 안중근장학금이 설립되었다.108) 2000년 3월 26일에는 뤼순감옥이 있는 다롄(大連)에서 한국인회와 조선족노인회의 공동주관으로 시강[西崗] 조선족 소학교에서 안 의사 순국 추모식이 거행되었다. 다롄의 한국인과 조선족이 함께 안 의사 추모식을 개최한 것은 처음이었다.109) 그해 다롄 거주 조선족 40여 명으로 구성된 '안중근 연구회'가 출범하였다.110)

1992년 8월 24일 한국과 중국의 수교가 이루어졌다. 한·중 수교는 중국 소재 안중근 관련 자료 및 사적지 조사와 중국에서의 안중근 기념사업에 활기가 되었다. 1992년 10월 29일부터 1993년 11월 19일까지 약 18억원을 모금한 『세계일보』가 1993년 11월 10일 공보처의 승인으로 재단법인 '여순순국선열기념재단'을 설립하였다. 1988년 '여순일아감옥구지'라는 현판 아래 중국국가중요문화재로 지정된 뤼순감옥에는 안중근의사 코너가 마련되어 있었다. 안중근이 수감되었던 지하 감방은 간수사무실 부속창고로 이용되고 있었고, 수감동 복도 벽에는 '조선애국지사 안중근'이라 쓴 액자 속에 수감 당시의 사진이 남아 있었다. 또한 옥중 사진, 유화 초상화, 이토와 하얼빈 역사의 사진, 유시 '장부가', 약력, '빈여천인지소악자'라 쓴

---

106) 『서울신문』 1992년 4월 21일.
107) 『세계일보』 1992년 4월 2일 ; 『한겨레신문』 1992년 6월 5일.
108) 2006년까지 15회에 걸쳐 약 400명 할빈공업대학생에게 안중근장학금이 전달되었다.(『흑룡강신문』 2006년 11월 1일, 「2006년도 안중근 장학금 전달식 거행」)
109) 『동아일보』 2000년 3월 27일, 「안중근의사 추모물결…韓-中-日서 순국90주년 추념식」.
110) 『중앙일보』 2009년 3월 26일, 「박용근- 대련 '안중근연구회' 회장」.

유묵 족자 등이 있었다.111)

　1994년 4월 15일 뤼순순국선열기념재단은 뤼순감옥 내에 안중근 관련 안내 표지 동판 3종(안중근 수감 감방 설명판, 안중근 교형장, 뤼순감옥 수감 기간 중 안중근의 사진 촬영 지점)을 부착하였다. 그리고 1998년 8월 15일 전국재소자교화후원회장인 박삼중(朴三中) 스님과 조선족동포 및 재일교포 등 20여 명이 뜻을 모아 마련한 안중근 추모비가 세워졌다.112) 2001년 4월 5일 기념재단은 뤼순감옥 내에 안중근 의사 독립전시관을 개관하고, 10월 20일 안중근이 재판을 받았던 뤼순 일본군관동부 법원 구지(舊地)를 매입하여, 2004년 6월 5일 뤼순일본관동법원구지 진열관 복원 공사를 마무리하였다.

　한편 2001년 10월 19일 크라스키 류하노프카[煙秋 下里]에 단지동맹 기념비가 광복회와 고려학술문화재단에 의해 세워졌다. 단지동맹을 했던 장소는 이웃 마을인데 그곳은 황무지로 변해 인적이 끊겨서 대로변에 비를 세웠다.113) 그런데 비석에는 1909년 2월 당시의 국호가 대한제국이었음에도 대한민국으로 잘못 표기되어 있고,114) 2005년 8월 24일 비석의 뒷면 러시아어 비문 중 '한국'이라고 표기된 부분이 알아볼 수 없을 정도로 훼손되었다.115)

　2006년 1월 16일에는 하얼빈의 중앙대로 오로바 광장 공원에 안중근 동상이 세워졌다. 청동으로 만든 높이 4.5m, 기단 2m 크기의 동상으로 숭모회에서 마련한 것이었다.116) 그러나 이 동상은 중국 중앙정부의 지시로 설치 10일만에 강제 철거되었다.117) 의사를 추념하는 방식에서 개인과 공공

---

111) 『세계일보』 1992년 12월 4일, 「여순감옥의 실상, 거사와 순국의 현장 : 24」.
112) 『동아일보』 1998년 8월 17일, 「안중근 의사 순국 中 뤼순감옥에 추모비」.
113) 『서울신문』 2001년 10월 23일, 「김삼웅 칼럼 : 연해주의 안중근·이상설 유허비」.
114) 『서울신문』 2009년 7월 22일, 「안중근의거 100년」.
115) 『국민일보』 2005년 8월 26일, 「연해주 안중근 의사 단지 기념비 훼손」.
116) 『세계일보』 2006년 1월 18일, 「중국 하얼빈서 안중근의사 동상 제막」.
117) 『동아일보』 2006년 3월 23일, 「中하얼빈 안중근 동상 사라졌다」.

의 영역을 구분하는 것이 중요하다. 공공장소에 동상을 세우려면 공적 논의 절차가 필요하다.[118] 2006년 3월 26일에는 하얼빈 고려회관에 안중근 동상이 세워졌다. 서울 구로구에서 마련한 것이었는데 중국 당국의 공식 허가를 받은 것이 아니었다.[119] 그해 7월 하얼빈시 철도국은 역 플랫폼에서 안중근 의사가 서서 총을 쏜 지점엔 총알이 날아간 방향으로 삼각형 표시를, 이토가 총을 맞은 지점엔 네모 표시를 설명 없이 대리석 보도 블록 위에 새겼다.[120] 또한 같은 달 하얼빈시는 자오린[兆麟]공원 내에 안중근 의사비 건립을 허락하였다. 앞면에는 뤼순감옥 수감 때 붓글씨로 남긴 '청초당'과 단지 손도장, 뒷면에는 '연지'라는 글자가 각각 새겨졌다.[121] 같은 해 경기 부천시가 하얼빈시와 꾸준한 협상을 벌여 하얼빈 역사(驛舍)에 안중근 의사 홍보관을 설치하는 성과를 거두었다. 하얼빈 역사에 홍보관이 설치됨에 따라 안중근 의사 기념물은 조선민족예술관 1층 기념관과 자오린공원 안중근 의사 기념비까지 하얼빈에만 3개로 증가하였다.[122]

한편 일본에서는 매년 대림사에서 안중근 의사와 지바의 합동법사가 거행되었고, 1996년 3월 26일 일본의 학자 등 20여 명이 도쿄 국제문화회관에서 "일본 안중근 연구회"를 발족하였다.[123] 1997년에는 일본의 대표적 극단이 안중근 의사를 다룬 연극을 무대에 올렸다.[124] 매년 많은 일본인들이 안중근의사기념관을 찾아와 참배하는데 안중근의사기념관 측에 따르면 1996년 일본인 참배객들은 1만 4천여명으로 전체 참배객의 10% 이상

---

118) 『국민일보』 2009년 9월 4일, 「사설 : 쓸쓸하게 유랑하는 안중근 동상」.
119) 『문화일보』 2006년 3월 27일, 「하얼빈 고려회관에 '안중근 동상' 설치 - 양대웅 구로구청장」.
120) 『한겨레신문』 2006년 7월 4일, 「안중근 의사 저격 장소 복원」.
121) 『가톨릭신문』 2006년 7월 9일, 「하얼빈시 안중근의사 추모 행사」 ; 『가톨릭신문』 2009년 3월 11일, 「안중근 애국의 날-자오린공원의 안중근의사 기념비」.
122) 『내일신문』 2006년 7월 12일, 「부천 자매도시 하얼빈에 '안중근 홍보관'」.
123) 『한국일보』 1996년 3월 27일, 「'일본 안중근연구회' 발족」.
124) 『한국일보』 1997년 7월 9일, 「일 극단 안중근 연극 화제, 이토를 죽인 '국적'서 '영웅'으로…」.

이었다.125)

　미주 안중근 의사 기념사업회는 현장인 중국 하얼빈역에 의거 기념비와 기념관을 세우기로 하고 1993년 1월 7일 발기인 모임을 갖고 구체적인 사업추진방안을 협의하였다.126) 2008년 현재 미주 안중근 기념사업회는 LA 한인타운에 건립 중인 '노인복지회관' 내에 안중근 의사 흉상을 세우고, 시청각 자료실을 만드는 기념사업을 추진하였다. 안중근 의사의 흉상은 2000년 제작이 완료되었다.127)

　1990년대 초부터 안중근 기념사업은 매우 활발하게 추진되었다. 문화 인물과 호국 인물로 선정되었고, 유해 발굴 작업이 남북 공동으로 추진되었다. 천주교회는 신앙인 안중근, 애국적인 안중근 의거라는 측면에 초점을 모았다. 한·중 수교로 중국에서의 안중근 관련 기념사업들이 활발하게 추진되었으며, 미주와 일본에서도 안중근 연구회가 조직되는 등 국외에서도 안중근 기념사업은 활발하게 진행되었다.

5. 맺음말

　광복 후 안중근 기념 첫 사업은 동상건립기성회 조직이었다. 해방된 한 반도에서 안중근이 긍정 평가를 받은 인물이었다는 의미이다. 이후 안중근 기념사업은 주로 순국일에 추모 행사로 진행되었다. 광복 이후 1960년대 초까지 안중근 기념사업은 동상 건립과 순국일·의거일에 거행된 추념식이었다. 추도란 "죽은 이를 생각하며 슬퍼하는 것"으로 '추념'도 비슷한 의

---

125) 『문화일보』 1997년 8월 15일, 「'일 정부 사죄 안받곤 눈 못감아', '나눔의 집' 정신대 할머니들」.
126) 『동아일보』 1993년 1월 9일, 「안중근의사 기념비 하얼빈에 건립 추진, 미주기념 사업회」.
127) 『재외동포신문』 2008년 4월 18일.

미이다. 추도에서 한 걸음 더 나아가 교훈을 끌어내는 것이야말로 추도의 진정한 의미이다. 뿐만 아니라 최고의 추도란 정확한 사실에 토대하여 이루어져야 한다. 그러기 위해서는 안중근에 대한 자료 발굴과 그에 기초한 연구가 진행되어야 하는데 이 기간에는 몇 편의 희곡과 단행본이 출간되었을 뿐이다. 천주교회 측에서도 소극적인 관심을 표명하였을 뿐이었다.

숭모회가 사단법인으로 설립된 1960년대 초반부터 1990년대 초까지 안중근 기념사업은 국가적인 후원과 국민들의 관심 속에서 추진되었다. 안중근의사기념관 설립과 안중근 유묵의 보물 지정은 국가 차원에서의 관심과 후원이었다. 그리고 이러한 관심과 후원은 안중근 관련 자료들의 발굴로 이어졌고, 안중근 연구의 기초가 되었다. 천주교회 측에서도 안중근을 천주교 신앙인으로, 단죄하였던 안중근 의거를 애국적인 행동으로 인식하고 평가해야 한다는 주장을 추모식과 논문들로 표명하였다. 중국에서는 안중근 의거지인 하얼빈을 중심으로 동북삼성에서 안중근 기념사업들이 추진되었다. 안중근 동상 건립과 같은, 안중근을 표면에 내세우는 사업은 할 수 없었지만 신문 기사·학술회의·단행본 등을 통하여 안중근을 기념하였다. 일본에서도 안중근 기념비가 설립되었다. 이처럼 이 기간 안중근 기념사업은 국·내외로 토대를 다져나갔다.

1990년대 초부터 안중근 기념사업은 매우 활발하게 추진되었다. 문화 인물과 호국 인물로 선정되었고, 유해 발굴 작업이 남북 공동으로 추진되었다. 천주교회는 신앙인 안중근, 애국적인 안중근 의거라는 측면에 초점을 모았다. 한·중 수교로 중국에서의 안중근 관련 기념사업들이 활발하게 추진되었으며, 미주와 일본에서도 안중근 연구회가 조직되는 등 국외에서도 안중근 기념사업은 활발하게 진행되었다.

즉 광복 후 안중근 기념사업은 시간이 흐르면서 다양화하고 확산되었는데, 그것은 안중근이 한국 독립운동사에서 차지하는 위치와 의미가 그만큼 크다는 것이다. 또한 그의 동양평화사상과 의거가 지닌 역사적 의미가 크다는 것을 말해준다. 그런 만큼 그를 기념하는 각종 사업들의 다양화와 확산은 역사적 가치와 의미를 지닌다. 안중근을 기념하는 기념사업 확대는 독립운동가와 독립운동사에 대한 관심의 증대이다. 안중근 기념사업의 시작, 전개, 확대는 시간이 흐르면서 독립운동가와 독립운동사에 대한 관심이 증대되었고 한국사는 물론 세계사적으로도 한국의 독립운동이 자리매김해 가고 있음을 보여준다는 점에서 역사적 의의를 찾을 수 있다.

그동안 안중근 기념사업은 일회적이고 중복되는 경우가 적지 않았고, 사후 관리가 미흡하였다. 향후 안중근 기념사업은 안중근의 정신을 미래화하는, 안중근 의거를 국제평화의 측면에서 자리매김하는 방향으로 나아가야 할 것이다. 그리고 그러한 방향으로 나아가기 위해서 안중근의 사상과 의거에 대한 철저한 사료 조사와 정리, 그에 토대한 연구와 평가가 추진되어야 할 것이다. 안중근에 대한 자료 정리와 연구는 눈에 보이지 않은 기념관을 건설하는 것이다.

학술연구 외의 기념사업들은 학술연구 결과를 충분히 활용하여 장기적인 안목에서 기획되고 추진되어야 할 것이다. 안중근의 이름을 내건 많은 기념행사들이 있는데 대개는 왜 안중근 이름을 필요로 하는지 의문이 들게 한다. 순국일이나 의거일에 행해지는 기념식은 자칫 의례적인 행사로 전락할 수 있다. 따라서 장기 계획을 수립하여 기념식을 추진한다면 일회성의 행사로 끝나지 않을 것이다. 동상이나 비와 같은 기념시설도 왜, 어디에 건립하는지를 충분히 숙고·조사한 후 진행해야 할 것이다. 또한 건립한 기념시설은 사후 관리와 활용이 중요하다. 건립에만 주력하여 건립 이후에는 관심 밖으로 밀려나고 그리하여 훼손되기까지 하는데 관리자(단체)를 분명히 한다면 이용과 관리에 효율성을 부여할 수 있을 것이다.

Ⅱ. 광복 후 애국선열 선양정책 재조명

1. 머리말

　우리나라의 보훈 관계 법률에 규정되어 있는 보훈 선양의 개념은, "국가를 위하여 공헌하고 희생한 독립유공자와 국가유공자의 숭고한 정신을 항구적으로 기억하고 애국심을 함양하여 국민통합과 국가발전에 기여하도록 하는데 있다." 그런데 보훈선양정책은 국가보훈의 이념에 입각하여 순리적으로 그리고 일관되게 추진되지 못하였고 그 결과 현행 제도는 선진민주국가들의 그것에 비해 상당히 다원적이고 복잡한 구조로 되어 있다.

　현재 국가보훈처의 보훈선양 대상은 크게 셋으로 나누어진다. 한말의병부터 1945년 광복 때까지의 독립유공, 1950년 6·25한국전쟁 참전 국가수호유공, 4·19혁명과 5·18광주민주화운동 등 민주화운동유공이다. 국가보훈처와 보훈학회를 중심으로 '보훈'의 측면에서 연구가 추진되지만 아직은 의미있는 연구 결과가 미약한 실정이다. 특히 애국선열에 대한 보훈선양은 정책적 측면에서의 연구가 빈약하다. 선양은 크게 기념사업, 기념시설(물) 건립, 홍보 및 학술 활동 등을 통하여 이루어지는데 개별 기념사업·기념시설(물) 등에 관한 연구에 집중되어 있다. 대상도 국가유공자를 전체적으로 또는 지역별·사건별·시기별로 범주화하기 보다는 개별적으로 선양하는 것이 대부분이다. 그런데 모든 선양 활동은 결국 국가적인 측면에서 정책과 밀접한 관련을 맺으면서 추진되게 마련이다. 따라서 이러한 선양 활동들이 어떻게 추진되었는지를 점검할 필요가 있다.

　국가보훈선양은 국가를 위해 공헌 또는 희생한 분들에 대한 보답과 예우를 통하여 국가 정체성 확립과 국가 공동체의 유지·발전을 위한 기반을 조성하는 국가의 중요 기능 중 하나이다. 국가의 정체성 확립은 올바른 역사관에 입각한 민족정기 선양을 통하여 이루어낼 수 있고, 국가의 유지와 발전의 기반 조성은 국민들의 애국심에 바탕을 두어야 하므로 보훈선양정책은 진실된 역사에 기초하여 수립되고 운영되어야 한다. 올바른 보훈선양정책을 수립, 운영하기 위해서는 그동안의 보훈선양정책을 비판적인 시각에서 분석하고 발전적인 방향을 제시해야 한다. 그동안의 연구는 주로 보훈의 측면에 집중되었다. 보훈의 정의, 내용, 문제점, 개선점 등인데 물질적 보상의 측면에 관심이 두어졌다. 또한 여러 종류의 국가유공자가 있음에도, 대부분 한 범주로 파악하여 설명함으로써 설득력이 떨어지는 아쉬움을 남겼다.

필자는 '애국선열'을 대상으로 광복 후 이들에 대한 선양 정책이 어떻게 추진되었는가를 규명하고자 한다. 애국선열은 "일제의 국권 침탈 전후로부터 1945년 8월 14일까지 국내외에서 일제의 국권 침탈을 반대하거나 독립운동을 하기 위하여 항거한 자와, 항거하다가 그 항거로 인하여 순국한 자", 즉 독립운동가를 말한다. 필자는 광복 이후 애국선열에 대한 선양 정책이 어떻게 수립, 추진되었는가를 규명하여 애국선열 선양은 물론 보다 바람직한 선양정책 수립에 작은 도움이 되기를 기대한다.

연구 방법은 다음과 같다. 첫째, 선양 정책의 중심이랄 수 있는 독립유공자 서훈이 어떻게 진행되었는가를 조사, 분석하는 것이다. 둘째, 국가기념일과 현양 시설을 통하여 선양 정책이 어떻게 진전되었는가를 규명할 것이다. 기념일은 국가를 위하여 헌신·희생한 순국선열과 호국영령의 명복을 빌고 그 위훈을 기려 애국정신을 고취시키고 민족정기를 함양시키는 데 그 목적이 있다. 선양 시설은 조상들이 나라와 민족을 위하여 희생한 숭고한 희생정신을 기리기 위한 상징적 시설들로서 애국선열들의 혼이 담겨져 있는 상징적 장소이다. 이러한 기념일과 선양 시설들을 조사, 정리,

분석하겠다. 셋째, 학술연구와 홍보·교육이 어떻게 이루어졌는지를 분석하겠다. 그리고 각각의 한계점과 발전적인 방향도 제시해 보겠다.

2. 독립유공자 포상

순국선열의 범위는 1940년 임정 내무부에서 다음과 같이 공포하였다.[128]

민비사건에 일어난 의병 : 유인석, 허위, 이설, 김한복, 기우만
을사보호조약에 순국 : 최익현, 민영환, 조병세, 홍만식, 송병선, 이상철, 김봉학,
정미군대해산 때 순국 : 박승환
동시 의병대장 : 민긍호, 이강년, 이인영
국제사절로 순국 : 이준, 이범진, 이한용
경술국치 전후의 의사 : 안중근, 장인환, 이재명, 윤봉길, 이봉창, 강우규, 서상환, 김영철, 박재혁, 최홍식, 유상근
기미3·1운동의 순국 : 무명 영웅(기미운동 당시 적과 싸우다가 순국한 이는 남녀노소 어린이까지 여러 만명이요 그 이름을 다 알 수 없으므로 그들을 높여 무명 영웅이라고 합니다)
무장 귀국하여 활동하다가 돌아간 이들 : 이러한 이들은 만주로부터 국내에 들어간 이가 많고 우리 재미동포로 기억하는 이는 박승근 한 사람이니 그는 가주 농원에서 일하다가 기미 운동을 당하여 미주로부터 상해를 경유하여 국내에 들어가 활동하다가 돌아갔습니다.
적에게 사로잡히고 또 옥중의 고초를 못 이겨 돌아간 이들 :
살해당하여 돌아간 이들 : 이와 같이 돌아간 이들도 많으매 다 들어 공록할 수 없고 다만 큰 사건으로 기억하는 것은 서북간도의 학살과 동경 진재 당시의 학살이올시다.

---

128) 『신한민보』 1941년 11월 13일, 「순국선열의 범위와 사적」.

국내국외에서 주의 주장을 위하여 반대당에게 애매히 돌아간 이들 : 이 것이 우리 민족의 끝없이 슬픈 일이오. 한 가지 잊을 수 없는 것은 만주에서 활동하다가 압사를 입은 김좌진 장군과 장사에서 주장을 세우다가 압사를 입은 현익철 선생이올시다.

일생을 국사를 위하여 고생하다가 돌아간 이들 : 이동녕, 박은식, 김동삼, 안태국, 신채호, 이상용, 이상설, 손정도, 김창환. 이상 여러분은 국외에서 고생하다가 돌아가신 이들이올시다.

한편 1962년 4월 제정된 「국가유공자 및 월남귀순자 특별원호법」은 애국지사와 애국지사 유족을 다음과 같이 규정하였다.[129]

애국지사
① 의병을 일으켜 투쟁하여 널리 그 공적이 알려진 자
② 을사보호조약을 솔선 반대하여 국내의 여론을 환기시키는 투쟁을 함으로 인하여 사망하였거나 3년 이상 영어 생활을 한 자,
③ 한일합병을 서두른 자를 제거하기 위하여 투쟁을 함으로 인하여 3년 이상 영어 생활을 한 자
④ 일본제국주의 침략의 원흉을 제거한 자와 이를 제거하기 위하여 투쟁함으로 인하여 3년 이상 영어 생활을 한 자
⑤ 국내외에서 독립운동의 지도자 또는 독립운동 단체의 중요 간부로서 활동한 공적이 널리 알려진 자
⑥ 3·1독립운동을 지도한 자 또는 민중을 봉기시켜 일본 식민 통치에 항거함으로 인하여 옥사 또는 3년 이상 영어 생활을 한 자
⑦ 독립운동을 원조하기 위하여 사재를 기증한 자, 또는 독립운동자금의 모금 운동을 함으로 인하여 3년 이상 영어 생활을 한 자
⑧ 민족자본을 육성하여 일본제국주의 경제침략에 대항한 공적이 현저한 자
⑨ 언론, 출판, 교육, 저작을 통하여 민족의식을 고취함으로 인하여

---

[129] 원호처, 『원호 십년사』, 1971, 155~156쪽.

3년 이상 영어 생활을 한 자
⑩ 독립운동의 중요 인사를 은닉한 사실로 인하여 3년 이상 영어 생활을 한 자
⑪ 독립운동 또는 기타의 항의 사건에 관련되어 3년 이상 영어 생활을 한 자
⑫ 일본 관헌에 피검된 독립운동지사를 무료로 변호하여 민족의식을 앙양한 공적이 현저한 자
⑬ 국가유공자 원호심사위원회에서 그 독립운동을 한 공적이 전 각 호의 1에 해당하는 자와 동등하다고 인정된 자

애국지사 유족
① 애국지사의 유족임으로 인하여 일본 관헌의 탄압을 받았음에도 불구하고 대한민국의 국민으로서의 품위를 보지(保持)한 자
② 애국지사의 유족임으로 인하여 항상 일본 관헌의 감시하에 있던 자
③ 애국지사의 유족임으로 인하여 해외에서 거주하게 된 자
④ 국내외에서 애국지사와 행동을 같이하면서 애국지사를 원조한 유족
⑤ 기타 애국지사의 유족으로서 품위를 보지(保持)하여 온 자

　1984년 8월 2일에는 원호관계 7개 법령이 「국가유공자예우 등에 관한 법률」에 통합 일원화되어 1985년부터 시행되었는데, 이 법률은 제4조 제1호와 제2호에서 순국선열과 애국지사를 다음과 같이 규정하였다.

　　　순국선열 : 일제의 국권 침탈 전후로부터 1945년 8월 14일까지 국내외에서 일제의 국권 침탈을 반대하거나 독립운동을 하기 위해 항거하다가 그 항거로 인하여 순국한 자로서 그 공로로 건국훈장, 건국포장 또는 대통령표창을 받은 자.
　　　애국지사 : 일제의 국권 침탈 전후로부터 1945년 8월 14일까지 국내외에서 일제의 국권 침탈을 반대하거나 독립운동을 하기 위하여

항거한 사실이 있는 자로서 그 공로로 건국훈장, 건국포장 또는 대통령표창을 받은 자.

이어 1994년 12월 「독립유공자예우에 관한 법률」이 제정되어 순국선열 및 애국지사가 독립유공자로 예우받기 시작하였다. 국권 회복을 위해 국내외에서 독립운동을 전개한 독립운동가들에 대한 서훈은 독립운동가 선양의 중요한 목표이다. 광복 후 2009년까지 독립유공자 포상은 국가보훈처 공훈전자사료관(http://e-gonghun.mpva.go.kr)의 포상자공적조서를 기준으로 정리하면 다음의 〈표 1〉과 같다.130)

---

130) 2009년부터 2023년까지의 포상 현황은 다음과 같다.

연도	누적	훈격							
		계	A	B	C	D	E	F	G
2009	11,884	364				128	108	41	87
2010	12,378	494				130	150	65	149
2011	12,900	522				113	190	83	136
2012	13,217	317				50	132	45	90
2013	13,526	309				56	140	41	72
2014	13,863	337				111	151	30	45
2015	14,371	508				130	194	74	110
2016	14,683	312				87	117	36	72
연도	누적	훈격							
		계	A	B	C	D	E	F	G
2017	14,950	267				43	107	43	74
2018	15,305	355				51	99	51	154
2019	15,951	646				23	82	47	494
2020	16,535	584				66	152	51	315
2021	17,191	656				44	198	73	341
2022	17,789	598				39	139	67	353
2023	18,061	272				14	43	12	203
합계			28	93	801	4,518	6,336	1,543	4,726

2024년 10월 18일 기준 공훈전자사료관의 통계이다. 공훈전자사료관의 통계는 계속 수정, 보완이 이루어지기에 2009년의 숫자에 차이가 있다.

〈표 1〉 1949~2009년 독립유공자 포상 현황

연도	누적	계	훈격 A	B	C	D	E	F	G	연도	누적	계	훈격 A	B	C	D	E	F	G
1949	2	2	2							1986	752	7		1	6				1
1950	3	1			1					1987	754	2			2				
1951										1988	755	1			1				
1952										1989	767	13	2	8	3				
1953	4	1	1							1990	4,396	3,629		2	50	860	2,717		
1954~61										1991	5,515	1,119				1,061	58		
1962	208	204	18	58	128					1992	6,110	595		7	31	97	47	413	
1963	469	261		4	225				32	1993	6,496	386		9	44	116	72	145	
1964										1994	6,522	26		3	8	15			
1965										1995	7,964	1,442	4	95	544	430	105	264	
1966	472	3	2	1						1996	8,241	277		9	157	61	27	61	
1967										1997	8,366	125		4	20	35	63	23	
1968	578	106	2	7	94				3	1998	8,524	158	3	8	83	28	16	24	
1969	579	1		1						1999	8,678	144		2	65	43	18	45	
1970	581	2	1	1						2000	8,855	177		2	58	43	17	39	
1971~75										2001	8,966	111		1	51	32	13	14	
1976	585	1	1							2002	9,174	208		3	56	67	21	61	
1977	687	105	1	2	86		5	11		2003	9,380	206		1	103	38	30	34	
1978										2004	9,529	149		1	21	19	24	84	
1979										2005	10,098	569		8	134	82	102	242	
1980	722	35		1	30			4		2006	10,623	525		5	66	157	79	218	
1981										2007	10,972	349		2	33	155	40	119	
1982	741	19		1	6		2	10		2008	11,520	548		2	67	122	91	145	
1983	745	4			3		1	1		2009	11,870	350		3	128	108	41	87	
1984~85										합			28	93	801	3,561	4,442	825	2118

* 비고 : A : 대한민국장, B 대통령장, C 독립장, D 애국장, E 애족장, F 건국포장, G 대통령 표창.

광복 이후 곧 이어진 3년 동안의 미군정, 남북 분단과 반민족행위특별조사위원회 활동의 좌절과 같은 국내의 정치적·사회적 혼란으로 독립유공자 선양은 1949년에야 시작되었다. 첫 서훈은 1949년 3월 당시 부통령 이시영과 대통령 이승만에게 수여되었고, 이어 1950년 헐버트(Hulbert, H.B.)에게 주어졌다. 그러나 한국전쟁과 전쟁의 상흔으로 1950년대에는 1953년에 중국인 장개석에게 수여한 서훈이 전부였다. 이후 독립유공자 서훈은

1962년에 재개되어 1962년에 204명, 1963년에 261명, 1968년에 106명, 1977년에 105명을 서훈하였지만, 경제개발정책과 국가안보체제 확립정책이 우선시되어 관심이 낮았다. 경제개발 제일주의를 내세웠던 제3공화국(박정희정부) 18년 동안 독립유공자 포상이 이루어진 해는 8년이었고, 그것도 1966·1969·1970·1976년에는 1～3명을 서훈하였을 뿐이다. 이러한 상황은 신군부 쿠데타로 집권한 제5공화국(전두환정부) 때도 마찬가지로 7년 동안 67명만을 서훈하였고, 1981·1984·1985년에는 1명도 서훈하지 않았다. 그런데 1982년은 일본의 역사교과서 왜곡으로 한·일간 외교 마찰이 빚어진 해였다. '침략'을 '진출'로 표기한 일제의 왜곡된 역사 서술은, 국권을 되찾기 위해 기꺼이 목숨을 던졌던 애국선열들의 삶을 모욕하는 것이었다.

1990년대에 들어서 독립유공자 포상은 숫자에 있어서 크게 증가하였다. 1990년 3,629명이 서훈되었는데, 이 숫자는 1949년부터 1989년까지 40년 동안 서훈된 것보다 4.7배나 많았다. 이듬해인 1991년에도 1,119명이 서훈되어 누적 숫자가 5,500여 명을 기록하였다. 그것은 1987년 6·29선언 이후 민주화의 진전에 따른 독립운동사에 대한 관심 증가, 독립기념관과 한국독립운동사연구소 설립 이후 독립운동자료의 발굴과 연구에 힘입은 바가 컸다.

1,000명 이상 독립유공자 서훈은 1995년에 다시 한번 이루어졌다. 광복 50주년을 계기로 정부 주도의 사료 발굴에 의한 서훈을 실시한 때문이었다. 1994년까지의 서훈은 152건을 제외하고는 모두가 신청에 의한 것이었는데, 1995년은 1,442건의 서훈 중 76%인 1,101건이 정부 주도의 사료 발굴에 의한 것이었다.[131] 『한국독립운동지혈사』·『독립신문』·『독립운동사』 등에 의하면 의병항쟁, 3·1운동, 임시정부 활동, 의열투쟁과 무장투쟁 등 독립운동에 300만명 참여, 15만명 순국이다. 1995년의 서훈은 독립유공자

---

131) 국가보훈처, 『참여정부 보훈정책 리포트』, 2007년 9월, 19쪽.

서훈이 관련 인사들의 신청에 의해서는 한계가 있으므로, 전문 연구자들을 중심으로 정부 주도로 이루어질 때 큰 성과를 얻을 수 있다는 것을 잘 보여주었다. 1995년부터 발굴 서훈이 신청 서훈의 숫자보다 많다.

〈표 2〉 연도별 서훈자 중 발굴/신청 포상 현황(1992~2007)

연도	1949~1994	1995	1996	1997	1998	1999	2000	2001	2002	2003	2004	2005	2006	2007
계	6,522	1,442	277	125	158	174	157	111	208	206	149	569	525	349
발굴	152	1,101	184	36	110	113	97	70	147	149	77	332	401	271
신청	6,370	341	93	89	48	61	60	41	61	57	72	237	124	78

* 출전 : 국가보훈처, 『참여정부 보훈정책 리포트』, 2007년 9월, 19쪽.

그러나 1995년의 서훈 열정은 이어지지 못하였다. 1997년 말부터 시작된 IMF는 국가정책을 경제 회생에 집중하게 한 때문이었다. 문민정부 하반기와 국민의 정부 기간 연평균 200명 이하의 서훈자를 기록하였다. 그러다 참여정부 출범 이후 독립운동사료를 적극 발굴, 포상을 강화하라는 대통령 지시(2004년 2월 17일)와 2004년 8·15 광복절 계기 독립유공자 청와대 초청 행사 때 "역사적 사실을 다 발굴하고, 특별히 희생하고 헌신한 분들에게 반드시 포상될 수 있도록 조치하고 포상 대상이 아니더라도 역사적 기록으로 남기도록 하라"는 대통령 지시에 따라 국가 주도의 독립유공자 발굴 포상은 다시 활기를 띠게 되었다. 그리하여 2004년부터 2010년까지 '독립유공자 포상업무 시스템 구축'에 예산을 투입하여 독립운동사료 DB화를 추진하였다. 이 사업은 독립운동 참여자 인물 정보를 구축하여 묻혀 있는 독립유공자를 새롭게 발굴·포상할 수 있는 기반을 마련하였다.[132]

또한 2004년 11월 일제하 사회주의 활동에 대한 연구성과를 반영하기 위해 용역 및 의견을 수렴하여 독립운동으로 정립하고, 국민통합과 사회통합 차원에서 사회주의 독립운동가의 공적에 대한 공정하고 균형된 시각의

---

132) 국가보훈처, 『참여정부 보훈정책 리포트』, 2007년 9월, 18쪽.

심사기준을 개정하였다. 그동안 포상에서 제외하였던 '공산주의자'를 '사회주의국가 건설을 목적으로 한 활동에 주력하였거나 적극 동조한 자'로 한정한 것이다. 그리하여 2005년부터 고려공산청년회 책임비서로 활동한 권오설, 조선공산당 중앙집행위원으로 활동한 조동오, 조선공산당 책임비서로 활동한 김철수 등을 사회주의 독립운동가로 인정하여 포상하였다.

앞의 〈표 1〉을 국가보훈처 공훈심사의 운동 기준으로 분류하면 문화운동 109명(0.9%), 국내항일 1,873명(10.0%), 의열투쟁 103명(0.6%), 학생운동 383명(2.1%), 광복군 573명(3.1%), 의병 1,926명(10.3%), 3·1운동 4,085명(21.8%), 애국계몽운동 133명(0.7%), 임시정부 352명(1.9%), 일본방면 210명(1.1%), 만주 방면 1,731명(9.3%), 중국 방면 240명(1.3%), 노령 방면 61명(0.3), 미주 방면 88명(0.5%), 인도네시아 방면 3명이다. 3·1운동이 가장 비중이 높은데 그 이유는 3·1운동에 전민족적인 참여가 있었기 때문이지만, 재판기록과 같은 일제의 식민통치자료들에서 관련 사실을 확인할 수 있었기 때문이다. 이어 의병과 국내항일이 각각 10%인데 의병의 경우 일제의 재판기록이 없으므로 3·1운동 관련자 발굴과 비교할 때 상대적으로 입증에 어려움이 있다. 국외 지역에서 활동한 독립운동가를 보면 만주 방면이 압도적으로 많은데, 그것은 만주 지역에서 많은 독립운동가들이 활동한 때문이다. 그러나 인도네시아 방면에서 활동한 독립운동가 3명을 2008년에 포상한 것처럼, 향후 다른 지역들에서도 독립운동가를 발굴 포상할 수 있을 것이다.

〈표 1〉을 훈격 기준으로 분석하면 다음과 같다.[133] 대한민국의 독립유공자 훈격은 7가지로 대한민국장, 대통령장, 독립장, 애국장, 애족장, 건국

---

133) "포상자공적조서는 심사당시 원전자료를 수록한 것입니다. 동 자료 수록 이후 변동사항이나 보다 자세한 인적사항 및 공적내용은 국가보훈처 홈페이지 '나라사랑 광장'의 "인물찾기>독립유공자"란을 참고하라는 '공훈전자사료관'의 안내문과 같이 변동사항이 있겠지만, 숫자가 다른 통계자료들이 많기에 본고에서는 원전자료를 이용하였다.

포장, 대통령표창이다. 2009년까지의 포상자 11,870명 중 대한민국장은 30명으로134) 0.2%이다. 24명이 1970년대 이전에 서훈되었고, 1990년 이후에는 대한민국장이 없다. 대통령장은 93명으로 0.8%이다. 1962년에 58명이 서훈된 이래 한 자리 숫자로 서훈되다가 1999년 이후는 중단되었다. 독립장은 801명으로 6.7%이다. 1950년 헐버트를 시작으로 1962년과 1963년에 세 자리 숫자의 서훈이 이루어졌고, 1996년 이후에는 한 자리 숫자의 서훈이 되었다. 애국장은 3,561명으로 30%이며, 1990년부터 시작되었다. 애족장은 4,442명으로 37.4%이며, 애국장과 마찬가지로 1990년부터 시작되었다. 건국포장은 825명으로 7.0%로, 1977년 시작되었고, 1992년부터 두 자리 숫자를 기록하고 있다. 대통령표창은 2,118명으로 18.0%이며, 1963년 시작되었고 1990년대 전반기에 세 자리 숫자였고 이후 두 자리 숫자였으며, 2005~2008년 세 자리 숫자를 기록하였다.

시간이 흐를수록 훈격이 낮아지고 있음을 알 수 있다. 1989년까지는 훈격의 대부분이 독립장 이상이었다. 1990년대 이후 서훈자 수는 급증하였지만, 훈격은 상대적으로 낮아졌다. 독립장 이상의 훈격이 1990년에는 1.4%였고, 1991년에는 없으며, 1992년 1.2%였고, 1990년대 이후 가장 많은 숫자를 기록한 1995년에도 6.9%였다. 이는 독립유공자 서훈 심사가 강화되었다는 의미이기도 하다.

독립유공자 공적심사는 1962년 공적조사위원회, 1963~1976년 상훈심의회에서 행해졌다. 주무 부처는 1962년 국사편찬위원회, 1963~1976년 총무처였으며, 사학자·언론인을 중심으로 6~22명으로 구성되었고 단심제였다. 1977년부터 공적심사위원회로 명칭 변경되고, 주무 부처도 원호처로 바뀌었으며, 20~30명 내외의 사학자들로 구성되었고 3심제(1심, 2심, 합동심)였다.135) 그러다 사학자 중심의 심사로는 종합적이고 균형된 시각

---

134) 강우규, 김구, 김규식, 김좌진, 김창숙, 민영환, 서재필, 손문, 손병희, 송미령, 신익희, 안중근, 안창호, 오동진, 윤봉길, 이강년, 이승만, 이승훈, 이시영, 이준, 임병직, 장개석, 조만식, 조병세, 조소앙, 진과부, 진기미, 최익현, 한용훈, 허위.

의 평가가 어렵다는 비판이 제기되어 2006년 역사학 이외에 정치·사회 등 다양한 분야의 의견을 반영하고자 공적심사위원회를 개편하였다. 심사위원은 관련 학회, 시민단체, 중앙인사위원회의 추천과 검증 절차를 거쳐 총 49명 중 60%인 27명을 교체하였다. 사학자 32명(신규 14), 정치·사회·법조, 시민단체 등 13명(29%)이었다. 그리고 전문적·심층적 심사를 위해 독립운동 분야별 분과위원회를 구성하여, 1분과는 의병과 3·1운동, 2분과는 국내 항일, 3분과는 해외 활동을 심사하였다.136)

광복 80주년이 눈 앞에 다가왔지만, 독립유공자 포상은 2024년 10월 현재 18,139명에 불과하다.137) 더 많은 독립유공자 발굴과 포상이 요구된다. 그를 위해서는 관련 자료의 광범위한 조사 발굴과 정리, 간행이 필요하다. 증언 자료의 수집도 요구된다. 이를 토대로 독립운동가 발굴과 포상은 보다 활기를 띨 수 있다. 그러나 더욱 필요한 것은 독립운동가와 독립운동사에 대한 따뜻한 시각이다. 우리의 애국선열은 대부분 우리만이 그들의 삶에 관심을 쏟는다. 따라서 우리가 그들을 잊고, 관심을 두지 않는다면 그들은 잊혀질 것이다. 그들이 잊혀진다는 것은 한민족의 독립운동사가 잊혀진다는 것이고, 과거를 잊는 민족은 미래를 희망할 수 없다.

3. 국가기념일과 현양 시설

기념일 제정과 기념행사, 현양 시설 건립과 운영은 애국선열 선양 정책이 어떻게 진행되었는가를 살펴보는 또 하나의 통로이다. 1949년 10월 1일 법률 53호로 공포된 「국경일에 관한 법률」에 의해 3·1절, 제헌절, 광복

---

135) 국가보훈처, 『참여정부 보훈정책 리포트』, 2007년 9월, 21쪽.
136) 국가보훈처, 『참여정부 보훈정책 리포트』, 2007년 9월, 20쪽.
137) 공훈전자사료관 독립유공자 공적정보(https://e-gonghun.mpva.go.kr/user/ContribuReportList.do?goTocode=20001) 2024년 10월 18일 검색.

절, 개천절이 국경일로 제정해졌다. 3·1운동 이후 활동한 대부분의 독립운동가들은 3·1운동을 자신들이 펼치는 독립운동의 뿌리로 생각하였다. 또한 독립운동의 역사적 당위성과 그들 활동의 역사적 논거로서 3·1운동을 꼽았고, 매년 이날을 기념하면서 독립 의지를 새롭게 하였다. 따라서 3·1운동은 광복 후 전민족적으로 기념해야 하는 가장 중요한 날이었다. 그런데 3·1절 기념행사에는 기념일을 둘러싸고 좌·우파가 충돌하였다. 1946년 광복 후 첫 3·1절을 맞이하여, 우파는 1946년 1월 25일에 '기미독립선언 기념 전국대회준비위원회'를, 좌파는 곧이어 '3·1기념 투쟁위원회'를 조직하였다. 그리고 서울운동장에서 각각 대규모 기념식을 거행하였다. 1947년의 3·1절 기념행사는 우익 측은 서울운동장에서, 좌익 측은 남산에서 하였다. 그런데 좌익 측의 남산 행사가 있은 후 우익 측이 도발하여, 3·1절 기념식을 마친 우익 측 시위 행렬대와 좌익 측 군중이 남대문에서 충돌하여 경찰 발포로 많은 사상자를 낸, 소위 '남대문사건'이 발생하였다. 지방에서도 비슷한 양상이 벌어졌다. 그러나 1948년의 3·1절 기념행사부터는 더이상 좌·우파 사이의 갈등이 보이지 않는다. 이는 남로당의 지하 잠적이라는 정치적 이유 때문이었다.[138] 광복 기념일도 마찬가지였다.

국경일 외에도 독립운동 관련 기념일로 대한민국임시정부 수립일과 순국선열의 날이 있다. 대한민국임시정부 수립일은 1990년 제71주년 기념일부터 정부 주관 행사로 거행하였다. 순국선열의 날은 1939년 11월 21일 임정 임시의정원 회의(31회, 1939년 10월 3일~12월 5일)에서 매년 11월 17일을 전국 동포가 공동으로 기념할 '순국선열 공동기념일'로 정하자는 이청천·차리석 의원의 제안이 통과되면서 결정되었다.

"순국선열을 기념할 필요에 대하여는 더 말할 나위가 없고 아마 순

---

138) 김민환, 「한국의 국가기념일 성립에 관한 연구」, 『한국학보』 99, 일지사, 2000, 137~140쪽.

국한 이들을 각각 일일이 기념하자면 자못 번거(煩擧)한 일일뿐더러 무명 선열을 유루(遺漏)없이 다 알 수도 없으므로 1년 중 1일을 정하여 공동히 기념하는 것이 타당하다고 인(認)한 바이오. 이제 11월 17일로 기념일로 정한 이유에 대하여는 대개 근대에 있어서 순국한 이들로 말하면 우리의 국망을 전후하여 그 수가 많고 또 그들은 망하게 된 나라를 구하기 위하여 혹은 망한 국가를 다시 회복하기 위하여 비분 또는 용감히 싸우다가 순국하였으므로 국가가 망하던 때의 1일을 기념일로 정하였으니, 우리 나라가 망한 것으로 말하면 경술년 8월 29일의 합방 발표는 그 형해만 남았던 국가의 종국을 고하였을 뿐이요, 기 실은 을사년 보호 5조약으로 말미여 국가의 운명이 결정된 것이므로 그 실질적 망국 조약이 늑결되던 11월 17일을 순국선열기념일로 정한 것임."139)

광복 후 첫 순국선열 추념(追念)대회가 1945년 12월 23일 서울운동장에서 거행하였다. 대회 총재는 임시정부 주석 김구(金九), 위원장은 임시정부 내무부장 신익희(申翼熙)였다. 국기 게양, 애국가 제창, 묵상에 이어 김구 총재의 추념문을 정인보(鄭寅普)가 대독하였다.140) 1946년에는 11월 17일 서울운동장에서 준비위원장 조소앙(趙素昻)의 식사(式辭)를 시작으로 순국선열 기념식이 행해졌다.141) 1947년에도 식전위원장 조소앙의 식사를 시작으로 순국선열 기념절이 11월 17일 서울운동장에서 거행되었다.142)

대한민국 정부 수립 후인 1948년의 순국선열 기념절도 11월 17일 서울운동장에서 진행되었다.143) 대한민국 정부 수립 당시의 국가적 상황은 순국선열의 기념행사에 영향을 미칠 가능성이 많았다. 기념행사는 1946~1949년에 임정 주석 김구 또는 대통령 이승만 참석하에 추모 행사, 1950~1954년에는 한국전쟁으로 추모행사 중단, 1955~1959년에는 '순국선열

---

139) 국사편찬위원회, 『대한민국임시정부자료집』 2(임시의정원 I), 2005, 309쪽.
140) 『자유신문』 1945년 12월 24일, 「순국선열추념대회, 서울운동장에서 거행」.
141) 『조선일보』 1946년 11월 19일, 「순국선열기념일 행사 개최」.
142) 『조선일보』·『서울신문』 1947년 11월 18일, 「순국선열추모 기념식 거행」.
143) 『서울신문』 1948년 11월 18일, 「순국선열 추념식 서울운동장에서 거행」.

유족회' 주관으로 거행되었다. 1960년 11월 17일에는 윤보선 대통령, 1961년 11월 17일에는 박정희 국가재건최고회의 의장이 참석한 가운데 추모 행사가 거행되었다. 1962~1969년에는 원호처에서 주관 시행하다가, 1970~1979년에는 정부의 개념행사 폐지로 현충일 행사에 포함되었다. 그러나 그 사이에도 순국선열유족들은 추모 행사를 계속 하였다. 1981년에는 '순국선열유족회' 주관으로 국립묘지 현충관에서 추모 행사를 하고, 1982년부터는 '대한민국 순국선열 공동추모제전위원회' 주관, 광복회·순국선열유족회 주최, 국가보훈처 후원으로 세종문화회관 별관, 국립묘지 현충관, 서대문 독립공원 등에서 행정부, 국회, 사회단체 등 주요 인사가 참석한 가운데 추모 행사를 하였다. 1999년에는 제전위원회를 '순국선열기념위원회'로 명칭 변경하여 거행하였다.[144]

한편 1988년 9월 이후 광복회를 비롯한 독립운동 관련 단체들이 순국선열의 날을 법정 기념일로 복원, 제정해 줄 것을 정부에 지속적으로 건의하여 1997년 5월 9일 대통령령 제15369호의 각종 기념일 등에 관한 규정에 의거 정부 기념일로 제정 공포되었다.[145] 순국선열의 날을 대통령령으로 제정·공포한 것은, 임정에서 법정 기념일로 제정·시행했던 것을 대한민국의 헌법에 규정된 임정의 정통성과 법통을 제대로 계승하고 순국선열의 얼과 위훈을 기리고 추모한다는 의미였다. 또한 국가와 민족을 위해 희생한 숭고한 독립 정신을 국민정신, 애국정신으로 승화시키는 계기가 되었다는 점에서 역사적 의의가 크다.[146]

광복 후의 '순국선열의 날' 기념식은 제1회 순국선열기념회에서였고,

---

144) 조항래, 「대한민국임시정부의 법통성과 순국선열」, 『경기사학』 4, 경기사학회, 2000, 106~107쪽.
145) 국가보훈처 공보관실, 「보도자료」, 1997년 4월 26일, 「'순국선열의 날'을 법정기념일로 제정」 ; 『동아일보』 1997년 4월 28일, 「11월 17일 '순국선열의 날'로」 ; 『중앙일보』 1997년 4월 28일, 「을사조약체결 11월 17일 '순국선열의 날'로」.
146) 조항래, 「대한민국임시정부의 법통성과 순국선열」, 108쪽.

1991년의 기념식은 1919년의 임정 수립을 기점으로 해서 제72회로, 1997년은 1939년의 임정 의사록에 근거하여 제58회 기념식으로 확정되었다. 순국선열의 날이 국가 기념일로 제정되기까지 중심이 되어 온 광복회와 순국선열유족회는 1988년부터 10년 동안 법정 기념일의 복원을 정부에 요청하였다. 현충일은 제정 과정에서 한국전쟁 전몰장병에 대한 추념이고, 순국선열기념일은 순국선열의 항일민족정신을 계승해 그 정신과 업적을 기리는 기념일이라는 주장이었다. 그러나 정부 측은 현충일과 중복, 현충일의 의의 퇴색을 이유로 거부하였다.147)

3·1절과 광복절의 국경일, 임정 수립일과 순국선열의 날 등 국가기념일은 애국선열의 독립 정신을 기억하고 추모하는 날이 될 수 있도록 해야 할 것이다. 그러기 위해서는 행사를 위한 기념일이 아니라 추모와 축제를 아우르는 방안이 모색될 필요가 있다. 주제는 애국선열의 독립운동이라 할지라도, 프랑스 대혁명을 축제로 연계하였던148) 것과 같은 방법을 참조할 수 있다.

독립운동 현양시설은 국내에 2004년 626개소, 2005년 666개소, 2006년 689개소에서149) 2010년 5월 말 기준 722개소로150) 증가하였다.151) 현양시설 중 애국선열과 관련하여 가장 의미가 있는 곳은 국립묘지의 애국지사 묘역일 것이다. 한국전쟁으로 발생한 많은 전사 장병 처리를 위해 군인 위주로 이루어져 왔던 군 묘지 안장 업무가 1965년 3월 30일 국립묘지령으로 재정립되어 애국지사·경찰관·향토예비군까지 대상이 확대되었다. 이

---

147) 지영임, 「현충일의 창출과정」, 『비교민속학』 25, 비교민속학회, 2003, 603쪽.
148) 이에 대해서는 윤선자, 『축제의 정치사』, 한길사, 2008 참조.
149) 국가보훈처, 『참여정부 보훈정책 리포트』, 2007년 9월, 26쪽.
150) 국가보훈처 '현충시설 정보서비스'(http://narasarang.mpva..go.kr)
151) 2024년 6월 기준 992개(소)로 증가하였다. 비석 477, 탑 105, 동상 98, 조형물 11, 기념관 78, 사당 47, 생가 47, 공원 5, 장소 등 124.(국가보훈부, 국내·외 현충시설 등 현황(2024년 6월).(https://www.mpva.go.kr/mpva : 2024년 10월 18일 검색)

를 토대로 1968년 국립묘지 내에 애국지사 묘역이 설정되어 70기를 안장하였다.152) 선행 연구에 의하면 국립묘지에 애국지사가 처음으로 안장된 것은 1963년이고 2001년까지 206위가 서울(국립서울현충원)에, 1987년부터 대전(국립대전현충원)에 안장되어 2001년까지 1,370위가 안장되어 있다.153)

한편 1993년 8월 5일 박은식·신규식·노백린·김인전·안태국 등 임정 선열 5위의 유해가 중국 상하이 만국공묘에서 환국, 10일 국립묘지에 안장되었다.154) 유해 봉안은, 일제강점기에 국권을 회복하고자 중국·러시아·일본·미주 지역에서 활동한 애국선열들의 유해가 광복 후에도 환국하지 못하고 방치되어 있는 것을 조사하여 국내에 유택을 마련한 것이다. 그리하여 순국선열의 위훈을 기리고 숭고한 애국정신을 후세에 계승하여 그들의 공헌과 희생정신이 항구적으로 존중되도록 하는 것이다. 1963년까지 일본·중국·네델란드에서 6명, 1970년대 미국·일본에서 3명, 1980년대 일본 1명, 중국 1명, 1990년대 중국·대만·싱가포르·러시아·미국·일본에서 56명, 2000~2003년 중국·미국·일본 등지에서 23명 등 7개국에서 총 90명의 유해가 봉환되었다.155)

〈표 3〉 독립유공자 묘소의 국립묘지 이장/국외봉환 현황(1993~2006)

연도	1945-63	1970-79	1981-89	1990-92	1993	1994	1995	1996	1997	1998	1999	2000	2001	2002	2003	2004	2005	2006
이장기수					47	238	199	61	43	33	38	44	70	69	65	61	74	190
국외봉환	6	3	2	12	7	8	8	5	5	7	4	5	3	7	8	6	7	4

* 출전 : 유영옥, 『국가보훈학』, 홍익재, 2005, 766쪽 ; 국가보훈처, 『참여정부 보훈정책 리포트』, 2007년 9월, 16~17쪽.

---

152) 『원호 십년사』, 412~413쪽.
153) 지영임, 「현충일의 창출과정」, 606쪽의 <표 4> 참조.
154) 『서울신문』 1993년 8월 6일.
155) 유영옥, 『국가보훈학』, 홍익재, 2005, 766쪽.

순국선열의 국립묘지 안장은 군을 전면에 내세운 국군묘지가 아니라, 국가를 전면에 내세운 국립묘지로서 순국선열 및 전몰장병을 모시는데 어울리는 장소로서 자리매김을 가능하게 했다. 순국선열의 묘소는 수에 있어서 군인묘소 수보다는 매우 적지만 국가 상징 역할을 해왔다. 특히 1993년 8월 5일 임정 선열 5위의 유해가 안장된 것은 국립묘지로서의 지위를 보다 상징적으로 국민에게 각인시켰다.

　2010년 5월 말 기준 '국립서울현충원'에는 5,295위가 안장되어 있는데 그중 임시정부요인 묘소(18분), 애국지사 묘역(210분)이 독립운동가 묘소이고, 131위의 위패를 모신 무후선열제단이 있다.156) 국립대전현충원에는 총 51,643위가 안장되어 있는데 그중 애국지사는 2,760위이다.157) 한편 1997년 4월 11일에는 순국선열 1,684위의 위패를 서대문 독립공원 독립관에 봉안하였고,158) 2002년 6월 27일 643위의 위패를 2차로 봉안하였다.159)

　애국선열 현양은 기념사업회를 통해 구체화된다. 국가보훈처 보훈선양국(기념사업과)에 비영리 법인으로 등록된 독립운동 관련 기념사업회는 1955년 설립된 '일성이준열사기념사업회'를 시작으로 2010년 5월 말 기준 86개이다.160) 이들 기념사업회는 국가보훈처와의 긴밀한 관계를 유지하며 각각의 독립운동기념사업에 주력한다.

　1996년부터 국가보훈처는 현충시설 건립과 관리를 위한 예산을 지원하였다. 지역주민과 자치단체가 건립부지와 소요 재원을 마련하여 추진하고, 국가는 건립비의 30% 범위 내에서 지원함으로써 현충시설 건립과 관리에

---

156) 국립서울현충원 홈페이지.(http://www.snmb.mil.kr)
157) 국립대전현충원 홈페이지.(http://www.dnc.go.kr)
158) 『매일경제』 1997년 5월 1일, 「'순국선열의 날' 부활 환영」.
159) 『문화일보』 2002년 6월 27일.
160) 국가보훈처 '나라사랑광장' 홈페이지(http://narasarang.mpva..go.kr) 참조. 2019년 2월 현재 국가보훈처의 허가를 받은 순국선열, 애국지사 관련 법인 기념사업회는 121개(재단 7, 사단 114)이다.(이계형, 「독립운동 관련 기념사업회(법인)의 현황과 과제」, 문화체육관광부, 2019, 28쪽.)

주민의 관심과 참여를 제고하였다. 그리고 2003년 '현충시설 관리지침'을 제정, 민간 전문가들로 구성된 현충시설심의위원회를 설치하고 효율적인 관리·활용을 위해 현충시설 지정제도를 도입하였다.

애국선열 현양 노력은 독립기념관 건립으로 이어졌다. 광복 이후 독립기념관 건립의 첫 움직임은 1946년부터 있었지만, 격화되는 좌우 대립 속에서 결실을 맺지 못하고 6·25한국전쟁을 거치면서 사라졌다. 독립기념관 설립 논의가 재개된 것은 1974년경이었다. 당시 박정희정권은 유신체제라는 권위주의적 독재체제를 강화하고 있었으며, 이런 맥락에서 국민 의식을 묶어낼 장치가 필요한 상황이었다. 1975년 9월 1일 대통령령 8228호로 민족박물관 설립추진위원회 규정이 만들어졌다. 이 계획은 1980년대에 이르러 부지를 여의도로 하느냐 창경원으로 하느냐를 둘러싸고 2개 안으로 분리되었다. 그러다 1982년 7월 일본역사교과서의 한국사 왜곡을 계기로 국민의 자존심을 회복하고 과거의 역사적 교훈을 되새길 수 있는 '독립기념관' 건립이 필요하다는 여론이 형성되었다. 1982년 8월 28일 '독립기념관 건립 발기대회'를 열고, 10월 5일 '독립기념관 건립추진위원회'를 결성하고 1983년 8월 15일 충남 천안군 목천면 흑성산록에서 기공식을 거행하였다. 1986년 8월 15일 개관하려 했으나 본관 화재로 1년 후인 1987년 8월 15일 개관하였다.

『독립기념관 건립사』는 개관의 역사적 의의를, 민족의 자주독립의지의 상징, 자주독립의 민족사적 전통의 재확인, 민족교육 도장으로서의 역할 기대, 독립운동사 자료의 보존과 연구, 민족통일국가 건설의 초석 마련, 전 세계 반제국주의 운동과 인류공영의 이상 상징 등으로 요약하였다.[161] 독립기념관의 업무는 다음과 같았다. 첫째, 우리 민족의 국난 극복사와 국가 발전사를 실증하는 자료를 널리 수집하며 수집된 자료를 정리 보존하고 전시관에 전시 공개한다. 둘째, 자료를 조사·발굴·연구하여 그 역사적 의

---

161) 독립기념관,『독립기념관 건립사』, 1988, 480~483쪽.

의를 밝히고 연구주제를 선정하여 연구원들의 연구 활동과 관계 분야 학자들의 연구 활동을 지원한다. 셋째, 국민의 자주독립, 민족정신을 북돋우기 위해 전시 시설을 중심으로 국민 교육을 실시하며, 이와 관련된 각종 교육 프로그램을 개발 시행한다. 넷째, 수집·전시된 자료에 대한 목록·소개 책자·도록·연구간행물 등을 발간하여 널리 소개하고, 희귀한 자료는 영인 보급하여 연구에 활용토록 한다. 다섯째, 시설의 유지관리와 통·서곡 개발 등 장기적 시설 확충 계획을 수립 시행한다.162)

독립기념관은 개관 초 6개월 동안 하루 평균 26,332명이던 관람객이 1988년에는 절반 이하인 12,983명으로 줄고, 1990년 초에는 5,300명으로 격감하였다. 이러한 현상은 1990년대에도 계속되어 효율적 관리방안이 다각적으로 모색되었는데 일원적 관리를 통한 효율성 제고가 중심 내용이었다.163) 이러한 연구 결과의 축적은 2005년 5월 결실을 이루었다. 독립기념관은 독립운동사의 집대성 및 독립운동의 표본적·대표적 기념시설이고, 전시 자료 대부분이 독립운동 관련 자료이므로, 문화체육부보다는 국가보훈처에서 관리하여 기존의 국가보훈처에서 시행하고 있는 민족정기 선양 정책과 접목시킨다면 효율적이라는 판단하에 국가보훈처로의 이관이 결정되었다. 독립기념관은 이를 계기로 활성화 계획을 마련하여164) 5년 계획으로 2006년부터 추진하였다. 그리고 2009년 독립기념관 개관 이후 처음으로 3·1절 기념식이 열렸다.165)

국립묘지의 애국선열 묘역, 독립기념관을 비롯하여 수많은 애국선열 기념관, 독립운동 현양시설은 충분하다고는 할 수 없지만 애국선열 선양에 적극 활용할 수 있다. 이들은 전국에 분포해 있으므로 교육의 현장으로 활용하는 방안을 모색해야 한다. 더불어 각 지역의 축제·기념행사와 연계하

---

162) 국가보훈처, 『독립운동사를 통한 민족정기 선양』, 1994, 50~52쪽.
163) 위의 책, 67~69쪽.
164) 국가보훈처, 『참여정부 보훈정책 리포트』, 2007년 9월, 3쪽.
165) 국가보훈처, 『나라사랑』, 2009년 3월.

여 홍보함으로써 지역민들의 관심을 제고하고, 이어 시·군 홈페이지와 안내 팸플릿 등을 통하여 타지역민들에게도 홍보하는 방법을 구상해야 한다.

4. 학술연구와 홍보·교육

유명·무명 독립운동가들의 삶은 민족자존의 무형자산이다. 학술 조사와 연구는 애국선열의 독립운동을 추적하여 선명하게 밝히고 의미를 부각시킨다. 학계가 독립운동사에 본격적으로 관심 갖기 시작한 것은, 1965년에 체결된 한일협정이 하나의 계기였다. 밀려들어올 일본 세력에 대응하기 위해 1965년부터 매년 1권씩『한국독립운동사』(1~5)를 편찬하였고, 만주지역 독립운동사와 한국광복군 연구를 시작하였다. 그러나 냉전체제가 고착화되면서 연구자들의 이념 대립은 연구대상과 연구방법 분화로 이어졌으며, 중국·러시아·일본 등지에서 이루어진 독립운동사 연구성과는 접근하기도 어려웠다.

1970~1978년『독립운동사』1~10권과『독립운동사자료집』1~17권이 발행되었다. 그런데 이것들은 '순국선열애국지사사업기금'을 재원으로 하였다. 1965년 6월 22일 한·일 국교 정상화의 전제로 체결된 바 있는「대한민국과 일본국 간의 재산 및 청구권에 관한 문제의 해결과 경제협력에 관한 문제의 해결과 경제협력에 관한 협정」에 조성된 대일청구권자금 관리 특별회계의 원화 계정에서 전입된 기금을 재원으로 순국선열·애국지사사업기금을 설치하게 되었는데, 이 기금의 효율적인 운용과 주요 사업의 추진을 위하여 1967년 3월 30일 '순국선열·애국지사사업기금법'이 제정되었다. 이 법은 일제침략하에서 조국의 독립에 헌신한 애국지사 및 순국선열, 애국지사의 유족을 돕고 독립정신을 계승하여 민족정기를 앙양할 수 있는 사업을 수행하기 위한 기금의 설치와 그 운용에 관한 사항 규정을 목적으

로 하였다. 이를 위해 대일청구권자금 관리특별회계에서 전입된 기금 15억 6천만원을 금융기관에 예탁, 그 이자로 독립유공자 및 그 유족에게 생계 부조금 및 장학금을 지급하고, 애국선열의 묘지관리 및 독립운동사 편찬사업을 추진하였다.166) 그러나 독립운동사 연구와 자료집 간행이 대일청구권자금을 토대로 이루어졌다는 것은 아쉬움이 크다.

이후 진행된 독립운동사에 관한 대규모의 학술 조사와 결과는 다음과 같다.

- 『한국독립운동사자료』 1~43(국사편찬위원회, 1970~)
- 『한민족독립운동사자료집』 1~71(국사편찬위원회, 1986~2007)
- 『독립유공자공훈록』 1~28(국가보훈처, 1986~2023)
- 『한민족독립운동사』 1~13(국사편찬위원회, 1987~1994)
- 『해외의 한국독립운동사료』 1~46(국가보훈처, 1991~2023)
- 『(국외독립운동사적지) 실태조사보고서』 1~21(국가보훈처 독립기념관 2001~2023)
- 『대한민국임시정부 자료집』 1~45, 별책 1~6 (국사편찬위원회, 2005~2011)

이러한 자료집의 간행이 있었기에 1980년대 이후 많은 독립운동 관련 논저들이 발표될 수 있었다. 1980년대 독립운동사 연구는, 냉전 이데올로기에 갇혀 접근하지 못하였던 주제들로 연구의 지평이 확대되었다. 1920년대 이후의 사회주의계열 연구, 신간회 해소 이후 1930년대의 민족운동, 만주·러시아·하와이 미주 지역 등 해외에서의 민족운동사 연구가 본격적으로 진행되었다. 그리하여 '독립전쟁론'이란 독립운동사 인식체계가 정립되었다. 1990년대 국내외 정세변화는 민족운동사 연구에 큰 변화를 가져왔다. 사회주의권의 핵심이었던 소련이 붕괴되고 러시아·중국과의 교류

---

166) 『원호 십년사』, 401쪽.

증대로 1992년 두 나라와 대한민국의 정식 수교가 체결되고 자료 조사와 학자들간의 교류가 가능해짐으로써 민족운동사 연구의 획기적인 전환점이 마련되었다. 국내적으로는 1980년대의 민주화운동이 결실을 맺어 30년 이상 계속되던 군부 통치가 종식되고 남북한 교류가 활발해지면서 민족운동사에 대한 새로운 시각과 분야가 논의되었다. 해외독립운동사와 사회주의 계열의 독립운동사 연구가 활발해지고 독립운동사 연구가 크게 발전할 수 있을 것이며, 균형감각을 갖춘 독립운동사를 서술함으로써 통일지향의 민족사에 기여할 수 있으리라 기대되었다. 그러나 1990년대에 독립운동사를 포함하여 한국사는 '세계화 추세'와 '세계화 전략'의 이중 타격 아래 '민족'과 '민족 국가' 텍스트에 대한 회의가 고조됨으로써 심각한 위기 상황에 놓이게 되었다. 신자유주의가 범지구적으로 확산되고 정부 역시 세계화 정책이라는 이름으로 그에 편승하면서 '실용'이 최고의 가치로 부상하면서, 한국사를 포함하여 가치 지향을 목표로 하는 인문학에 어려운 상황이 부닥친 때문이었다.167)

한편 1986년부터 국가보훈처에서 독립운동 학술회의를 지원하여 독립운동사 연구의 확대와 진전을 도모하였다.

〈표 4〉 국가보훈처의 독립운동 관련 학술회의 개최 및 지원 현황(단위 : 천원)

연 도	1975	1986	1987	1988	1989	1990	1991	1992	1993	1994
건 수	2	1	4	1	9	7	9	4	4	4
지원금액	7,730	1,000	11,500	10,000	45,377	13,000	76,900	70,800	45,755	25,953
연 도	1995	1996	1997	1998	1999	2000	2001	2002	2003	계
건 수	7	8	9	9	14	17	19	33	35	205
지원금액	65,900	59,000	86,140	63,048	137,156	127,933	163,000	145,000	151,000	1,321,490

* 출전 : 국가보훈처, 『2003년도 보훈연감』, 2004.6, 220쪽.
** 비고 : 1975년은 원호처 주관.

---

167) 윤선자, 「회고와 전망 : 광복 60주년과 독립운동사연구」, 『역사학보』 190, 역사학회, 2006 참조.

2005년 광복 60주년을 계기로 국민화합 차원에서 독립운동 분야와 이념을 망라한 독립운동사를 역사적 기록으로 남기고 다가올 통일시대를 대비하기 위해 편찬이 4개년 사업으로 추진하였다. 각 독립운동 분야별 전공 사학자들로 '한국독립운동사 편찬위원회'를 구성하여 2009년 말까지 60권의 『한국독립운동의 역사』를 발간하였다. 또한 국내외 사적지를 체계적으로 조사하여 관광자원으로 활용하는 방안을 추진하였다.[168] 그리하여 『서울독립운동사적지』가 '국내 항일독립운동 사적지 조사보고서' 제1권으로 2008년 발간된 것을 시작으로, 2010년까지 『경기남부』·『인천·경기북부』·『충청북도』·『대전·충청남도』, 『강원도』, 『전라북도』, 『광주·전남』 I·II, 『대구·경북』 I·II, 『부산·울산·경남』 I·II, 『제주도』가 발간되었다.

국가와 연구자들의 노력으로 독립운동사 자료 조사, 독립운동사 연구 논저의 발간이 계속되고 있다. 그러나 40년 동안 국내외에서 전개된 한국 독립운동사는 아직 갈 길이 멀다. 박은식의 『한국독립운동지혈사』 등을 보건데 독립운동에 300만명이 투신, 15만명이 순국하였다. 이들의 독립운동 사적을 조사하고 밝혀내는 것은 후손들이 해야 할 의무이다. 그러기 위해서는 아직 조사 못한 독립운동 관련 자료들을 수집하는 데 더욱 관심을 기울여야 한다. 국외 자료 수집은 물론, 국내에서 개인 및 관공서들이 소장하고 있는 자료들도 조사·정리해야 한다. 정확한 자료에 토대한 독립운동사 연구야말로 국가의 토대를 튼튼하게 하는 초석이다.

학술연구와 더불어 애국선열 선양은 국민 교육과 홍보를 통해 이루어진다. 국민 홍보로는 첫째, 각종 기념일과 추모 행사 등을 시행함으로써 국가를 위하여 헌신, 희생한 애국선열의 명복을 빌고 그 위훈을 기려 애국정신을 고취시킴으로써 민족정기를 함양한다. 2·8독립선언 기념식 등의 독립 행사, 순국선열 추모제전 등의 추모 행사, 안중근의거 기념식 등의 개인별 기념 행사, 3·1독립운동 기념식, 임정 수립 기념식, 6월 6일 현충일의 범국

---

[168] 국가보훈처, 『참여정부 보훈정책 리포트』, 2007년 9월, 3쪽.

민적 추모 행사, 1963년부터 시행하는 6월의 호국보훈의 달 행사 등이 대표적이다.

둘째, 1991년부터 국가보훈처가 전개한 나라 사랑 운동이다. 국권 상실과 한국전쟁에 대한 국민의 의식이 희박해져감에 순국선열과 호국영령의 정신을 심어줌으로써 역사의 교훈으로 삼고자 나라의 표상인 태극기 사랑과, 겨레의 꽃인 무궁화 사랑, 우리 고장을 빛낸 국가유공자 공훈 선양 운동을 전개하였다.169) 더불어 애국정신 선양 활동으로 항일독립운동 및 한국전쟁 등 국난극복에 참여했던 분 등 국가유공자들이 체험담에 근거한 강연을 하였다. 이는 88올림픽 이후 동구권 및 소련과의 수교 등 주변 정세의 변화 때문이었다.

셋째, 1992년 8월 15일 서대문형무소의 시설 일부를 보존하고 과거의 독립관이나 독립공원 일부를 부분적으로 복원하여 '서대문 독립공원'을 개원하였다. 서대문구청은 구 서대문형무소 건물을 역사교육장으로 개조하기로 결정, 1998년 11월 15일 서대문형무소 역사관이 개관하였다. 기존의 시설을 역사 교육의 장소로 전환시킨 사례였다. 서대문 독립공원의 조성에서 흥미로운 것은 기억의 취사 선택과 그 맥락이었다. ① 서대문 독립공원은 '복원' 개념으로 접근하였다. ② 서대문형무소에 대한 기억을 재구성하였다. 1907~1987년 서대문형무소는 교도 시설이었지만, 서대문형무소 역사관은 '일제하 한국에서의 민족운동'만을 표상하는 박물관으로 재구성되었다. 다만 '서대문형무소와 직접 관련 있는 순국선열' 중심의 전시, 그중에서도 실제로 서대문형무소에 수감되었던 사람들만을 전시함으로써 몇 가지 중요한 범주들이 제외되었다.170) 서대문형무소 역사관은 1945년 이전의 민족운동가들 중 별로 알려지지 않은 인물들의 발굴에 힘을 쏟고, 1999년부터 연 1회씩 이에 관련된 학술 심포지움을 개최하였다.

---

169) 국가보훈처, 『독립운동사를 통한 민족정기 선양』, 1994, 25~26쪽.
170) 정근식, 「기억의 문화, 기념물과 역사교육」, 『역사교육』 97, 역사교육학회, 2006, 300쪽.

넷째, 공훈전자사료관(http://e-gonghun.mpva.go.kr)을 통하여 독립운동에 관한 많은 자료들을 제공한다. '원문자료실'에는 독립운동가 인물 정보(포상자 공적조서, 독립유공자 증언자료집, 수형인 명부, 재소자 신분카드), 독립운동 관련 자료(독립운동사, 독립운동사자료집, 해외의 한국독립운동사료, 동방전우, 폭도에 관한 편책, 조선소요사건관계서류, 판결문, 고등경찰요사, 일제의 한국침략사료총서, 사상휘보, 사상월보, 신한민보, 한국민족해방운동사자료집, 조선문제자료총서, 재일조선인관계자료집성, 자료한국독립운동, 매일신보, 독립, 미주국민회자료집) 등이 원문으로 제공된다. 따라서 연구자들은 물론 독립운동사에 관심 있는 누구라도 자료들을 볼 수 있다. 다만 보다 많은 이들이 자료를 활용할 수 있도록, 일어나 영어·한문으로 되어 있는 자료들은 한글 번역하여 제공할 필요가 있다. 또한 국외 수집 자료들도 번역하여 원문과 함께 제공함으로써 세계곳곳에서 전개된 한국독립운동사를 이해할 수 있도록 해야 한다.

이러한 자료 제공과 함께 애국선열 및 독립운동에 대한 국민적 홍보와 교육이 이루어졌다면 '국가보훈'의 일을 그들과 무관하다고 생각하지 않을 것이다. 보훈은 "고맙게 해준 데 대한 갚음"을 뜻하는 보수(報酬)의 보(報)와 "나라를 위해 세운 공로"를 뜻하는 공훈의 훈(勳)을 결합하여 만든 새로운 개념이다.171) 그런데 국민보훈의식지수는 2004년 62.5점, 2005년 66.7점, 2006년 65점, 2007년 63.9점, 2008년 61.5점, 2009년 64.0점을 기록하였다.172) 결코 높은 점수라고 하기 어렵다.

한국의 보훈 선양은 물질적 보상의 차원을 넘어 희생정신을 애국심으로 승화시켜 국가발전의 정신적 토대로 삼는 것을 목표와 취지로, ① 선양 총괄, ② 선양 교육, ③ 기념사업 및 기념행사, ④ 포상 심사, ⑤ 공적자료 조사, ⑥ 공훈 홍보 및 지원, ⑦ 현충시설 관리 등을 한다.173) 그러나 범위

---

171) 전신옥, 「한국보훈문화사업의 현황과 과제」, 『국가보훈연구』, 한국보훈학회, 2003.
172) 갤럽, 『국민보훈의식지수 조사결과 보고서』, 2007년 9월, 7쪽.
173) 강창국, 「민족정기 선양을 위한 보훈시설의 통합관리 및 보훈문화 교육도장으로

와 대상이 국내 및 독립운동자와 독립유공자 중심으로, 해외 거주 독립유공자와 그 후손들에 대한 지원과 연구 미흡하고, ② 각종 선양 관련 기념행사가 독립유공자들만을 대상으로 하여 민간 행사와의 괴리감이 있으며, 국민의 공감대가 형성되지 못하고 그 교육 효과도 크지 않다. 또한 ③ 일반인을 대상으로 선양 교육을 할 수 있는 제도와 시설이 취약하고, ④ 상징적 시설물이 국민들에게 큰 인기를 누리지 못한다는[174] 아쉬움이 있다. 따라서 이러한 한계점들을 극복하고, 더불어 보훈 선양 효과를 증대시키기 위해서는 국가 주도보다 민간의 자발적 주도를 이끌어내고, 보훈 선양의 사회문화적 확산을 위하여 사이버공간을 적극 활용할 필요가 있다.[175]

2006년 헌법재판소는 국가나 지방공무원 7·9급 시험과 공립 교원 임용시험에 응시한 국가유공자와 그 가족에게 10%의 가산점을 주도록 한 '국가유공자 예우 및 지원에 관한 법률' 등 3개 조항의 관련 법률에 대해 7대 2로 헌법불합치 결정을 내렸다. 헌법재판소는 "국가유공자 가산점 제도가 국가유공자 본인을 위한 것이라기보다는 그 가족을 위한 것으로 변질되고 있다"고 결정 이유를 설명했다. 그런데 1962년 4월 제정된 '국가유공자 및 월남귀순자 특별원호법'은 애국지사는 물론 애국지사유족을 규정하였고, 애국지사와 애국지사유족에게 도움을 주고자 했다. '국가유공자예우등에 관한 법률'도 "국가를 위하여 공헌하거나 희생한 국가유공자와 그 유족에 대하여 국가가 응분의 예우를 행함으로써 국가유공자와 그 유족의 생활 안정과 복지향상을 도모하고 아울러 국민의 애국정신 함양에 이바지"한다고 하였다. 국가유공자 범위의 확산으로 인해 빚어진 일이겠지만, 대(對)

의 활용방안」,『군사논단』 53, 2008년 봄, 139쪽.
174) 강창국,「민족정기 선양을 위한 보훈시설의 통합관리 및 보훈문화 교육도장으로의 활용방안」, 143쪽.
175) 정숙경,「국가보훈의식과 보훈정책의 새로운 방향 : 전문가 면접결과를 중심으로」,『호국보훈의식제고를 위한 정책방향』, 한국보훈학회 2007년도 춘계세미나, 한국보훈학회, 2007년 6월, 14〜15쪽.

국민 홍보와 교육이 부족한 데에도 이유가 있다고 여겨진다.

보훈에 대한 정부의 접근은 '민족정기'와 '애국심'이라는 두 단어로 요약될 수 있다. 민족정기는 주로 독립운동의 정신을 계승하자는 것이고, 애국심은 국민적 충성을 고취하자는 것이다. 그런데 이러한 가치 이외에 '국민적 연대'를 제고할 필요가 있다.[176]

7차 교육과정 속에서 민족정기 교육은 교과에 한정되어 있다. 산업화 과정 속의 개인주의 경향의 확산으로 민족정기 선양 교육이 점차 힘을 잃어가고 있다. 정부의 적극적인 지원도 부족하고, 시민사회의 관심 영역에서도 멀어지는 사각지대로 떨어지는 경향을 보이고 있다. 군사독재 시절 군사정권의 정당성을 옹호하는 경향이 있었던 것도 사실이다. 그러다 보니 국가 주도의 민족정기 선양 교육은 불신을 받았고 시민사회의 참여도 부진해 그 영향이 아직도 곳곳에 남아 있다.[177]

따라서 청소년들을 대상으로 애국선열의 독립운동을 보훈 선양하기 위해서는 다음과 같은 제안을 적극 활용하는 것이 좋을 것이다. ① 청소년이 직접 참여할 수 있는 나라사랑정신 교육시스템 작성, ② 학습자의 흥미와 동기유발을 위한 이른바 에듀테인먼트를 활용, ③ 국가안보와 보훈의식 교육에 대한 홍보기법의 개발과 보훈 문화 프로그램 개발, ④ 청소년들의 공감을 위한 국가보훈의 '스토리 브랜드' 활용[178]이다.

국민 교육과 홍보에 힘쓰려면 꾸준한 학문적 연구를 바탕으로 국민들에게 정확한 사실로서의 연구된 것들을 보급해 주어야 한다. 다양한 체험과 관심을 이끌어내려면 기초 지식의 배경이 필요하다. 사람들은 알지 못하는

---

176) 권희영, 『해외의 한인 희생과 보훈문화』, 국학자료원, 2001, 115쪽.
177) 정신문화연구원, 『국민적 정신가치 체계확립을 위한 민족정기 선양사업 방안』, KDI주관 '97년도 국가정책개발사업, 1997, 117쪽.
178) 유영옥, 「청소년들의 보훈의식 함양방안」, 『호국보훈의식제고를 위한 정책방향』, 한국보훈학회, 2007년도 춘계세미나, 서울, 2007 ; 강창국, 「민족정기 선양을 위한 보훈시설의 통합관리 및 보훈문화 교육도장으로의 활용방안」, 157~158쪽.

영역에 그다지 관심 갖지 않는다. 그래서 홍보는 올바르게 조사되고 연구된 자료를 바탕으로 해야 한다. 올바르게 연구된 학문이 필요한 이유는 국가 정체성은 사실적이고 바른 역사 속에서 정립되기 때문이다. 역사는 학자의 사건이나 시대의 강력한 권력자에 의해 왜곡되어 전해지는 경우가 있다. 그러므로 현 상황에 맞는 정책 수립과 집행을 위해서 다양한 분야의 연구가 활발히 이루어져야 할 것이다.[179)]

애국선열과 독립운동사가 그들만의 것이 아니라 한민족 전체의 것이라는 인식은 교육과 홍보를 통해 이루어진다. 물론 교육과 홍보의 기초가 되는 것은 학술연구이다. 국가 차원에서 독립운동 관련 많은 자료집이 간행되고, 학술연구가 추진되었으며, 논저들이 간행되었다. 그러나 아직 수집해야 할 자료들이 적지 않다는 사실을 잊지 말고 국가 차원에서는 물론 민간 차원에서도 조사에 주력해야 한다. 더불어 조사된 자료들은 누구나 접근할 수 있도록 공개하고, 가능하면 번역하여 간행할 필요가 있다. 또한 학술 심포지움은 자료들을 토대로 한국독립운동사를 규명하는 것이므로 자료 조사와 함께 추진되어야 한다. 학술 심포지움은 자료 조사가 시작되면서 계획되고, 자료 조사가 마무리되면 개최되는 것이 바람직하다.

한편 국민을 향한 홍보와 교육은 학생·청소년층과 일반인을 대상으로 구분하여 진행할 필요가 있다. 학생·청소년층은 성장기에 있으므로 그들에게 적합한 교육 내용과 방법을 구상하여, 학교와 교육 현장에서 추진되어야 한다. 일반인은 애국선열의 독립운동이 한민족의 생명을 지켜내고, 한민족사를 계속하게 하였다는 인식을 할 수 있도록 교육할 필요가 있다. 더불어 애국선열에 대한 선양과 보훈이 한민족 모두의 권리이고 의미라는 것을 인식하게 해야 한다.

---

179) 유영옥, 「세계화시대의 민족정기 선양방안」, 『새 정부의 보훈정책 방향』, 한국보훈학회 2008년도 춘계학술회의, 2008년 5월 2일, 169쪽.

5. 맺음말

광복 이후 독립유공자 포상은 1949년 이시영과 이승만에게 수여된 이래 2023년 말까지 18,061명이다. 한국전쟁과 전쟁의 상흔으로 1950년대에는 헐버트와 장개석에게 수여한 서훈이 전부였다. 독립유공자 서훈은 1962년 재개되었지만 경제 개발 제일주의를 내세웠던 제3공화국(박정희정부) 18년 동안 독립유공자 포상이 이루어진 해는 8년뿐이었고, 서훈자도 매우 적었다. 이러한 현상은 제5공화국 때도 마찬가지였다. 1990년대에도 독립유공자 포상은 크게 증가하였는데 민주화의 진전에 따른 독립운동사에 대한 관심의 증가, 독립기념관과 한국독립운동사연구소 설립 이후 독립운동자료의 발굴과 연구에 힘입은 바가 컸다. 2005년부터는 포상에서 제외했던 '공산주의자'를 '사회주의국가 건설을 목적으로 한 활동에 주력하였거나 적극 동조한 자'로 한정하여 사회주의 독립운동가도 포상하였다.

국가보훈처 공훈심사의 운동 기준으로 분류하면 3·1운동의 비중이 높은데 그 이유는 3·1운동에 전민족적인 참여가 있었기 때문이기도 하겠지만, 재판기록과 같은 일제의 식민 통치 자료들에서 관련 사실을 확인할 수 있기 때문이다. 국외 지역에서 활동한 독립운동가는 만주 방면이 많은데, 그것은 만주 지역에서 많은 독립운동가들이 활동한 때문이다. 그러나 인도네시아 방면에서 활동한 독립운동가를 2008년에 포상한 것처럼, 다른 지역들에서도 독립운동가를 발굴 포상할 수 있을 것이다. 훈격을 보면, 시간이 흐를수록 훈격이 낮아졌다. 1989년까지는 훈격의 대부분이 독립장 이상이었다. 1990년대 이후 서훈자 수는 급증하였지만, 훈격은 상대적으로 낮아졌다. 이는 독립유공자 서훈 심사가 강화되었다는 의미이기도 하다.

광복 80주년을 앞둔 2023년 말 현재, 독립유공자 포상은 18,061명에 불과하다. 더 많은 독립유공자 발굴과 포상이 요구된다. 그를 위해서는 먼저 관련 자료의 광범위한 조사 발굴과 정리, 간행이 필요하다. 증언 자료의 수집도 요구된다. 이를 토대로 독립운동가 발굴과 포상은 보다 활기를 띨 수 있다. 그러나 더욱 요구되는 것은 독립운동가와 독립운동사에 대한 애정의 시각이다. 우리의 애국선열은 대개는 우리만이 그들의 삶에 관심을 쏟는다. 따라서 우리가 그들을 잊고, 관심 두지 않는다면 그들은 잊혀질 것이다. 그들이 잊혀진다는 것은 한민족의 독립운동사가 잊혀진다는 것이고, 과거를 잊는 민족은 미래를 희망하기 어렵다.

애국선열과 관련된 기념일은 3·1절, 광복절의 국경일과, 임정 수립일과 순국선열의 날의 국가기념일이다. 3·1운동은 광복 후 전민족적으로 기념해야 하는 가장 중요한 날이었다. 그런데 3·1절 기념행사에는 기념일을 둘러싸고 1948년까지 좌·우파 사이의 충돌이 있었다. 광복 기념일도 마찬가지였다. 임정 수립일은 1990년 제71주년 기념일부터, 순국선열의 날은 1997년부터 국가기념일이 되었다. 국경일과 국가기념일은 애국선열의 독립 정신을 기억하고 추모하는 날이 될 수 있도록 해야 할 것이다. 그러기 위해서는 행사를 위한 기념일이 아니라 추모와 축제를 아우르는 방안이 모색될 필요가 있다.

국립묘지의 애국선열 묘역, 독립기념관을 비롯하여 수많은 애국선열 기념관, 독립운동 현양시설은 충분하다고는 할 수 없지만 애국 선열 선양에 적극 활용할 수 있다. 이들은 전국에 분포해 있으므로 교육의 현장으로 활용하는 방안을 모색해야 한다. 더불어 각 지역의 축제·기념행사와 연계하여 홍보함으로써 지역민들의 관심을 제고하고, 이어 시·군 홈페이지와 안내 팸플릿 등을 통하여 타지역민들에게도 홍보하는 방법을 구상해야 한다.

애국선열과 독립운동사가 그들만의 것이 아니라 한민족 전체의 것이라는 인식은 교육과 홍보를 통해 이루어진다. 교육과 홍보의 기초는 학술연구이다. 국가 차원에서 독립운동 관련 많은 자료집이 간행되고, 학술연구가 추진되었으며, 논저들이 간행되었다. 그러나 아직 수집해야 할 자료들이 적지 않다. 조사된 자료들은 누구나 접근할 수 있도록 공개하고, 가능하면 번역하여 간행할 필요가 있다. 홍보와 교육은 학생·청소년층과 일반인을 대상으로 구분하여 진행할 필요가 있다. 학생·청소년층은 그들에게 적합한 교육 내용과 방법으로 추진되어야 한다. 일반인을 향해서는 애국선열의 독립운동이 한민족의 생명을 지켜내고, 한민족 정체성의 뿌리이며 발전의 원동력임을 홍보·교육해야 할 것이다.

참고문헌

1. 문서 자료

『고종실록』, 『사상월보』, 『조선총독부관보』, 『조선총독부통계연보』, 『조선총독부및소속관서직원록』.

『가톨릭신문』, 『개벽』, 『경성일보』, 『경향신문』, 『경향잡지』, 『공립신보』, 『국민일보』, 『남도일보』, 『내일신문』, 『대동신문』, 『대중일보』, 『대한독립신문』, 『대한매일신보』, 『독립신문』, 『동광』, 『동아일보』, 『매일경제』, 『매일신보』, 『문화일보』, 『민중일보』, 『부산일보』, 『사싱월보』, 『서울신문』, 『세계일보』, 『시대일보』, 『시사인』, 『신조선보』, 『신한민보』, 『신한청년』, 『오마이뉴스』, 『外交時報』, 『우리신문』, 『자유신문』, 『재외동포신문』, 『전남일보』, 『조선신문』, 『조선일보』, 『조선중앙일보』, 『중앙신문』, 『중앙일보』, 『중외일보』, 『평화신문』, 『한겨례』, 『한국일보』, 『한성일보』, 『황성신문』, 『흑룡강신문』.

「상해 在留鮮人 支那에의 귀화에 관한 건」(公信 제141호, 不逞團關係雜件-鮮人의 部-在上海地方(4), 발신 船津辰一郎(上海 총영사), 수신 內田康哉(외무대신), 발신 1922년 3월 11일).
「광동비행학교 재학 조선인에 관한 건」(『不逞團關係雜件-朝鮮人의 部-在支那各地』 3, 機密公 제91호, 발신 天羽英二(廣東 총영사), 수신 幣原喜重郎(외무대신), 발신 1924년 7월 14일).
「北京 天津 부근 在住 조선인의 상황 보고서 進達의 건」(조선인에 대한 施政관계 雜件 일반의 部 3, 機密 제123호, 발신-芳澤謙吉(支那특명전권공사), 수신-幣原喜重郎(外務大臣, 발신 1925년 3월 20일).
「광동지방 不逞鮮人의 동정에 관한 보고의 건」(『不逞團關係雜件-조선인의

部-在支那各地』4, 機密公 제36호, 발신 淸水亨(廣東 총영사대리), 수신 幣原喜重郞(외무대신), 발신 1926년 1월 25일)
「광동에서의 조선군인회의 조직에 관한 건」(『不逞團關係雜件-조선인의 部-在支那各地』4, 機密公 제221호, 발신자 森田寬藏(廣東 총영사), 수신자 幣原喜重郞(외무대신), 발신 1926년 5월 29일)

「義烈團經營の南京軍官學校の全貌」, 『思想彙報』4, 朝鮮總都府 高等法院 檢事局 思想部, 1935년 9월 1일.

광주광역시교육청, 「광주학생독립운동 참가학교 명단」

『드망즈주교일기』(Journal de Mgr. F. Demange : 1911～1937) : 한국교회사연구소 역주, 『드망즈주교일기』, 가톨릭신문사, 1987.
『뮈텔주교일기』(Journal de Mgr. G. Mutel : 1890～1936) : 한국교회사연구소 역주, 『뮈텔주교일기』1-7, 1986～2008.
『노기남 대주교 연보』.(미간행)

姜德相 編, 『現代史資料』29(朝鮮 5 : 共産主義運動), 東京:みすず書房, 1972.
강재언 편, 『조선총독부경무국 극비문서, 광주항일학생사건자료』, 풍매사, 1979.
慶北警察部, 『高等警察要史』: 안동독립운동기념관, 『국역고등경찰요사』(안동독립기념관 자료총서 3), 선인, 2010.
국가보훈처, 『독립유공자공훈록』10, 국가보훈처, 1993.
＿＿＿＿, 『해외의 한국독립운동사료 23 : 미주편 5 : THE KOREAN STUDENT BULLETIN』, 2000.
＿＿＿＿, 『해외의 한국독립운동사료 37 : 미주편 10 : 태평양잡지1, 2』, 2013.

국사편찬위원회, 『대한민국임시정부자료집』1～45, 2005～2011.
＿＿＿＿＿, 『대한민국임시정부자료집』별책 2(조선민족운동연감), 2009.
＿＿＿＿＿, 『心山遺稿』(한국사료총서 제18권) 권5, 1985.

_____, 『자료 대한민국사』 제1권, 1968
_____, 『한국독립운동사』 3·5, 탐구당, 1967·1969.
_____, 『한국독립운동사자료』 3(임정편 III), 1973.
_____, 『한민족독립운동사 자료집』 46·49·50, 2001~2002.

국회도서관, 『한국민족운동사료』(중국편), 국회도서관, 1976.
_____, 『한국민족운동사료(3·1운동편 2)』, 1978,

김인덕 편, 『식민지시대 민족운동사자료집』(일본지역편 1), 국학자료원, 1996.

金正明, 『明治百年史叢書 朝鮮獨立運動 II-民族主義運動 篇』, 東京:原書房, 1967.
_____, 『朝鮮獨立運動』 5(共産主義運動 篇), 東京:原書房, 1967.

도산안창호선생전집편찬위원회, 『島山安昌浩全集』 4(일기), 도산안창호선생전집편찬위원회, 2000.

독립기념관 한국독립운동사연구소, 『神戶新聞 한국관계기사집』 IV, 2019.

독립운동사편찬위원회, 『독립운동사』 3·4·6·7·9, 독립유공자사업기금운용위원회, 1972~1978.
_____, 『독립운동사자료집』 7~10·13, 독립유공자사업기금운용위원회, 1973·1974·1977·1984.
_____, 『독립운동사자료집 별집 3 : 재일본한국인민족운동자료집』, 1978.

박경식 편, 『재일조선인자료집성』 2, 三一書房, 1975.
조선총독부 편, 『조선총독부경무국극비문서 : 광주항일학생사건자료』, 名古屋: 風媒社, 1979 : 고려대학교 아세아문제연구소, 『광주학생독립운동 자료』, 광주학생독립운동기념사업회, 1995.

有田八郎,「昭和五年三月十四日調 朝鮮學生事件ニ關スル在外朝鮮人ノ 行動及支那人ノ言動」,『昭和五年 在外朝鮮人 '3·1'運動槪況に關する件』(1930.322.) : 장우권·김홍길·박성우 외 공역,『제2의 3.1운동 광주학생독립운동 : 조선학생사건에 관한 해외조선인의 행동과 중국인의 동조』(전남대학교 학생독립운동연구소 연구총서 03), 동인출판문화원, 2014.

한국정신문화연구원,『한국독립운동사자료집 : 중국편』, 1993.
_____,『한국독립운동사자료집 - 조소앙 편(1)』, 1997.

한림대학 아시아문화연구소 편,『조선공산당문건자료집』, 한림대학교 출판부, 1993.

2. 인터넷 자료

국가보훈처 공훈전자사료관(http://e-gonghun.mpva.go.kr)
국가보훈처 '현충시설 정보서비스'(http://narasarang.mpva..go.kr)
국가기록원 → 독립운동 관련 판결문
    (https://theme.archives.go.kr/next/indy/viewMain.do)
국립대전현충원(http://www.dnc.go.kr)
국립서울현충원(http://www.snmb.mil.kr)
국사편찬위원회 한국사데이터베이스(http://db.history.go.kr)
독립기념관 한국독립운동정보시스템(https://search.i815.or.kr/)
문화재청(http://www.cha.go.kr)
한국의 문화인물(http://person.mcstgo.kr)

3. 사전

임경석 편저,『동아시아 언론매체사전 1815~1945』, 논형, 2010.
한국독립운동사연구소 편,『한국독립운동사사전』3(운동·단체편), 독립기념관, 1996.

4. 단행본

강대민, 『부산지역학생운동사』, 국학자료원, 2003.
강준만, 『한국현대사산책; 1940년대편 2권』, 인물과 사상사, 2004.
갤럽, 『국민보훈의식지수 조사결과 보고서』, 2009.7.
고정휴, 『1920년대 이후 미주·유럽지역의 독립운동』, 독립기념관 한국독립운동사연구소, 2009.
광주학생독립운동기념역사관, 『타오르는 횃불 : 광주학생독립운동 참여자의 증언』, 광주학생독립운동기념역사관, 2009.
광주학생독립운동동지회, 『광주학생독립운동사』, 국제문화사, 1974.
국가보훈처, 『독립운동사를 통한 민족정기 선양』, 1994.
_____, 『2003년도 보훈연감』, 2004.6.
_____, 『참여정부 보훈정책 리포트』, 2007.9.
권희영, 『해외의 한인 희생과 보훈문화』, 국학자료원, 2001.
김경천 지음, 김병학 정리 및 현대어역, 『경천아일록』, 학고방, 2012.
김광재, 『한국독립운동의 역사』 52(한국광복군), 독립기념관 한국독립운동사연구소, 2007.
김도형, 『미주한인사회의 한국독립운동』, 역사공간, 2021.
김성민, 『1929년 광주학생운동』, 역사공간, 2013.
김종혁, 『아세아의 큰별』, 새한기획출판부, 1993.
김행선, 『해방정국 청년운동사』, 선인, 2004.
김현식·정선태 편저, 『'삐라'로 듣는 해방 직후의 목소리』, 소명출판, 2011.
김호일, 『한국근대학생운동사 연구』, 선인, 2005.
독립기념관, 『독립기념관 건립사』, 1988.

독립유공자공훈록편찬위원회, 『독립유공자공훈록』 25, 국가보훈처, 2020.
(https://e-gonghun.mpva.go.kr/user/ContribuReportDetail.do?goTocode=20002)
마뜨베이 김, 『극동의 소비에트권력을 위한 투쟁에서 한인국제주의자들(1918~1922)』, 1979 : 『일제하 극동시베리아의 한인 사회주의자들』, 이준형 옮김, 역사비평사, 1990.
박찬일, 『심은대로』, 숭의여자중고등학교, 1968.
박 환, 『만주지역 한인민족운동의 재발견』, 국학자료원, 2014.
반병률, 『1920년대 전반 만주·러시아지역 항일무장투쟁』, 한국독립운동사편찬
    위원회·독립기념관 한국독립운동사연구소, 2009.
사사편찬위원회, 『대한항공 10년사』, 주식회사 대한항공, 1979.
3·1여성동지회, 『한국여성독립운동사 : 3·1운동 60주년기념』, 1980
서중석, 『신흥무관학교와 망명자들』, 역사비평사, 2001.
송상도 지음, 강원도 등 옮김, 『기려수필』 3, 문진, 2014.
숭의학원, 『숭의 100년사』, 숭의학원, 2003.
양동주, 『항일학생사』, 청파출판사, 1956.
역사학회 편, 『한국근대 민족주의운동사 연구』, 일조각, 1987.
오산70년사편찬위원회, 『오산70년사』, 오산70년사편찬위원회, 1977.
유민영, 『한국근대극장 변천사』, 태학사, 1998.
유영욱, 『국가보훈학』, 홍익재, 2005.
윤선자·윤정란, 『나주독립운동사』, 전남대출판부, 2015.
윤임술, 『한국신문백년지』, 한국언론연구원, 1983.
원호처, 『원호 십년사』, 1971.
웨인 패터슨, 정대화 역, 『아메리카로 가는 길 : 한국인 하와이 이민사, 1896~
    1910』, 들녘, 2002.
윌리엄 카 저, 이민호·강철구 역, 『독일근대사』(개정증보판), 탐구당, 1993.
이기동, 『비극의 군인들 : 일본육사 출신의 역사』, 일조각, 1982.
이여성·김세용, 『수자조선 연구』 4, 세광사, 1933.
이영명, 『김일성 열전』, 신문화사, 1974.
이은숙, 『민족운동가 아내의 수기 : 西間島始終記』, 정음사, 1975.
이재오, 『해방 후 한국학생운동사』, 형성사, 1984.
전남여자중고등학교 창립30년사 편찬위원회, 『창립 30년사』, 한국인쇄공예사,
    1957.5.25.
전남여자고등학교, 『개교 반세기』, 삼남교육신보사 출판국, 1977.
정병준, 『우남 이승만 연구』, 역사비평사, 2005.

정세현,『항일학생 민족운동사 연구』, 일지사, 1975.
정신문화연구원,『국민적 정신가치 체계확립을 위한 민족정기 선양사업 방안』, KDI주관 '97년도 국가정책개발사업, 1997.
정진석 편,『(조선일보, 동아일보)문자보급운동 교재 : 1929~1935』, LG상남언론재단, 1999.
정진석,『한국신문역사』, 커뮤니케이션북스, 2013.
정호기,『한국의 역사기념시설』, 서울: 민주화운동기념사업회, 2007.
조동걸,『한국민족주의의 발전과 독립운동사 연구』, 지식산업사, 1994.
朝鮮總督府 警務局,『最近に於ける朝鮮治安狀況』, 1933·1938.
_____,『朝鮮の治安狀況』, 1930.
朝鮮總督府 警務局 保安課,『高等警察報』5, 1936.
竹內正虎,『日本航空發達史』, 相模書房, 1940.
지복영,『역사의 수레를 끌고 밀며』, 문학과 지성사, 1995.
최병현,『강변에 앉아 울었노라 : 뉴욕한인교회 70년사』, 뉴욕한인교회역사편찬위원회, 1980.
최 준,『한국신문사』, 일조각, 1970.
추헌수 편,『자료 한국독립운동』2, 연세대학교출판부, 1972.
폴 존슨, 명병훈 옮김,『미국인의 역사 II』, 살림, 2016.
한규무,『일제하 한국기독교 농촌운동』, 한국기독교역사연구소, 1997.
_____,『광주학생운동』, 독립기념관 한국독립운동사연구소, 2009.
한상도,『한국독립운동과 중국군관학교』, 문학과 지성사, 1994.
한우성·장태환 지음『1920, 대한민국 하늘을 열다』, 21세기북스, 2013.
홍석률,『광복 직전 독립운동의 세력』, 독립기념관 한국독립운동사연구소, 2009.
황민호·홍선표,『3·1운동 직후 무장투쟁과 외교활동』, 독립기념관 한국독립운동사연구소, 2008.
흥사단100년사위원회,『흥사단100년사』, 사단법인 흥사단, 2013.
Chong sik Lee, *The Politics of Korean Nationalism*, Berkeley and Los Angeles : University of Califonia Press, 1963.

5. 논문

강창국, 「민족정기 선양을 위한 보훈시설의 통합관리 및 보훈문화 교육도장으로의 활용방안」, 『군사논단』 53, 2008년 봄.

강호여, 「수청의병대의 연혁」, 『한국독립운동사자료집-홍범도편-』, 정신문화연구원, 1995.

고정휴, 「세칭 한성정부의 조직주체와 선포경위에 대한 검토」, 『한국사연구』 97, 1997.

고정휴, 「워싱톤회의(1921~1922)와 한국민족운동」, 『한국민족운동사연구』 35, 한국민족운동사학회, 2003.

국사편찬위원회, 「김정우」, 『대한제국관원 이력서』, 1972.

권기옥, 「나는 韓國 최초의 女流飛行士」, 『신동아』 1967년 8월.

權基玉, 「나의 履歷書」①-㉔, 『한국일보』 1978년 1월 25일~2월 28일.

김광재, 「일제시기 상해 인성학교(仁成學校)의 설립과 운영」, 『동국사학』 50, 2011.

김기승, 「조소앙」, 『한국사시민강좌』 47, 일조각, 2010.

김도일, 「남강 이승훈의 삶과 교육 활동에 대한 기독교 교육적 고찰」, 『기독교교육논총』 38, 2014.

김도형, 「1930년대 초반 하와이 한인사회의 동향」, 『한국근현대사연구』 9, 1998.

김도형, 「한국독립운동을 도운 유럽인 연구」, 『한국학논총』 37, 국민대학교 한국학연구소, 2012.

김도훈, 「공립협회(1905~1909)의 민족운동 연구」, 『한국민족운동사연구』, 한국민족운동사학회, 1989.

김민호, 「이범석의 생애와 독립운동」, 『한국독립운동사연구』 44, 2013.

김민환, 「한국의 국가기념일 성립에 관한 연구」, 『한국학보』 99, 일지사, 2000.

김민희, 「일제강점기 숭의여학교의 근대교육과 항일운동에 관한 연구」, 서울시립대학교 교육대학원 석사학위논문, 2013.

김병학, 「경천아일록(擎天兒日錄)과 연해주 항일독립운동가 김경천의 생애」, 『인문사회과학연구』 14, 부경대학교 인문사회과학연구소, 2013.

김복수, 「미군정하 언론에 대한 연구 : 신문을 중심으로」, 『정신문화연구』 11-2,

한국학중앙연구원, 1988.
김상덕, 「여자의학강습소-1938년에서 1938년까지-」, 『의사학』 2-1, 1993.
김성민, 「광주학생운동 연구」, 국민대 박사학위논문, 2006.
김성보, 「광주학생운동과 사회주의 청년·학생조직」, 『역사비평』 4, 1989년 봄호.
김수현, 「일제강점기 음악통제와 애국창가 탄압사례 – 신문기사를 통해-」, 『한국음악사학보』 66, 한국음악사학회, 2021.
金永柱, 「韓國最初의 女流飛行士 權基玉」, 『歷史와 實學』 32, 역사실학회, 2007.
김영희, 「미군정 시대의 신문 연구」, 『저널리즘 연구』 5, 이화여자대학교 언론홍보영상학부, 1975.
김재기, 「광주학생독립운동에 대한 재일 조선인들의 지지 운동」, 『재외한인연구』 25, 재외한인학회, 2011.
____, 「미국에서 광주학생독립운동 지지 운동」, 『국제문화연구』 14-1, 조선대학교 국제문화연구원, 2021.
김정아, 「일제강점기 독립운동가 '가출옥관계서류'에 대한 검토」, 『한국독립운동사연구』 41, 독립기념관 한국독립운동사연구소, 2012.
김춘선, 「안중근의거에 대한 중국의 인식」, 『안중근 연구의 기초』, 경인문화사, 2009.
김춘호, 「안중근의 의거 (義擧)는 정당한가? - 사회윤리적 관점에서 -」, 『신학과 철학』 2, 서강대학교 비교사상연구원, 2000.
김호일, 「일제하 학생단체의 조직과 활동」, 『일제하 식민지시대의 민족운동』, 풀빛, 1981.
박경숙, 「식민지 시기(1910년~1945년) 조선의 인구 동태와 구조」, 『한국인구학』 32-2, 2009.
박계황, 「중국의 Soviet화 과정과 소련의 영향에 관한 연구(2)」, 『극동논총』 4, 전북대학교 법정대학 극동문제연구소, 1976.
박단비, 「대한제국 시기 한인의 일본육사 입교와 졸업 후 동향」, 『사학지』 50, 단국사학회, 2015.
박명규, 「역사적 사건의 상징화와 집합적 정체성 : 기념비, 조형물의 문화적 기능을 중심으로」, 『한국사회과학』 23-2, 서울대학교 사회과학연구원,

2001 - 보고서.

박민영, 「대한민국임시정부의 연통제 시행과 운영」, 『대한민국임시정부수립 80주년기념논문집』(상), 국가보훈처, 1999.

박성우, 「광주학생독립운동 연구 지평의 확장을 위한 중국 신문 사료 연구」, 『한국도서관·정보학회지』 53(2), 2022.

＿＿＿, 「광주학생독립운동 중국 신문 보도에 관한 기술적 연구」, 『한국문헌정보학회지』 56-4, 2022.

박찬승, 「104년 황실 파견 도일유학생 연구」, 『한국근현대사연구』 51, 2009.

박한용, 「1930년대 전반기 민족협동전선론과 '학생반제동맹'」, 한국역사연구회 근현대청년운동사 연구반, 『한국근현대청년운동사』, 풀빛, 1995.

＿＿＿, 「일제강점기 조선 반제동맹 연구」, 고려대 한국사학과 박사학위논문, 2012.

박 환, 「만주지역의 신흥무관학교」, 『사학연구』 40, 한국사학회, 1989.

＿＿＿, 「만주지역 대한청년독립단연합회의 성립과 활동」, 『하석 김창수교수화갑기념사학논총』, 1992.

＿＿＿, 「최초의 러시아 비행학교 유학생 김공집」, 『러시아한인민족운동사』, 탐구당, 1995.

＿＿＿, 「재러한인 민족운동가 김경천 연구」, 『한국독립운동사연구』 12, 한국독립운동사연구소, 1998

＿＿＿, 「시베리아의 항일운동가 김경천」, 『대륙으로 간 혁명가들』, 국학자료원, 2003.

반병률, 「제정러시아 시기의 한인사회」, 『한국사시민강좌』 28, 일조각, 2001.

배영미, 「도쿄지역 재일조선인의 3·1운동 기념일 투쟁의 양상과 특징」, 『한국독립운동사연구』 59, 2017.

손과지, 「광주학생운동에 대한 중국 매체의 보도와 인식」, 『한국독립운동사연구』 35, 2010.

송건호, 「미군정하의 언론」, 『한국언론 바로보기 100년』, 다섯수레, 2012.

송성수, 「인류 최초의 동력비행에 성공한 라이트 형제」, 『기계저널』 44(1), 2004.

신용하, 「1930년대 문자보급운동과 브나로드운동」, 『한국학보』 120, 일지사, 2005.

양동숙, 「해방 후 우익여성단체의 조직과 활동 연구:1945-1950」, 한양대 박사학위논문, 2010.
염인호, 「심산(心山) 김창숙(金昌淑 : 1879~1962)의 재중국 독립운동에 관한 일고찰」, 『대동문화연구』 43, 성균관대학교 대동문화연구원, 2003.
유근필, 「일제강점기 동아일보 기사를 통해 본 경성운동장의 장소성」, 『기초조형학연구』 15-2, 한국기초조형학회, 2014.
유영옥, 「세계화시대의 민족정기 선양방안」, 『새 정부의 보훈정책 방향』, 한국보훈학회 2008년도 춘계학술회의, 2008.5.2.
윤병석, 「해제 안중근전기전집」 『안중근전기전집』, 국가보훈처, 1999.
윤상원, 「러시아지역 한인의 항일무장투쟁 연구 : 1918~1922」, 고려대학교 박사학위논문, 2010.
윤선자, 「이관용의 생애와 민족운동」, 『한국근현대사연구』 30, 한국근현대사학회, 2004.
_____, 「안중근의거에 대한 천주교회의 인식」, 『한국근현대사연구』 33, 한국근현대사연구회, 2005.
_____, 「광주학생독립운동 기념사업 평가와 향후 과제」, 『호남문화연구』 43, 2008.
_____, 「1920년대 한국인들의 중국 여행기 분석」, 『한중인문학연구』 41, 2013.
원병상, 「신흥무관학교」, 『독립운동사자료집』 10, 독립운동사편찬위원회, 1976.
이근혜, 「일제강점기 근대문화공간 표현 특성에 관한 연구」, 경원대학교 일반대학원, 2008.
이명자, 「미·소 군정기(1945~1948) 서울과 평양의 극장연구」, 『통일과 평화』 1-2, 서울대학교 평화연구원, 2009.
이애숙, 「이재유그룹의 당재건운동(1933~1936)」, 『일제하 사회주의운동사』, 한국역사연구회 1930년대 연구반, 한길사, 1991.
이 옥, 「프랑스와 한국독립운동」, 『한민족독립운동사』 6, 국사편찬위원회, 1989.
이지은, 「광주학생운동에 대한 상해 독립운동 세력의 반향」, 『한국독립운동사연구』 74, 2021.
이해준, 「장흥지방의 유교유적」, 『장흥군의 문화유적』, 국립목포대학교박물관·전라남도·장흥군, 1989.

이현준, 「대중일보의 성격에 관한 분석」, 서강대학교 언론대학원 석사학위논문, 2011.
이형석, 「지청천」, 『한국근대인물백인선』, 신동아, 1970년 1월호 부록.
이희수, 「미군정기 농민정치교육소사 : 공보부의 활동을 중심으로」, 『한국교육사학』 19, 1997.
장규식, 「일제하 미국유학생의 서구 근대체험과 미국문명」, 『한국사연구』 133, 한국사연구회, 2006.
장석흥, 「광주학생운동의 국내외 확산과 그 성격」, 『광주학생운동연구』, 아세아문화사, 2000.
장세윤, 「광주학생독립운동의 중국 동북(만주)지역 확산과 한인 학생·민족운동 세력의 호응」, 『한국근현대사연구』 94, 2020.
장 신, 「조선총독부의 광주학생운동 인식과 대응」, 『광주학생운동연구』, 아세아문화사, 2000.
전신욱, 「한국보훈문화사업의 현황과 과제」, 『국가보훈연구』, 한국보훈학회, 2003.
정근식, 「기억의 문화, 기념물과 역사교육」, 『역사교육』 97, 역사교육학회, 2006.
정숙경, 「국가보훈의식과 보훈정책의 새로운 방향:전문가 면접결과를 중심으로」, 『호국보훈의식제고를 위한 정책방향』, 한국보훈학회 2007년도 춘계세미나, 한국보훈학회, 2007.6.
정제우, 「대한민국임시정부의 비행사 양성과 공군 창설 계획」, 『대한민국임시정부 수립 80주년 기념 논문집』, 국가보훈처, 1999.
조동걸, 「일제말기의 전시수탈」, 『천관우선생환력기념 한국사학논총』, 정음문화사, 1986.
_____, 「한국근대 학생조직의 성격변화」, 『한국근대 민족주의운동사』, 일조각, 1987.
조은정, 「19세기 말 - 20세기 초 하와이 이민에 관한 연구」, 성균관대 경제학과 석사학위논문, 2011.
조항래, 「대한민국임시정부의 법통성과 순국선열」, 『경기사학』 4, 경기사학회, 2000.
지수걸, 「일제시기 브 나로드운동, 재평가해야」, 『역사비평』 11, 역사문제연구소, 1990.

지영임, 「현충일의 창출과정」, 『비교민속학』 25, 비교민속학회, 2003.
최기영, 「미주 본토 발행 한인언론」, 『한국근현대사연구』 8, 1998.
_____, 「李相定(1897~1947)의 在中獨立運動」, 『역사학보』 200, 2008.
최대희, 「하와이 초기 한인 이민사회와 '불교의 부재'」, 『민족연구』 73, 2019.
崔鳳春, 「民國時期 中國空軍航校 韓籍飛行員 考述」, 『朝鮮·韓國歷史硏究』 14, 中國朝鮮史硏究會, 2013
_____, 「중국대륙 한인비행사들의 항일항공 독립운동」, 발표집『초기 항공선각자들의 항공사상과 한인비행사들의 항일항공독립활동 고찰』, 대한민국 공군·공군역사재단, 백범김구기념관, 2015.11.19.
최서면, 「안중근 자전고(自傳考)」, 『나라사랑』 34, 외솔회, 1979.12.
최창희, 「한국인의 하와이 이민」, 『국사관논총』 9, 1989.
하라 데루유키, 「러시아 연해주에서의 항일운동(1905~1922)」, 『소비에트 한인백년사』, 서대숙 엮음, 이서구 옮김, 태암, 1989.
한규무, 「'광주학생운동' 관련 명칭의 용례와 의미」, 『한국독립운동사연구』 34, 2009.
_____, 「광주학생운동과 광주여자고등보통학교 독서회」, 『한국학논총』 57, 국민대학교 한국학연구소, 2022.
한시준, 「한말 일본유학생에 관한 일고찰」, 『천관우선생환력기념 한국사학논총』, 정음문화사, 1985.
한용진, 「개화기 일본 민간단체 설립 학교 고찰 - 경성학당을 중심으로 -」, 『동양학』 38, 단국대학교 동양학연구소, 2005.
한철호, 「대한제국기 주일 한국공사의 임면 배경과 경위(1900~1905)」, 『한국근현대사연구』 44, 2008.
허성태·임영언, 「광주학생독립운동의 일본지역 확산과 지지에 대한 고찰」, 『국제문화연구』 13-2, 조선대학교 국제문화연구원, 2020.
홍석률, 「1940-45년 학생운동의 성격변화」, 『한국사론』 24, 서울대 국사학과 석사학위논문집, 1990.
_____, 「일제하 청년학생운동」, 『한국사』 15, 한길사, 1994.
_____, 「제2차 광주학생운동의 민족운동사적 의미」, 한국역사연구회·전남사학회 공편, 『광주학생운동연구』, 아세아문화사, 2000.

홍선표, 「1930년대 미주한인의 통일운동」, 『한국독립운동사연구』 10, 1996.
_____, 「대한민국임시정부의 공군 건설 계획과 추진」, 『군사』 97, 국방부 군사연구소, 2015.
홍웅호, 「1937년 러시아 극동지역 한인 강제이주 결정과 집행」, 『사림』 74, 2020.
홍윤정, 「노백린의 미국에서의 독립운동(1916~1921) : 하와이의 국민군단, 윌로우스의 호국독립군단·비행기학교를 중심으로」, 『백산학보』 70, 백산학회, 2004.
_____, 「독립운동과 비행사 양성」, 『국사관논총』 107, 국사편찬위원회, 2005.
황의룡·임우택, 「일제강점기의 보통학교 운동회에 관한 연구」, 『한국체육과학회지』 19-4, 한국체육과학회, 2010.

게재지

김공집의 독립운동과 비행학교 입학
(『한중인문학연구』 52, 한중인문학회, 2016, 151~176쪽)

1919~1922년 황기환의 유럽에서의 한국독립운동
(『한국근현대사연구』 78, 한국근현대사학회, 2016, 163~190쪽)

1920년대 초반 김경천의 항일무장투쟁
(『한국독립운동사연구』 52, 독립기념관 한국독립운동사연구소, 2015, 65~102쪽)

한국독립운동과 권기옥의 비상(飛翔)
(『한국근현대사연구』 69, 한국근현대사학회, 2014, 7~36쪽)

광주여자고등보통학교 학생들의 광주학생독립운동 참여
(『역사학연구』 89, 호남사학회, 2023, 185~223쪽)

광주학생운동의 국외 확산과 반향(反響)
(『역사와 문화연구』창간호, 전남대학교 역사문화연구센터, 2024, 89~126쪽)

광주학생운동 이후 학생운동의 변화
(『한국독립운동사연구』 35, 독립기념관 한국독립운동연구소, 2010, 71~115쪽)

미군정기 신문들에 투영된 광주학생운동
(『한국근현대사연구』 75, 한국근현대사학회, 2015, 174~196쪽)

해방 후 안중근 기념사업의 역사적 의의
(『한국독립운동사연구』 34, 독립기념관 한국독립운동연구소, 2009, 123~160쪽)

광복 후 애국선열 선양정책 재조명
(『사학연구』 100, 한국사학회, 2010, 361~398쪽)

찾아보기

ㄱ

ㄱ당(일명 CS당) 152
갑신동맹 209
강국모(姜國模) 72-75, 77, 79
강규찬(姜奎燦) 89
강남청년동맹 241
강릉농업 독서회 198
강묘례(姜卯禮) 144, 146
강백우 76
강사채(姜四采) 144, 145
강서친목회 205
강석봉(姜石鳳) 74
강우규 290, 298
강택진(姜宅鎭) 10, 11
건국부녀동맹 243
건국부녀동맹청년부 241
건국위원회 207, 209
건국치안대 243
건국학도대 243
건아단 194
건청회 241
게이오의숙[慶應義塾] 8, 56
결사회(決死會) 197
경기공립중학교 244
京農生의 민족운동 208
경서청년동맹 241
경성농업학교 194, 196

경성무관학교[대한제국 군관학교] 65
경성R.S.협의회 196, 201
경성약학전문 비밀결사 208
경성여고보 149
경성여자상업학교 독서회 197
경성여자의학전문학교 242-244
경성유학5인조 209
경성제국대학 독서회 195
경성제국대학 반제부 195
경성제대 반제동맹 202
경성제대예과 윤독회 209
경성제이고보 독서회 196, 197
경성학당(京城學堂) 57, 58
경성학생연맹 193
경제연구회 204, 206
『경천아일록』(擎天兒日錄) 54, 55, 56, 61, 62
경회(鯨會) 204
고오 257
고려공산청년회 만주총국 157
고려공산청년회 재건설만주부위원회 159, 161
고려공산청년회 297
고려노농군회 72, 73, 74
고려부대표회 180
고려인교육회 180
고려인의병대 79
고려혁명군 75, 80, 81

고려회(高麗會) 208
고명자(高明子) 242
고성동지회 208
고순례(高順禮) 119, 134, 135, 137, 138, 140, 145, 146
고창일(高昌一) 36
『공립신보』 183
공립협회(共立協會) 30
공산청년학생회 197
공주고보 반전비밀결사 196
곽건응(郭權應) 89
곽병도(郭炳燾) 11
광둥[廣東]항공학교 96
광둥무관학교 12, 17, 18, 20, 22
광명여학교 157
광명학교 184
광제학생옹호동맹 178
광주고등보통학교 117, 120, 123, 127, 141, 143, 154, 183, 233, 234, 243
광주고등여학교 11, 121, 122, 125, 130, 149, 150, 151
광주교육보급회 120
광주농업학교 117, 223, 234
광주사범학교 117, 119
광주신사(神社) 130
광주여자고등보통학교 117, 118, 120-125, 128, 129, 141, 143, 149, 151, 233, 234
광주역 130
광주우체국 130
광주중학교 183, 233, 234
광주학생사건기념투쟁위원회 242, 246
광주형무소 140, 141
괴회(槐會) 210
구룡평학교 158
구미위원부 33, 35, 38, 42, 51
『구주의 우리 사업』 29, 46
국가유공자 예우 및 지원에 관한 법률 314
국귀선(鞠貴善) 144, 146
국립대전현충원 305
국립서울현충원 305
국민대표회의 81
국민정부군 108
국순례 143
국제연맹 42
군기창(軍器廠) 56
군사비기학교(軍事飛機學校) 23
군산고등여학교 134
권기옥(權基玉) 85, 88, 89, 91-94, 98, 101, 102, 105-108, 110-113
권대(拳隊) 195
권독회(勸讀會) 195
권돈각(權敦珏) 87
권동수 202
권동진 257
권오설 297
근목당 207
근우회 178, 179
기독교청년회 163
기독교회 163
기영도 225
기우만 290

길림성 제4사범학교　158
길선주(吉善宙)　88, 89
김 베시　47
김경승　259
김경이(金慶伊)　144, 146
김경천(金擎天)　53-55, 57, 60-63, 65,
　　67, 69, 71, 72, 74-77, 79-81, 83
김공집(金公緝)　4, 5, 7, 9, 11, 14-19,
　　24, 26
김광서(金光瑞)　67
김구(金九)　257, 273, 298, 301
김귀선(金貴先)　127, 134, 135, 138,
　　139, 140, 145
김규면(金圭冕)　70, 71
김규식(金奎植)　12, 27-29, 31-33, 35,
　　36, 38-42, 49-51, 80, 82, 94, 96,
　　109, 257, 298
김규준(金奎濬)　61
김규흥(金奎興)　27, 29
김금연(金錦嬿)　127, 134, 135, 137-
　　140, 145
김낙영　257
김낙행(金洛行)　5
김능권　257
김도태　7, 8
김동삼　291
김동섭(金東燮)　131
김동성　44
김두봉(金枓奉)　95
김두채(金斗采)　144, 145
김득하(金得河)　20
김명덕(金明德)　88

김명돌　202
김미선　92
김병로　273
김보원(金寶源)　89
김복순(金福順)　144, 145
김복형(金復炯)　19
김봉학　290
김삼석(金三錫)　131
김성은　59, 60
김세완　259
김세쟁(金世錚)　21, 22
김수환　277
김숙(金淑)　144, 146
김순애(金淳愛)　94, 109
김순일(金淳一)　89, 90
김승학(金承學)　95
김신희(金信喜)　89
김안진(金安鎭)　131
김애희(金愛喜)　88
김여제(金輿濟)　18
김영철　290
김예진(金禮鎭)　92
김용복(金用福)　89
김용준　74
김원봉(金元鳳)　109
김원식(金元植)　242
김응엽　202
김응천(金應天)　66, 67
김인전　304
김재덕(金在德)　90
김정목(金鼎穆)　19
김정목(金貞穆)　89

김정옥(金正玉) 4, 22, 24
김정우 55, 56
김정직(金鼎稷) 90
김종근(金鐘根) 23
김종상(金鍾商) 95
김종설(金鍾卨) 245
김종화(金鍾和) 74
김좌진 81, 273, 291, 298
김지순(金智順) 119, 135, 144, 146
김진일(金震一) 110
김창숙(金昌淑) 18, 20, 257, 273, 298
김창환 291
김철(金澈) 12
김철수 297
김청람(金淸嵐) 71
김치간(金致玕) 105
김한복 290
김현제 202
김현충(金顯忠) 61
김형균(金亨均) 16, 17
김홍남(金鴻南) 131
김홍서(金弘敍) 14, 15, 18, 19
김홍일(金弘壹) 104, 109
김홍집(金弘集) 56
김홍태(金虹泰) 242
김효석 257
김희선(金羲善) 15

ㄴ

나라[奈良]여자고등사범학교 125
나라하라 산지[奈良原三次] 3
나성 한인공동회 185
나성순(羅性順) 144, 146
나순덕(羅順德) 144, 146
나주청년회 129
낙산청년동맹 241
난위안[南苑]항공학교 4, 96, 97, 100
남경한국유학생회 166
남만한인청년동맹 160
남치풍(南致豊) 138
남협협(南俠俠) 119, 134, 135, 137, 138, 140, 145, 146
노간난(盧千蘭) 144, 146
노기남 262, 268
노백린(盧伯麟) 12, 13, 93, 96, 304
노병회 163
농업학교 120, 127, 141, 143, 243
뉴욕 한인공동회 185
니항사건 68

ㄷ

다혁당(茶革黨) 208
대구고보 사회과학연구회 195
대구사범학교 윤독회 205
대구여고보 149
『대동위인 안중근전』 275
대림사 271
대사두 비행장 23
대성학교 157, 184
대영제국 한국친우회 41, 42
대한교민단 163
대한국민의회(大韓國民議會) 36, 72
대한독립단 81
대한독립청년단 66

대한독립회복연구단 209
『대한신지지』(大韓新地誌) 8
대한애국부인회 89
대한인국민회 69, 182, 183
대한인국민회 쿠바지방회 188
대한적십자회 95
대한청년독립단 92
대한혁명단 80
『The Korean Student Bulletin』 187
『The New York Times』 184
『The Washington Post』 185
『데일리 워커』 185
도쿄공업고등학교 56
도쿄 세이죠[成城]학교 57
도쿄 조선노동조합 173
도쿄 조선노동조합 심천(深川)지부 173
도쿄 조선유학생학우회 175, 178
독립공원 305, 312
독립기념관 306, 307, 317, 318
독립당 부인회 109
『독립신문』 295
「독립유공자예우에 관한 법률」 293
독립촉성국민회전주지부 258
독립촉성국민회이리지부 258
독서회 반제반(反帝班) 197
돈화(敦化)한인반제동맹 160
동광사 207
동덕여고보 독서회 197
동래반제전위동맹 202
동래중학교 독서회 208
동로군 항공사령부 104, 105
동모회(同侔會) 195

동방피압박민족 반제대동맹주비회 164
동아청년회 241
『동양평화론』(東洋平和論) 266, 267, 272
동지회 187
동흥학교 157, 184
드망즈(Demange) 30, 37

ㄹ

런던사무소 41, 43, 45, 51
런던위원부 41
레드우드((Redwood) 비행학교 96
레드랜드 지회 30
로버트(Robert) 6
루저우강무당[瀘州講武堂] 20, 21, 25
류페이천[劉沛泉] 104
리하르트 카츠(Richard Katz) 189

ㅁ

만국사회당대회 29, 32, 35
만수사(萬壽祠) 260
맥켄지(McKenzie) 38, 43, 44
명동대성당 262, 268
명랑(明朗)크럽 204, 205
명신여학교 157
모리 고로쿠[森吾六] 124
모스크바항공학교 4, 20, 22-25
목포상업학교 독서회 208
무등회 225
무르만스크(Mourmansk) 48
무산청년회 176
무우단(無憂團) 207

무등회 208
무토 하루오[武藤治夫] 124
문남식(文南植) 124, 125, 138
문예부 207
『문자보급 교재』 221
문자보급운동 11, 219, 221, 222, 229
문창범(文昌範) 11, 81
뮈텔(Mutel) 277
민긍호 290
민도회(民道會) 257
민병위(閔丙偉) 18
민순례(閔順禮) 144, 145, 148
민영환 290, 298
민족혁명당 109
민족혁명당 부인회 109
민찬호(CH.Minn) 45

ㅂ

바오딩[保定]항공학교 96, 97
박경철(朴景喆) 73, 74, 76
박계남(朴繼男) 127, 134, 135, 137, 139, 140, 145, 147
박계심(朴桂心) 132
박관엽 129
박군화(朴君化) 69
박기옥(朴己玉) 129, 144, 145
박봉매(朴鳳梅) 143, 144, 147
박봉순(朴奉旬) 126, 134-137, 144, 147
박상목(朴尙穆) 10
박성춘 202
박승근 290
박승봉(朴勝鳳) 6

박승일(朴昇一) 89
박승환 290
박시묵(朴時默) 10
박옥련(朴玉連) 119, 125, 128, 134, 135, 137-140, 145
박용만(朴容萬) 12, 68
박우병(朴宇秉) 6
박은식 273, 291, 304, 311
박재혁 290
박정희 261, 302
박채희(朴采熙) 127, 134, 135, 137, 138, 140, 145, 147
박청림 57
박태열(朴泰烈) 92
박태하(朴泰河) 4, 22-24
박현숙(朴賢淑) 88, 89, 127, 134, 135, 138-140, 145, 147, 259
박현환(朴賢煥) 14-19
반석현(盤石縣)한인반제동맹 160
『반역』 196, 200
반제경성도시학생협의회 195
반제동맹 도쿄지방위원회 177
반제전위동맹(反帝前衛同盟) 196
방성도(方聲濤) 96
방순희(方順熙) 109
방응모 257
배원필(裵元弼) 242
배천택(裵天擇) 67
백기준(白基俊) 95
백망회(白望會·興武會) 195
『백범일지』 265
백의동맹 207, 210, 225

백청단(白靑團) 197
병인의용대, 163
보광당 225, 226
보성고보 독서회 197
부산소녀회 126
부산여고보 149
부산진고등보통학교 218
북경조선학생회 165
북경한족동맹회 165
북만청년동맹 157, 159
북미 대한인유학생총회 187, 188
북악청년동맹 241
북평한족동맹회 166
불교소녀회 126
브·나로드운동 219, 221, 223, 229
브라스밴드 전도대 91

ㅅ

사동발(謝東發) 37, 39
사리원농업학교 독서회 198
사회과학연구회 197, 198
삼악학교(三岳學校) 7, 8
삼일여학교소녀회 126
상록회(常綠會) 204
상해 한인협회 183
상해한인각단체연합회 163, 164, 166, 169
샬레(Challaye) 37
서귀덕(徐貴德) 144, 147
서대문감옥 246
서대문 독립공원 312
서대문형무소 312

서대문형무소 역사관 312
서로군정서(西路軍政署) 9
서상환 290
서왈보(徐曰甫) 4, 101
서울(계)공산당재건(설)계획 195, 201
서울학생구락부 193
서울학생통일촉성회 247
서재필(徐載弼) 33, 62, 273, 298
서중독서회 204
서중석(徐重錫) 245
석류회 209
선내피압박학생구제위원회 179
선우정(鮮于政) 70
설정순(薛貞順) 143-145
성달덕 202
성대반제부 201
성진회(醒進會) 120, 126, 130, 145, 152, 237
세이소쿠[正則]영어학교 8, 14
소녀회 117, 118, 126-128, 134, 137-139, 152
소년공산당 195
소안소년단 146
소척대(蘇拓隊=蘇苔會) 196
『소척』 200
손기종(孫基宗) 110
손두환(孫斗煥) 106
손병희 298
손영직(孫永稷) 16
손영필(孫永弼) 14, 15, 17
손정도(孫貞道) 19, 291
손정방(孫停芳) 105

찾아보기 343

손직실(孫直實) 89
손풍익 75
솔밭관[松田關] 사회혁명군 71
송만수(宋萬洙) 131
송병선 290
송병조(宋炳朝) 10
송성겸(宋聖謙) 90
송정리공업실습학교 독서회 197
송죽결사대 193
송죽회(松竹會) 88, 90
송진우 273
수원고농상록수(高農常綠樹)운동 독서
  회 198
수청의병대 72, 74-77, 79, 81
수피아여학교 197
순국당 207, 209, 225
순국선열기념사업전국위원회 261
순국선열애국지사사업기금 308
순국선열유족회 302, 303
숭덕(崇德)학교 89
숭실전도대 91
숭실(崇實)학교 91, 93
숭의(崇義)여학교 88, 90, 92, 106,
  204, 206
숭현(崇賢)소학교 88, 92, 93
쉬이프(Suippes) 49
쉬첸[徐謙] 14
스미스(Smith) 3, 95
스포츠단 196
시카고 한인공동회 185
신간회 178, 188, 193, 245, 309
신간회학생부 193, 194

신규식(申奎植) 12, 304
신두식(申斗湜) 18
신민단 74
신영균(申英均) 65, 67
신영삼 103
신용걸 74
신의주동중학교 독서회 204
신익희(申翼熙) 42, 111, 112, 298, 301
『신죠신문』 183
신채호(申采浩) 6, 291
신태룡(申泰龍) 74
신한민국정부 11
『신한민보』 182, 183
신한민주당 111
신한청년단(新韓靑年黨) 27
신현중 202
신흥강습소 7
신흥무관학교(新興武官學校) 54, 65,
  83
신흥중학교(新興中學校) 7, 8
신흥학교 158
실업청년동맹 241
쑨원[孫文] 15, 22
쑹메이링[宋美齡] 107, 298

ㅇ

아놀드(Arnold) 230
아이치현[愛知縣] 조선노동조합 174
안경신(安敬信) 92
안경화(李景華) 132
안래시(安泰時) 132
안병찬(安秉瓚) 66

『안응칠역사』(安應七歷史) 266, 267
안정근(安定根) 96
안중근 도마 성당 278
『안중근 사기』 262
『안중근 선생 공판기』 261
『안중근 의사』 261
『안중근 의사 자료집』 275
『안중근 자서전』 266
안중근 학교 278
『안중근 혈투기』 262
안중근기념관 276
안중근선생동상건립기금 및 장충단재
  건총회 257, 259
안중근연구선양회 279
안중근의사기념건립회 261
안중근의사기념관 264, 266, 271, 272,
  274, 278, 284
안중근의사기념사업회 257-259, 280
안중근의사선양회 261, 263
안중근의사숭모회 263, 273
안중근평화재단청년아카데미 276
안중근학교 279
안창남(安昌男) 4, 102
안창호(安昌浩) 11-20, 22, 92, 95, 97,
  298
『안창호일기』 4, 97
안태국 291, 304
안향(安珦) 260
암성금자(岩城錦子) 119, 129, 130, 134,
  135, 137-140, 145, 147
애국부인회 89
애국지사사업기금법 308

양쌍감 143
여수수산학교 독서회 195
여순순국선열기념재단 282
여순일아감옥구지 282
여운형(呂運亨) 246
여운홍(呂運弘) 29
여자 전도대 91, 93
여준(呂準) 6, 7
연구회 208
연통제 10
연해주한인사회당총회 76
연해주한인총회 73
열혈회(熱血會) 204, 205
염온동(廉溫東) 110
영변농업학교 독서회 197
영창학교 8
예산농업학교 독서회 197, 198
오가타 마사루[小形勝] 124
오기옥 245
오동진 298
오림하(吳林河) 96
오사카 산업노동자공장 174
오사카 유학생학우회 175
오사카 조선노동조합 174
오사카 조선노동조합 서성지부(西成支
  部) 174
오사카 조선소년동맹 175
오산(五山)학교 6, 7, 14, 19
오세창 257
오용근(吳龍根) 7
오우지 이노스케[大內猪之介] 123, 124
오인 독서회 207

찾아보기　345

오임하(吳臨夏)　3
오철성(吳鐵城)　107
오철은　41
오체린　40
오쾌일(吳快一)　131, 236, 237, 242, 243
오쿠라[小栗]비행학교　3
오쿠타 요시카메[奧田義龜]　124
오태선(吳台善)　7
와세다[早稻田]대학 조선학생동창회　175
왕동원　259
왕영재(王英在)　110
『(왜놈 이등박문 죽인) 안중근 실기』　261
우덕선(禹德善)　92
우덕순　257
우리 학교　204
우병옥(禹炳玉)　3
우리회　209
웅월(熊鉞)　17
워싱톤 한인교민단　186
워싱톤회의　43-45, 52
원산각학교 독서회　196
원산중학반제동맹 조직준비회　202
윈난[雲南]항공학교　95-100, 103, 104, 106, 108
윌리암스(Williams)　38, 40, 41
윌슨(Wilson)　31
유격대훈련학교　111
유길준　56
유동열(柳東說)　101, 103

유문희(劉文姬)　132
유상규(劉相奎)　19
유상근　290
유영준(劉英俊)　243
유인석　290
유인순　143
유철선(劉鐵仙)　24
유호(留滬)한국독립운동자동맹　162, 163
유황순(柳黃順)　144, 145, 148
유홍모(柳永模)　6
육군 도야마[戶山]학교　62
육군유년학교　59, 60, 75, 82
육군참모학교　109, 111
육군호산학교　62
윤기섭(尹琦燮)　6, 95, 109
윤보선　302
윤봉길　264, 265, 290, 298
윤상남　202
윤상필(尹相弼)　62
윤오례(尹五禮)　144, 145, 146
윤웅렬(尹雄烈)　55, 56
윤응념(尹應濂)　93
윤정화(尹貞和)　61, 63
윤치호　56
윤태선(尹台善)　10, 11
윤해(尹海)　36, 41, 82
윤홍규　224
의사안중근동상건립기성회　259
의열단　101, 106
이갑성　259
이강　261

이강년 290, 298
이경채(李京彩) 123
이경화(李景華) 124
이관용(李灌鎔) 28, 29, 32, 34, 35
이광수(李光洙) 6, 18
이광춘(李光春) 129, 130, 134-137, 142-144, 147, 152
이규서(李奎瑞) 19
이규태(李圭泰) 124, 132
이기성 129
이기호 202
이동녕(李東寧) 12, 291
이동휘(李東輝) 12, 81, 93
이리농업학교 독서회
이명지(李明智) 144, 146
이발 224
이범준 224
이범진 290
이병수 73
이봉창 290
이사영(李士英) 110
이상설 291
이상용 291
이상정(李相定) 101, 103, 104, 106, 108, 109, 111, 112
이상철 290
이석(李錫) 9, 12, 13, 18, 20
이설 290
이성실(李誠實) 89
이송자(李松子) 144, 147
이순(李順) 133, 144, 146
이순태(李淳泰) 130

이승만(李承晚) 12, 33, 41, 43, 44, 52, 186, 187, 294, 298, 301
이승조 73
이승훈(李昇薰) 6, 298
이시영(李始榮) 12, 96, 257, 294, 298
이신연(李信衍) 242, 245
이연호(李然浩) 111
이영무(李英茂) 98, 99, 102, 110
이영운(李英雲) 9, 20
이옥(李玉) 143, 144, 147
이옥금(李玉今) 144, 147
이용근(李用根) 96
이용선(李用善) 3, 96
이월영(李月英) 107, 108
이유필(李裕弼) 95
이응준(李應俊) 61, 62, 63
이응호 3
이인영 290
이재명 290
이정(李正) 144, 147
이정임(李貞任) 144, 146
이종대 257
이종림 202
이준 263, 290, 298
이지용(李址鎔) 57
이청천 300
이초(李超) 3, 96
이춘(李春) 98
이춘성(李春成) 20
이치우 202
이칠결사대(二七決死隊) 12
이탁(李鐸) 12, 18, 92

이학운(李學雲) 74
이한산(李韓山) 9
이한용 290
이호제(李昊濟) 242
이화여고보 독서회 197
이희경(李喜儆) 95, 96
인상(仁商)친목회 210
인성학교(仁成學校) 94, 95, 163
인왕청년동맹 241
일맥회(一麥會) 204
일본반제동맹 176
일본육군사관학교 59, 60
일본조선청년동맹 오사카지부 176
일성이준열사기념사업회 263, 305
『일용계수법』 221
일편단심회(一片丹心會) 204, 205
임득산(林得山) 109
임득삼(林得三) 90
임병직 298
임장춘 50
임한수(林翰洙) 56

ㅈ

자일회(紫一會) 209
『자유 한국』(La Corée Libre)』 39, 45
장경례(張慶禮) 119, 125, 128, 134, 135, 137, 138, 140, 145, 147
장기영(張基永) 69
장길상(張吉相) 67
장대현교회 88
장덕진(張德辰) 92
장매성(張梅性) 119-121, 124, 125, 127, 133, 134, 137-141, 145, 147, 152
장문명(張文明) 87
장병훈(張炳勳) 97
장석두(張錫斗) 242
장석천 126
장성철(張聖哲) 24, 110
장인환 290
장자재(張子才) 101
장재성(張載性) 119, 120, 127, 131, 133
장정연(張貞嬿) 124, 132
장제스[蔣介石] 22, 104, 107, 294, 298
장즈장[張之江] 100, 101, 106
장지일(張志日) 99
장쥐린[張作霖] 100, 101
재동만(在東滿)조선인청년총동맹 157, 158
재만한인 반제국주의동맹 159, 160
재만조선무정부주의자연맹 162
재법한국민회(在法韓國民會) 49
재북평동포전선대회 165
재일본조선노동총동맹 173
재중국한인청년동맹 163
재포조 고려혁명투사구제회 180
재포조(在浦潮) 고려공산당 179
쟁의단(爭議團) 195
적광회(赤光會) 195, 198
적기단(赤旗會) 196, 198
적기회(赤旗會) 196
『적색뉴스』 200
적색(赤色)돌격대 198
적우회(赤友會) 196, 198

전국청년단체대표자회 241
전남사범학교 234
전남여자고등학교 119, 145
전농청년대 241
전만(全滿)한인반제국주의동맹창립
  주비회 160
전성인(田誠忍) 9
전순옥(田順玉) 147
전의영(全義英) 143, 147
전의회(全誼會) 62, 63, 82
전주공립여자고등보통학교 135
전주신흥학교 독서회 196
전주여고보 149, 195
전주중등학교 독서회 196
정복해(丁福海) 147
정상유[鄭尙柔] 245
정석해(鄭錫海) 50
정순철(鄭舜哲) 70
정온(鄭溫) 242
정원 257
정읍농업학교 독서회 197
정익성(鄭益成) 88, 89
정인과(鄭仁果) 40
정인보(鄭寅普) 257, 301
정임숙(丁任淑) 143, 147
정재관(鄭在寬) 69, 74
정재섭(鄭再燮) 110
제이고보 R.S.회 196
제일고보 R.S.회 196
제주농업학교 독서회 196
조규찬 202
조기홍(趙圻烘) 124, 132

조동오 297
조만식(曺晩植) 6, 298
조맹선(趙孟善)부대 73
조병세 290, 298
조병옥 259
조선개척사 194
조선건국준비위원회 230
조선건국청년회 241, 244
조선공산당 만주총국 158
조선공산당 재건설만주부위원회 159,
  161
조선공산주의청년동맹 244
조선공학회 193
조선군인동맹 241
조선근로청년동맹 241
조선노동조합 178
조선농우연맹 194
조선대독립당주비회 166
조선독립당 207, 225
조선민족임시정부 11
조선민족해방협동당 225
조선반제동맹 학생부 202, 203, 227
조선여자국민당 244
조선여자의학강습소 244
조선의용군 225
조선인해방투쟁동맹 226
『조선지혈』(朝鮮之血) 166
조선청년단 241
조선청년동맹건청대 241
조선카톨릭교협회 278
조선학도대 234, 241, 243, 245
조선학병동맹 241

조선학생동지회 205
조선학생과학연구회 193, 194
조선학생대회 193
『조선학생운동사』 246
조선학생회 193, 194
조선해방청년동맹 241
조선혁명군 160
조소앙(趙素昻) 29, 35, 36, 41, 96, 164, 257, 298, 301
조을매 143
조재건(趙在健) 66
조정례(曺貞禮) 145, 148
조정애(曺貞愛) 143, 147
주말순(朱末順) 133, 147
주서친목회 207
주오[中央]대학 120
주요한(朱耀翰) 4, 18, 19, 106
중가주 한인공동회 185, 186
중국공산당 만주성위원회 171
중국공산당 조선국내공작위원회 후계조직 201
중국공산주의청년단 중앙집행위원회 171
중국한인청년동맹 163
중국혁명 호제회(互濟會) 162
중동(中東)한인반제동맹 160
중앙고보 반제동맹 198, 202
지경(地境)친목회 204
지대형(池大亨) 63, 64, 65, 67
지성덕 147
진경운(陳慶雲) 107
진과부 298

진기미 298
진남포상공학교 반제반 197, 202
진주고등학생 비밀결사 197
진주고보 독서회 198

ㅊ

차광석(車光錫) 91
차리석(車利錫) 19
차정신(車廷信) 24
차진희(車鎭姬) 88
창해소년단(滄海少年團) 70
채영(蔡英) 71, 73
「1929~1930년 기강(起降) 학생 이동부(異動簿)」 145
천보산보조서당 158
천주교정의구현전국사제단 268, 269, 278
철혈단(鐵血團) 69, 208
청계동성당 279
청년돌격대 241
청년연학회 241
초동한국학생연구회 163
최상을(崔祥乬) 235
최선화(崔善嬅) 109
최순덕(崔順德) 88, 93, 144, 147
최신덕(崔信德) 89
최심(崔心) 143, 147
최쌍을(崔双乙) 235
최애림(崔愛林) 109
최용덕(崔用德) 104, 110
최용태(崔用泰) 105
최익현 265, 290, 298

최철성(崔鐵城) 110
최풍오(崔豊五) 143, 147
최형록(崔亨祿) 109
춘천농업학교 독서회 204
춘천중학교 독서운동 207
출판노조청년회 241
츠키치 키테[築地キテ] 124
치바현[千葉縣] 조선노동조합 174

ㅌ

탕쟈오(唐繼堯) 98, 99, 100
태극단 209
태재기(太戴基) 242, 245

ㅍ

파리강화회의 32-34, 36, 43, 45, 51
파리사무소 38, 39, 41, 46
파리위원부 28, 29, 35, 36, 40, 45, 46, 51, 52
펑위샹[馮玉祥] 100, 101, 103
펑톈성[奉天城] 9
평양고보 독서회 196
평양여고보 149
평양청년회 90
평양청년회 여자 전도대 91
『포시쉐 자이퉁』(Vossische Zeitung) 188
『프라브다』(Pravda) 181, 182

ㅎ

하기아동성경학교 219, 222, 229
하례(河禮) 147
하바로프스크 극동집행위원회 181
하야시 곤스케[林權助] 43, 47
하얼빈한인학우회 161
하필원(河弼源) 245
학생공동위원회 196, 201
학생독립운동기념일 241
학생소비조합 128
학생의 날 241
학생전위동맹 후계조직 195
학우동지공제회 209
학우회 163
한국 친우회 43
한국대표부(Mission Corénne) 27, 28, 31, 32, 35, 36
한국독립당 111
한국독립당 남경촉성회집행위원회 166
『한국독립운동지혈사』 311
한국애국부인회 109, 110, 244
한국여자 구락부 163
『한국연감』 112
『한글 공부』 221
한글연구회 205
『한글원본』 221, 222
한단[邯鄲]군사강습소 21, 22, 25
한보심(韓寶心) 133, 148
한선부(韓善富) 88, 89
한성(漢城)정부 10, 11
한영신(韓永信) 89
한용훈 298
한인 비행가 양성소 97
한인협회 186
한일제(韓一濟) 72, 74

한장호(韓章鎬) 97
한족(韓族)총연합회 162
한중문화협회 112
한창걸(韓昌傑) 69, 70, 73, 74, 79
한희석 259
함흥고보 독서회 195, 198
함흥상업학교 독서회 195
해방청년단 241
해방희생자구원회 176
해주고보 반제동맹 197, 202
허용하 74
허위 290, 298
허헌(許憲) 245
헐버트(Hulbert) 27, 294, 298
혁신청년동맹 241
현순(玄楯) 42, 43, 44, 47, 46, 47, 49-51
황남옥(黃南玉) 235
황신덕(黃信德) 243
황현 265
효고현[兵庫縣] 조선노동조합 175
후쿠다 슈조[福田修三] 129
흑룡강혁명박물관 271
흑백당 207, 209
흥사단 원동지부 163

기타

BKC단 208
L會 198
M.L.M. 197, 198
S당 195
TK團 196

현익철 291
현정근(玄貞根) 10
혈성단(血誠團) 71-75, 77
협동당 226
호놀룰루 교민단 186
호시코[星子] 89
혼성빨치산부대 78
홍도(弘道)여학교 94, 95, 96, 106
홍만식 290
홍사익(洪思翊) 62
홍진 257
화녕회(和寧會) 209
화랑회 207, 209, 225
화북독립동맹 225
화중(華中)군사령부 109
황기환(黃玘煥) 28-31, 33-35, 39-44,

윤선자

전남대학교 사학과 교수로 재직 중이다. 전남대학교 사학과에서 학사석사 학위를 받았고, 국민대학교에서 문학박사학위를 받았다. 한국 근현대사 전공자로 한국독립운동사와 한국근대천주교회사 연구에 주력하였다. 《일제의 종교정책과 천주교회》(2001), 《한국근대사와 종교》(2002), 《영원한 대한민국임시정부의 요인 김철》(2010), 《대한독립을 위해 하늘을 날았던 한국 최초의 여류비행사 권기옥》(2016), 《나주독립운동사》(2015, 공저), 《여성독립운동사 자료총서 1 : 3·1운동 편》(2024, 공저) 등의 저서와 〈1910년대 '경향잡지'를 통해서 전개된 한국천주교회의 의료계몽활동〉(2021), 〈광주여자고등보통학교 학생들의 광주학생독립운동 참여〉(2023), 〈대한제국기 파리외방전교회 선교사들이 본 서울과 전남〉(2024) 등의 논문이 있다.

일제강점기 해외독립운동과 광주학생운동

2025년 02월 3일 초판 인쇄
2025년 02월 10일 초판 발행

지 은 이 윤선자
발 행 인 한정희
발 행 처 경인문화사
편 집 부 김지선 한주연 김한별 양은경
마 케 팅 하재일 유인순
출 판 신 고 제406-1973-000003호
주   소 경기도 파주시 회동길 445-1 경인빌딩 B동 4층
대 표 전 화 031-955-9300   팩   스 031-955-9310
홈 페 이 지 http://www.kyunginp.co.kr
이 메 일 kyungin@kyunginp.co.kr

ISBN 978-89-499-6842-1 93910
값 28,000원

* 저자와 출판사의 동의 없는 인용 또는 발췌를 금합니다.